新时代教师教育

系／列／教／材

U0854205

中小学劳动课程设计

ZHONGXIAOXUE LAODONG KECHENG SHEJI

主　编 ◎ 陈　鹏

副主编 ◎ 焦玉冬
杜连森

北京师范大学出版集团
BEIJING NORMAL UNIVERSITY PUBLISHING GROUP
北京师范大学出版社

图书在版编目(CIP)数据

中小学劳动课程设计 / 陈鹏主编. —北京：北京师范大学出版社，2024.10

新时代教师教育系列教材

ISBN 978-7-303-29686-6

Ⅰ. ①中… Ⅱ. ①陈… Ⅲ. ①劳动教育—教学设计—中小学—高等师范院校—教材 Ⅳ. ①G633.932

中国国家版本馆 CIP 数据核字(2023)第 126071 号

图书意见反馈：gaozhifk@bnupg.com 010-58805079
营销中心电话：010-58802755 58800035
编 辑 部 电 话：010-58807068

出版发行：北京师范大学出版社 www.bnupg.com
北京市西城区新街口外大街 12-3 号
邮政编码：100088
印 刷：鸿博睿特(天津)印刷科技有限公司
经 销：全国新华书店
开 本：787 mm×1092 mm 1/16
印 张：25.75
字 数：498 千字
版 次：2024 年 10 月第 1 版
印 次：2024 年 10 月第 1 次印刷
定 价：59.00 元

策划编辑：张筱彤 责任编辑：朱前前
美术编辑：焦 丽 装帧设计：焦 丽
责任校对：陈 民 责任印制：马 洁

总　序

党的二十大报告提出："坚持以人民为中心发展教育，加快建设高质量教育体系，发展素质教育，促进教育公平。"在教育强国的时代背景下，优先发展教育是迈向教育强国时代的重要战略。教师是教育高质量发展的第一资源。习近平总书记高度重视教师队伍建设，相继提出"四有"好老师、四个引路人、大先生、教育家精神等重要论述。教育家精神体现了教育者对教育事业的理想信念、道德情操、育人智慧、躬耕态度、仁爱之心和弘道追求，是中国教师群体铸造的宝贵智慧成果，也是迈向教育强国时代、培育大国良师、落实科教兴国战略的先决条件。新时代教师教育系列教材旨在提升教师的核心素养与实践能力，为我国基础教育高质量发展注入新的活力。

本套教材涵盖德育原理、学习科学、脑科学、编程教育、教育统计、信息科技、融合教育、心理健康、劳动教育等模块，旨在紧密结合新时代教师教育需求和趋势，从德育、智育、心育、劳育等维度阐释教育家精神扎根于基础教育的前瞻理论与实践案例，进而构建全面、系统、科学的教师教育知识体系。本套教材的编写遵循三个原则：理论联系实际原则、需求推动创新原则、学科多元融入原则。

第一，理论联系实际原则。传统教师仅为学科知识的传授者，而今日的教师应是复杂问题的解决者和全面发展的培养者。因此，将理论与实践紧密结合是提升教师教育质量、促进教育创新的关键。本套教材充分融入最新的教育研究成果和技术前沿，确保理论内容的先进性和科学性；同时增加案例分析、教学设计等模块，使教师直观地感知理论指导实践的转化机制，强化理论知识应用于教育实践的能力。

第二，需求推动创新原则。在"数字化"时代，对教育的需求已超越传统的知识传授，聚焦于素养全面发展、创新能力培养、社会适应能力提升及信息技术融合等多个维度。本套教材在编写时注重五育并举、新文科、教师核心素养等前沿理念的融合与阐释，同时注重项目学习、情境创设、技术操作等方法的应用与分析，以培养教师的逻辑思维、问题解决能力与创新精神，提升其数字、信息、人文等核心素养，进而更有效地开展教学实践。

三是学科多元融入原则。本套教材在编写过程中，注重将思政教育、跨学科思维及特殊儿童教育需求融入教材内容，以培养对未来社会负责任的教师；强化社会主义核心价值观引领，将爱国主义教育、法治教育、职业情怀教育有机融入教材，潜移默化地涵养正确的世界观、人生观、价值观；积极响应新课程方案和课程标准需求，打破学科壁垒，将不同知识模块融入教学案例和教学设计，培养跨学科教学设计能力；深入探讨如何在普通教育体系中为特殊儿童提供适切的支持与服务，确保每位儿童都能够享有平等受教育的机会。

本套教材由江苏师范大学教育科学学院（教师教育学院）牵头，众多专家学者共同编写，承载着编写团队对教育事业的热爱和责任。在本套教材出版之际，由衷感谢编写团队所有成员的同心同德、同甘共苦。感谢北京师范大学出版社李铁楠、张筱彤及其他编辑同志的认真负责和精益求精。当然，由于编写团队水平有限，本套教材难免有疏漏，同时随着教育理论和实践的不断发展，教材的内容也须更新扩展，敬请广大读者、同行专家批评指正，提出建设性宝贵意见，以便今后修订完善。也期待更多专家学者和中小学教师能够参与本套教材的修订和使用，共同推动我国教育事业的高质量发展，让我们携手共进，为新时代的教育事业贡献力量！

陈　鹏

2024 年 6 月

前　言

党的二十大报告强调，教育、科技、人才是全面建设社会主义现代化国家的基础性、战略性支撑；教育是国之大计、党之大计；培养什么人、怎样培养人、为谁培养人是教育的根本问题。劳动教育作为教育的重要组成部分，在培养创新型人才、推进教育强国的过程中起着重要的基础性作用。在2018年全国教育大会上，习近平总书记强调，要努力构建德智体美劳全面培养的教育体系；要在学生中弘扬劳动精神，教育引导学生崇尚劳动、尊重劳动，懂得劳动最光荣、劳动最崇高、劳动最伟大、劳动最美丽的道理，长大后能够辛勤劳动、诚实劳动、创造性劳动。因此，劳动教育在高质量教育体系中的地位越来越突出。

劳动教育作为国民教育体系的重要内容，是学生成长成才的必要途径，具有树德、增智、强体、育美的综合育人价值。2020年3月，中共中央、国务院发布《关于全面加强新时代大中小学劳动教育的意见》，要求设置劳动教育课程，整体优化学校课程设置，将劳动教育纳入中小学国家课程方案和职业院校、普通高等学校人才培养方案，形成具有综合性、实践性、开放性、针对性的劳动教育课程体系；同时明确要求在大中小学设立劳动教育必修课程，中小学劳动教育课每周不少于1课时；除劳动教育必修课程外，其他课程结合学科、专业特点，有机融入劳动教育内容。同年7月，教育部印发《大中小学劳动教育指导纲要(试行)》，进一步明确了劳动教育的素养目标、内容体系、实施路径、评价方式和条件保障。2020年5月，教育部在修订的《普通高中课程方案》中明确要求，普通高中劳动课程共6学分，其中志愿服务2学分，其余4学分内容与通用技术的选择性必修内容及校本课程内容统筹。2022年4月，教育部发布《义务教育劳动课程标准》，对义务教育阶段劳动课程的学段目标、项目内容、实施建议等各方面进行了专门阐释，为中小学劳动课程的设计与实施提供了行动指南。

劳动课程作为中小学劳动教育体系的核心载体，对中小学生劳动素养的生成具有关键的支撑作用。那么，如何理解劳动课程标准？如何基于劳动课程标准、学生发展水平和现实资源条件，设计系统且具有可操作的劳动课程体系？劳动课程体系包括哪些模块，每个模块又包括哪些具体项目，这些项目该如何设计，包含哪些具体要素？设计完成之后的劳动课程该如何有效实施？实施后该如何评价？《中小学劳动课程设计》聚焦新时代劳动教育政策和《义务教育劳动课程标准(2022年版)》要求，对上述问题进行了逐一回答，为中小学劳动课程体系的科学建构和有效实施提供了方向指引，为中小学劳动课程教师设计与实施劳动项目提供了操作指南。

本教材不仅是中小学劳动课程教师的操作指南，而且是中小学劳动课程准教师的必备教材。教育部《大中小学劳动教育指导纲要(试行)》明确要求，高等学校要加强劳动教育师资培养，有条件的院校开设劳动教育相关专业。为积极响应中小学劳动教育人才培养的需要，近年来部分高校开始设立劳动教育专业，同时相关高校师范类专业也开始设置劳动教育类教师教育课程，如中小学劳动教育概论、中小学劳动课程设计、中小学劳动综合实践等。《中小学劳动课程设计》根据劳动教育专业和广大师范类专业中小学劳动教育课程模块设置，为中小学劳动课程教师培养提供了教材支持。

本教材具有以下特点：第一，思想性。教材以马克思主义劳动教育观为指导，全面落实党的二十大报告精神，以新时代劳动教育政策和《义务教育劳动课程标准(2022年版)》为行动指南，助力培养德智体美劳全面发展的社会主义建设者与接班人。第二，系统性。教材在解读课程标准的基础上，从任务群项目设计、综合项目设计、劳动周设计、学校课程设计四个维度较为系统地阐释了劳动课程设计的基本原理与核心要素，进而对课程项目的教学实施提供建议。第三，可操作性。教材特别关注课程设计的可操作性，每类课程项目均提供详细的教学设计样例，从劳动教学目标、劳动教学内容到劳动教学流程和劳动教学评价等各个要素，都有详细的操作演示，为师范生和中小学劳动课程教师掌握具体的劳动项目设计与实施技能提供了操作蓝本。

本教材由江苏师范大学教育科学学院陈鹏教授担任主编，负责全书的框架设计和各章节具体内容的把关与统稿；由北京市顺义区教育研究和教师研修中心劳动教育教研员焦玉冬任副主编，负责部分内容的审校。各章节的编写人员以江苏师范大学教育科学学院劳动课程研发团队为主体，并邀请部分兄弟院校劳动教育专家参与编写，同时从一线中小学收集了丰富的劳动教学案例。具体编写分工如下：第一章(陈鹏、李莎、杨钦芬)；第二至第四章(江苏师范大学劳动课程研发团队执笔，焦玉冬审校)；第五章(魏同玉、贾成刚、陈鹏)；第六章(张晓寒、贾成刚、王淑文)；第七章(徐宏伟、魏群、曹克凡、陈鹏)；第八章(杜连森)。此外，在教材编写过程中，江苏师范大学教育科学学院的部分学生在资料收集、项目样例设计、插图绘制等工作中亦做出了贡献。在此，感谢各位参编人员和项目研发人员的鼎力支持。但需要说明的是，由于篇幅所限，教材编入的30余个项目样例分别仅呈现其中的一个课时，其余课时省略，如需要可向编写人员索取。

由于编者水平有限，且项目样例涉及细节较多，教材中难免存在不足和纰漏，敬请各位专家学者、同行、教师、学生提出宝贵意见和修改建议，我们将在后续的修订工作中最大限度地进行完善。

陈　鹏

2023年5月于江苏徐州

目　录

第一章

中小学劳动课程设计基础

本章结构图

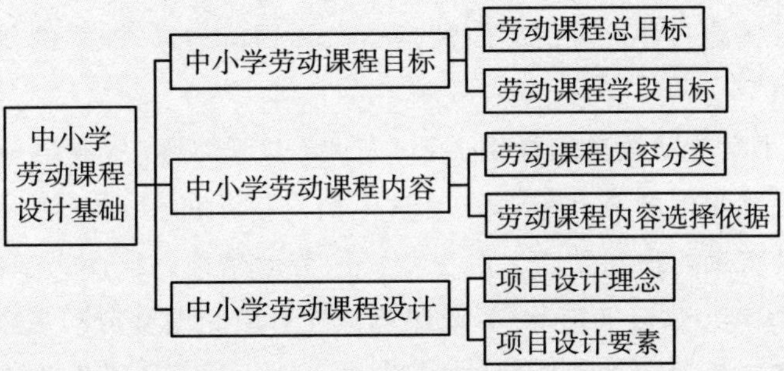

章前导语

劳动课程设计是劳动课程得以实施的前提与基础。中小学劳动课程旨在有目的有计划地组织学生参与日常生活劳动、生产劳动和服务性劳动，让学生在实践锻炼中体验劳动意义，提升劳动能力，养成良好的劳动习惯与劳动品质。因此，中小学劳动课程设计既要符合课程标准的基本要求，又要遵循课程设计的基本原理，尤其是劳动任务群的设计要有明确的目标指向和内容体系，体现一定的设计原则，并有清晰的设计思路。

关键术语

中小学　劳动课程　课程目标　课程内容　课程设计

第一节
中小学劳动课程目标

目标既有“方向”的意味，又有“里程”的价值，是在课程编制的过程中“教育意图”的一般性表述，是学习者学习结束时“可观测的行为变化的具体表现”或“可评价它的实现程度的学习结果”。① 课程目标是教育目标的具体化表达。劳动课程目标可以为劳动课程的教学设计、实施与评价提供方向性指引。泰勒认为，“课程的目标可以在人的行为变革中加以认识”②。

教育部《大中小学劳动教育指导纲要（试行）》（以下简称《指导纲要》）指出，劳动教育的目标是全面提高学生的劳动素养，使学生树立正确的劳动观念、具有必备的劳动能力、养成良好的劳动习惯和品质、培育积极的劳动精神。以此为基础，《义务教育劳动课程标准（2022年版）》（以下简称《劳动课程标准》）紧紧围绕劳动观念、劳动能力、劳动习惯和品质、劳动精神四个维度的核心素养，进一步确立了劳动课程的总目标和学段目标。在此基础上，普通高中劳动课程也应进一步明确各维度的劳动素养目标体系。

一、劳动课程总目标

结合《指导纲要》精神，根据《劳动课程标准》的描述，劳动课程总目标分为劳动观念、劳动能力、劳动习惯与品质、劳动精神四个基本维度。在此，重点结合义务教育阶段《劳动课程标准》的阐释，将劳动课程目标分为4个一级指标、14个二级指标和30个三级指标（见表1-1），同样适用于普通高中劳动课程目标。

表1-1　中小学劳动课程目标指标分解表

一级指标	二级指标	三级指标
劳动观念	正确的劳动价值观	正确认识劳动与人类生活的关系
		正确认识劳动与社会发展的关系
		正确认识劳动与个人成长的关系

① 钟启泉：《现代课程论（新版）》，346页，上海，上海教育出版社，2015。

② 同上书，347页。

续表

一级指标	二级指标	三级指标
劳动观念	积极的劳动过程观	体验劳动的艰辛和快乐
		具有劳动效率意识
		具有劳动质量意识
	和谐的劳动关系观	热爱劳动
		热爱劳动人民、尊重劳动者
	美好的劳动形象观	树立劳动最光荣、最崇高、最伟大、最美丽的观念
劳动能力	基本的劳动设计能力	劳动资源条件利用能力
		劳动方案设计能力
	基本的劳动动手能力	劳动工具与设备使用能力
		劳动技术与方法选用能力
	创造性劳动能力	劳动问题解决能力
		创造性劳动能力
	组织劳动的能力	自我管理能力
		团队合作能力
劳动习惯和品质	良好劳动习惯	自觉自愿劳动
		安全规范劳动
		有始有终劳动
	高尚劳动品质	珍惜劳动成果
		忠实劳动过程
	坚定劳动意志	执着劳动意志
		责任担当意识
劳动精神	积极劳动精神	积极的主体性劳动精神
		积极的劳动文化传承精神
	弘扬劳动精神	弘扬劳模精神
		弘扬工匠精神
	劳动奋斗精神	不畏艰辛、锐意进取的奋斗精神
		为集体辛勤劳动的奋斗精神

(一)劳动观念：形成基本的劳动意识，树立正确的劳动观念

劳动观念是指“在劳动实践中逐渐形成的，对劳动、劳动者、劳动成果等方面的认知和总体看法，以及在此基础上形成的基本态度和情感”①。根据《劳动课程标准》的要求，劳动课程主要应培养学生在劳动价值观、劳动过程观、劳动关系观和劳动形象观四个方面的劳动观念。

1. 正确的劳动价值观

正确的劳动价值观就是要正确认识劳动在人类生活、社会发展和个人成长中的特殊价值，即劳动与人类生活的关系、劳动与社会发展的关系、劳动与个人成长的关系。劳动价值观关系着劳动整体态度和习惯的养成，关系着人类社会的持续发展，关系着美好幸福生活的实现，对中小学生来说格外重要。

(1)正确认识劳动与人类生活的关系

根据马克思历史唯物主义观点，劳动创造了人，因此劳动与人类生活共始终。作为中小学生，要意识到劳动与人类生活的密切关系，认识到人类的吃穿住用行都是靠人们勤劳的“双手”创造的，人类的幸福生活同样也是靠勤劳的“双手”成就的，因此人人都要参加劳动，热爱劳动，并珍惜劳动成果，杜绝“不劳而获”“坐享其成”的现象，更不能挥霍他人的劳动成果。

(2)正确认识劳动与社会发展的关系

劳动不仅创造了人，而且通过创造财富推动了社会的发展。历史上每一次人类社会的重大变革，都是由劳动技术的革命推动的；当今激烈的国际社会竞争，同样是围绕劳动技术的革新进行的。作为中小学生，要意识到劳动与社会发展之间的密切关系，认识到经济社会的发展离不开劳动，文明社会的发展更离不开劳动，要有意识地通过自己的劳动为社会的发展作贡献，体现自身的社会价值。

(3)正确认识劳动与个人成长之间的关系

劳动不仅关系着社会的发展，而且关系着个人的成长。“三分天注定，七分靠打拼”，是劳动赋能个体成长的最为形象的表达。固然，先天因素在人的成长中起到一定的基础性作用，但历史和现实中一些典型的案例告诫我们，后天努力在个人的成长中起着关键的作用。方仲永小时候聪慧，却最终沦为平庸之人；布衣王冕家境贫寒，却最后名扬天下，这都是劳动的魅力。因此，对于处在青少年时期的中小学生，要珍惜当下的美好时光，在良好的环境中，要通过自己的勤学努力，创造属于自己的美好未来。

---

① 中华人民共和国教育部：《义务教育劳动课程标准(2022年版)》，5页，北京，北京师范大学出版社，2022。

2. 积极的劳动过程观

劳动过程观就是劳动者在劳动过程中对于劳动过程的感知以及投入情况。中小学生在劳动的过程中要学会体验劳动过程的艰辛和快乐，感知劳动的双重性，并不断养成追求劳动效率与劳动质量的意识，成为负责任的劳动者。

其一，体验劳动的艰辛与快乐。任何形式的劳动都要付出“汗水”和“心血”，但也要在“出力流汗”的过程中学会欣赏劳动的艺术，体验劳动过程和结果的快乐。个体在青少年时期经历过的任何形式的“磨练”都是其人生成长过程中的一笔宝贵的财富。因此，中小学生要学会体验劳动的艰辛，并从中寻找快乐及其带来的发展动能。

其二，具有劳动效率意识。劳动的过程不是盲目的，既要有明确的目标和方向，也要有科学的劳动方法和技巧，尤其是在日趋竞争激烈的当下更应如此。大到大国之间的“芯片”竞争，小到学业比赛的竞技，都体现出劳动效率的重要性。因此，中小学生在日常的劳动过程中，要注意掌握解决问题的科学方法，寻求解决问题的技术技巧，以最小的时间成本和劳动成本达成最大化的劳动成果。

其三，具有劳动质量意识。在高效劳动过程的基础上，还要追求高质量的劳动成果。大国之间“芯片”竞争的核心在于追求更高质量；一线的生产厂家更是以“质量”取胜。因此，劳动要实现过程与结果的统一性。中小学生在日常劳动的过程中，要注意研究劳动服务对象的诉求，从不同的视角提高劳动成果或产品的创新性和吸引力，在动手操作、服务体验中养成劳动质量意识。

3. 和谐的劳动关系观

劳动关系观就是劳动者对待劳动、劳动者的态度与方式。中小学生要通过劳动，形成热爱劳动、热爱劳动人民的积极情感，做到尊重劳动、尊重劳动者，在积极的劳动情感中维持与劳动以及劳动者之间的和谐关系。

其一，热爱劳动，处理个人与劳动之间的关系。劳动关乎个人的生存与发展，从个体的吃穿住用行到个体美好生活的实现，都离不开劳动；劳动关乎社会的经济、文化发展，推动人类社会的不断革新与进步。因此，中小学生要敬畏劳动、热爱劳动，将劳动作为人生发展的铺路石和涂画棒，保持个人发展与劳动活动之间的同频共振。

其二，热爱劳动人民，尊重劳动者，处理个人与劳动者之间的关系。马克思基本原理告诉我们，人是群体中的人，处理好人与人之间的关系才能维持社会的和谐运转。维持社会关系运转的核心要素是劳动，推动社会变革的核心主体是劳动者。人们之间的劳动具有互补性和依赖性，他人的劳动可能是自我劳动得以存续的条件和基础。因此，中小学生要学会在劳动中热爱劳动人民，尊重各行各业的劳动者。从“航天英雄”到“清洁工”，从“大国工匠”到“一线工人”，每一位劳动者都值得敬仰。

4. 美好的劳动形象观

劳动形象观是在劳动的过程中形成的对劳动整体形象的认识。中小学生要在劳动的过程中，逐步树立积极、美好的劳动形象，形成劳动最光荣、劳动最崇高、劳动最伟大、劳动最美丽的观念，将劳动作为引领毕生发展的“洞穴之光”。

劳动最光荣、劳动最崇高、劳动最伟大、劳动最美丽，劳动没有贵贱贫富之分，任何积极的劳动都值得我们尊敬，任何不热爱劳动的人都将被历史和时代唾弃。中小学生在劳动的过程中，要善于发现劳动之美，学会欣赏劳动的魅力，认同劳动的积极形象，以正向、积极、美好的劳动形象和精神激励自我。

(二)劳动能力：发展初步的筹划思维，形成必备的劳动能力

劳动能力是指“顺利完成与个体年龄及生理特点相适宜的劳动任务所需的胜任力，是个体的劳动知识、技能、行为方式等在劳动实践中的综合表现”①。通过劳动课程，中小学生应养成基本的劳动设计能力、基本的劳动动手能力、创造性劳动能力和组织劳动的能力。

1. 基本的劳动设计能力

劳动设计能力是指“从目标和任务出发，系统分析可利用的劳动资源和约束条件，制订具体的劳动方案”②的能力，或者是说关于劳动的统筹规划的能力，主要包括劳动资源利用能力和劳动方案设计能力。

其一，劳动资源条件利用能力。劳动过程需要一定的资源条件，包括劳动资料、劳动工具、劳动环境等。其中，劳动资料是维系劳动的前提性条件，劳动工具是过程性条件，劳动环境是保障性条件。中小学生在具体的劳动方案设计中，要充分利用学校、家庭、社会等场域提供的基础性、工具性等资源条件。

其二，劳动方案设计能力。劳动方案关系着劳动过程能否顺利进行，劳动目标和任务是否顺利达成，劳动成果是否高质量完成。中小学生在充分利用劳动资源条件的基础上，要学会围绕特定的目标和任务进行统筹规划，实现资源利用效率的最大化，发展基本的劳动方案设计能力，包括劳动对象的分析、劳动材料的选用、劳动工具的选择、劳动程序的设计、劳动成果的测评等方面的能力。

2. 基本的劳动动手能力

劳动动手能力是将劳动方案付诸实践的能力。在劳动的过程中，中小学生要学会正确地使用常用的劳动工具和设备设施等基本条件，并采用一定的劳动技术、工艺、

---

① 中华人民共和国教育部：《义务教育劳动课程标准(2022年版)》，5页，北京，北京师范大学出版社，2022。

② 同上书，6页。

方法等手段，完成既定的劳动目标与任务。

其一，劳动工具与设备使用能力。劳动工具是劳动过程的基本要素，是劳动者直接作用于劳动对象的基本媒介；劳动设备是现代劳动关系中由劳动工具演化而来的机械化、系统化设施。中小学生在劳动的过程中，要学会认识常用的劳动工具，并根据项目需要，选用合适的劳动工具和劳动设备，维系劳动过程的运行。

其二，劳动技术与方法选用能力。如果说劳动工具是维系劳动过程运行的基础性条件，那么劳动技术、工艺、方法是确保劳动任务完成的关键性条件。任何一个时期劳动效率的巨大提升都依赖于劳动技术与方法的革新。中小学生在劳动的过程中，要学会使用科学的劳动技术、新颖的劳动工艺、高效的劳动方法，并作用于劳动对象，确保劳动目标任务的高效完成。

3. 创造性劳动能力

创造性劳动能力是综合运用多学科知识和多方面经验，发现与分析在劳动过程中出现的问题，进而解决问题的能力，关系着劳动过程的创新性和劳动成果的竞争力。中小学生要学会综合运用所学知识解决劳动问题，培养创造性劳动能力。

其一，劳动问题解决能力。问题解决能力是创造性劳动的前提和基础。中小学生要善于综合运用所学的学科知识解决劳动中出现的各种专业性问题，如道德与法治中的劳动法规知识、自然科学中的劳动原理知识、数学中的劳动成本核算知识、语文中的劳动价值观知识等，对劳动问题的解决都具有积极的意义。在此基础上，不断积累劳动经验，结合新旧知识的联系，循序渐进地解决各类问题。

其二，创造性劳动能力。在解决问题的基础上，还要学会创造性劳动，培养创新性品质。创新是一个民族进步的灵魂，是一个国家兴旺发达的不竭动力。劳动产品竞争的关键在于创新，创新性的关键在于劳动者的创造力，而创造力要从娃娃抓起。中小学生在劳动的过程中，要跳出“墨守成规”的思维定势，学会使用新的劳动技术、工艺和方法，创造性开展劳动工作，提高劳动产品的竞争力。

4. 组织劳动的能力

组织劳动能力包括劳动者自我组织能力，以及在团队中与其他劳动者合作的能力。中小学生要通过劳动，处理好自我与劳动、自我与集体之间的关系，维系良好的劳动关系共同体。

其一，自我管理能力。自我管理是个体主动应用认知及行为策略对自身的思想、情绪、行为以及所处环境等进行目标管理的过程。[①] 中小学生的自我管理一般包括时间管理、情绪管理、行为管理等，自我管理能力越强，劳动效率越高。因此，中小学生

---

① Schunk D H，Zimmerman B J.：Social origins of self-regulatory competence，*Educational Psychologist*，1997(4).

要从小养成自我管理的能力，在劳动的过程中注意合理地分配时间，在艰苦的劳动中学会调控自己的情绪，在与人交往的过程中，学会使用恰当的交往方式。

其二，团队合作能力。团队合作是维系劳动关系共同体和谐运转的前提性条件，也是提高劳动效率的关键性因素。劳动能力最强的个体组合成的团队不一定是最强的团队，关键要看成员之间的合作，包括团队成员之间的相互包容、共同支持等。中小学生在劳动项目实施的过程中，要学会与小组成员之间进行交流与合作，做好分工协作，为了共同的劳动目标与任务，相互信任与支持。

(三)劳动习惯和品质：养成良好的劳动习惯，塑造基本的劳动品质

劳动习惯和品质是指“通过经常性劳动实践形成的稳定行为倾向和品格特征”①。具体而言，主要包括劳动习惯、劳动品质、劳动意志三个维度。

1. 良好劳动习惯

劳动习惯是一种较为稳定的主观性劳动行为倾向。中小学生要通过劳动，逐步养成自觉自愿地参加劳动、安全规范地操作劳动、有始有终地从事劳动的好习惯，为将来的成人成事奠定良好的基础。

其一，自觉自愿劳动。自觉自愿劳动是最为基本的劳动习惯，也是劳动得以延续的前提性条件。经过劳动教育，中小学生要变“被动”劳动为“主动”劳动，要内心认可劳动，从而主动、有意识地去发现劳动，进而有责任心地去承担劳动，做到“眼里有活，心中有数，手上有招”，成为一个自律的劳动者。

其二，安全规范劳动。劳动既有一定的法律法规等制度性规定，也有一定的操作技巧等专业性规范，一方面维护着既有的劳动秩序，另一方面也保护着劳动者的合法权益。中小学生在劳动的过程中，要养成自觉遵守劳动规则、恪守劳动规范的好习惯，按照既有的劳动法律法规进行合理地劳动，按照基本的操作规范使用劳动工具和设备，保护好自身与他人的身心安全。

其三，有始有终劳动。人生不是一蹴而就的，劳动也不是一时就罢的。要维系个体生命，追求美好的幸福生活，就要持续性地劳动。然而，劳动也不能过度，还要保持适当的休息，才能更好地进入下一轮劳动。因此，中小学生要在劳动的过程中学会张弛有度，有序、渐进式的劳动，保证身体在合理的劳动强度之内。

2. 高尚劳动品质

劳动品质是一种较为稳定的对待劳动过程和成果的品格特征。中小学生要在劳动的过程中具身体悟劳动成果的来之不易，珍惜劳动成果；同时还要虔诚地对待劳动，

---

① 中华人民共和国教育部：《义务教育劳动课程标准(2022年版)》，5页，北京，北京师范大学出版社，2022。

能够辛勤劳动、诚实劳动、协作劳动和创造性劳动。

其一，珍惜劳动成果。劳动成果是人们辛勤劳动的智慧结晶，值得每一位青少年和劳动者去珍惜，任何挥霍、破坏劳动成果的行为和个人都将受到谴责。因此，中小学生要通过亲身体验劳动，体悟劳动过程的来之不易，感悟劳动成果收获的喜悦，从而养成珍惜劳动成果、尊重劳动者的优良品质。

其二，忠实劳动过程。劳动的过程是艰辛的，需要辛勤、诚实地付出，才会产生劳动硕果；同时，高质量的劳动成果还需要协作和创造性劳动。因此，中小学生要学会忠实于整个劳动过程，不要有任何侥幸心理和偷懒心理，要诚实地对待劳动对象和劳动过程；并学会与劳动共同体中的其他成员进行协同性工作，同时善于打破常规思维定势，创造性地解决问题。

3. 坚定劳动意志

劳动意志是基于劳动习惯和品质基础上的坚忍不拔的劳动人格特质。通过劳动教育，中小学生要养成吃苦耐劳、不畏艰辛、坚持不懈、持之以恒、勇于担当的意志品质，以应付任何可能的劳动风险。

其一，执着劳动意志。劳动的过程是枯燥的、长久的、有风险的，成功的劳动要求劳动者要具有吃苦耐劳、持之以恒的执着劳动意志。中小学阶段是磨炼意志的最佳时机，在劳动课程设计的过程中，要适当设置有挑战性的劳动项目或环节，引导青少年学生养成学会吃苦、不怕艰难、坚持不懈的劳动品质。

其二，责任担当意识。劳动的过程是充满挑战的，要求劳动者要敬畏劳动，以负责任的态度对待劳动目标与任务，以及劳动过程中的每一个环节，确保劳动任务按时完成。在中小学劳动课程的实施中，应适当设置一定的职业场景和角色分工，引导学生在角色参与中养成忠于职守、勇于担当的意志品质。

(四)劳动精神：培育积极的劳动精神，弘扬劳模精神和工匠精神

劳动精神是指“在劳动观念、劳动能力、劳动习惯和品质的培养过程中形成和发展的，在劳动实践中秉持的关于劳动的信念信仰和人格特质”①。可以说，劳动精神是在前三个素养基础上的升华和结果。中小学生应通过劳动教育，形成积极的劳动精神，并弘扬与传承劳动精神，具有为劳动目标不断奋斗的精神。

1. 积极劳动精神

中小学生要通过持续性的劳动实践，培养“勤俭、奋斗、创新、奉献”的劳动精神，并有主动承担继承中华民族优良劳动精神的积极愿望，营造积极的劳动情绪和气氛。

---

① 中华人民共和国教育部：《义务教育劳动课程标准(2022年版)》，5页，北京，北京师范大学出版社，2022。

其一，积极的主体性劳动精神。积极的劳动精神可以引领劳动主体的正向成长，促进劳动过程与结果的良性循环。中小学生在劳动实践的过程中，要不断地熏陶自我、规训自我，既要辛勤劳动，又要尊重劳动成果、节约劳动成果；既要坚持不懈地劳动，又要勇于创新地劳动，更要学会无私奉献地劳动。

其二，积极的劳动文化传承精神。在中华民族发展史上，有无数勤俭节约、敬业奉献的劳动者形象，“三过家门而不入”的大禹，“水利专家”李冰父子，“衣被天下”的黄道婆……他们身上体现了勤劳致富、甘于奉献的中华民族的劳动智慧，“精卫填海”“愚公移山”更是对中华民族劳动精神的真实写照。中小学生要通过阅读经典文献、观看经典纪录片等方式，感受中华民族的优良劳动精神，进而继承这些劳动精神，作为促进人生发展的灵魂指引。

2. 弘扬劳模精神

“劳模”是劳动者中的优秀楷模，具有爱岗敬业、率先垂范、甘于奉献的优秀品质；“工匠”是“劳模”中的代表人物，他们身居一线，精益求精、追求卓越，作为中小学生要积极地弘扬劳动精神和劳模精神，照耀自己成长。

其一，弘扬劳模精神。习近平总书记称赞“劳动模范是民族的精英、人民的楷模，是共和国的功臣”。在不同的时代，劳动的内涵在变，劳模的标准在“进阶”，但“爱国敬业、争创一流，艰苦奋斗、勇于创新，淡泊名利、甘于奉献”的劳模精神始终不变。① 在中小学劳动教育的过程中，要通过与模范人物“零距离”、观看纪录片等方式，引导青少年感悟劳模精神，生发见贤思齐的渴望。

其二，弘扬工匠精神。“大国工匠”是职工队伍中的高技能人才，经过长期的辛勤劳动，他们积累了爱岗敬业、精益求精、笃行专注、持续创新的伟大工匠精神。② “心心在一艺，其艺必工；心心在一职，其职必举。”干一行、爱一行，还要钻一行、精一行。中小学要定期地举行“大国工匠”进校园活动，引导青少年学生在劳动的过程中涵养精雕细琢、精耕细作的劳模精神。

3. 劳动奋斗精神

中小学生不仅要积极地弘扬劳动精神，而且要勇于面向未来，不畏艰辛地劳动，同时还要具有集体主义精神、时刻为社会和国家奋斗终生的劳动精神。

其一，不畏艰辛、锐意进取的奋斗精神。“人生在勤，勤则不匮”。人类历史上的每一笔财富，都孕育着中华劳动人民的集体智慧；每个家族的兴盛，都离不开辛勤的劳动奋斗；每一个成功个体的背后都抹不掉辛勤劳动的汗水。中小学生要在劳动中磨练意志，养成不畏艰辛、积极进取、奋发向上的劳动精神。

---

① 智春丽：《弘扬劳模精神》，载《人民日报》，2019-04-30。

② 徐耀强：《论“工匠精神”》，载《红旗文稿》，2017(10)。

其二，为集体辛勤劳动的奋斗精神。社会的经济、政治、文化的发展离不开每一位劳动者的辛勤付出，国家的繁荣昌盛更离不开每一位公民的艰苦奋斗。中小学生要在劳动实践中养成集体主义的劳动精神，弘扬劳动奉献精神，争做优秀的社会主义建设者和接班人，助力社会主义现代化建设和中华民族的伟大复兴。

二、劳动课程学段目标

泰勒指出，学习心理学给我们的启示是，将可实现的教育目标安排到各个年级，以使某种操作更有效。① 根据《劳动课程标准》的描述，义务教育阶段劳动课程的目标依据学生的年龄特点分为四个学段，每个学段又有具体的课程目标分解，涵盖劳动观念、劳动能力、劳动态度与习惯、劳动精神领域，不同领域的素养在不同学段具有不同水平的具体表现。此外，《指导纲要》《普通高中通用技术课程标准(2017 年版 2020 年修订)》(以下简称《通用技术课程标准》)和《中小学综合实践活动课程指导纲要》对普通高中劳动课程目标也有相应规定和阐释。结合文件精神，构建出中小学劳动课程的学段分级表(见表 1-2)。

(一)第一学段(1～2 年级)目标

第一学段的课程目标主要是引导小学生通过初步的感知劳动、参与劳动，形成初步的劳动观念，养成初步的劳动能力和劳动习惯，激发劳动的好奇心。

1. 劳动观念目标：初步认识劳动

《劳动课程标准》指出，1～2 年级学生要“懂得人人都要劳动、劳动成果来之不易的道理。初步感知劳动的艰辛与乐趣，学会尊重他人的劳动付出。喜欢劳动，具有主动劳动、积极参加劳动的愿望”②。由于 1～2 年级的学生年龄较小，对“什么是劳动”“什么是劳动者”“劳动成果的形成”还没有明确的概念，需要对劳动、劳动者、劳动成果进行初步的感知，引导他们认识到人人都要参加劳动，劳动是需要付出的，劳动有苦也有乐，劳动成果来之不易，建立对劳动三元素的感性认识，进而喜欢上劳动，并具有主动参加、积极参加劳动的意愿，为以后的持续发展奠定劳动观念基础。

2. 劳动能力目标

(1)生活劳动：初步养成个人生活自理能力

在生活劳动方面，《劳动课程标准》规定，1～2 年级学生要“完成比较简单的个人物品整理与清洗，居室、教室等卫生保洁、整理与收纳，以及垃圾分类等劳动任务，参与

---

① [美]拉尔夫·泰勒：《课程与教学的基本原理》，39 页，罗康、张阅译，北京，中国轻工业出版社，2014。

② 中华人民共和国教育部：《义务教育劳动课程标准(2022 年版)》，7 页，北京，北京师范大学出版社，2022。

表 1-2　中小学劳动课程学段目标分级表

总目标和分目标		学段目标				
		第一学段（1～2 年级）	第二学段（3～4 年级）	第三学段（5～6 年级）	第四学段（7～9 年级）	第五学段（10～12 年级）
劳动观念		初步认识劳动	初步热爱劳动	初步树立劳动观念	牢固树立劳动观念	进一步牢固树立劳动观念
劳动能力	生活劳动	初步养成个人生活自理能力	形成生活自理能力	—	—	—
		—	初步具备简单家务劳动技能	进一步增强家务劳动能力	提高家政服务技能	掌握现代家政技能
		—	—	初步形成家庭责任感	增强家庭责任意识	增强家庭责任感
	生产劳动	简单手工制作能力	初步体验简单生产劳动	安全、规范开展劳动	培养创新生产劳动能力	提高创意物化能力
		具有一定好奇心	激发好奇心	探究欲进一步增强	形成初步职业意识	增强生涯规划意识
	服务性劳动	初步体验服务劳动	初步体验现代服务业劳动	—	提升现代服务技能	—
		具有初步服务他人意识	初步形成公共服务意识	增强公共服务意识	增强公共服务意识	培养主动服务社会的情怀
		—	—	初步形成社会责任感	—	强化社会责任意识
劳动态度与习惯		初步敬畏劳动	初步忠诚劳动	具有诚实合法劳动意识	强化诚实合法劳动习惯	固化良好劳动习惯
劳动精神		—	生活勤俭节约	初步形成积极劳动精神	形成积极劳动精神	强化积极劳动精神

简单的家庭烹饪。形成‘自己的事情自己做’的意识，具有初步的个人生活自理能力”。小学低年级是生活习惯养成的奠基期，一些简单的衣物整理与清洗工作需要自己动手去做，还有家庭、学校场域的一些日常的卫生保洁，书包、书桌的整理，书皮的包装，简餐的制作，都需要慢慢学习，以养成初步的生活自理能力。

(2)生产劳动：简单手工制作能力，具有一定好奇心

在生产劳动方面，《劳动课程标准》规定 1～2 年级学生要学会“关心、照顾身边常见动植物，初步形成关爱生命、热爱自然的意识。参与简单的手工制作活动，初步学会规范使用相应工具。对工艺制作具有一定的好奇心”。小学低年级是科学观、自然观养成的基础期，要引导他们学会欣赏、照料身边常见的动植物，如小兔子、小鸡、小鸭，以及绿植等，培养与动植物之间的感情，进而关爱生命、热爱自然、亲近自然。同时，还要在父母的陪伴下，能够参与制作一些简单的手工作品，如折纸、剪纸等，初步学会规范、安全使用剪刀、胶棒、双面胶等简易的劳动工具，形成对工艺品及其制作过程的好奇心。

(3)服务性劳动：初步体验服务劳动，具有初步服务他人意识

在服务劳动方面，《劳动课程标准》规定，1～2 年级学生要“参与班级集体劳动，主动维护教室内外环境卫生，初步形成以自己的劳动服务他人的意识”。小学低年级是集体主义价值观形成的萌芽期，要引导他们通过参与班级、班队、小组范围内的集体活动，养成主动维护集体环境的习惯，进而初步形成服务他人、服务集体的意识。

3. 劳动态度与习惯目标：初步敬畏劳动

《劳动课程标准》指出，1～2 年级学生要“在劳动过程中遵守纪律，不怕脏、不怕累，具有初步的劳动安全意识，初步养成有始有终、认真劳动的习惯”。从中可以看出，劳动纪律、安全意识、有始有终的劳动习惯对低年级的学生至关重要。“没有规矩，不成方圆。”小学生从小就要养成敬畏纪律、遵守规范的习惯，这对于学习与人生的发展都至关重要。在遵守纪律的基础上，还要注意保护自己的身体不受伤害，初步养成“避险求安”的劳动安全意识，建立初步的安全观。最后，还要对劳动持有忠诚的态度，初步意识到坚持的重要性。

(二)第二学段(3～4 年级)目标

第二学段的课程目标主要是引导小学生通过主动参与或体验简单的家务劳动、生产劳动和服务性劳动，初步养成热爱劳动的观念，形成生活自理能力，激发对生产劳动的好奇心和探究欲，初步形成公共服务意识。

1. 劳动观念目标：初步热爱劳动

《劳动课程标准》指出，3～4 年级学生要“懂得‘一分耕耘，一分收获’的道理。体会劳动光荣、劳动无高低贵贱之分的道理，认识到美好生活离不开各行各业的劳动者。

尊重劳动，尊重普通劳动者，初步形成热爱劳动的态度”。在第一学段初步认识劳动的基础上，3～4 年级学生应逐步开始认识劳动与劳动成果、劳动者与劳动成果的关系，使他们懂得不仅人人都要劳动，而且劳动的付出与劳动成果呈正比，不同行业的劳动者没有高低贵贱之分，人类的美好生活是由大家共同创造的，因此要尊重每一位劳动者，进而初步热爱劳动。

2. 劳动能力目标

(1)生活劳动：初步具备简单家务劳动能力，形成生活自理能力

在生活劳动方面，《劳动课程标准》规定，3～4 年级学生要“养成良好的个人清洁卫生习惯。认识常用家用器具，掌握家用小器具的使用方法，具有家用电器使用安全意识和初步的器具保养意识。主动分担家务，协助参与家庭环境卫生清洁，能制作简单的日常饮食，初步学会简单的家务劳动技能，形成生活自理能力”。可见，在第二学段，小学生生活方面的劳动逐渐从个人世界延伸到家庭场域，开始承担一定的家务劳动，从“自己的事情自己做”过渡到“主动分担家务”，协助家长做一些简单的家务劳动，比如客厅、卧室的卫生清洁，简易餐品的制作等，但在这一过程中可能涉及一些简单的家用器具，如扫地机、微波炉、厨房刀具等，因此要认识并学会使用这些器具的操作方法，具有一定的安全意识，开始学会保护自己，同时还注意定期地维护和清洁器具。

(2)生产劳动：初步体验简单生产劳动，激发好奇心

在生产劳动方面，《劳动课程标准》规定，3～4 年级学生要“初步体验简单的种植、养殖、手工制作等生产劳动，能规范地使用常用的劳动工具，了解常用材料的作用与特征，对劳动过程中遇到的问题具有好奇心和探究欲望”。因此，在认识、关爱、敬畏动植物等生命自然的基础上，3～4 年级学生应开始学会体验简单的种植、养殖活动，如生菜、菠菜、小白菜的种植，小鸡的孵化、桑蚕的养殖等，在这一过程中，应主动了解种子的分类与特点，土壤的条件，种植、养殖的温度，小动物的饮食习惯等。同时，还要学会独立地制作一些简单的手工作品，如千纸鹤、灯笼等，了解手工作品常用的材料，能够较为熟练地使用剪刀等简单工具，并在剪裁的过程中注意安全。

(3)服务性劳动：初步体验现代服务业劳动，初步形成公共服务意识

在服务性劳动方面，《劳动课程标准》规定，3～4 年级学生要“参加校园卫生保洁、垃圾分类处理、绿化美化等劳动，适当参加社会环保、公共卫生维护等力所能及的公益劳动，初步体验简单的现代服务业劳动，初步形成公共服务意识”。可见，在这一学段，小学生的服务性劳动开始从班级内部延伸到校园乃至社会场域，服务的场域范围逐步扩大。首先在校园劳动方面，要积极参加学校组织的“校园大扫除”“我的校园我装扮”等活动，培养爱护校园、维护校园环境的好习惯。其次在校园劳动的基础上，学校还应在周末、节假日组织 3～4 年级学生适当参加一些社会公益活动和现代服务业劳

动，如“社区垃圾我分类”“街道清洁工”“小小宣传员”等角色体验活动，初步培养学生的公共服务意识，引导其初步感知个体在社会中存在的价值。

3. 劳动态度与习惯目标：初步忠诚劳动

《劳动课程标准》指出，3～4 年级学生要“懂得在劳动中遵规守约，初步学会与他人合作劳动。珍惜劳动成果，初步养成有始有终、专心致志的劳动习惯和品质”。在第一学段初步敬畏劳动纪律的基础上，第二学段小学生还应认识到劳动的守约不仅仅意味着自己遵守劳动规则，还要处理好与其他劳动者的关系，即初步学会与小组内其他成员合作劳动，认识到合作、团结的重要性，同时还要珍惜他人的劳动成果。当然，最为重要的还是要初步养成坚持不懈的劳动习惯，不仅要认真对待劳动，而且要专心致志，对自己从事的简单劳动能够保持注意力。

4. 劳动精神目标：生活勤俭节约

《劳动课程标准》指出，3～4 年级小学生要“在劳动过程和日常生活中做到勤俭节约、不怕困难”。“勤俭节约”是中华民族的传统美德，对个人、家庭、社会乃至国家的发展都具有重要的基奠性作用，小学 3～4 年级学生已经开始对劳动形成了初步的感知，并认识到劳动材料、劳动工具、劳动成果之间简单的因果关系，因此在这一时期要培养他们初步的节约意识，如在家庭日常保洁、校园卫生清洁的过程中要注意节约清洁剂、维护清洁工具，在简单烹饪劳动中注意节约食材，并珍惜制作的简易餐品成果。同时，在劳动的过程中还要养成不畏艰难、承受失败的精神。

（三）第三学段（5～6 年级）目标

第三学段的课程目标主要是引导小学生进一步体验家务劳动、生产劳动、服务业劳动，尤其是现代服务业劳动，进一步增强其生活自理能力、生产劳动能力以及公共服务意识，初步形成家庭责任感、社会责任感以及积极的劳动精神。

1. 劳动观念目标：初步树立劳动观念

《劳动课程标准》指出，5～6 年级学生应“懂得劳动创造财富、劳动来不得半点虚假、‘业精于勤荒于嬉’等道理。认识到劳动者是国家的主人，‘三百六十行，行行出状元’，体会普通劳动者的光荣与伟大。初步树立劳动最光荣、劳动最崇高、劳动最伟大、劳动最美丽的观念”。可见，小学高年级学生的心智发展逐渐从具体思维走向抽象思维阶段，在尊重具化的劳动成果的基础上，还应进一步理解劳动者及其劳动的光荣与伟大，认识到劳动与财富创造、劳动者与国家发展之间的关系，初步树立劳动在心目中的伟大形象，督促自身发展。

2. 劳动能力目标

（1）生活劳动：进一步增强家务劳动能力，初步形成家庭责任感

在生活劳动方面，《劳动课程标准》规定，5～6 年级学生应“掌握家庭生活中常用的

清洁与卫生、整理与收纳基本技能。了解家庭常用器具的功能特点，规范、安全地操作与使用。初步掌握基本的家庭烹饪技法，制作简单的家常餐，具有食品安全意识。进一步增强生活自理能力和家务劳动能力，初步具有家庭责任感”①。因此，在低学段掌握基本家务劳动技能的基础上，高学段小学生应进一步增强相对复杂家务劳动的能力，从认识家用器具的表面特征到了解其内在的功能特点，从具有初步的安全意识到安全规范地使用家用器具，从制作简单的餐品到掌握基本的烹饪技法，进而制作一些家常餐，生活自理能力和家务劳动能力进一步提高，形成初步的家庭责任感，将个人劳动与家庭幸福开始联系在一起。

(2)生产劳动：安全、规范开展劳动，探究欲进一步增强

在生产劳动方面，《劳动课程标准》指出，5～6 年级学生应“进一步体验种植、养殖、手工制作等生产劳动，能根据劳动任务选择合适的材料和工具、技术与方法，安全、规范、有效地开展劳动”。在这一学段，劳动的对象开始从简单的生产劳动过渡到相对复杂的生产劳动，在劳动的过程中，在前期规范使用劳动工具的基础上，应能够根据劳动任务或劳动对象的实际需求，选择合适的劳动工具和原材料，并使用相对科学的劳动技术、手段、方式或方法，在遵守劳动规则、保护自身安全的基础上，有效地开展劳动。

(3)服务性劳动：增强公共服务意识，初步形成社会责任感

在服务性劳动方面，《劳动课程标准》指出，5～6 年级学生应“主动参加校园卫生保洁与环境美化等劳动，积极参加社区环保、公共卫生维护等力所能及的公益劳动，进一步体验新技术支持下的现代服务业劳动，形成关爱他人、积极参与社区建设的劳动意识和能力，增强公共服务意识，初步形成社会责任感”。可见，在这一学段，小学生的集体主义劳动价值观进一步增强，校园劳动的主动意识显著增强，在此基础上应进一步激发在社会服务中的积极性，从上一学段的“适当”参加到这一阶段的“积极”参加。而且服务的科技含量也在增强，从简单的服务性劳动过渡到现代性的服务性劳动，如帮助社区老人学习智能手机、使用购物 App 等现代信息技术，初步形成社会责任感。

3. 劳动态度与习惯目标：具有诚实合法劳动意识

《劳动课程标准》指出，5～6 年级学生要学会“在劳动过程中自觉遵守劳动纪律，形成诚实劳动、合法劳动的意识”，“初步养成持之以恒”以及“在劳动中主动克服困难，初步形成不怕辛苦、积极探索”的“劳动品质”；同时还要“初步形成劳动效率意识和劳动质量意识”。作为一名社会主义国家的公民，首先要遵纪守法，讲究诚信。劳动纪律既是对集体中他人的保护，也是对劳动者自身安全的保护，因此在劳动中不仅要理解规则的重要性，还要学会自觉地遵守劳动纪律，学会在集体中保护他人、爱护自己。

---

① 中华人民共和国教育部：《义务教育劳动课程标准(2022 年版)》，7 页，北京，北京师范大学出版社，2022。

其次，还应逐步培养持之以恒的劳动意志力，不怕困难、迎难而上。持之以恒、不畏艰险是人生成长的必备法宝，小学高年级要学会在劳动的过程中不畏艰险、不言放弃，在磨练中不断锻炼自我。最后，还应对劳动的过程和劳动的结果有一定的追求，体现过程的高效性和成果的品位性。

4. 劳动精神目标：初步形成积极劳动精神

在初步形成内在的劳动意志品质的基础上，5～6 年级学生还应初步形成“爱岗敬业、乐于奉献”，以及“追求创新”的“劳动精神”。[①] 敬业、奉献、创新是积极劳动的基本品质，也是大国工匠的核心素养。高年级的小学生已经对劳动、劳动者、劳动成果之间的关系有了初步的认识，且具有一定的劳动品质，在此基础上应养成由“内”而“外”的劳动素养，初步养成积极的劳动精神，从遵纪守法到爱岗敬业，从磨炼自我到奉献集体，从驾驭基本技能到追求劳动创新，开始逐步树立自我在社会中的劳动形象。

(四)第四学段(7～9 年级)目标

7～9 年级是“六三”学制的初中阶段，相对于小学生，这一时期的学生身心进一步发育，开始进入青春期阶段，对外界事物的好奇心增强，接受新鲜事物的能力开始增强，而且逐渐意识到个人与社会、个人与职业之间的关系，并将个人能力与职业发展建立一定的关联，开始思考个体能力与职业选择的匹配关系。因此，这一时期的劳动课程应在进一步强化家庭责任感、社会公共服务意识养成的基础上，开始关注职业生涯意识的培养。

1. 劳动观念目标：牢固树立劳动观念

《劳动课程标准》指出，7～9 年级学生应“懂得劳动创造人的道理，认识到劳动是推动人类社会进步的根本力量，理解‘劳动托起中国梦’的重要意义。领会‘劳动是一切幸福的源泉’‘幸福是奋斗出来的’的道理。牢固树立劳动最光荣、劳动最崇高、劳动最伟大、劳动最美丽的观念”[②]。7～9 年级学生已经具备一定的学科基础知识，并逐步接触到“道德与法治”课程关于人类社会、民族国家等抽象的社会概念，劳动课程可以以此为基础，进一步引导他们认识到劳动与人类社会发展、中华民族的伟大复兴等共同体目标之间的密切关系，强化对劳动的社会价值和国家价值涵义的理解，认识到劳动造就人类社会的一切幸福，牢固树立劳动在心目中的伟大、光辉形象，激励自我成长。

2. 劳动能力目标

(1)生活劳动：提高家政服务技能，增强家庭责任意识

在生活劳动方面，《劳动课程标准》支持 7～9 年级学生应“主动承担一定的家庭清

---

① 中华人民共和国教育部：《义务教育劳动课程标准(2022 年版)》，9 页，北京，北京师范大学出版社，2022。

② 同上书，9 页。

洁、烹饪、家居美化等日常生活劳动，进一步加强家政知识和技能的学习与实践，理解劳动创造美好生活的道理，提高生活自理能力，增强家庭责任意识”①。家政即“家庭事务的管理工作”，不仅仅局限于清洁与卫生、整理与收纳，还包括烹饪与营养、装饰与美化、家用器具使用与维护等家务劳动。7～9 年级学生已经逐步学习生物、物理、化学等学科知识，要强化学科知识与日常生活的联系，学习利用专业知识解决日常生活问题，并主动帮助家庭分担力所能及的家务劳动，营造个体与家庭成员的和谐关系，在提高生活自理能力的同时，家庭责任感逐渐增强。

(2)生产劳动：培养创新生产劳动能力，形成初步职业意识

在生产劳动方面，《劳动课程标准》指出，7～9 年级学生应“适当体验金工、木工、电子、陶艺、布艺等项目的劳动过程，体会其中蕴含的独特智慧和人类创造力。尝试进行家用器具的简单修理，参与种植、养殖等生产劳动，体会运用所学知识分析与解决实际问题的过程。获得初步的职业体验，形成初步的职业意识和生涯规划意识”②。生产劳动是推动人类社会发展不竭的动力。据《礼记·曲礼》记载“天子之六工，曰土工、金工、石工、木工、兽工、草工，典制六材”。手工业是中国古代仅次于农业的第二产业，而后手工业逐渐分化为更多的产业，并与机器大生产甚至智能制造联系在一起。作为 7～9 年级学生，应适当体验传统手工业的生产过程，领悟其中蕴含的中华优秀传统文化、工匠精神等人类智慧结晶，并与现代技术建立联系；同时还应积极体验动物养殖、植物种植等农业生产劳动，感悟农民劳动的智慧和艰辛。而在工、农业生产劳动中，还要学会利用所学生物、物理、化学等知识解决遇到的实际问题，在劳动锻炼中建立自我与社会的联系，将自我兴趣与职业兴趣联系在一起，形成初步的职业意识和职业规划意识。

(3)服务性劳动：提升现代服务技能，增强公共服务意识

在服务性劳动方面，《劳动课程标准》规定，7～9 年级学生应“定期参加校园包干区域的保洁和美化，以及助残、敬老、扶弱等公益劳动，体验以自己的劳动服务他人、服务社区的自豪感和幸福感，初步形成对学校、社区负责任的态度。体验融合一定智能技术的现代服务业劳动，提升现代服务技能，充分认识现代服务业劳动的性质、特征与独特的价值。进一步增强公共服务意识，提升以自己的劳动创造美好生活的社会责任感”③。服务他人、服务社会等集体主义精神也是中华民族的传统美德。7～9 年级学生的集体主义意识逐渐增强，要通过劳动实践及时地引导他们积极参与学校、社区、社会的清洁美化、敬老爱幼、科技普及等服务性活动，并将手机 App 等现代智能技术

---

① 中华人民共和国教育部：《义务教育劳动课程标准(2022 年版)》，9 页，北京，北京师范大学出版社，2022。

② 同上。

③ 同上。

应用于服务性劳动中，让他们在服务中体验劳动的自豪感和自信感，逐步增强个人与社会之间的联系，在提升现代服务技能的同时，增强社会责任感。

3. 劳动态度与习惯目标：强化诚实合法劳动习惯

《劳动课程标准》指出，7～9 年级学生应进一步“强化诚实劳动的劳动习惯和品质，形成劳动效率意识和劳动质量意识”①。7～9 年级学生的家庭责任感、社会责任感逐渐增强，应进一步认识到诚实劳动、合法劳动对于家庭幸福、社会和谐的重要性，以及对于未来职业生涯、人生价值彰显的重要性；同时还应认识到劳动效率、产品质量对于劳动整体竞争力的重要性，在生活、生产和服务性劳动的体验中，要具有时间效率、资源节约意识、产品质量意识，学会利用有限的资源达到劳动成果最优化的目的。

4. 劳动精神目标：形成积极劳动精神

《劳动课程标准》指出，7～9 年级学生应“初步具有为社会发展和国家建设付出辛勤劳动的意愿，形成不畏艰辛、锐意进取、精益求精、不断创新的精神”②。可见，这一阶段的学生，不仅要意识到劳动与个人、家庭、社区之间的联系，而且应充分认识到劳动与社会发展、国家富强之间的关系；不仅要适当体验和定期参加相关的生活、生产性劳动和服务性劳动，而且要具有不畏艰难、辛勤劳动的意志品质，并在劳动的过程中具有精益求精、勇于创新的工匠精神，为未来职业生涯发展奠定较为厚实的基础。

(五)第五学段(10～12 年级)目标

目前尚未有专门的《普通高中劳动课程标准》，但 2017 年版 2020 年修订的《普通高中课程方案》明确指出，劳动课程包括志愿服务、通用技术课程的选择性必修内容和校本课程等内容。因此有关普通高中劳动课程目标的表述将在结合《劳动教育指导纲要》精神的基础上，从通用技术课程的选择性必修内容、综合实践活动的社会服务等模块的目标阐释中进行总结梳理。

1. 劳动观念目标：进一步牢固树立劳动观念

《指导纲要》指出，普通高中要通过“开展服务性劳动和生产劳动”，培养学生“理解劳动创造价值”的意识。③《普通高中通用技术课程标准(2017 年版 2020 年修订)》进一步指出，要“培育工匠精神，增强劳动观念”，包括了解“中国古代家训中的一些家政观

---

① 中华人民共和国教育部：《义务教育劳动课程标准(2022 年版)》，10 页，北京，北京师范大学出版社，2022。

② 同上。

③ 中华人民共和国教育部：教育部关于印发《大中小学劳动教育指导纲要(试行)》的通知，http://www.moe.gov.cn/srcsite/A26/jcj_kcjcgh/202007/t20200715_472808.html，2023-04-12。

念”，“充分激发学生的家庭关爱观念……形成良好的家庭管理素养”等。[①]《中小学综合实践活动课程指导纲要》特别强调社会服务意识的培养，指出学生应通过参加社会实践活动“增强社会责任意识和法治观念，形成主动服务他人、服务社会的情怀”[②]。可见，高中阶段学生由于身心发展逐渐走向成熟，对劳动观念的理解应进一步增强，从关爱家庭到管理家庭，从了解中国古代家政观念到知晓现代家政理念，同时社会责任意识和法治观念进一步增强，逐步形成主动、积极服务他人和服务社会的情怀。

2. 劳动能力目标

(1)生活劳动：掌握现代家政技能，家庭责任感增强

在生活劳动方面，《指导纲要》指出，要通过指导学生“持续开展日常生活劳动”“增强生活自理能力”。[③]《通用技术课程标准》将普通高中通用技术课程选择性必修中“技术与生活系列”模块的目标定位于“强化技术在生活中的应用”，其中“现代家政技术”旨在“帮助学生掌握常见的、与家庭生活相关的技术知识和技能，初步形成科学地利用技术创造美好生活的意识和能力”；“服装及其设计”旨在“促进学生感知日常生活中技术的丰富性，进一步理解与运用技术思想和方法，感受服装设计所蕴含的文化艺术，加深学生对技术人文性的领悟”；“智能家居应用设计”旨在“为学生感受先进技术在家庭生活中的运用提供一个集通信、计算、控制于一体的应用性学习窗口”。[④] 可以看出，由于普通高中生已经掌握了一定的物理科学、现代科技知识，他们应该充分利用这些现代技术知识为家庭起居生活服务，凸显家政服务技能的科学性、现代性以及人文性，以进一步增强家庭责任感。

(2)生产劳动：提高创意物化能力，增强生涯规划意识

在生产劳动方面，《指导纲要》指出，普通高中要“统筹劳动教育与通用技术课程相关内容，……，自主选择 1—2 项生产劳动，经历完整的实践过程，提高创意物化能力，……，增强生涯规划的意识和能力”[⑤]。在此基础上，《通用技术课程标准》选择性必修中的“技术与工程系列”模块与生产劳动较为密切，其目标主要定位于“发展技术与工程的兴趣与特长，强化未来进入工科深造的基础”，其中“工程设计基础”旨在“帮助学生理解工程对现代社会发展的重要价值，能够简要分析具体的工程设计要

---

① 中华人民共和国教育部：《普通高中通用技术课程标准(2017 年版 2020 年修订)》，6 页，20 页，北京，人民教育出版社，2020。

② 中华人民共和国教育部：教育部关于印发《中小学综合实践活动课程指导纲要》的通知，http://www.moe.gov.cn/srcsite/A26/s8001/201710/t20171017_316616.html，2023-04-12。

③ 中华人民共和国教育部：教育部关于印发《大中小学劳动教育指导纲要(试行)》的通知，http://www.moe.gov.cn/srcsite/A26/jcj_kcjcgh/202007/t20200715_472808.html，2023-04-12。

④ 中华人民共和国教育部：《普通高中通用技术课程标准(2017 年版 2020 年修订)》，9 页，18—27 页，北京，人民教育出版社，2020。

⑤ 中华人民共和国教育部：教育部关于印发《大中小学劳动教育指导纲要(试行)》的通知，http://www.moe.gov.cn/srcsite/A26/jcj_kcjcgh/202007/t20200715_472808.html，2023-04-12。

素，经历工程设计的一般过程，通过简易工程的设计实践形成系统与工程思维”；“电子控制技术”旨在培养学生“设计和制作电子控制系统的知识与技能”，以及“接触和尝试解决更为有趣、更为丰富的技术和工程问题”的能力；“机器人设计与制作”旨在“帮助学生深化对人机关系的认识，体会机器人设计与制作中软硬件协调、系统控制及路径规划的思想及方法，增强机械技术、电子技术、控制技术、计算机技术等的综合运用能力”。①《中小学综合实践活动课程指导纲要》强调，普通高中生要“增强创意设计、动手操作、技术应用和物化能力。形成在实践操作中学习的意识，提高综合解决问题的能力”②。可以看出，劳动课程对普通高中生生产劳动能力的要求进一步提高，开始关注基于工程思维的创新性设计能力，以及从工程设计到物化产品的转化能力，同时还有综合解决问题的能力。此外，通用技术课程还通过在普通高中设置“技术与职业系列”模块，培养学生的职业探索和职业选择能力，为科学的生涯规划奠定基础。

(3)服务性劳动：培养主动服务社会的情怀，强化社会责任意识

在服务性劳动方面，《指导纲要》指出，普通高中生应通过经历“服务性岗位”，“获得真实的职业体验，培养职业兴趣”，通过“积极参加大型赛事、社区建设、环境保护等公益活动、志愿服务”，“强化社会责任意识和奉献精神”。③《中小学综合实践活动课程指导纲要》强调，普通高中生应“关心他人、社区和社会发展，能持续地参与社区服务与社会实践活动，关注社区及社会存在的主要问题，热心参与志愿者活动和公益活动，增强社会责任意识和法治观念，形成主动服务他人、服务社会的情怀，理解并践行社会公德，提高社会服务能力”④。可见，相对于初中生，高中生服务的对象从家庭和学校逐渐转向社区和社会，服务的范围进一步向外延伸，集体感进一步增强，社会责任意识、法治意识、公德意识进一步增强，对自我、他我、社会之间关系的理解进一步深刻。

3. 劳动态度与习惯目标：固化良好劳动习惯

《指导纲要》指出，普通高中要注意围绕丰富的职业体验，“开展服务性劳动和生产劳动”，让学生“理解劳动创造价值，接受锻炼、磨练意志”，进一步“固化劳动习惯”。⑤正如《通用技术课程标准》所描述的，这些劳动习惯可包括“用技术解决实际问题的良好习惯”“良好的产品使用和技术操作习惯”“勇于创新的行为习惯”等。因此，普通高

---

① 中华人民共和国教育部：《普通高中通用技术课程标准(2017年版2020年修订)》，9页，27—36页，北京，人民教育出版社，2020。

② 中华人民共和国教育部：教育部关于印发《中小学综合实践活动课程指导纲要》的通知，http://www.moe.gov.cn/srcsite/A26/s8001/201710/t20171017_316616.html，2023-04-12。

③ 中华人民共和国教育部：教育部关于印发《大中小学劳动教育指导纲要(试行)》的通知，http://www.moe.gov.cn/srcsite/A26/jcj_kcjcgh/202007/t20200715_472808.html，2023-04-12。

④ 中华人民共和国教育部：教育部关于印发《中小学综合实践活动课程指导纲要》的通知，http://www.moe.gov.cn/srcsite/A26/s8001/201710/t20171017_316616.html，2023-04-12。

⑤ 中华人民共和国教育部：教育部关于印发《大中小学劳动教育指导纲要(试行)》的通知，http://www.moe.gov.cn/srcsite/A26/jcj_kcjcgh/202007/t20200715_472808.html，2023-04-12。

中生的劳动习惯已经在固化普适性的诚实劳动、合法劳动的基础上，指向了具体的职业、技术领域，逐步养成一系列的技术性习惯，开始与未来的职业发展相联系。

4. 劳动精神目标：强化积极劳动精神

《指导纲要》指出，普通高中生要“具有劳动自立意识和主动服务他人、服务社会的情怀”，“养成吃苦耐劳、精益求精的品质”。① 普通高中生心智进一步成熟，服务他人和社会的意识进一步增强，开始由被动地组织转向积极的自觉行动；同时在劳动的过程中，劳动的意志进一步增强，甘于坚守所选择的工作锻炼机会，且具有一丝不苟、精益求精的工匠品质，为未来进一步选择专业、职业奠定坚实的基础。

第二节
中小学劳动课程内容

根据教育部发布的《义务教育劳动课程标准（2022 年版）》规定“劳动课程是实施劳动教育的重要途径，具有鲜明的思想性、突出的社会性和显著的实践性，在劳动教育中发挥主导作用；义务教育劳动课程以丰富开放的劳动项目为载体，重点是有目的、有计划地组织学生参加日常生活劳动、生产劳动和服务性劳动”②。

基于义务教育阶段《劳动课程标准》，结合《普通高中通用技术课程标准（2017 年版 2020 年修订）》和《中小学综合实践活动课程指导纲要》等，中小学劳动课程内容的设置应以培养学生的核心素养为导向，根据劳动课程总目标及各学段目标，围绕日常生活劳动、生产劳动和服务性劳动三大模块，以清洁与卫生、整理与收纳、烹饪与营养、家用器具使用与维护、农业生产劳动、传统工艺制作、工业生产劳动、新技术体验与应用、现代服务业劳动、公益劳动与志愿服务十大任务群为基本单元，针对不同年级学生的认知、情感、社会性等发展水平，设置若干具体劳动项目，合理安排劳动课程内容。

一、劳动课程内容分类

根据《劳动课程标准》《普通高中通用技术课程标准（2017 年版 2020 年修订）》和《中小学综合实践活动课程指导纲要》要求，中小学劳动课程围绕日常生活劳动、生产劳动和服

---

① 中华人民共和国教育部：教育部关于印发《大中小学劳动教育指导纲要（试行）》的通知，http://www.moe.gov.cn/srcsite/A26/jcj_kcjcgh/202007/t20200715_472808.html，2023-04-13。

② 中华人民共和国教育部：《义务教育劳动课程标准（2022 年版）》，10 页，北京，北京师范大学出版社，2022。

务性劳动三大模块，共分为十大劳动任务群，在不同的学段有具体呈现(见表 1-3)。

表 1-3 劳动任务群与学段交叉矩阵表

模块	任务群	学段				
		1～2 年级	3～4 年级	5～6 年级	7～9 年级	10～12 年级
日常生活劳动	清洁与卫生	√	√			
	整理与收纳	√	√	√	√	√
	烹饪与营养	√	√	√	√	√
	家用器具使用与维护		√	√	√	√
生产劳动	农业生产劳动	√	√	√	√	√
	传统工艺制作	√	√	√	√	√
	工业生产劳动			√	√	√
	新技术体验与应用			√	√	√
服务性劳动	现代服务业劳动		√	√	√	√
	公益劳动与志愿服务		√	√	√	√

(一)日常生活劳动

1. 日常生活劳动概述

劳动是人基本的存在方式，是人生活的基本形式。劳动教育是一种实践教育，将中小学劳动教育课程内容融入青少年学生的日常生活实践之中，实现一种“本原的植入”才更具成效性。因此，中小学劳动教育课程内容应以青少年学生的日常生活为逻辑起点。

《劳动课程标准》规定，“日常生活劳动立足学生个人生活事务处理，涉及衣、食、住、行、用等方面，注重培养学生的生活能力和良好卫生习惯，树立自理、自立、自强意识”①。学生通过日常生活劳动逐渐体会劳动对日常生活的重要性，并初步掌握清洁与卫生、整理与收纳、烹饪与营养、家用器具使用与维护的基础知识、基本步骤与操作方法。

日常生活劳动有助于培养学生的自理与自立能力。学生在日常生活中通过切实的劳动体验，形成基本的劳动认知，掌握运用解决生活基本问题的技能，并树立“自己的事情自己做”“人人都要劳动”等劳动意识。日常生活劳动有助于使学生养成良好的劳动习惯，塑造基本的劳动品质。学生通过自觉参与日常生活劳动，不断体悟劳动成果的来之不易，从而懂得珍惜劳动成果，并养成吃苦耐劳、不畏艰辛、持之以恒、诚实劳动的劳动精神与劳动品质。

① 中华人民共和国教育部：《义务教育劳动课程标准(2022 年版)》，11 页，北京，北京师范大学出版社，2022。

2. 任务群分解

中小学日常生活劳动内容涉及清洁与卫生、整理与收纳、烹饪与营养、家用器具使用与维护四个任务群。每一个任务群应依据学生的年龄结构与认知特征，为其开展具体而有针对性的生活劳动(见表 1-4)。

表 1-4　日常生活劳动内容的具体呈现

学段	任务			
	清洁与卫生	整理与收纳	烹饪与营养	家用器具使用与维护
第一学段(1～2 年级)	简单、基础的日常清洁卫生劳动	简单生活用品、学习用品的整理与收纳	参与简单的烹饪劳动，初步了解食物的营养价值	
第二学段(3～4 年级)	复杂的个人生活自理劳动、日常清洁劳动	复杂生活与学习空间的物品整理与收纳	参与烹煮食材的切配、简单凉菜等的制作	正确使用 1～2 种家用电器
第三学段(5～6 年级)		自身生活与学习空间的物品清理与收纳	完整烹煮 2～3 道家常菜，设计营养食谱	了解家庭常用器具的功能特点，规范安全地操作与使用
第四学段(7～9 年级)		家庭居室、学校教室的物品整理，装饰与美化	独立烹制 3～4 道菜，设计一日三餐食谱及食物营养搭配	熟悉家用器具的基本结构、工作原理、保养方法，尝试进行简单修理
第五学段(10～12 年级)		校园、餐厅、家庭等的清洁、整理、装饰与美化，制定家庭和学校的环境管理设计方案，对家庭、学校的装修和装饰方案进行个性化设计	灵活烹饪某种特色食物，全面合理地设计与规划食谱、采购食材、主食与菜品搭配	理解电器的构造、功能特征、工作原理，熟悉家用电器、家具的技术构成及主要技术参数

(1)清洁与卫生

在第一学段(1～2 年级)，清洁与卫生任务具体要求学生开展简单的清洁劳动，如用笤帚扫地，用拖把拖地，用抹布擦桌椅，用合适的洗涤用品洗碗筷等餐具，用肥皂、洗衣液等洗红领巾。依据颜色或文字辨别不同类型垃圾桶，知道垃圾分类投放的要求。

坚持用科学的方法洗手，独立完成与个人卫生相关的劳动，如独立完成洗漱、独立洗袜子等小件衣物、独立洗澡洗头剪指甲等，让学生在清洁劳动的过程中感受劳动的快乐，提高劳动积极性。

在第二学段(3～4年级)，清洁与卫生任务具体要求学生理解日常生活清洁与卫生的基本内容，用合适的洗涤用品清洗自己的鞋袜、内衣和书包等。正确使用卫生工具，参与教室卫生打扫，将桌椅摆放整齐。分类投放垃圾，正确使用消毒纸巾、棉球和洗衣液等，在公共场所能自觉做好个人防护。通过清洗、打扫、消毒等活动，创设洁净的生活环境和学习环境。

清洁与卫生劳动主要集中在第一、第二学段(1～4年级)开展，旨在让学生接触并参与力所能及的日常家务劳动，逐渐养成生活自理、懂卫生、爱清洁的好习惯。其中，相较于第一学段，第二学段的清洁卫生内容更多，任务更具挑战性，更关注于学生对家务劳动细节和品质的要求。

(2)整理与收纳

在第一学段(1～2年级)，整理与收纳任务具体要求学生整理自己的生活用品、学习用品，如衣物、玩具、书本、文具等，整理自己的书包、课桌和居室的书柜及书桌，能按照物品类别、形状等整齐摆放，初步建立及时整理与收纳的意识。

在第二学段(3～4年级)，整理与收纳任务具体要求学生定期整理居室里的书柜、衣橱、鞋柜和教室里的“图书角”、卫生柜、讲台桌面。将物品摆放整齐，归类收纳，做到有序、合理，便于取用。

在第三学段(5～6年级)，整理与收纳任务具体要求学生通过对物品的整理与取舍，清理自己的学习与生活空间，如清理使用过的教科书、簿本，以及不再穿的衣物、不再玩的玩具。初步掌握对物品、居室进行整理、清洁的方法，较为充分、合理地利用家居空间，用劳动和智慧为自己和家人创造更舒适的生活环境。

在第四学段(7～9年级)，整理与收纳任务具体要求学生灵活运用整理与收纳的方法，从整体上完成对家庭各居室和教室内部物品的整理与收纳。与他人合作对居室、教室进行适当装饰和美化，设计有特色、易操作的环境美化方案。独立完成外出远行的行李箱整理与收纳，依据行程安排、天气状况准备衣物和生活用品等。

在第五学段(10～12年级)，学校的整理与收纳劳动则要求学生广泛地开展校园、餐厅、家庭等的清洁、整理、装饰与美化，制定家庭环境和学校环境的管理设计方案，对家庭、学校的装修和装饰方案进行个性化设计等，让学生体悟劳动的价值及生活环境建设的意义，养成良好的生活劳动习惯。

整理与收纳劳动分布于中小学教育的各个学段，依据学生的年龄特点与劳动能力依次为中小学生提供难易不同、繁简不同的劳动任务。学生由最初开展简单的对自己生活用品、学习用品的整理，逐渐发展到对家庭、学校等简单物品的整理，再到对自己生活空间的物品清理，然后到对校园、餐厅、宿舍等公共生活空间的清理与美化，持续培养学生灵活开展整理与收纳劳动的习惯、方法与能力。

(3)烹饪与营养

在第一学段(1～2 年级)，烹饪与营养任务具体要求学生参与简单的家庭烹饪劳动，如择菜、洗菜等食材粗加工，根据需要选择合适的工具削水果皮，用合适的器皿冲泡饮品等。初步了解蔬菜、水果、饮品等食物的营养价值和科学的食用方法。

在第二学段(3～4 年级)，烹饪与营养任务具体要求学生使用简单的烹饪器具对食材进行切配，按照一般流程制作凉拌菜、拼盘，学习用蒸、煮方法加工食材，并注意加工过程中的卫生、安全。

在第三学段(5～6 年级)，烹饪与营养任务具体要求学生用简单的炒、煎、炖等烹饪方法制作 2～3 道家常菜，如西红柿炒鸡蛋、煎鸡蛋、炖骨头汤等，参与从择菜、洗菜到烧菜、装盘的完整过程。能根据家人需求设计一顿午餐或晚餐的营养食谱，了解不同烹饪方法与食物营养的关系。

在第四学段(7～9 年级)，烹饪与营养任务具体要求学生能够根据家庭成员身体健康状况、饮食特点等设计一日三餐的食谱，注意三餐营养的合理搭配。独立制作午餐或晚餐的 3～4 道菜。了解科学膳食与身体健康的密切关系，增进对中华饮食文化的了解，尊重从事餐饮工作的普通劳动者。

在第五学段(10～12 年级)后，学校的烹饪与营养劳动持续开展，不仅锻炼学生灵活烹饪某种特色食物的技巧，如制作水饺、蛋糕等，而且提升学生全面合理地设计与规划食谱、采购食材、主食与菜品搭配等劳动技能。

烹饪与营养劳动分布于中小学教育各个学段，根据学生的年龄特征和劳动技能水平依序为中小学生开展难易不同、操作方法不同的劳动任务。学生由最初参与简单的烹饪食物的动手准备工作及初步了解食物营养价值，发展到学习使用烹饪器具准备食材和学习简单烹煮，再到对饮食餐谱的设计和制作、烹饪完整的 2～3 道家常菜，然后发展到合理设计、搭配一日三餐食谱和完整烹饪多道家常菜。在整个中小学教育阶段的烹饪与营养劳动中，学生不仅持续地学习与掌握家庭烹饪食物的方法，锻炼其烹饪技能技巧；而且科学地学习膳食营养搭配及饮食健康知识，以及提升其坚持不懈、积极探索的劳动品质。

(4)家用器具使用与维护

在第二学段(3～4 年级)，家用器具的使用与维护任务要求学生正确使用 1～2 种家庭常用小电器，如吹风机、吸尘器等，完成劳动任务。认识、了解厨具的种类和作用，正确使用厨房小家电参与家庭烹饪劳动，如用电饭煲煮饭。知道操作流程要规范、安全。

在第三学段(5～6 年级)，家用器具的使用与维护任务要求学生通过阅读产品说明书，了解家庭常用电器，如电视机、电冰箱、洗衣机、电风扇、空调等的功能特点，掌握基本操作方法。根据需求选择使用功能，规范、安全地操作。

在第四学段(7～9 年级)，家用器具使用与维护任务要求学生通过阅读产品说明书，了解家庭常用电器的基本结构、工作原理和保养方法。用螺丝刀、扳手等工具对家用电器进行简单的拆卸、清理、维修等，如空调滤网的清洗、饮水机的清洗、消毒，家用电器小故障的判断与维修等。

在第五学段(10～12 年级)，学校的家用器具使用与维护劳动继续开展，并进一步要求学生正确使用、清理、维修更多的家用电器，理解电器的构造、功能特征、工作原理；熟悉家用电器、家具的技术构成及主要技术参数，对家庭选择、购买、维护常用电器、工具及家具等提出方案。

家用器具的使用与维护劳动分布于中小学教育的第二学段及以上，旨在让中小学生逐渐了解与掌握家用器具的使用与操作、维修与保养等方法与技能。在不同的学段，家用器具的使用与维护任务有所不同。依据学生的认知发展水平及劳动操作能力，学生由最初学习正确使用 1～2 种家用电器及厨房电器，发展到学会安全操作多种家用电器，再发展到能够了解家庭电器的构造、工作原理及维修保养技巧等。学生在不同阶段的家用器具的使用与维护劳动中，不仅能够养成良好的家用器具使用习惯，提升其热爱生活、乐于观察、勤于动手的劳动品质，而且能够增强其有效解决生活实践问题的劳动能力。

(二)生产劳动

1. 生产劳动概述

生产劳动作为中小学劳动课程的重要内容，重在让学生直观地感受和深入地理解劳动创造物质财富的历程。《劳动课程标准》规定，生产劳动是“让学生在工农业生产过程中直接经历物质财富的创造过程，体验从简单劳动向复杂劳动、创造性劳动的发展过程，淬炼生产劳动技能，体会物质产品的来之不易，认识劳动与自然界的基本关系”①。《中小学综合实践活动课程指导纲要》指出，普通高中注重围绕丰富职业体验，开展生产劳动，理解劳动创造价值，接受锻炼、磨炼意志……统筹劳动教育与通用技术课程相关内容。② 学生在参与力所能及的农业生产劳动、传统工艺制作、工业生产劳动、新技术体验与应用的生产劳动实践中，体验劳动的艰辛，感知劳动的乐趣，并持续掌握简单的生产操作技能、种植与饲养技能、工艺品制作技巧等，逐渐发展其综合解决劳动实践问题的能力。

在生产劳动过程中，学生的智力广泛参与、思维不断提升，追溯根源、探寻奥秘、

① 中华人民共和国教育部：《义务教育劳动课程标准(2022 年版)》，11 页，北京，北京师范大学出版社，2022。

② 中华人民共和国教育部：教育部关于印发《中小学综合实践活动课程指导纲要》的通知，http://www.moe.gov.cn/srcsite/A26/s8001/201710/t20171017_316616.html，2023-04-20。

获得规律、学以致用、融会贯通，既有助于让学生在劳动实践过程中手脑结合，体验劳动的快乐与辛苦；又有助于学生劳动价值观的塑造，从而能够感悟劳动者的伟大、珍惜劳动产品；同时，有助于提升学生对劳动创造人进而创造人类社会的理解。此外，生产劳动教育对物质条件、生产规范、劳动内容和方式的系统性与可行性的要求更高，这要求中小学校重视生产劳动教育的课程设计，保证生产劳动教育的科学性与系统性。

2. 任务群分解

中小学的生产劳动包括农业生产劳动、传统工艺制作、工业生产劳动、新技术体验与应用四个任务群。依据学生在认知、情感、社会性等发展水平的不同，在不同学段合理安排生产劳动内容，并注重劳动任务的连贯与衔接(见表 1-5)。

表 1-5　生产劳动内容的具体呈现

学段	任务			
	农业生产劳动	传统工艺制作	工业生产劳动	新技术体验与应用
第一学段(1～2 年级)	种植和养护 1～2 种水培植物或小动物	体验及简单评价 1～2 项传统工艺制作项目		
第二学段(3～4 年级)	种植 1～2 种蔬菜或饲养 1～2 种家禽	体验 1～2 项传统工艺制作项目，设计简单作品		
第三学段(5～6 年级)	种植 1～2 种蔬菜、盆栽等，或饲养 1～2 种家畜	体验、初步掌握 1～2 项传统工艺制作项目的技能，设计简单工艺品	体验、熟悉 1～2 种工业生产项目的加工、特点，识读产品图样	熟悉、体验 1～2 项新技术的使用方法、产品加工、功能
第四学段(7～9 年级)	种植或养殖 1～2 种盆栽、农副产品、水产，了解中国传统农业	体验、熟悉 1～2 项传统工艺制作项目的特点、技能，绘制设计方案及制作	体验 1～2 项工业生产项目的加工、特点、材料要求，设计创意方案等	体验 1～2 项新技术的工作过程、功能特点，完成基于方案的新技术加工全过程
第五学段(10～12 年级)	选择 1～2 种栽种品种进行栽培实验，饲养 1～2 种动物，并进行养殖对比	亲身体验，自主选择传统工艺内容，制作较为简单的传统工艺作品，对传统工艺技术作品进行改进和革新	根据实际情况选择与体验工业生产项目，进一步熟悉某种工业生产项目的工作原理，运用生产工具进行创意设计和技术创新实践活动	使用 2～3 种技术创新工具和公开的数据与信息进行创新设计与制造

(1)农业生产劳动

在第一学段(1～2 年级)，农业生产劳动任务要求学生根据实际情况，种植和养护 1～2 种当地常见的水培或土培植物，如绿萝、文竹等，或饲养 1～2 种小动物，如金鱼、蚕等；结合具体植物养护或动物饲养活动，观察植物的生长发育情况，了解小动物的生长发育情况与生活习性，知道身边常见动植物的养护方法，培养对动植物的喜爱之情。

在第二学段(3～4 年级)，农业生产劳动任务要求学生选择当地 1～2 种常见的蔬菜，如大白菜、西红柿等进行种植，或者根据区域相关规定，合法合规选择 1～2 种家禽，如鸡、鸭等进行饲养，体验蔬菜种植、家禽饲养的一般过程与方法。

在第三学段(5～6 年级)，农业生产劳动任务要求学生种植与养护 1～2 种当地常见的蔬菜、盆栽花草、果树等，或根据区域相关规定，合法合规饲养 1～2 种常见家畜，如兔、羊等。体验简单的种植、饲养等生产劳动，初步学习种植、饲养的基本方法。

在第四学段(7～9 年级)，农业生产劳动任务要求学生体验当地常见的种植、养殖等生产劳动；选择 1～2 种优良种植或养殖品种，开展系列化种植或养殖劳动实践，如组合盆栽、农副产品保鲜与加工、水产养殖、稻田养殖等，体验先进的种植、养殖方式和方法。了解中国传统农业特点，分析现代农业与传统农业的区别，理解种植、养殖与生活及经济的关系。

在第五学段(10～12 年级)，农业生产劳动作为普通高中通用技术课程的现代农业技术专题课程持续开展，要求学生能选择 1～2 种当地主要的食品栽种品种并按照绿色食品的生产加工技术标准进行栽培实验；说明品种资源保护的意义、品种资源的种类及保护措施，理解生态条件与引种的关系，根据当地的生态条件选择需要引进的品种，了解区域实验的一般过程和方法；说明设施农业的概念、特征及类型，认识无土栽培常规设施，初步掌握无土育苗的方法及水、肥管理及病虫害防治等技术；了解动物营养、饲养原料、营养需要与饲养标准，为当地主要饲养或养殖动物制定不同生长阶段的饲料选择方案，并选择一种动物进行饲养和养殖对比试验；初步掌握病虫害预测、预防的基本方法，制订体现环保要求的病虫害综合治理方案，掌握几种当地主要病虫害的生物防治、化学防治、物理机械防治方法等。

农业生产劳动贯穿于中小学教育的各个学段，依据中小学生的年龄特征与劳动能力有效地设置难度不同、繁简不同的劳动任务。学生由最初选择种植 1～2 种植物或饲养 1～2 种小动物，发展到具体种植 1～2 种蔬菜或饲养 1～2 种家禽，再到种植 1～2 种蔬菜、盆栽、果树及饲养 1～2 种家畜，然后进一步要求学生不仅参与种植或养殖动植物的劳动实践，掌握基本的种植及养殖方法，而且能够在农业劳动体验中了解中国传统农业的特点，尝试运用新方法、新技术改进农业生产，并理解农业发展与经济、生活的关系等。农业生产劳动使学生逐步了解农业生产知识，养成热爱生产劳动、爱护动植物、关心劳动人民的劳动意识与劳动情感，还能使其体会农业劳动的艰辛并养成吃苦耐劳、不畏艰辛、勇于探索的劳动品质。

(2)传统工艺制作

在第一学段(1～2年级)，传统工艺制作任务要求学生选择1～2项传统工艺制作项目，如纸工、泥工、编织等，了解制作需要的基本材料和常用工具，在教师指导下按照要求和步骤进行简单作品制作，体验传统工艺制作过程；初步运用文字及图画表达自己的方案构想，对工艺作品进行简单的评价。

在第二学段(3～4年级)，传统工艺制作任务要求学生选择1～2项传统工艺制作项目，如纸工、泥工、布艺、编织等，了解制作的技能和方法。识读简单的示意图，尝试设计简单作品，并参考规范流程进行制作。

在第三学段(5～6年级)，传统工艺制作任务要求学生选择1～2项传统工艺制作项目，如陶艺、纸工、布艺、编织、印染、皮影、木版画等，了解其特点及发展历史，初步掌握制作的技能和方法。读懂基本的实体图、示意图、装配图等；根据劳动需要，设计方案并选择合适的材料和工具制作简单作品。

在第四学段(7～9年级)，传统工艺制作任务要求学生选择1～2项传统工艺制作项目，如陶艺、纸工、布艺、木雕、刺绣、篆刻、拓印、景泰蓝、漆艺、烙画等，了解其基本特点，熟悉制作的基本技能与方法。根据劳动需要，综合运用工艺知识进行设计，通过绘制规范的示意图表达设计方案，并合理选择相应的技能进行制作。

在第五学段(10～12年级)，学校的传统工艺制作劳动要求学生选择不同类型的传统工艺制作项目，如“纸造型工艺”“金属造型工艺”“布造型工艺”“泥、石造型工艺”“木造型工艺”“琉璃、塑料造型工艺”，体验传统工艺制作过程，学习工艺制作技术，进行工艺作品的创新设计，让学生体验传统工艺制作乐趣，学习传统工艺成果实现的综合知识，通过技术探究或技术实验活动，对工艺制作有一定的职业认知，将现代技术与传统工艺相结合，进而增强其职业生涯选择意识，培育工匠精神等。

传统工艺制作劳动存在于中小学教育的各个学段，且分别在不同学段安排了难易不同、操作技能不同的劳动任务。如学生由最初了解与学习1～2项传统工艺项目的制作过程、基本材料及常用工具，再到了解与学习1～2项传统工艺项目的制作技能与方法、识读制作示意图，发展到选择更多类型的传统工艺项目进行制作、认识更多传统工艺项目的特点、识读示意图等，然后发展到能够选择更广的传统工艺项目并进行制作，综合运用工艺知识设计与绘制产品的设计方案等，进一步发展为提升学生职业认知与规划的劳动体验。传统工艺制作有助于学生体验传统工艺品制作与设计的乐趣，能够使其感悟中华优秀传统文化的人文价值与工匠精神，并逐渐养成精益求精、追求品质、热爱创作的劳动精神等。

(3)工业生产劳动

在第三学段(5～6年级)，工业生产劳动任务要求学生选择1～2项工业生产项目，如木工、金工、电子等，进行简单产品模型或原型的加工，初步体验工业生产劳动过程。熟悉所选项目的工具特点、设备特点；识读简单的产品技术图样，根据图样制作产品的模型或原型，完成产品模型或原型的组装、测试；体验工业生产劳动创造物质财富的喜悦与成就感。

在第四学段(7～9年级)，工业生产劳动任务要求学生选择1～2项工业生产项目，如木工、金工、电子、服装、造纸纺织等，进行产品设计与加工，体验工业生产劳动过程。熟悉所选项目的工具特点、设备特点、加工材料要求。根据产品使用要求选择材料并制订符合人机关系的创意设计方案，识读并绘制简单的产品技术图样，根据图样加工制作产品模型或原型，完成产品组装、测试、优化。理解工业生产劳动对人类生活、生产的重要作用。

在第五学段(10～12年级)，学校的工业生产劳动要求学生选择与体验更多的工业生产项目，如根据实际情况选择金工、木工、电工等，进一步熟悉某种工业生产项目的工作原理、产品加工模型、生产设计图样等，在工厂技术人员的指导下，阅读工厂中的工艺流程图，感受流程图在工业生产中的作用，使学生获得有效的职业体验，并尝试运用生产工具进行创意设计和技术创新实践活动，体验成果分享和创造过程的快乐，感受工业生产劳动对国家富强、人类发展的意义。

工业生产劳动主要在中小学教育的第三学段及以上开展，旨在让学生体验简单的工业生产过程，理解工业生产劳动对人类发展、国家富强的重要价值，提升学生的职业体验感及职业规划意识，并形成安全生产、艰苦奋斗、吃苦耐劳、认真负责的劳动品质与职业价值观。

(4)新技术体验与应用

在第三学段(5～6年级)，新技术体验与应用任务要求学生选择1～2项新技术，如三维打印技术、激光切割技术，初步进行劳动体验与技术应用。熟悉某项新技术的主要功能及简单的使用方法。识读简单的产品技术图样，并应用某项新技术进行简单产品的加工，记录某项新技术在改变传统加工方式、提高生产效率和生活品质等方面带来的主要变化。感受新技术在提高生产效率、产品质量及创造性解决问题等方面的重要作用，感受现代劳动中的创新精神。

在第四学段(7～9年级)，新技术体验与应用任务要求学生选择1～2项新技术，如三维打印技术、激光切割技术、智能控制技术、数控加工技术、液态金属打印技术等，进行劳动体验与技术应用。熟悉某项新技术的基本工作过程、常用参数设置、材料的适用范围等。根据设计要求选择某项新技术，制订合理的设计、加工方案或设计图样，完成应用某项新技术进行加工、组装、测试、优化的全过程。感受新技术在生产、生活中发挥的重要作用，体悟劳动人民创造新技术的智慧。

在第五学段(10～12年级)，新技术体验与应用任务要求学生体验更多类型的新技术，使用2～3种技术创新工具和公开的数据与信息进行创新设计与制造，利用新材料、新工艺如激光切割机、三维打印机、数控机床等设备进行设计成果的物化实现，并熟悉常见的新技术工具的运行原理、应用领域和所受到的技术限制，提高创新能力，发展综合素养；感受新技术在提高生产效率、产品质量及创造性解决问题等方面的重要作用，理解并尊重他人的创造性设计成果，知道保护自己的知识产权在技术领域的重要性，形成使用和发明技术的道德意识、伦理意识与责任意识。

新技术体验与应用在中小学教育的第三学段及以上开展，旨在让学生掌握某项新技术的使用方法，了解其工作原理，并注重在劳动中不断追求品质与效率、精益求精，提升学生的问题解决能力、劳动创新精神和综合实践素养。

(三)服务性劳动

1. 服务性劳动概述

服务性劳动教育是以服务他人和社会为宗旨，让学生在丰富的服务性岗位与任务中，体验服务他人的价值，培养良好的服务意识、服务责任和服务技能，并在公益劳动、志愿服务中强化社会责任感，增进学生的共情能力，促进学生的道德发展与精神成长。《劳动课程标准》规定，服务性劳动是“让学生利用知识、技能等为他人和社会提供服务，在现代服务业劳动、公益劳动与志愿服务中认识社会，树立服务意识，体悟劳动中人与人、人与自然、人与社会的关系，强化社会责任感”①。《中小学综合实践活动课程指导纲要》指出，普通高中注重围绕丰富职业体验，开展服务性劳动，具有劳动自立意识和主动服务他人、服务社会的情怀……选择服务性岗位，经历真实的岗位工作过程，获得真切的职业体验，培养职业兴趣；积极参加大型赛事、社区建设、环境保护等公益活动、志愿服务，强化社会责任意识和奉献精神。② 中小学的服务性劳动为学生提供多种服务性劳动形式，能够拓展学生多样化的劳动内容，为其提供契合而有针对性的劳动任务，引导学生走进公共生活，促进学生的道德发展与精神成长。

中小学阶段的服务性劳动旨在帮助学生树立服务意识，养成服务习惯。学生通过参与学校、社区的现代服务业劳动、公益劳动与志愿服务的劳动实践，逐步培养良好的社会责任感与有效的社会服务意识，形成关爱社会与他人、吃苦耐劳、勇于创新的劳动品质与劳动精神。

---

① 中华人民共和国教育部：《义务教育劳动课程标准(2022年版)》，11页，北京，北京师范大学出版社，2022。

② 中华人民共和国教育部：教育部关于印发《中小学综合实践活动课程指导纲要》的通知，http://www.moe.gov.cn/srcsite/A26/s8001/201710/t20171017_316616.html，2023-04-22。

2. 任务群分解

中小学的服务性劳动课程内容包括现代服务业劳动、公益劳动与志愿服务两个任务群，依据学生的年龄特征及学段特点，服务性劳动在不同学段的具体内容有所不同（见表 1-6）。

表 1-6　服务性劳动内容的具体呈现

学段	任务	
	现代服务业劳动	公益劳动与志愿服务
第一学段（1～2 年级）	—	—
第二学段（3～4 年级）	实践或体验 1～2 项与生活密切相关的现代服务业劳动	参与 1～2 项校园、社区的公益劳动与志愿服务
第三学段（5～6 年级）	参与体验 1～2 项现代服务业劳动，并了解其劳动过程与特征	参与 1～2 项校园公共空间和社会机构的公益劳动与志愿服务
第四学段（7～9 年级）	参与体验 1～2 项现代服务业劳动，设计创意服务业劳动方案等	参与 1～2 项有挑战性的校园公共空间和社会机构的公益劳动与职业服务
第五学段（10～12 年级）	参与体验更多的现代服务业劳动，增加职业体验感，将现代服务业劳动与学生自身的职业规划与职业观结合起来，获得有效的职业认同感	参与体验更具挑战性的工艺劳动与志愿服务，培养学生的劳动意识、奉献意识、责任意识

（1）现代服务业劳动

在第二学段（3～4 年级），现代服务业劳动内容要求根据学生的年龄特征、自身兴趣与实际条件，在批发和零售业，交通运输、仓储和邮政业，住宿和餐饮业，信息传输、软件和信息技术服务业，金融业，房地产业，教育、卫生和社会工作，文化、体育和娱乐业，公共管理、社会保障和社会组织等现代服务行业中，选择 1～2 项与其自身日常生活密切相关的项目进行实践、体验。

在第三学段（5～6 年级），现代服务业劳动则要求学生在参与体验 1～2 项现代服务业劳动中，初步了解新兴现代服务业的类别、内容及其劳动过程与特征，如基于学校或社区条件体验现代物业管理，基于学校文化和师生需要开展学习用品设计等文化创意服务劳动。

在第四学段（7～9 年级），现代服务业劳动任务要求学生选择 1～2 项现代服务业劳动项目进行参与、体验。针对某一特色服务行业提供基于营销方案的设计，如让学生结合学校食堂的信息化管理需要，为学校食堂提供基于数据分析的现代信息服务；让学生基于当地地理、文化、历史等情况，进行旅游景点设计等现代旅游服务，并在劳动过程中主动发现有价值的问题，设计合理的、具有一定创意的问题解决方案。

在第五学段(10～12 年级)，学校的现代服务业劳动教育要求学生在参与体验更多的现代服务业劳动中，增加学生的职业体验感,① 如某中学组织高中生在校内开设“义卖超市”，管理“义卖超市”日常运营等。学生在参与体验现代服务业劳动中，能够获得有效的职业认同感，将现代服务业劳动与学生自身的职业规划与职业观结合起来，提升学生的劳动服务热情与职业价值感。

现代服务业劳动在中小学校的第二学段及以上开展，学校依据学生的年龄特征、兴趣爱好等，最初选择提供与学生自身生活密切相关的服务业劳动项目，发展为选择基于社区、学校等有针对性的服务业劳动项目，然后选择基于地区特色的、更具挑战性的现代服务业劳动项目，逐渐增强学生的社会责任意识，持续提升学生从事服务劳动的技能及问题解决能力，不断强化学生的职业观与职业规划能力，并促进学生参加劳动的热情与积极性，使其在劳动过程中养成持之以恒、诚实守信、认真负责、吃苦耐劳等劳动品质。

(2)公益劳动与志愿服务

在第二学段(3～4 年级)，公益劳动与志愿服务任务要求学生以校园、社区为主，参加 1～2 项力所能及的公益劳动与志愿服务，利用自身的知识与技能、创造的物质产品与精神产品等，满足他人需要、帮助他人解决问题。例如：担任学校校史馆小向导，向访客介绍学校历史等；担任运动会、艺术节等学校重大活动的志愿者；参与社区环境维护，为他人创造更好的公共空间。

在第三学段(4～5 年级)，公益劳动与志愿服务任务要求学生参与 1～2 项公益劳动与志愿服务劳动项目。例如：参与校园绿化环境维护、卫生监督等学校事务管理，为同学和老师提供劳动服务；以小组为单位，在教师或父母的帮助下，为当地养老院老人制作节日食物，分享节日的喜悦；为公共图书馆、科技馆、纪念馆、植物园、动物园、流浪动物救助站等公共空间和社会机构提供服务性劳动，以自己的实际劳动参与社会公共空间建设；在学校、家庭、社区中开展疫情防控等公共卫生服务宣传活动，关爱他人的健康等。

在第四学段(7～9 年级)，公益劳动与志愿服务任务要求利用学生已有的日常生活劳动、生产劳动经验，选择 1～2 项具有一定挑战性的学校、社区公益劳动与志愿服务项目进行实践。例如：以小组或班级为单位，在学校或社区建立移动书亭、物品捐赠资源共享站，以自己创造性的劳动服务更大范围的群体；参与科技馆、博物馆、纪念馆、植物园、动物园、流浪动物救助站等公共空间与社会机构的服务性劳动，担任讲解员、特定活动志愿者等；参与社区环境治理，进行社区公园环境优化、公共健身设施维护等。

---

① 姜垚：《劳动教育中融入职业体验因子的实践探索》，载《江苏教育》，2021(15)。

在第五学段(10～12 年级)，学校的公益劳动与志愿服务要求进一步提升学生的社会责任意识与道德素养，更大限度地让学生体会劳动为社会与他人带来的价值，学校将设置更多、更具挑战性的劳动项目，如某校以“常爱童心”的儿童救助暑期志愿公益活动让学生在活动中树立劳动意识、强化劳动体验、收获劳动价值，实现“五育”并举。某校在每年春运期间开展“青春暖流”志愿服务活动，组织学生到车站为旅客提供向导服务、帮助其搬运行李物品等。① 培养学生的劳动意识、奉献意识、责任意识、爱心意识，提升学生的劳动技能和实践动手能力，以及增强其劳动价值观、积极的劳动态度和劳动精神等。

公益劳动与志愿服务在中小学校的第二学段及以上开展，依据学生的认知发展水平、劳动实践能力等，为其设置任务不同、难度不同的公益劳动与志愿服务项目，即由最初以校园、社区为主的公益劳动与志愿服务项目，发展到学生参与为社会机构和公共空间提供的多种公益劳动与志愿服务项目，然后发展为学生参与难度更高的、任务更复杂的社会机构和公共空间的公益劳动与志愿服务实践活动。公益劳动与志愿服务有助于持续提升中小学生的社会责任感与服务意识，体认参与学校建设、社区发展的自豪感与幸福感，以及提升其社会问题解决能力、批判创新能力等。

二、劳动课程内容选择依据

《劳动课程标准》提出了中小学校劳动课程任务群选用的注意事项。基于此，结合劳动课程的总体任务和劳动育人的相关要求，提出课程内容的选择依据。

(一)以综合育人理念为基本导向

中小学课程内容的选择应以培养时代新人为导向，全面落实习近平总书记关于培养担当民族复兴大任时代新人的要求，参考中小学的教育性质与课程定位，并着重挖掘劳动教育在树德、增智、强体、育美等方面的育人价值，将培养学生的劳动观念、劳动精神贯穿于劳动课程实施全过程，引导学生树立正确的劳动价值观，崇尚劳动、尊重劳动，增强对劳动人民的感情，发展创新意识，以培养有理想、有本领、有担当的时代新人。

同时，中小学劳动课程还要注重培养中小学生的自理、自立能力，选择日常生活劳动内容；注重从时令特点和区域产业特色出发，选择工农生产劳动内容；注重培养学生社会责任感，选择学生力所能及的公益劳动和现代服务业劳动内容；注重选择体现中华优秀传统文化和工匠精神的手工劳动内容，适当引入体现新形态、新技术、新

① 方学平：《新时代普通高中劳动教育的实施路径探究》，载《教育观察》，2022(20)。

工艺等的现代劳动内容。

(二)以学业质量标准及课程方案为总体指南

中小学劳动课程内容的选择还需基于学生核心素养发展水平，根据学生学业质量标准和课程方案要求，选择连贯衔接且高标准的劳动课程内容，确保劳动课时数(如劳动课程平均每周不少于1课时)，用于活动策划、技能指导、练习实践、总结交流等。① 具体实施时，可根据不同学段学生学业成就的具体表现特征、学生年龄特点、任务群中的项目实践情况等单节排课或多节连排，并引导教师把握劳动教育教学内容的深度与广度，建立高质量的中小学劳动课程内容体系。

(三)以中小学劳动课程结构优化为基本框架

中小学劳动课程内容的选择应符合劳动课程结构优化的需求。在坚持以习近平新时代中国特色社会主义思想为统领，落实党中央、国务院“双减”政策要求背景下；在保持总课时数不变的基础上，中小学校的劳动课程的结构设置应持续优化。其一，基于核心素养发展要求，遴选重要观念、主题内容和关键知识，增强课程内容与育人目标的联系，优化内容组织形式。其二，建构以实践为主线的中小学劳动课程结构。围绕日常生活劳动、生产劳动和服务性劳动，根据学生经验基础和发展需要，以劳动项目为载体，以劳动任务群为基本单元，以学生经历体验劳动过程为基本要求，构建覆盖三类劳动，学段进阶、有所侧重的课程结构。其三，设立跨学科主题学习活动，加强学科间相互关联，带动课程综合化实施及劳动教育的实践性需求。

(四)以中小学劳动教育的学段衔接性为基本原则

中小学劳动课程内容的选择还应关注各学段之间的衔接性，合理设计各学段的劳动课程内容，依据中小学生在认知、情感、社会性等方面不同程度的发展，合理安排学段内容，实现劳动教育内容的连续性和进阶性。同时，还应坚持因地制宜，宜工则工，宜农则农。1～2年级侧重在日常生活劳动、生产劳动内容中选择，服务性劳动不做要求，有条件的学校可结合实际情况开展。3～4年级及以上各学段应涵盖三类劳动内容。5～9年级的清洁与卫生劳动要求，可与同学段其他任务群融合实施，同时结合日常课外劳动和家庭劳动要求开展。7～9年级结合相关任务群开展生涯规划教育。中小学校可以因地制宜，结合实际情况，根据任务群安排，开发劳动项目，形成校本化

---

① 中华人民共和国教育部：《义务教育劳动课程标准(2022年版)》，12页，北京，北京师范大学出版社，2022。

劳动清单。[①] 10～12 年级重视在前一阶段劳动教育内容基础上开展通用性专业技术的劳动任务学习。

（五）以中小学校的劳动教育实际为现实基础

中小学劳动课程内容的选择还需学校结合实际，自主选择确定各年级任务群的学习数量；鼓励有条件的地区和学校在整个中小学教育阶段的课程内容涵盖十个任务群。其一，中小学校可基于已有的校内劳动课程，如校本劳动课程、综合实践活动课程等，有针对性地选择各学段的劳动课程内容及任务群数量。其二，中小学校利用现有的劳动教育资源，包括师资条件、基础设施、劳动教育基地、周围社区资源等，在此基础上结合现有的劳动教育的任务群对劳动教育课程内容进行优化升级，不断拓展劳动教育内容。其三，学校应充分挖掘当地的优质劳动教育资源，如地方文化传统等，将特色劳动教育课程的开发与现有的劳动课程任务群的选用结合起来，凸显该校劳动教育的课程特色。

第三节
中小学劳动课程设计

中小学劳动课程的重点是在系统的文化知识学习之外，有目的、有计划地组织学生参加日常生活劳动、生产劳动和服务性劳动，让学生动手实践，切实保证每一位学生都有必要的劳动实践经历。但是有些学校对劳动教育的实践性认识不全面、不充分，以至于劳动课程呈现“智育化”“德育化”“作品化”倾向。如何对中小学劳动课程进行设计呢？其设计的理念有哪些？中小学劳动课程设计从哪些要素入手？本节就这些问题作尝试性探讨。

一、项目设计理念

（一）以劳动项目为载体

劳动课程的学习不是就技术学技术，而是要以完成一件制作、从事一个任务、形

---

① 中华人民共和国教育部：《义务教育劳动课程标准（2022 年版）》，12 页，北京，北京师范大学出版社，2022。

成一样产品、进行一项设计的项目形式展开。劳动课程可以以项目为载体实施，这种方式称为“项目式劳动教育”。它是将劳动任务设置成需要策划和实施的项目，从问题的真实情境出发，将学习方法指导、情感体验、价值升华等若干要素浓缩到项目当中，指导学生去完成。例如：农事劳动，从大水漫灌的问题出发，让学生设计实用的灌溉系统，再到实地试验改进。项目式劳动教育不仅可以让学生在劳动项目中参与体验和实践，而且能让学生学习策划、分工、找窍门、提效率，以增强劳动任务的挑战性，充分发挥劳动教育以劳树德、以劳增智、以劳育美、以劳健体、以劳促创的价值。

按项目式学习所覆盖的劳动核心知识概念的范围以及对学科课程的影响度，可以分为微项目式劳动、任务群项目式劳动、综合项目式劳动。

1. *微项目式劳动*

微项目式劳动指将劳动教育的内容项目化，它具有学习内容聚焦、学习时间跨度小、便于师生操作、适合劳动常态课堂的特征。在常规劳动课程中，教师通过微项目学习方式，为学生提供15～20分钟的探索性项目任务，或者用类似实践性作业的方式引导学生对某个内容或主题进行探索。微项目式劳动可以是任务群项目式劳动的某一个具体环节或课时。

2. *任务群项目式劳动*

任务群项目式劳动是指以劳动任务群中的具体劳动项目为基准设计的专题性劳动实践项目。在此过程中，学生要进行专题性探索，以培养专项劳动能力等。如烹饪与营养任务群中的“学做家常菜”项目，学校以“如何传承我家的当家菜”为目标驱动开展劳动实践。围绕这一问题，学生向家人调研了解自己家里的当家菜是什么，背后所蕴含的故事有哪些，并向家人学习烹饪步骤和方法，在此基础上让家人品尝并进行改进，再通过厨艺比拼、汇报交流进行成果分享。

3. *综合项目式劳动*

综合项目式劳动是跨越不同的项目任务群、不同的年级学段或者在不同的学科间形成的综合式劳动项目。因此，综合项目式劳动可以具体分为跨任务群项目、跨时段项目、跨学科项目三种劳动形式。以跨学科项目为例，可以设计社会公益劳动地摊经济市场体验项目。项目以如何让盈利最大化为目标驱动，引导学生综合运用数学统计、概率等知识，进行市场调研，制订计划，明确分工，形成项目策划书，然后进行实际摆摊体验，核算盈利和成本，及时调整进货品种和数量，期间还可能经历暴雨天气、商品滞销、城管趋离等突发情况，因此会涉及科学、地理、道德与法治等课程知识。学生在解决实际问题的过程中实现跨学科知识的学习，促进深度学习、综合分析、判断和选择等高阶思维发展，更重要的是感受到劳动的艰辛，培养吃苦耐劳的意志品质。

项目化劳动学习立足真实情境，借助任务驱动、根据学生各自的研究兴趣将学生进行劳动分工，学生通过情境探究、沟通合作确立活动方案完成作品创制，然后进行成果分享和项目评价。这一过程将研究设计、作品创制、沟通协作、问题解决、创新创造等融为一体，不仅能让学生参与劳动实践，而且能提升学生策划、分工、找方法、提效率的能力，让学生在提出问题和解决问题的过程中体悟自身的价值，提升综合素养。在这一过程中需要注意劳动项目需要来源于日常生活，项目难度设置需要具有一定的弹性，以解决问题为出发点，要充分发挥教师的引领作用，项目结果要体现学生的立场，要凸显学生的参与过程，呈现出学生对劳动的认知、掌握的劳动技能、参与劳动后的体验等。

(二)以劳动任务群为基本单元

中小学劳动任务群是指遵循中小学各年段学生身心发展特征，以新时代中小学劳动素养的培养为目标，依据育人为本、实践为重的原则所设计的一组学习任务，可以解决当前中小学劳动教育课程设计中存在的问题，发挥劳动教育的应有价值。中小学劳动任务群具有以下特点。

1. 实践性

身体力行地实践是劳动教育应有的本质诉求和应然状态，劳动任务群需要学生动手实践完成，让学生亲历实践的劳动过程，掌握基本的劳动知识和技能，学习使用常见的劳动工具，手脑并用开展操作、设计、创新等活动，运用所学知识技能解决实际问题。

2. 思想性

劳动任务群不仅指向“做”和“会做”，而且指向兴趣的激发和动机的维持，引导学生在劳动实践中体验和感悟艰辛与快乐；指向责任感的培养和情感的联结，引导学生领悟劳动的意义价值，增强获得感、成就感、荣誉感；指向意志的磨练和行为的塑造，引导学生形成健全的人格和良好的思想道德品质。

3. 真实性

人的学习受到情境的制约或促进，劳动任务群基于日常生活的现象和社会生产的场景，通过真实情境的创设，激起学生“想劳动”的意识；通过真实问题的驱动，唤起学生“学劳动”的动机；通过身体力行的真实参与，形成学生“会劳动”的能力；通过真实劳动成果的展示和交流，激发学生“爱劳动”的情感，逐步提高学生对劳动质量的心理阈值，逐渐养成学生“要劳动”的习惯和品质。

4. 统整性

劳动任务群着眼于劳动课程的综合性，把多维目标发展的任务组合成“群”，可以实现多方面的统整：可以统整日常生活劳动、生产劳动和服务性劳动教育内容，使这三类教育内容从割裂走向融合，帮助学生在融合实践任务的完成中获得知识、生成情感、磨练意志、形成习惯、提升品质；也可以统整劳动相关知识和技能，使新知与旧知产生关联，使点状的知识技能形成关联，帮助学生在知识技能的整合学习、综合运用中发展分析、综合、反思、迁移、创造的能力。

5. 序列性

劳动任务群彰显学习的进阶，在以下三个维度上形成序列：一是广度，学习任务群贯通家庭、学校和社会场域，帮助学生从个人生活自理到家庭劳动参与、学校劳动参与、社区劳动参与，最终成长为社会劳动者。二是难度，劳动任务群由浅入深、由简到繁，螺旋上升、有序衔接。三是深度，劳动任务群始于知识技能传授，贯穿高阶思维培养，止于观念、精神、品质培育。

(三)以劳动过程的实践性为前提

劳动是实践的原型，是最基础的实践活动，因此，劳动教育也是一个极具实践性的教育领域。《劳动课程标准》强调“注重动手实践、手脑并用、知行合一、学创融通”，这是对劳动教育在实践应用上的新要求，也为劳动教育教学提供了根本遵循。中小学劳动课程应注重教学任务的真实化与教学过程的情境化。

劳动课程有异于其他课程。首先，劳动教育的实践性本质就决定了劳动课程需要在特定的情境和场域中进行开展，而在这种特定的情境与场域中所创设的劳动教育问题需要具有真实性以及与生活的联系性，让学生在劳动实践的过程中调动其所有感官，实现由身到心，身心合一。其次，劳动课程更为关注学生的实践与操作，强调学生在身心参与、手脑结合的过程中获得劳动知识、劳动技能等劳动素养。因此，学校在开展劳动教育时，要充分体现课程的实践化导向，引导学生亲身参与，亲身体验，让学生能够在参与中感悟，在体验中进行创新与创造，在实践过程中磨练意志。所以劳动课程需要重视学生的劳动实践过程，需要重视学生在劳动实践中的参与程度与感悟。学生在劳动实践过程中的参与程度展现了学生对劳动的热爱程度、劳动认知程度以及对劳动知识与劳动技能等的掌握程度。因此，在劳动课程实施的过程中要重视学生的劳动实践体验，引导学生运用多种感官去感受与体悟、亲历劳动实践，实现身心参与，手脑并用，真正地“做劳动”，真正地融入生活。

1. 创新体验形式，增强学生体验

学校运用自己所处位置的地理资源优势、当地特有优秀民族文化，深入挖掘贴近学生实际生活的活动内容，凝聚成独特的劳动文化，设计开展具有本校特色的劳动课程，唤醒学生内心深处的文化印记，增强学生的活动体验。

首先，学校要改善单一枯燥的活动体验形式，立足本校现有的各类物资设施，做到物尽其用。同时，要借助相关国家节日和当地特有劳动文化，设计开展校外活动，联结学生已有的劳动认知和技能，增强学生户外劳动体验。其次，教师可以借助方便快捷的网络工具，开展在线劳动教育活动。教师将短时性的劳动教育活动由家校联系路径发送出去，由家长监督反馈，使得家长和孩子可以灵活性地运用零散时间完成活动，既不影响学生的生活学习，也不影响活动的开展，在能将劳动教育日常化、细致化的同时，提供父母与孩子特有的活动独处时间，引导学生深入领会劳动必行、劳动幸福。最后，学校国旗下演讲的劳动教育题材容易受时效影响，可能效果不够明显，教师可以将学生的演讲材料展示在教室的劳动文化墙上，留给学生自我学习的空间，并将学生的材料收集成册，作为劳动素材，提供学生属于自己的劳动教育阅读本。

2. 多元角色体验，感受多重劳动

设计组织多元角色体验能让学生快速真实体验不同人物角色的生活环境、角色特点、身心实境。角色体验需要学生按照社会或他人对某角色的正向期待进行模仿领会，再以自己的语言、行为、表情、性格特色将角色形象呈现出来。角色体验的最大特点是模仿秀、趋于真实性。学校开展角色体验的主体对象，来源于学生的真实生活，是学生常见或熟悉的人物角色，如清洁工、教师、厨师、农民等。教师在设计多元角色体验活动时，要帮助学生正确认识自我，确定自己适合的人物角色，并能依据角色要求设置相应的生活场景和社会场景，以引导学生联结自己已有的知识经验对自己饰演的角色进行揣摩和感悟，也能更好地带领学生融入角色环境，获得真实的人物感受。学生通过较为真实的多元角色体验，能够站在人物角色的角度思考劳动所创造的价值意义，从而树立正确的劳动价值观，提升学生的劳动素养。

二、项目设计要素

(一)形成项目主题

要落实劳动教育，学校需结合学生学习、生活的真实情境及已有基础，整合相关资源条件，因地制宜地开发形成自己的劳动教育项目。

1. 全面梳理，设计劳动课程主题框架

学校可采取结合国家课程要求、结合学生实践生活、结合校园生活、结合自然发展规律的“四结合”策略，同时坚持学科融合、家校联动等原则，进行梳理与选择、分析与决策，形成结构化、系统化、长程性的劳动元主题。

例如，咸宁市崇阳县第三小学全面梳理学生在校园、家庭的日常生活情况，结合学生的年龄特点，将劳动教育细化为日常生活劳动、生产劳动、服务性劳动三个板块，围绕生活能力、创造能力和社会能力的培养，将零散的劳动课程内容整合为包含若干项目主题的六大系统子课程(见表1-7)。

表 1-7　咸宁市崇阳县第三小学项目式劳动主题①

日常生活劳动（生活能力）	班级劳动	卫生打扫	做值日生
		环境布置	板报设计、图书整理、绿植养护
	居家劳动	内务整理	房间整理、卫生清洁、劳动工具使用
		美食制作	洗菜、切菜、烹饪家常菜
生产劳动（创造能力）	开心农场	开心农事	二十四节气、传统节日
		快乐种植	蔬菜种植及养护
		爱心分享	收获节、蔬菜义卖、做美食
服务性劳动（社会能力）	校园服务	秩序维护	校园小警察
	社会公益	爱心帮扶	关爱孤寡老人、留守儿童
		社区公益	清扫街道、公共园区
	商场创业	跳蚤市场	售卖、交换闲置商品

其中，日常生活劳动依托班级与家庭两大生活场域，设置班级劳动和居家劳动两个子课程，以提高学生的劳动合作意识和生活自理能力。生产劳动着力发展学生的劳动创造能力，加强劳动实践基地建设。服务性劳动着眼于社会能力的发展，依托于校园生活、公益劳动和综合实践等活动，设置校园服务、社会公益和商场创业三个子课程；校园服务旨在提高学生的劳动服务意识，社会公益着力发展学生的劳动价值认同，商场创业则尝试让学生直观认识劳动所产生的经济价值。

2. 立足劳动主题，划分阶段活动内容

随着年龄的增长，中小学生的身心状况不断发展，其自我的劳动认知、劳动意识、劳动情感也会不断趋于深刻。因此，劳动课程主要依据日常生活劳动、生产劳动、服务性劳动三大活动主题进行展开，满足中小学生自立自强、增强技能、习得知识、探索事物、实现个人价值的需求。同时，相同主题类的劳动内容，也要依据学生已有的知识技能、劳动认知、实际需求去拓展丰富活动内容，而不能采用单一相似的活动内容对不同阶段的学生开展劳动教育。组织开展劳动教育活动需要立足活动主题，在多元丰富的主题中选择适宜学生现有劳动认知、劳动体验的内容。

如小学低学段的学生年龄较小，劳动课程目标主要是帮助学生理解什么是劳动、劳动的价值、自己能参加哪些劳动，此阶段的劳动项目主题要贴合学生实际生活，联系学生已有的生活学习经验，增加活动的吸引力和感召力，真正走进学生的内心世界。

小学中高阶段学生的创造想象开始发展起来，个人思维逐步由具体形象向抽象逻辑思维转变，但仍然与直接感性经验有紧密的联系。同时，学生的情绪情感、注意力

---

① 陈利平、艾苗：《借助项目式学习推进劳动教育》，载《湖北教育》，2022(8)。

也较为稳定，对于基本事物的价值有了自己初步的判断。由此，劳动项目主题可以适当性地增加家庭学校的集体类活动，激发学生内心的集体责任感，加强主动劳动、珍惜成果、勤俭节约、尊重他人的意识。

中学生的抽象逻辑思维已经占据主要优势，能够较为精确地感知事物的整体和部分，自我独立意识和尊重情感进一步增强，道德情感也初步发展起来，能够客观尊重他人、对照自我评价他人、虚心听取别人意见、乐于帮助他人，也渴望得到他人的尊重。因此，劳动项目主题可以以家庭学校的集体活动为主，逐步拓展到社会场所中去，强化学生的公共意识、服务意识、环保意识、责任意识、职业意识，为今后的劳动实践活动奠定基础。

（二）制订项目目标

在明确劳动课程目标、学段目标及项目目标关系的基础上，结合项目对应的具体任务群的课程内容要求，制订具体项目目标。项目目标的制订力求最大限度地反映劳动项目实施的预期结果和学生身心方面的变化，注重劳动观念、劳动能力、劳动习惯和品质、劳动精神的有机融合。在具体制订项目目标时符合以下理念：

1. 按低中高学段设计活动目标，凸显育人的差异性

劳动课程目标的设计不仅要遵循劳动教育的客观规律，满足社会发展的劳动需求，而且需要充分尊重学生主体身心发展的现有水平和内在规律，活动的计划实施都是以实现学生主体成长发展为目的进行的。中小学具有明显的基础性，也是帮助学生正确认识劳动本质、劳动意义、树立正确劳动观念、养成良好劳动行为习惯的关键时期。良好的劳动行为习惯既是一个人的内在劳动素养的外在表现形式，也是一个民族的精神风貌和文化基因。

小学低学段的学生，刚进入一个新的学习环境，他们对自己身处学校的一切事物充满好奇，表现出活泼好动、感官探索、事物模仿的状态；小学中高学段学生已经有一定的知识技能积累和自我认识，表现出明显的自主性行为和认识，个人实践探索欲望极强，但都属于自发性行为，比较缺乏全面思考和自律；中学生自我意识逐渐增强，追求社会团体合作、各类实践活动，初步具备了完善性的劳动素质，学生的劳动水平呈现逐渐上升的发展趋势。

由此，劳动课程的目标设计必须依据和遵循学生自身的内在需求、水平状态、发展趋势等，基于劳动课程总目标制订劳动教育活动总目标，再科学性地将其分为不同水平层次的阶段性活动目标，进而有计划性地、循序渐进地提升对学生劳动素质的要求。针对同一类主体的目标设计，以不同学段学生身心发展特点为基本前提，适宜性地加强劳动难度，增加本地特色劳动文化，设计出小学到中学的深化式和综合式的劳动课程目标，各年级的劳动课程目标之间相互联系，呈现阶梯性层次和螺旋上升状态，

各个活动的分目标由低到高、由浅入深、由近及远，体现劳动课程目标设计的整体性、系统性、分层性、持续性。此外，设计劳动教育活动目标，还需要注重目标表达的细化具体，呈现目标内容的针对性和具体性，避免使用笼统性的字词，才能有效发挥活动目标的指导作用，落实活动的实际展开。

2. 以横向拓展统整活动目标，体现育人的综合性

中小学劳动课程目标设计要结合中华优秀传统文化和本土特色文化，贴合学生生活实际，引导学生参与劳动实践，使其掌握劳动知识和技能，获得正确的劳动认识和观点，深入领会劳动精神，养成尊重他人、保护环境、创新开拓、勤俭节约、敬业奉献、砥砺奋进的良好劳动素养。因此，劳动课程目标设计应该是综合性的，既要包括热爱祖国、热爱人民、热爱环境、热爱实践的情感印记，又要注重学生主体、实践探索、学科整合、五育并举的基本要素，着力促成学生实现全面发展。

基于劳动课程目标的综合性特点，为避免不同年级制订出重复性的具体目标，可以《指导纲要》和《劳动课程标准》的目标要求为根本依据，来设计劳动课程的目标。同时，结合学校区域性资源和本地特色文化，逐步将劳动课程目标融入学校教育、家庭生活、社区实践中，注重满足学生主体的现实劳动需求，才能有效激发学生自主参与劳动实践、自我思考劳动意义的行为产生。以不同视角去展开实施综合性的育人目标，既能丰富劳动课程内容、传承特色文化，也能促使学生得到德智体美劳全面性的发展，提升综合素质。

(三)设计项目内容

1. 基于劳动素养，选择劳动课程内容

中小学劳动课程内容的设计选取必须以劳动课程目标指向的劳动素养为依据，也即是以《指导纲要》和《劳动课程标准》中的目标要求为根本依据，遵循明确的内容方向，去选择设计出适宜学生发展的，符合劳动教育宗旨的内容。新时代的劳动教育观将脑力劳动和体力劳动一同视为劳动，强调人们要正确认识两者之间的关系，注重培养学生正确积极的劳动观念、劳动意识和劳动情感。基于此，中小学劳动课程可以选取自主教育、勤俭教育、尊重教育、环保教育、职业教育、责任教育、挫折教育、技能教育、创新教育等内容。中小学劳动课程内容选择还要遵循劳动课程目标的层次性，立足学生不同阶段的发展特点、内在需求，选择符合育人目标要求的内容作为教育活动媒介。同时，劳动课程内容还可以适当性地选取综合实践活动课程、道德与法治课程以及校本课程、地方课程中相同主题内容作为补充，试图构建丰富的劳动课程内容系统。

2. 基于学习任务群，设计劳动课程群

基于学习任务群的劳动课程通过课程模块、主题任务、实践活动来呈现。一个专

题课程模块包括一组情境化的主题学习任务，每个学习任务包含一组结构化的实践活动，由此组成劳动课程群。

(1)专题化的课程模块设计

专题化课程模块设计应该体现一定的分类逻辑。劳动课程专题模块设计有很多分类视角，可以从劳动的类型、对象、工具、材料和成果等对课程模块进行分类。例如，从劳动类型来划分，可以分为日常生活劳动、生产劳动和服务性劳动专题；从劳动对象来划分，可以分为个人自理、服务家人、服务集体、服务社会等专题；从劳动工具来划分，可以分为卫生清洁、收纳整理、美化环境、烹调食物、技术设计等专题；等等。

(2)情境化的主题任务设计

情境化主题设计可以围绕自然、经济、人文、社会线索展开。具体表现为：

一是自然。自然界为人类社会提供了生存和发展的永久和必要的生活资料与生产资料，主题设计可以从自然环境的适应与改造这一视角来展开。我国幅员辽阔，东西南北中自然条件差异极大，不同地区的家庭劳动和社会劳动特点各异。例如，广东属于东亚季风区，春季低温阴雨，夏季台风频繁，秋冬干燥。以这些多发的灾害性天气应对为问题导向，可设计春季防湿、夏季防台风、秋冬季防旱等主题任务，也可根据季节特点进一步设计南方农作物或常见蔬果种植主题任务，以及山区、沿海地区季节性生产和服务业发展主题任务，等等。

二是经济。根据《指导纲要》精神，高年级学生应逐步开展生产劳动。不同地区经济发展的重点与特点不同，学校可充分利用这些特点，适当拓展相关学科内容，引导学生了解并适当体验相关学科在社会生产中的应用，设计相关主题任务。例如，广东是科技创新大省，产业结构以高新技术产业、先进制造业为主，因此可设计与科技创新相关的主题任务。小学低年级安排简单手工制作任务；小学中高年级安排创意手工制作任务；初中安排机电设计与制作、数字化创意产品设计与制作等任务；高中加强与通用技术学科选择性必修模块内容的统筹，利用现代家政技术、新技术体验与探究、现代农业等选择性必修模块内容设计任务。

三是人文。传统技艺、工艺是劳动人民在生产生活中长期研究和实践的结晶，蕴含着丰富的劳动教育意义。我国非物质文化遗产资源丰富，是很好的劳动教育资源。例如，广东省内多地均有非物质文化遗产项目，其中传统制香、广式月饼制作、陶瓷陶塑、香云纱染整、彩扎、龙舟制作等传统工艺，需要通过劳动教育来传承与创新，可以以此情境为线索，结合新技术应用，设计传统工艺传承与创新主题任务。

四是社会。行业职业是社会劳动的现实载体，以社会现实职业认知与体验为情境设计主题任务，包括认识职业人物、了解职业内容、体验职业实践，让学生感受真实的社会劳动，加强与社会的联结。一方面，可以学科为依托，引导学生通过调查、体验等方式认识学科与专业选择、职业发展和行业变更的关系，认识各行各业的劳动者及其劳动内容、形式、环境、困难等。另一方面，也可以当地某一特色行业为切入点，深入探索这一行业的相关社会职业。例如，可以粤菜为情境线索设计“粤菜行业探秘”主题任务，并根据行业相关度设计两类主题任务：一类是美食行业中的具体职业实践，如厨师、采购员、会计、服务员等；另一类是与美食行业密切相关的其他行业体验，如种植养殖、环境保护、建筑装潢、文化旅游等。

(3)结构化的实践活动设计

结构化的实践活动设计突出劳动课程任务群的序列性特征，在广度上搭建家庭、学校和社会劳动有序过渡的空间结构，在难度上搭建学段螺旋上升的时间结构，在深度上搭建知情意行循环递进的逻辑结构。结构化的实践活动一般有渗透式和项目式两种设计方式：

一是渗透式设计。渗透式设计是指结合学科常规教学，有目的、有计划地设计劳动实践活动，以学科教学支撑实践活动的开展，以实践活动丰富学科教学的资源。以“春季防潮”主题任务为例，可结合科学技术、艺术、综合实践活动等课程，小学低年级学习利用干布、废纸等擦拭水迹，使用抽风机，制作防滑爱心提示标语；小学中高年级学习衣物收纳，使用防潮防霉变工具，制作衣物、电器防潮罩，制作防滑爱心提示画报；初中学习墙体、地面防湿处理，使用除湿电器，使用不同材料制作吸湿工具，制作社区防滑爱心提示牌；高中学习食物防潮收纳以及家具和电器防潮养护，设计家庭、学校空气对流防潮改进方案，制作社区防滑爱心提示动画。

二是项目式设计。项目式设计是指利用劳动必修课，围绕某一主题任务设计系列实践活动，引导学生在系列实践活动中系统建构某一劳动领域的知识和技能。小学低年段主要设计家庭日常生活中简单的劳动实践活动，初中主要设计复杂劳动和校内劳动等实践活动，高中主要设计与社区、社会相关的劳动实践活动。例如，环保主题任务可设计家庭厨余垃圾分类，利用厨余垃圾制作有机肥料并用于蔬菜种植；调查学校及周边饮食场所存在的环保问题，提出整改方案等进阶实践活动。当然，渗透式设计和项目式设计并不是截然分离的，渗透式设计也可系统设计为课程实践项目，项目式设计重在跨学科知识的综合学习和运用，也需要注意与课程教学自然衔接，提高学习效率和质量。

3. 劳动任务群的选用注意事项

《劳动课程标准》中的劳动课程任务群是将知识技能基础相近、功能相似、性质相同的劳动课程内容整合为一组劳动任务。劳动课程任务群以素养为导向，以任务群为载体，整合学习内容、学习方法和学习资源。教师要引导学生在完成任务群的过程中提升劳动素养。《劳动课程标准》在课程内容部分将劳动课程划分为三类十个任务群，涉及日常生活劳动、生产劳动和服务性劳动。每一个任务群由内容要求、素养表现、活动建议三部分组成，具体表现为：内容要求呈现全面性和综合性；素养表现呈现有序进阶性；活动建议呈现可操作性。下面以贯穿义务教育阶段的日常生活劳动中的"整理与收纳"任务群举例说明。

(1)内容要求呈现全面性和综合性。每一个任务群中都做出了全面、综合的内容要求。"整理与归纳"任务群在其内容上结合不同学段学生身心发展特点对该学段学生所需学习的劳动课程内容做出了具体的说明，其内容呈现出全面性的特点。学生先是学会整理收纳自己的物品，再到整理收纳公共物品，并逐级递增，由整理收纳上升到装饰和美化。在高年级的整理和收纳要求中还涉及了与其他学科知识相结合的内容，做到了综合性。劳动课程任务群内容要求的全面性和综合性使教材编写者在编写劳动课程教材时、学校在展开具体的劳动课程时或是教师在实施劳动课程时都有据可依。

(2)素养表现呈现有序进阶性。劳动课程以培养学生的核心素养为导向。每一个任务群都涵盖了该任务群所需发展的劳动素养。"整理与归纳"任务群在其素养表现上呈现出有序进阶性。对于学生劳动素养的要求随着年级的增长而提高：从"初步掌握"到"掌握"，再到"具有能力"，最后到"发展自我管理与缜密筹划的能力"；从"初步感知劳动的辛苦和乐趣"到"体悟劳动对于创造美化生活的意义"，再到"懂得劳动创造美好生活的道理"；从"个人生活"到"集体建设"。素养要求的有序进阶性为教材编写者、课程开发者以及课程实施者提供了重要依据。

(3)活动建议呈现可操作性。每一个任务群都包含活动建议部分，为具体劳动课程的展开提供了可实施的活动。"整理与收纳"任务群对不同年级的活动都给出了可操作性的实施活动建议。例如，活动实施的内容包括学生整理抽屉、整理衣橱、整理行李箱、美化教室等；活动实施的方法有家校合作，引导家长督促和鼓励等；活动实施的场所有家庭、学校，模拟情境、真实情境等；并且，具体的劳动一定要有依据，做到理论与实践相结合。每一个活动建议都具有一定的可操作性，活动建议的可操作性为劳动课程实施者奠定了基础。

(四)确定劳动场域

劳动场域是项目实施的基础条件。实施劳动教育要求突出实践性，而实践性在劳动场域中体现，扩大劳动场域，并将其合理利用是有效实施劳动教育的关键。在实际操作过程中要根据不同的项目科学、合理地确定劳动场域，包括劳动场所、工具设备、材料及劳动文化氛围等。劳动场所是指工厂、农场、专用教室等适合不同劳动项目的场所；工具设备主要指完成项目必需的劳动工具与设备；材料是项目操作过程中需要使用的消耗性物品及安全防护用品等；劳动文化氛围主要是指劳动场域中与相应项目相关的文化元素，包括张贴的标语牌、模范人物挂图、操作规程图、劳动任务统计表等。

1. 劳动项目场所的选择

基于劳动教育的多领域、多学科属性，落实劳动课程需要学校、家庭、社会多方面形成合力。通过“劳动＋校园”“劳动＋家庭”“劳动＋社会”三方场域，打造多元空间的育人之境。

(1)学校是落实劳动课程的主阵地。学校教育作为落实劳动课程的主力军，在新时期培养学生的劳动价值观念、劳动感情态度、劳动关键技能等方面发挥着举足轻重的作用。校务劳动涵盖餐厅劳动、教室劳动、公共区域、自然乐园四大板块。在劳动课标核心理念指导下，各级中小学应该结合自身学校实践特点、地域文化特征及学生身心发展规律，积极制定丰富多彩、多种多样的劳动课程方案，落实劳动课程标准；特别需要关注劳动课程育人目标及价值，在劳动课程建设中突出劳动最光荣、劳动最美丽、劳动最有价值、劳动最有力量的积极劳动价值观念。

(2)家庭是落实劳动课程的辅助地。家庭作为学校教育教学的重要协助力量，在有效落实劳动课程中发挥着鲜明的支撑性作用。家长要身体力行、以身作则，树立正确的家庭劳动教育观。同时，家长要充分认识到自己在劳动教育中的示范引导作用，充分发挥自身的育人榜样作用，主动配合学校开展多种多样的劳动课程活动。

作为劳动课程的“第二课堂”责任人，家长应积极参与学校组织的丰富多样的劳动家校共建节日、劳动主题活动、劳动成果展示以及家校共建劳动互帮互助等活动，协助学校引导学生在劳动教育活动中，获得劳动成就感和劳动幸福感。同时，在家庭生活中，家长要有意识地制定不同类型的家庭劳动清单，定期在家庭中开展家庭成员集体劳动，营造良好的家庭劳动氛围，提高学生主动参与家庭劳动的意识。

(3)社会是落实劳动课程的实践地。社会要为学校提供真实的劳动环境及劳动场域，帮助学生在真实的社会劳动中，提高自身劳动认知及劳动技能，从而实现劳动育人的社会性价值。在社会各类场所开展劳动课建设过程时，可以充分结合不同场所的实际发展特点、文化特征及专业特色，突出社会在劳动教育中的价值渗透与引导力。各级学校要主动积极联系、联络当地社区，建立社区服务劳动课程建设机制，构建社区服务劳动教育试验区。可以针对不同年级学生劳动课程的实践目标，开展多种类型的社会劳动实践课程，充分利用寒暑假、双休日等节假日组织学生参与社区劳动文化建设活动。各级学校可以组织学生有计划地参与博物馆、图书馆、文化馆、养老院、农场、医院、工厂等地的劳动实践活动，增强学生劳动课程的实践性，拓展学生劳动课程学习视野。社区在劳动教育活动中，应积极发挥社会引导功能，配合学校和家庭进一步实现劳动课程的全方位育人功能及目标。

2. 项目材料与工具的选择

(1)考虑学生人身安全。劳动项目要在确保学生人身安全的情况下才能开展，所以，教师首先要注意材料的安全性，比如选用积木材料、颜料、空气黏土等时，一定要保证材料本身的无毒无害。教师还要考虑学生座位设置和专业教室环境布置的安全性，要特别强调工具使用的安全性，比如教会学生科学使用工具、正确放置工具、妥善及时保养工具等。另外，不同年级学生对劳动材料与工具的熟悉程度不同，运用能力也不同，所以在安全性方面应当提出不同的要求。比如低年级学生自我控制和协调能力略差，不能有效识别某些材料或工具的危险性，所以过于危险或可能产生危险的东西则不宜让他们使用；高年级学生的自控力和动手能力略强，所以可以选择难度大一些的工具，但也要监督学生在使用过程中是否会存在困难，以便消除隐患。

(2)发挥地方资源优势。在劳动材料和工具的选择上，要尽可能挖掘地方资源或身边资源的优势并充分加以利用，才能更好地达成劳动项目的任务。一方面，这些资源便于取用，甚至数量不限，可以为劳动项目提供充分的材料保障；另一方面，以地方资源为主要材料和工具，可以更好地形成具有创造性的项目作品。以"竹乡安吉"为例，安吉景色宜人，秀竹连绵。当地教师完全可以以竹子作为劳动项目的主要材料，小学低学段可以利用竹叶开展竹叶贴画的实践活动；小学高学段可以利用竹条学做风筝；初中可以用竹编工艺进行竹器加工，还可以学习竹笋制品的加工、包装等；高中则可以考虑竹炭制品的设计制作。

(3)渗透低碳环保理念。在选择劳动材料和工具时，低碳环保也是非常重要的依据和原则。所谓低碳，就是指较低的温室气体排放量，而低碳环保材料则是指在确保使用性能不变或不受损的情况下降低不可再生自然原材料的使用率，制造过程低能耗、低污染、低排放，使用寿命更长，使用过程中不会产生较多有害物质，并可以回收再生产的材料。作为教师，理应担负起环境保护和环境教育的责任，一方面，在选用材料和工具时尽可能选择那些低碳环保的常见材料和工具；另一方面则积极鼓励学生参与到废物利用、变废为宝的活动之中，增强学生的环保意识，感受低碳生活的乐趣。常见的可以充分利用的废旧材料包括旧报纸、牛奶盒、饮料瓶、废旧水管、铁丝、废旧木板等，这些都可以作为劳动项目的原材料。

(五)明确项目过程

项目学习是一种严谨的、与学生个体相关的教学模式，强调以学生为中心，要求学生对现实生活中的真实性问题进行探究，帮助学生不仅"知"，而且体验如何"行"。开展劳动项目阶段是整个项目学习的核心，是提高学生劳动素养的关键。在这一阶段学生需要按照项目计划开展劳动体验与实践，经历完整的劳动过程，在劳动项目实践过程中学生能够锻炼规划设计意识，能够综合运用所学知识、技术，不断优化行动方案。在劳动项目实施阶段主要把握以下几个环节：

1. 创设真实情境，启动项目

劳动与生活息息相关，劳动项目主题来源于现实生活中的需求，将劳动教育还原于生活情境之中，能够将枯燥的劳动知识理论生活化、实践化，从而能够激发学生的劳动兴趣和劳动积极性。启动项目时要重点关注如何设计驱动问题和启动方式，驱动问题是将项目主题与课程目标凝练在一起的有意义的问题，一个好的驱动问题不仅能提高学生参与项目学习的兴趣，而且能让学生在项目学习中时刻关注学习目标。启动劳动项目的目的在于让学生迅速理解劳动项目的范围、要求完成的劳动体验或实践任务以及劳动学习过程中的评价方法与标准。启动的方式可以是多种多样的，例如，通过课堂讨论、参观劳动基地、学习劳动榜样等活动激发学生思考，吸引学生参与到劳动项目中，也可以使用劳动项目启动文档介绍劳动项目的背景、要解决的问题、学生的角色与任务，通过启动文档激发学生参与劳动项目学习的兴趣和热情。

2. 分解项目任务，开展实践

一个劳动项目主题往往可以分解成几个子项目来完成，在劳动实践操作中要根据项目主题和学习目标对一个大的劳动项目进行任务分解，并按照劳动任务的顺序开展劳动实践活动。如在“校园垃圾分类”这个项目中，根据学习目标可以分为五个子项目任务：调查校园垃圾分类情况、学习垃圾正确分类方法、制作创意分类垃圾桶、开展校园垃圾分类体验、制作校园垃圾分类宣传片。通过分解项目任务能够进一步明确学习方案，让学生清楚在每一个劳动任务中的要求。教师要对小组和个人的劳动实践过程进行监管和指导，要鼓励每一个学生投入到劳动项目学习中，要注意那些运用劳动知识和技能有困难的学生，给予他们及时的指导。

3. 制作项目作品

制作劳动项目作品不仅可以让学生在亲手操作中提高劳动知识和技能，而且能让他们在小组合作学习中学会团结协作，在人与人的活动中获得丰富的劳动体验。项目式劳动的项目作品丰富多样，形式并不固定，符合项目学习主题和目标即可，既可以是研究报告、图画、录像、展览等，也可以是实物作品，一把木椅、一个分类垃圾桶、一份家常菜等。有些劳动项目可能时间会比较长，在这样的项目中可以设置一些项目阶段性作品，将项目阶段性作品作为项目学习活动的检查站点，这样不仅能帮助学生按照项目计划开展学习，而且能让教师更好地监控项目过程，发现学生遇到的问题，衡量学生是否达到项目预期目标。

4. 反思交流劳动成果

劳动成果的交流是中小学学生劳动项目学习的重要一环，各小组将劳动项目设计、制作、产品使用等成果进行展现或汇报，在成果分享和交流中分享劳动的收获与体验，同时也能引导中小学生学会尊重劳动成果。

(1)搭建交流平台。学生在完成劳动项目作品的制作后，教师要根据具体的项目作品搭建交流平台。交流平台不局限于班级，尽可能扩大交流范围，可以在校园内、社区里。成果交流的形式多样，如举行劳动作品展览会、劳动实践报告会、职业体验分享会等。学生在和观摩团成员的交流中分享自己的劳动经验与体会，展示自己制作的劳动项目作品，不仅可以获得劳动收获的幸福感，而且能反思项目学习过程中的不足之处。关于公开成果，有以下几个开展途径：第一，以个人为主，把学生劳动实践的经历、作品制作的过程以微视频形式发布在相关网站上进行宣传、互评；第二，以小组为单位，把学生劳动实践过程的点滴进行记录，互相交流，集中观摩；第三，以班级为单位，在劳动课程项目结束后，将作品集中展评，并组织阶段性展览；第四，以年级为单位，组织开展集体性的义卖活动，锻炼学生的组织能力，检验劳动成果。

(2)明确展示时间。劳动项目成果交流与展示的时间点可以在活动中期和活动结束时期。在活动中期交流与展示中，学生可以介绍目前劳动项目学习的进展情况，各小组成员提出自己在学习过程中遇到的问题，对于没有解决的问题交代下一步的解决计划，也可以展示一些项目阶段作品。在活动结束的交流与展示中，学生可以介绍他们的劳动项目作品理念、设计草图、前期准备、工作的分配等，分享在劳动项目实践过程中的体验和心得。

(3)引导反思交流。在反思交流中，教师要注意围绕劳动的价值意义，引导各小组通过不同的形式开展交流活动，促进学生形成反思交流习惯。各学习小组在交流平台开展反思交流活动时，围绕展示劳动项目成果、讲解作品设计思路和制作过程、分享劳动实践中遇到的问题和解决方案等进行，通过反思交流不仅能展示他们在项目学习中掌握的劳动知识和技能，而且能让他们感悟自己劳动的体验与收获。教师要重点引导学生领悟劳动的价值和意义，思考劳动项目主题与我们的个人生活、社会进步之间的关联，避免只是将劳动教育停留在简单的劳动苦乐体验上。

(六)评价劳动项目

活动评价是中小学劳动项目学习的升华，通过对学生在劳动项目学习活动中的参与程度、行为表现以及学习效果分析进行评价，不仅可以帮助学生更好地了解和认识自己的劳动知识、技能、习惯等，反思在劳动实践过程中的优点和不足，查漏补缺，不断增强自己的劳动知识和能力，而且能帮助教师更好地了解学生的劳动素养情况并在后续的劳动教育教学中进行有针对性的指导。

1. 基于劳动素养，制定项目评价标准

劳动项目学习评价主要是指向劳动素养的评价，小学阶段的评价内容应更加侧重于劳动意识、态度、习惯。教师要在项目学习活动前根据具体的项目主题确定学习目标，并将学习目标制定明确的评价标准，这样既为学习活动中进行评价提供依据，也能够让学生更加清楚在项目学习过程中他们应掌握的内容。

劳动项目学习的评价标准应该以劳动课程标准为依据，每一项劳动项目学习主题对劳动能力要求是不一样的，我们可以对五个环节在实践操作和劳动情境中相关劳动能力的表现进行预设，并对学生的实际表现进行评价补充。为了进行科学客观的评价，需要设计合理有效的劳动项目学习评价量表。

评价表一般包括评价要素、等级、评价标准三大部分，在劳动项目学习中，评价要素主要由项目学习实施操作步骤组成。每项操作重点考查的劳动素养不同。如在进行方案设计时应当重点考查劳动意识、劳动安全和劳动知识，在反思阶段应重点考查劳动技能、劳动创造、劳动幸福等。因此在制定劳动项目评价表时要根据具体劳动项目所要求的劳动能力对评价标准进行准确说明。评价等级主要是对学生表现的分级评价，如“优秀”“良好”“合格”等，或者进行星级评价，在劳动项目学习活动中，教师可以根据具体劳动项目和项目作品确定等级的表达和数目。评价标准是指根据具体的劳动项目对评价要素进行具体明确的表述，用于确定成功实现学习目标的程度。在确定劳动项目学习的评价标准时，项目评价标准要有针对性，要针对某项目具体的劳动学习任务确定关键性评价指标，并用清晰、具体、有效的语言描述这些指标的行为、特征和表现。

2. 立足学生终身发展，实现评价内容多样化

劳动课程的最终目标是要以劳树德、以劳增智、以劳强体、以劳育美、以劳创新，促使学生实现个人的全面发展和终身发展。这也就要求劳动课程评价的内容具有以下特点：

(1)要以活动自身的设计、教师设计和实施活动的能力水平、学生在劳动过程中的参与表现为主。以此完善评价体系的具体内容，落实针对性的评价对象，有效发挥评价的价值判断、激励改进的作用，帮助教师提升活动设计、组织、实施的能力水平，促使学生形成更好的劳动质量。

(2)基于劳动教育的真实环境进行评价。一是围绕学校的劳动教育课程，对学生在日常生活劳动、生产劳动、服务性劳动三个领域中的表现进行评价；二是围绕学校的劳动清单，对“做好自己(包括个人卫生、物品整理)”“帮助他人(包括卫生工作、家务班务)”和“奉献社会(如小区公益)”三个领域中的表现进行评价。

(3)评价内容的指向主体是教师和学生。教师与学生在劳动项目中两者应该是互为评价主体，才能有效提升劳动教育活动质量，更好达成劳动课程目标。教师要尤为关注学生对劳动教育活动的真实想法、对活动中教师表现的评价，学生实际参与状态以及表现出来的劳动认识、劳动思考、劳动行为、劳动技能、劳动情感等。尊重学生主体地位，全面分层地评价学生，注重学生终身持续性发展。

3. 过程评价与结果评价相结合，实现评价方式多样化

为达成学生成长发展的劳动教育目标，学校可以将日常观察、谈话、心得体会、档案记录表、活动案例分析等多种评价方法用于中小学劳动教育活动评价，立足学生特点，对其进行全面分层评价，关心每一阶段的进步，注重学生每一活动结束后的较

大成果，能较为客观地保证评价的公平性和针对性，也能帮助学生形成正确的自我认知，调动学生参与未来各项劳动活动的积极性。

(1)重视过程性评价。劳动成果固然直观易评，但劳动过程更为真实、客观。终结评价虽然简单，但关注过程更有意义。评价应秉持教育即生活的理念，坚持做好劳动教育的课堂观察，留意学生全天候的劳动表现，建立成长档案记录袋，全面记录学生在劳动“知情意行”方面的整体素养。

(2)加强增值评价。可利用纸质或电子的劳动素养单，用心追踪和记录不同学生在不同时间节点上的劳动素养表现，并从“劳动素养基础”和“劳动努力程度”两方面分析学生的“增加值”和“净效应”，帮助学生找到更好的努力方向和改进策略。

(3)革新评价载体。单一的分数评价早已不能满足当前的评价需求。低年级的小学生可用奖状、表扬信等评价载体；中、高年级的小学生可用图案、符号、评语等评价载体。学校还应顺应智能化时代的需要，积极搭建智能平台进行数智化评价。

(4)关注融合教育评价。《关于全面加强新时代大中小学劳动教育的意见》要求，劳动教育要“与德育、智育、体育、美育相融合”，形成具有“综合性、实践性、开放性、针对性的劳动教育课程体系”。所以，我们还要注意评价不同年级段的中小学生在综合性课程学习场景下的劳动素养表现。

4. 家校社共同参与，实现评价主体多元化

学校要实现优质的劳动教育，需要获得学生的家长和所处社区的支持帮助，以此形成教育合力，共同助力学生习得良好劳动习惯、提升个人劳动认知、树立正确劳动意识。由此，家长和社区人员共同参与活动评价会对中小学劳动课程产生积极影响，有利于提升活动效果。

因为每个评价主体的已有知识、经验收获、思维意识、实践能力都有所差异，所以教师邀请家长和社区人员参与活动评价时，要提前做好沟通交流，遇到意见不一的地方，采用民主型的谈一谈、议一议的方式，做出合理有效的解决方案。学校要采用家校社三方都可以接受的参与方式，例如：学生成长档案袋，三方都能在活动开展之后，立足自己的角度，对学生表现出的经验分享、个人想法、实践行动等进行详细记录，观察学生的变化。以此，还能便于教师及时全面、客观正确地掌握每个学生真实的劳动素养状况，以及优点和不足，有利于教师后期改进劳动课程的设计。同时，家长还要依据学生的实际状况，定期与家长社区保持沟通交流，宣传正确的劳动教育观念，共同提升劳动教育指导能力，为中小学劳动教育活动的设计与实施提供良好环境。

需要指出的是，劳动课程评价共同体中不可缺少的主体是学生，他们是活动开展的根本指向者和最终受益者。教师要尊重学生的自我评价、互相评价。这两种评价方式都是学生对自己思想行为的一个反思，有利于学生发现自我的不足，找寻改进方向。互相评价还能帮助学生再次进行客观的自我认识，促使学生之间相互学习，共同进步。

需要说明的是，劳动项目学习的各个环节相互作用，共同推进劳动项目过程有序进行。劳动项目学习倡导自主、体验、实践的学习方式，在自主中确定劳动学习的目标，在体验中感受劳动的智慧与不易，在实践中建构劳动知识体系。中小学劳动项目学习只有在较为完整的教学设计下，才能使教学思路清晰、教学效果明显。在基于项目学习的中小学劳动教育教学设计中体现了项目学习教学模式的优势和中小学劳动教育的特点，突出在整个教学过程中，以学生为主体，开展丰富的劳动体验与实践，提高学生的综合劳动素养。

本章小结

中小学劳动课程设计依据中小学劳动课程目标要求，以日常生活劳动、生产劳动和服务性劳动三大模块的十大任务群为基本单元，以劳动过程实践性为前提，以劳动项目为载体，通过形成项目主题、制订项目目标、设计项目内容、确定劳动场域、明确项目过程、评价劳动项目的中小学劳动课程设计流程，旨在推进中小学生劳动观念、劳动能力、劳动习惯和品质、劳动精神等素养的综合提升。

章后练习

1. 如何理解中小学劳动课程目标的层次与体系？

2. 中小学劳动课程任务群的种类和内容包括哪些？

3. 阐述中小学劳动课程设计的思路与理念。

4. 劳动教育项目的设计要素包括哪些？以具体劳动项目为例思考如何设计中小学的劳动课程？

拓展阅读

1. 中华人民共和国教育部. 义务教育劳动课程标准[S]. 北京：北京师范大学出版社，2022.

2. 朱志勇. 中小学劳动教育课程体系构建与实施[J]. 课程·教材·教法，2021(08).

3. 吕晓娟，李晓漪. 我国劳动教育课程的发展历程、主要成就和实施方略[J]. 课程·教材·教法，2021(08).

4. 李琦. 劳动教育实践活动手册[M]. 北京：电子工业出版社，2020.

5. 方艳丹. 劳动教育实践活动设计[M]. 北京：电子工业出版社，2020.

6. 陈鹏. 小学劳动教育导论[M]. 北京：北京师范大学出版社，2022.

第二章

中小学日常生活劳动课程设计

本章结构图

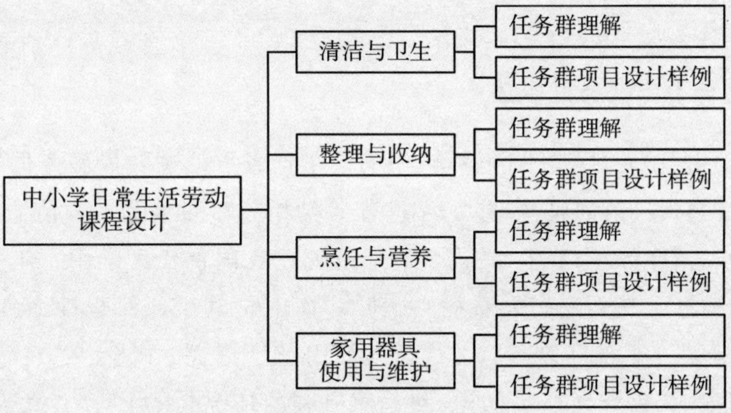

本章概述

本章聚焦日常生活劳动课程设计，根据《劳动课程标准》，将日常生活劳动进一步细分为清洁与卫生、整理与收纳、烹饪与营养、家用器具使用与维护四大任务群。各任务群首先从学理层面进行解读，包括任务群概述、任务群价值以及任务群的项目内容、项目选择与设计依据等；再重点从实践层面进行项目设计，呈现各任务群不同学段的项目设计样例，包括单元教学设计和课时教学设计。

章前导语

日常生活劳动是《劳动课程标准》明确提出的三大劳动类型之一，与学生生活息息相关，具体又包含清洁与卫生、整理与收纳、烹饪与营养、家用器具使用与维护四个任务群。如何理解任务群是影响劳动教学设计的重要因素之一，而日常生活劳动中的各任务群都有其自身特色和独特价值。基于此，本章将以解读任务群为起点，以呈现各学段的具体劳动教学设计为重点，结合理论与实践，旨在为日常生活劳动领域的课程设计厘清思路、提供借鉴。

关键术语

中小学　劳动教育　日常生活劳动　课程设计

第一节
清洁与卫生

一、任务群理解

(一)清洁与卫生任务群概述

“清洁与卫生”作为“日常生活劳动”中的一个任务群，主要以服务低年级小学生为主。“清洁”在《当代汉语词典》中有“没有尘土、油垢等”①的意思，与清洁相关的近义词有干净、明净、洁净等。“卫生”一词，最早出现在我国古代医学中，庄子首先使用了养生、卫生的概念，其义为病人看病“饮药”，而卫护其生，保全性命。之后的医书，少有用“卫生”概念的；到了现代，才广泛地使用“卫生”这一概念。② 在《现代汉语常用词词典》中，“卫生”意指清洁、干净、对健康有利的情况。③ 可见，“清洁与卫生”是一个同义搭配词，意在使某物或环境干净、整洁，以维护身体健康。

清洁与卫生劳动项目具有生活化、操作性强的特点。清洁与卫生劳动项目旨在帮助学生树立爱干净、讲卫生的意识，因此生活化是清洁与卫生劳动最大的特点。在清洁与卫生劳动项目中，能够让学生摆脱普通学科性课程带来的紧张感，以生活化的方式进行劳动课程的体验，既了解清洁与卫生的知识、提升清洁劳动技能，又能培养学生良好的生活素质和生活习惯。在具体劳动操作上，清洁与卫生劳动项目以清洁工具和洗涤材料为劳动工具，以清洁物品为劳动对象，通过劳动，学生能够较好地掌握其用法用量，操作性和实施性较强，从而习得清洁物品的本领和技能。

(二)清洁与卫生任务群的价值

学生在清洁与卫生劳动项目中能够习得熟练的清洁能力和清洁技巧，这对于培养学生的生活自理能力和自觉劳动意识发挥着重要的基础性作用。同时，清洁与卫生劳动也具有重要的教育审美价值，有助于养成良好的生活习惯和卫生习惯。此外，通过

---

① 莫衡等：《当代汉语词典》，886 页，上海，上海辞书出版社，2001。
② 门岿：《二十六史精要辞典・中》，1984—1985 页，北京，人民日报出版社，1993。
③ 张清源：《现代汉语常用词词典》，403 页，成都，四川人民出版社，1992。

打扫教室、家庭、社区的卫生，也能够进一步培养学生的家庭责任感和社会责任感。

其一，清洁与卫生任务群对于培养学生的自理能力发挥着基础性的作用。学生通过主动参与一些简单的清洁与卫生活动，比如用扫帚扫地，用拖把拖地，用抹布擦拭桌椅，辨别不同类型的垃圾桶并学会垃圾分类，能够学会正确使用清洁与卫生劳动工具，能够用科学的方法洗手，独立完成与个人卫生相关的劳动，创设洁净的生活环境和学习环境，初步养成生活自理能力，并服务于自我、他人与集体。

其二，清洁与卫生任务群能够引导学生树立良好的审美价值。清洁与卫生劳动项目能够让学生在日常生活和劳动课程中学习卫生知识，了解保持干净清洁的状态能够提高个人形象和团体形象，一个干净整齐的环境能够让人心情愉悦，给人以美的享受。最重要的是，能够帮助学生分辨干净和肮脏不同的生活体验，树立正确的审美观。

其三，清洁与卫生任务群能够激发学生的家庭责任感和社会责任感。清洁与卫生劳动项目既要求学生学会清洗自己的物品，保持整洁的状态，也对学生参与家庭、学校、社区等集体环境的清洁与卫生提出了相应要求。在家庭中，学生应学会清洗简单的衣袜、厨具、碗筷等，认识到自己也是家庭中的一员，树立家庭责任意识；在教室清洁中，学生应学会垃圾分类、擦拭黑板、摆放桌椅等，意识到自己也是班级的小主人，培养班级主人翁意识；在社区活动中，学生应学会垃圾分类、清洁楼道等，培养自己的社会责任意识。

(三)清洁与卫生任务群的项目内容

在清洁与卫生实践过程中，不囿于活动场地，既可以在家庭中进行，也可以在教室内进行，还可以在社区等公共场所进行。按照项目活动地点，可以将清洁与卫生任务群大致分为家庭清洁活动、校园清洁活动、社区清洁活动三大类。

其中，在家庭清洁活动中，学生能够认识种类多样的洗涤剂和清洁工具，学会识别不同的洗涤剂，并使用不同的洗洁剂清洗不同的物品，例如：洗衣液、洗衣粉、肥皂等可以清洗衣物，洗洁精清洗碗筷，洗发水、护发素清洗头发，沐浴露可以用来洗澡等；同时还可以认识扫帚、拖把、抹布、吸尘器等清洁工具。在家庭清洁活动中，可以让学生清洗简单的衣袜、清洗碗筷等。校园清洁活动包括教室清洁和校内区域清洁。在教室清洁活动中，可以让学生扫地拖地、擦黑板、倒垃圾、摆放桌椅、清洁图书角等。在校内区域的清洁活动中，可以让学生以小组的形式参与打扫卫生区域、清洁卫生墙角、捡拾垃圾等。在社区清洁活动中，主要是让学生通过参与垃圾分类、清理楼道等，树立“爱护环境，人人有责”的社会公共意识。

(四)清洁与卫生任务群的项目选择与设计依据

《劳动课程标准》根据学生的年级特点，对不同学段的项目选择与设计提出了具体建议。除了关注年龄的特点外，清洁与卫生劳动项目的选择和设计还应考虑劳动活动过程中的安全性和学校可提供的教育资源条件等因素。

1. 依据学段特点选择与设计项目

清洁与卫生在义务教育劳动课程中，其参与对象主要为1～4年级的小学生，共分为两个学段，都有着明确的教育内容要求和活动建议。

第一学段为1～2年级。对于1～2年级的小学生而言，由于身体骨骼肌肉处于快速发展的时期，肌肉力量较小，在劳动活动上不宜做重体力活动。因此，在内容要求上，学生能够开展简单的清洁劳动，比如用扫帚扫地、用拖把拖地、用抹布擦拭桌椅等；认识洗涤用品，认识肥皂、洗衣液、洗洁精等物品，并知道如何使用清洁工具；辨别不同类型、不同颜色的垃圾桶，初步了解垃圾分类投放的要求。1～2年级的劳动教育主要在于能够让学生独立完成与个人卫生相关的劳动活动，初步养成讲究个人卫生的意识和习惯，感受劳动的快乐，愿意参加劳动。

第二学段为3～4年级。对于3～4年级的小学生而言，其身体素质有了较大提高，能够做一些简单的体力活动。因此，此阶段的小学生除了掌握基本的清洁知识和做好个人卫生外，还要参与教室的卫生打扫，参与班级大扫除活动，将桌椅摆放整齐；能够进行正确的垃圾分类，完成学校的清洁与卫生劳动；在公共场所能够自觉做好个人防护，能够通过动手清洁创设洁净的生活环境和学习环境。在劳动中，培养创设洁净的生活、学习环境的意识和公共卫生安全意识，养成良好的个人卫生习惯，热爱劳动，初步学会与他人合作劳动。

2. 依据劳动的安全性选择与设计项目

在清洁与卫生项目的选择和设计上，劳动安全性是重要考虑因素，安全原则也是劳动活动中需要遵守的第一原则。劳动活动安全性主要考虑劳动活动场所的选择、劳动项目的选择、劳动工具的选择以及劳动过程中的注意事项。

在劳动活动场所的选择上，教师要仔细勘察劳动场所，排除劳动场所中存在的安全隐患；在劳动项目的选择上，囿于小学生的身体发展特点以及劳动能力水平，应选择耗能低、易操作的劳动项目，设置安全提示，避免劳动活动对小学生造成身体伤害；在劳动工具的选择上，难免会使用刮刀、棍棒、刺激性消毒用品等，因此教师应选择简易的、易操作的劳动工具，并向学生展示劳动工具的正确使用方法，避免在使用过程中受伤；在劳动过程中，教师应当全程指导和监督学生的劳动行为，避免学生因嬉戏、打闹、争夺劳动工具发生的冲突而产生严重后果。因此，在劳动活动的安全性上，应立足于活动的方方面面，让学生能够在安全的劳动活动中顺利完成劳动任务，在劳动中收获知识、收获乐趣。

3. 依据劳动资源条件选择与设计项目

清洁与卫生劳动项目最大的优点在于，它不受活动场所、活动时间和活动方式的限制，因此清洁与卫生劳动项目除了根据学校可提供的材料与资源外，还可以结合家庭和社区可提供的材料和资源开展劳动活动。

在家庭劳动材料和资源的提供上，可以根据家长的职业角色，如护工、清洁工、洗碗工等职业，邀请家长参与到学校的清洁与卫生劳动活动中，对学生的劳动过程进行实践指导；还可以根据家庭小区所处的位置，如周边是否有垃圾回收站、污水处理厂等，让家长带学生去参观体验。

在社区劳动材料和资源的选择上，应主动争取社区的支持，为学校清洁卫生劳动活动搭建平台，让学生走进社区，了解社区垃圾箱的摆放，切身感受垃圾分类的标准；具有医养结合模式的社区、养老院也是当前社区发展的追求模式，该类社区能够让学生走进社区，为学生清洁与卫生劳动项目提供校外活动场地，锻炼学生打扫公共卫生的能力。

总之，通过家庭和社区社会提供的材料和资源条件，极大拓展了学生的劳动活动基地，丰富了学生的劳动活动内容，在清洁劳动过程中体会清洁的作用，感受清洁劳动带来的成就感和获得感，体会劳动的意义。

二、任务群项目设计样例

项目一　清洁与卫生——《洗涤小达人》(1～2年级)

【单元简介】

本单元的清洁劳动旨在为小学生树立干净整洁的卫生意识，通过开展简单的清洁劳动，让小学生养成讲究个人卫生的意识和习惯，习得基本的卫生清洁能力。在劳动过程中，学生完成比较简单的个人物品整理与清洗，形成“自己的事情自己做”的意识，具有初步的个人生活自理能力。在本单元学习过程中，学生通过认识清洁材料、了解清洁步骤、实施清洁活动学会正确清洗物品。本单元分为三个活动阶段，三个活动相互衔接、循序渐进。

第一课时：认识清洁材料；第二课时：了解清洁步骤；第三课时：实施清洁劳动。

【单元教学背景】

1. 教学内容分析：该单元主要是让小学生学会清洗自己简单的衣物和物品，认识合适的洗涤用品，了解清洁的步骤，坚持用科学的方法进行清洁劳动，独立完成与个人卫生相关的劳动。同时，掌握清扫地面、洗小件衣物等简单劳动的方法，养成讲究个人卫生的意识和习惯，在清洁劳动过程中，感受劳动的快乐，愿意参加劳动。

2. 学生情况分析：小学1～2年级的学生对于小学生活感到非常新鲜，对于所学的课程能够认真学习并完成相应的学习任务，基于此，在1～2年级让学生学习卫生与清洁的内容，养成爱干净、讲卫生的好习惯；并且，此年龄阶段的学生由于年龄较小，力气较小，很难完成需要较大力气的清洁活动，因此在本单元的教学设计中，让学生从认识清洁用具开始，再进行简单的清洁活动，循序渐进形成相应的劳动能力，具有初步的个人生活自理能力，初步养成有始有终、认真劳动的习惯。

【单元教学目标】

1. 经历简单衣物的清洁过程，认识简单的清洁工具与材料，知道清洁的步骤，了解清洁的作用，牢固树立讲卫生、爱干净的生活观念。

2. 学会正确使用清洁工具与材料，掌握基本的清洁操作要领，学会正确清洗物品的步骤，养成爱清洁、讲卫生的好习惯。

3. 经历简单的清洁劳动，形成“自己的事情自己做”的意识，树立爱干净、讲卫生、爱劳动的观念，在劳动实践中体验劳动的乐趣，具有主动劳动、积极参加劳动的意愿。

4. 通过积极参加家庭的洗涤清洁工作，培养热爱劳动、热爱生活的思想感情，养成良好的洗涤、清洁劳动习惯。

【单元教学重难点】

1. 清洗物品的一般步骤。

2. 清洗工具和洗涤用品的正确选择与使用。

【单元课时安排及教学内容简介】

第一课时：认识清洁材料

在本课时教授过程中，教师向学生介绍肥皂、洗衣粉、洗衣液、洗洁精、沐浴液等洗涤用品和清洁工具，出示图片，通过观察图片，让学生说出这些物品的用处，在哪里见过这些物品，这些洗涤用品分别是用来清洗什么的(清洗毛巾、袜子、外衣、内衣会用哪些洗涤剂，洗澡、洗头发又会用哪些洗护用品……)。教师向学生介绍清洗工具、洗涤用品的用法用量，清洗过程中的注意事项和步骤。以小组为单位，每六人一组，明确每位组员的任务。

第二课时：了解清洁步骤

在本课时活动过程中，在学生了解常用的洗涤用品、清洁工具、洗涤剂的用法用量的基础上，教师向学生展示如何使用这些洗涤用品和清洁工具，清洗物品的具体步骤是什么，在使用过程中有哪些注意事项，怎样才能把物品清洗干净。培养学生正确清洗个人物品的能力。

第三课时：实施清洁劳动

在本课时开始之前，学生已经认识了常用的洗涤用品和清洁工具，知道各种清洁工具和洗涤剂在使用过程中的操作方法，故在本节课中安排学生尝试自己动手去清洗简单的物品，并在劳动中开展“洗涤小达人”的活动，对评选出的“洗涤小达人”给予积分奖励。教师要鼓励学生分享劳动过程中的体验和乐趣以及相应的劳动成果，让学生懂劳动、爱劳动。

【单元教学活动准备】

1. 劳动场域：劳动专用教室。

2. 劳动工具与材料：洗衣液、肥皂、洗衣盆、晾衣架、毛巾等物品。

3. 劳动组织形式：(1)课前分组——根据劳动任务，建议 6 人一组，小组内说明具体分工；(2)确定各组的劳动任务及任务量。

4. 劳动安全注意事项：

(1)在洗涤物品的过程中，注意不要品尝洗涤用品；

(2)在洗涤物品的过程中，注意地面积水以防滑倒。

【单元教学过程设计】(见图 2-1)

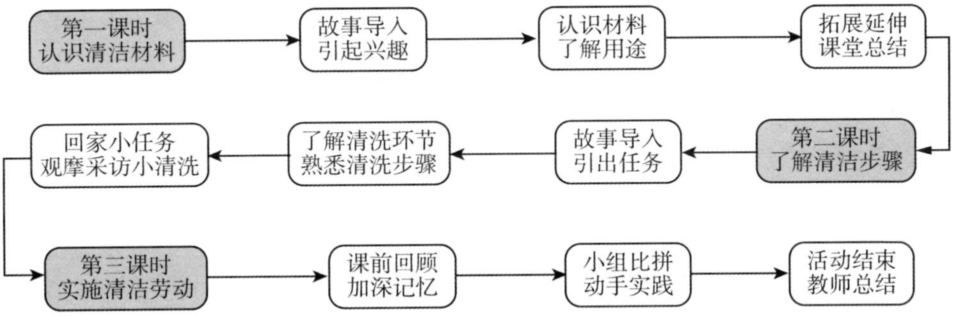

图 2-1　单元教学过程设计

【单元教学效果评价】

1. 评价内容：主要从劳动规范、劳动成果、劳动精神、劳动观念、劳动能力以及劳动习惯与品质六个方面进行评价。在劳动规范方面，考查学生对于清洁材料的基本使用方法是否恰当，清洁的步骤是否正确；在劳动成果方面，考查学生能否将物品清洗干净；在劳动精神方面，考查学生在劳动过程中是否积极参与，以劳动过程中的积极性和主动性为考查内容；在劳动观念方面，考查学生在劳动后能否形成主动劳动意识和劳动愿望；在劳动能力方面，考查学生清洁物品的能力，能否将物品清洗干净，并对清洁工具与材料进行整理；在劳动习惯与品质方面，考查学生能否在简单劳动后形成正确的清洗习惯，并养成爱干净、讲卫生，简单个人物品及时清洁的好习惯。

2. 评价主体：主要采用小组评价和教师评价两种评价方式。学生每四人为一组，在实践劳动结束后，小组内部评选出清洗物品最干净的“洗涤小达人”，并说一说评选的理由。随后，教师指出学生在清洗物品过程中存在的问题并进行纠正，对评选出的“洗涤小达人”给予积分奖励。

3. 评价工具：主要使用“成长足迹卡”的形式，记录学生在本课程学习和劳动过程中的积分，以积分多少的方式表示学生课程掌握的程度，跟踪学生的学习情况和学生的能力发展情况。

4. 评价方法：主要采用形成性评价和终结性评价两种方法。形成性评价主要解决学生在每节课学习过程中出现的问题，教师及时进行跟踪和纠正。终结性评价是指在学期末，教师对学生在整个劳动活动课程中的表现进行全面评价。

第一课时：认识清洁材料

【教学目标】

1. 认识各种清洁材料，了解不同清洁材料的清洁功能与使用方法，在清洁劳动过程中能够根据清洁需求正确选择清洁材料。

2. 了解洗涤用品的用法用量，知道洁净物品对个人健康的益处，养成乐于清洗物品的好习惯，激发积极劳动的愿望，明白“劳动最光荣”的道理。

3. 认识生活中的清洁工具及其基本使用方法，知道爱干净、讲卫生、勤打扫等良好习惯的益处，能够根据清洁需求正确选择清洁工具。

【教学重难点】

1. 清洁材料的使用方法及其注意事项。

2. 根据清洁需求正确选择清洁工具与材料。

【教学准备】

洗衣粉、洗衣液、洗洁精、洗发水、肥皂等多媒体图片。

【教学过程】

板块一：故事导入，引起兴趣

1. 故事情境导入：天天同学在早上洗漱完毕后，看到脏了的毛巾，由于爸爸妈妈每天工作太辛苦了，没有时间进行清洗，她想起妈妈洗衣物时的样子，便想要把脏了的毛巾清洗干净。于是，她拿起毛巾准备清洗，可是，家里的洗涤用品太多了，她挑选不出合适的洗涤用品。你能帮天天同学挑选出清洗毛巾的洗涤用品吗？同学们请看下面的图片。（出示洗涤用品图片，见图 2-2）

图 2-2　洗涤用品

2. 教师启发提问：同学们请看，天天同学在家里找到了这么多的洗涤用品，但是太多了，她一时不知道应该选择哪一种洗涤用品来清洗毛巾，聪明的你们知道这些都是什么吗？你们能不能将它们与对应的名称连线呢？（见图 2-3）

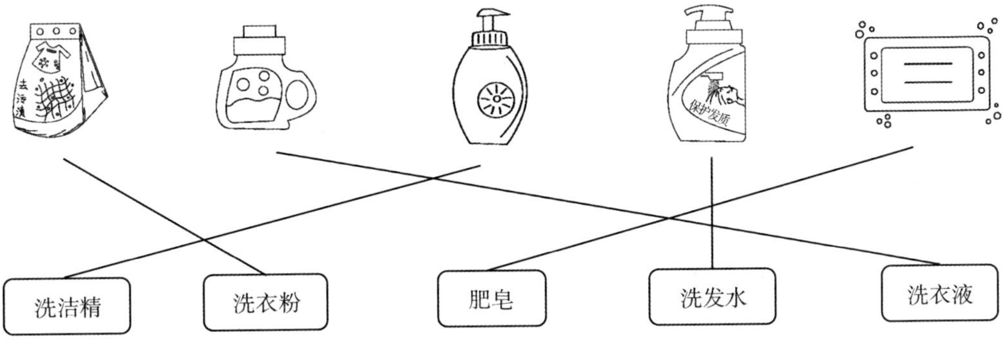

图 2-3　洗涤用品连线

板块二：认识材料，了解用途

1. 对洗涤用品进行分类：在我们认识了天天同学找到的这些洗涤用品之后，你们知道这些洗涤用品都是用来清洗什么的吗？它们在我们的生活中发挥着什么作用呢？

洗衣粉是用来清洗脏衣物的；

洗衣液也是用来清洗脏衣物的；

肥皂是用来搓洗脏衣服的；

洗洁精是用来清洗碗筷、盘子等餐具的；

洗发水是用来洗头发的；

……

同学们说得很对。那么，你们能够将这些洗涤用品进行分类吗？通过分类，你们能帮天天同学找到她需使用的洗涤用品吗？也请你们连线试一试吧！（见图 2-4）

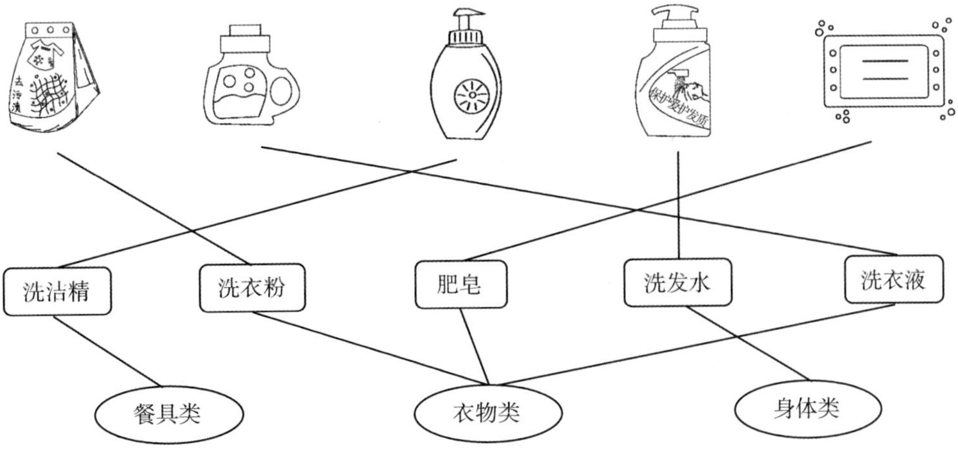

图 2-4　洗涤用品分类

2. 了解洗涤用品的作用：同学们，你们知道我们为什么在生活中要用到这些洗涤用品吗？它们有什么作用呢？

能够把脏了的东西清洗干净；

能够让清洗过的物品闻起来香香的；

能够让我们用的东西更干净、更卫生；

……

看来同学们都知道洗涤用品的作用，它们的作用主要有两个：一是能够去除物品表面的污垢；二是使污垢分散、悬浮，让它们不易在物品上沉积。这样，一个看起来脏脏的物品，就能够被清洗干净，我们用起来也就能更放心、更安全、更健康。

那么，不同的洗涤用品分别应该使用多少量才能够把污渍清洗干净呢？洗一件衣服和洗五件衣服使用的量一样多吗？

在使用洗涤剂时，如果不清楚应该使用多少量，我们可以使用两种方法进行判断。第一，仔细查看洗涤剂的使用说明，一般会有用量提示；第二，我们可以使用量杯确定洗涤剂的用量。

板块三：拓展延伸，课堂总结

1. 开拓思维：不论在家里还是在班级里，除了刚刚已经认识到的常用洗涤用品外，同学们在生活中还见过其他的清洁工具吗？

拖地的拖把也是一种清洁工具；

扫地用的扫帚也是一种清洁工具；

擦黑板的黑板擦也是一种清洁工具；

还有擦窗户的抹布也是一种清洁工具；

……

同学们思维真敏捷，你们知道的清洁工具可真不少啊！老师为你们点赞！

2. 简单小结：同学们，通过本节课的学习，我们认识了洗衣粉、洗衣液、洗洁精、肥皂、洗发水，知道了它们分别是用来清洗什么的，并且能够将它们进行分类，有的专门清洗衣物，有的专门清洗餐具，有的专门清洗身体等。我们还了解了这些洗涤用品的作用，它们能够去除物品表面上的污垢，让物品干净、卫生。同时，我们还帮助天天同学找到了合适的洗涤用品，完成了天天同学的家庭小任务。

【劳动评价】(见表 2-1、表 2-2)

表 2-1　星级评价表

姓名________	课堂状态				
学生状态	☆☆☆☆☆	☆☆☆☆	☆☆☆	☆☆	☆
同伴合作					
活动态度					
清洁程度					

表 2-2 ________班组内分工表

<table>
<tr><td colspan="2">小组序号</td><td>一组</td><td>二组</td><td>三组</td><td>四组</td><td>……</td></tr>
<tr><td rowspan="3">小组任务分工明细</td><td>选择清洁用具</td><td></td><td></td><td></td><td></td><td>……</td></tr>
<tr><td>物品清洁</td><td></td><td></td><td></td><td></td><td>……</td></tr>
<tr><td>整理劳动教室</td><td></td><td></td><td></td><td></td><td>……</td></tr>
</table>

第二课时：了解清洁步骤(略)

第三课时：实施清洁劳动(略)

项目二　清洁与卫生——《我是清洁小能手》(3～4 年级)

【单元简介】

本单元的清洁课程为学生自主进行家庭清洁、培养良好卫生习惯、提升个人健康水平介绍理论依据，提供实践平台。学生将会从清洁工具的认识、清洁小妙招的介绍、清洁工作的实践、清洁后的个人感想及问题总结等方面系统学习如何进行班级的清洁与打扫。本单元的清洁课程旨在让学生产生劳动后的满足感、培养学生自主劳动的意识。本单元共分为两课时，每课时的教学都是以学生为本、根据学生在清洁过程中产生的问题而推进的。

第一课时：教室清洁知识的讲解与分工；第二课时：清洁工作的实践与总结。

【单元教学背景】

1. 教学情况分析：通过本单元课程的教学，学生能够认识基本清洁工具，掌握打扫卫生的方式与技巧，创设整洁的教室环境，认识到保持教室卫生的重要性与必要性；在教学过程中，通过小组合作清洁、互相评价的环节提高学生的合作意识，学生能体验到与人合作的乐趣；并通过家校联合指导让学生进行“知识迁移”，即能够积极主动地参与居家清洁，从而培养学生自主清洁、保持卫生的意识。

2. 学生情况分析：小学 3～4 年级是孩子从低年级到高年级的过渡期；这时候的学生性格外向、思维活跃、思考积极，并产生了一定的自我意识，是一个从被动学习到主动学习的发展过程，能够做到独立思考、积极探索，尤其是对于劳动实践课程的部分；虽然 3～4 年级的学生能够基本完成班级的打扫，但缺少系统性的理论指导，对于一些打扫技巧也未掌握。

因此，学生可以与同学合作进行劳动实践，从而提升个人合作意识、清洁技能水平和劳动综合素养。

【单元教学目标】

1. 正确认识及使用扫帚、簸箕、拖把等清洁工具，并能够选择合适的清洁材料对教室、家庭居室等场所的打扫进行规划，掌握教室的清洁打扫方法，并将此方法灵活应用到家庭居室的清洁劳动中；

2. 经历教室和家庭居室的清扫过程，体会整洁的环境所带来的愉悦与快乐，能够正确理解环境清洁对于个人、家庭、学校甚至社会的重要意义，激发个人的劳动愿望。

3. 经历与同伴合作打扫教室的规划与实践，体验合作劳动的优势，提升个人团队意识，增强班集体的凝聚力；懂得合作劳动需要每一位劳动参与者的辛苦付出的道理，养成良好的清洁习惯，形成规范的清洁意识。

4. 经历教室及家庭的清扫劳动，明白保洁员清扫校园的艰辛，知道父母及家人的清扫付出，能够懂得珍惜他人劳动成果；养成保持环境整洁的好习惯，弘扬“劳动最光荣”的劳动精神。

【单元教学重难点】

1. 正确使用不同清洁工具打扫教室。

2. 正确评价同伴的劳动及劳动成果。

【单元课时安排及教学内容简介】

第一课时：教室清洁知识的讲解与分工

了解扫帚、拖把、簸箕等不同清洁工具的基本用法、清洁顺序等理论知识；学习打扫教室的清洁小妙招，并进行分组，让负责不同区域的小组内部自主交流讨论，进行再次分工，设计清洁计划，交与教师审核；教师须随时关注每个小组，以便及时提供帮助与指导。

第二课时：清洁工作的实践与总结

各小组正式进行班级清扫工作；劳动完成后，各组员进行总结汇报，并在组内进行劳动表现的互相评价，从而达到查漏补缺、共同进步的效果；小组长将打扫时遇到的问题汇总提出，通过合作讨论给出解决方法，若当堂无法解决，可作为课后作业，让组员在课外进行适当的思考。

【单元教学活动准备】

1. 劳动场域：普通多媒体教室。

2. 劳动工具与材料：扫帚、簸箕、拖把、除尘掸、抹布(工具数量需满足人员需求，可以根据教室面积大小以及分组数量配备工具数量)。

3. 劳动组织形式：课前分组，根据具体任务群，建议4～6人一组，小组内说明具体分工，确定给各组的劳动任务及任务量。

4. 劳动安全保障及要求：

(1)劳动操作要求：①扫地时，教室、走廊地面须打扫干净无垃圾(如泥土、纸屑等)，教室内桌椅摆放整齐；②拖地时，教室、走廊地面须拖干净，无垃圾、无食物残渣；③擦拭教室门窗玻璃、走廊墙面时，须保证玻璃(窗槽)干净明亮，墙面无蜘蛛网、无脚印痕迹；④擦拭桌面、讲台、图书角等时，要用湿抹布擦一遍之后，再用干抹布擦拭一遍，保证清洁质量，桌面无灰尘、无污迹；⑤教室桶内、盆内废水须及时倾倒并换水。

(2)安全纪律注意事项：①禁止将劳动工具用于同学间的打闹，以免误伤自己和同学；②拖地时，地面可能有积水，在湿地上走路要小心，避免打滑摔倒；③拖把清洗好后须于卫生间内将水尽量拧干，不要将滴着水的拖把从卫生间直接拿出，避免二次清洁；④站在桌子或玻璃台壁上擦玻璃时身体重心要向室内倾斜，清洁完成后不要从桌子或台壁上直接跳下来，以免摔伤。

【单元教学过程设计】(见图 2-5)

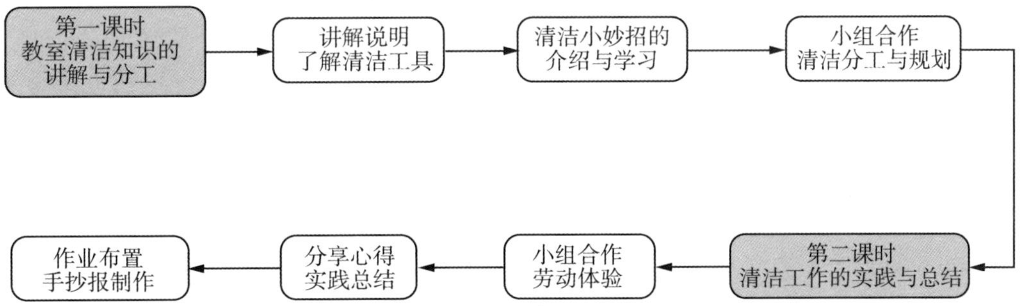

图 2-5　单元教学过程设计

【单元教学效果评价】

1. 评价内容：主要包含劳动能力、劳动成果、劳动态度、劳动习惯和品质、劳动规范及劳动观念六个方面。劳动能力方面主要评价学生是否能够完全掌握基本清洁工具的使用方法，并能规范、熟练地运用到班级打扫中；劳动成果方面主要评价学生是否能将所负责区域打扫干净；劳动态度方面主要评价学生打扫教室卫生是否能做到认真负责、积极勤恳、精益求精、不怕脏累；劳动习惯和品质方面主要评价学生是否能做到不随意使用工具打闹，结束后将工具清理干净后放回原位，摆放整齐；劳动规范方面主要评价学生打扫卫生工具使用方法是否规范，并按照老师的要求进行劳动；劳动观念方面主要评价学生是否能够积极、主动、愉快地参与清洁劳动。

2. 评价主体：采用小组互评、教师评价和家长评价结合的评价方式。在小组合作打扫教室结束后，组内成员会互相评价、共同总结优缺点，并由教师评选出班级的“清洁小能手”。同时，家长会在“家庭清洁每日打卡清单”中对学生劳动情况进行等级评价。

3. 评价工具：主要采用“等级评价表”的形式记录学生在课后对于课上劳动技能的学习情况和应用情况，以等级形式来表现学生的家庭清洁表现情况。

4. 评价方法：采用形成性评价和终结性评价相结合的评价方式。形成性评价是针对学生在清洁学习过程中取得的进步和出现的问题，及时进行表扬、纠正，让学生进行反思，激励学生学习；终结性评价是指在单元学习后，针对学生在这一单元的综合表现，进行评价、总结，选出本单元的“清洁小能手”。

第一课时：教室清洁知识的讲解与分工

【教学目标】

1. 学会教室清扫工具的使用方法，了解教室相关区域的打扫顺序；对于顽固污渍，能够选择使用合适的清洁小技巧；知道教室卫生清洁的基本标准。

2. 经历教室小组清扫劳动分工的讨论过程，学会合作清扫劳动的分工方法，充分发挥小组成员的优势，形成有效率的小组劳动方案，培养合作沟通和小组任务筹划能力，增强集体意识，充分认识个人、小组对于班集体的作用。

3. 经历教室小组清扫劳动方案展示过程，以及教师对小组的审核建议，学生学会教室的整体打扫方案设计，发展筹划能力，养成劳动有规划的好习惯。

4. 了解整洁教室环境对于学习的促进与影响，明确班级清洁劳动的重要意义和价值，提升班集体的凝聚力，树立“劳动最光荣、劳动最美丽”的劳动观念。

【教学重难点】

1. 教室清洁工具、材料的选择与使用方法。

2. 筹划安排小组分工的劳动任务。

【教学准备】

1. 需根据人数将学生提前分组、分好不同打扫区域，并将其图示打印发给同学，由小组长详细填写组内分工表，如表 2-3 所示。

表 2-3 ________班组内分工表

小组序号	1(____人)	2(____人)	3(____人)	4(____人)	……
负责区域	教室地面	走廊地面	教室门窗玻璃、图书角	走廊墙面、电脑桌、黑板、讲台	……
组内具体分工情况					……

2. 教学工具：多媒体、组内分工表、清洁工具(扫帚、簸箕、拖把等)。

【教学过程】

板块一：讲解说明，了解清洁工具

1. 图片导入，引入课题：多媒体展示清洁前的教室和清洁后的教室两幅图，让学生直观感受到班级大扫除与卫生清洁的重要性和意义。

过渡语：同学们，你们喜欢哪幅图上的教室环境呢？(清洁后的教室)了解清洁工具的使用与妙用是我们进行教室清洁的基础，也是保持教室卫生的重要前提。这节课，我们就来一起学习清洁技能，变身“清洁小能手”！

出示课题：清洁技能的学习。

2. 介绍教室清洁的相关理论知识。

问题一：同学们，你们知道我们教室的清洁需要用到哪些常用工具吗？

（扫帚、簸箕、拖把、抹布、喷壶、除尘掸、脸盆、水桶、垃圾桶等，部分见图 2-6）

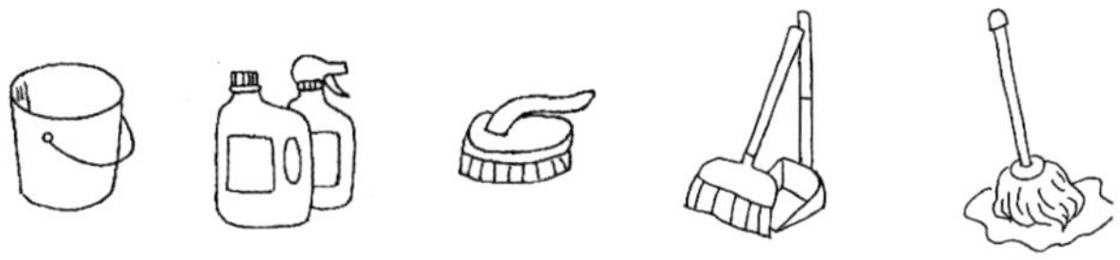

图 2-6　常用卫生工具

问题二：这些工具中有很多都是配套使用的，同学们都知道这些工具是如何使用的吗？（师生共同交流，老师在介绍工具时自己须示范一遍，加深学生的印象。）

扫帚：是一种扫地、除尘的工具，一般与簸箕配合使用；在扫地时要有方向，打扫时人要站在扫帚前面，边往前走边扫，防止重复打扫、灰尘飞溅。

拖把：是一种擦洗地面的工具，一般在扫帚扫完之后浸水使用；使用拖把时，两只手要分别一上一下握住把杆拖地；在拖地时要边退边拖，要有条理、有方向；在拖地完成后，将拖把再次清洗干净、拧干，放回原位。

抹布：用于擦拭玻璃、桌子、门窗、墙壁、黑板等的布；在使用前先将抹布在水中浸湿，拧至不滴水的状态后使用；使用完成后需清洗干净、拧干并放回原位晾晒。

……

同桌讨论时间：互相复述所学到的清洁工具使用方法。

板块二：清洁小妙招的介绍与学习

过渡语：既然同学们现在已经了解了这些清洁工具的基本使用方法，那接下来，为了让大家能够更彻底地进行教室清洁，老师也准备了一些清洁材料，向大家介绍一些教室清洁小妙招。这些方法在你们的家里也同样适用，大家学会了之后可以回家介绍给爸爸妈妈哦！

所用清洁材料：食盐、风油精、酒精、白醋、牙膏。

（1）在拖地的时候，如果遇到较为顽固的污渍，可以先在污渍处撒上一点食盐，再用拖把轻轻摩擦几下，便可轻松拖除污渍。

（2）在擦玻璃的时候，如果玻璃上有残留的胶带痕迹，可以先用风油精滴在痕迹之上，等待几分钟，便可轻松擦除痕迹。

（3）若玻璃是灰蒙蒙的状态，可以将酒精、白醋与自来水混合，倒入喷壶中，喷在玻璃上。等待酒精自然挥发后，就会发现污渍被带走了，窗户也明亮干净了。

(4)在清理墙壁的时候，如果遇到笔迹、鞋印等较难清洗的痕迹，可以将酒精、牙膏、白醋混合，将湿纸巾放在此液体中浸泡后，在墙壁痕迹处进行按压，便可去除污渍。

(5)在清洁桌面的时候，可用抹布浸泡洗洁精与水混合擦拭，会更干净。

问题三：根据老师对于上述工具与技巧的介绍，同学们认为在打扫教室的时候，按照什么顺序清扫最为合理呢？(这一步可根据班级具体情况进行删减)

教室内：天花板——电风扇——电灯——空调——玻璃——扫地——拖地——将垃圾带走——清洁、整理工具

走廊：扶手、墙壁——扫地——拖地——将垃圾带走——清洁、整理工具

板块三：小组合作，清洁分工与规划

过渡语：接下来，请各位同学按照老师上课前分好的组别，小组内交流讨论进行分工，并将你们的讨论结果详细地写在分工表格上。

1. 小组分工：小组交流讨论完成分工并填写分工表格(详见“教学准备”部分第一点)。

2. 教师指导：学生填写完成后首先将表格进行小组间互换，并在互相评价后由组长代表提出建议，随后，将表格上交给教师，教师进行评价并给予相应表扬、指导、调整。

3. 教师总结：了解相应工具的使用方法和技巧是我们进行教室清洁的前提和基础，相信通过这节课的思考和讨论，同学们都掌握了清洁的小技巧并能够将它们运用到居家打扫中。

4. 作业布置：根据所学完成家庭一周的清扫清洁工作；老师觉得大家在接下来的清洁教室实践中一定可以表现得非常出色，将教室打扫得干净明亮！

【劳动评价】(见表 2-4)

表 2-4　星级评价表

评价内容	自我评价	同伴评价	
	☆☆☆☆☆	☆☆☆☆☆	评价人
知道教室卫生清洁的基本标准，掌握教室清扫工具的使用方法及教室相关区域的打扫顺序			
掌握并能向家人介绍清洁小妙招，并能将小妙招运用于生活			
能够以分工、合作为方法进行教室整体打扫方案设计，形成有效率的小组劳动方案，养成劳动有规划的好习惯，且具有一定的筹划能力			
体会到班级清洁劳动的重要意义和价值，树立起“劳动最光荣、劳动最美丽”的劳动观念			
能够认真负责、积极勤恳、精益求精、不怕脏累，高质量完成家庭一星期的清扫清洁工作			

表 2-5　家庭清洁每星期打卡清单

清洁习惯，贵在坚持！

姓名：　　　　　年　月　日—　月　日　　第　星期

日期	星期一		星期二		星期三		星期四		星期五		星期六		星期日	
清洁项目	清洁参与	清洁成果	清洁参与	清洁成果	清洁参与	清洁成果	清洁参与	清洁成果	清洁参与	清洁成果	清洁参与	清洁成果	清洁参与	清洁成果
扫地														
拖地														
擦拭桌子														
清洁玻璃、门窗														
个人感想														
家长批注														
教师批注														
教师建议														

第二课时：清洁工作的实践与总结(略)

第二节
整理与收纳

一、任务群理解

(一)整理与收纳任务群概述

“整理与收纳”作为“日常生活劳动”模块的四大任务群之一，贯穿 1～9 年级四个学段的全过程。“整理”是整顿收拾之意①，“收纳”是收留容纳之意②。“收纳”是在“整理”基础上的操作，旨在确保生活环境的整洁与美观。“整理与收纳”是指基于物品的收取方便、空间的整体美观、干净整洁等目标，考虑物、使用物的人和人与物所共处的环境及其相互作用、关系，将物品按一定规律进行规整和存放的活动，是日常生活不可或缺的重要组成部分。③

中小学生的收纳整理能力在不同年龄段有不同要求，《劳动课程标准》中关于学生收纳整理能力的要求，随着学生年龄增长而不断提高：根据需要从收拾自己的个人用品，到收拾家庭空间，再到整理公共空间。其中蕴含着从熟悉空间到陌生空间，从独立劳动到合作劳动的进阶，在此过程中学生对物品进行有计划、有条理的摆放和储存的能力与意识不断提升，是促进学生劳动素养增长的重要领域和必要途径。这些目标与要求体现的是国家对于青少年收纳整理能力的合理期望，为学校和家庭更好地促进学生全面发展指出了具体而明确的方向。

（二）整理与收纳任务群的价值

在人们的日常生活中，物品的存放和取用，占据了居住空间的较大部分。解决“物”与人的各种功能的最优化，创造出与人的生理、心理机能相协调的“物”，是当今工业设计上的新课题。④ 可见，“整理与收纳”不仅与学生的生活密不可分，而且是个人自理、自立能力的重要体现。在整理与收纳过程中，学生不断从外部世界获取信息，亦不断通过自己的行动改造着外部世界，在互动中形成自我管理意识，在操作中促进思维能力发展，在创造中追求“美好生活”。

其一，整理与收纳任务群能够促进学生自我管理意识的形成。一方面可以促进学生养成生活整洁有序，做事仔细认真的好习惯；另一方面可以培养学生的独立意识，在对周围环境的认识、对具体物品的操作中生成自我管理意识，这对于人生具有重要意义。

其二，整理与收纳任务群能够促进学生思维能力的发展。对物品进行分类摆放、规划空间等整理与收纳的过程，能够不断提升学生的动手能力，增进其行为活动的条理性；其中蕴含的分类、排序、配对等思想，能够帮助学生感悟统筹与秩序的益处，促进其逻辑思维发展；此外，在物品的拿取中还涉及记忆提取与空间想象等能力，有助于促进学生大脑的开发。

其三，整理与收纳任务群能够促进学生追求“美”、创造“美”的价值观的形成。一方面，在活动中学生可以身临其境地感受干净整洁的美好，养成一定的规则意识与合

---

① 夏征农、陈至立：《辞海》，513页，上海，上海辞书出版社，2010。

② 同上书，304页。

③ 张荣：《3～6岁幼儿在园收纳整理能力现状调查研究》，天津，天津师范大学硕士学位论文，2022。

④ 柴文刚、穆亚平：《人类功效学及在收纳类家具设计中的应用》，载《西北林学院学报》，2006(03)。

作意识，这有助于他们感悟劳动的价值和意义，形成正确的劳动价值观。另一方面，这些活动可以激发学生创造力、想象力等的发展，在规划、活动中，随着经验的积累，学生对环境的把握越来越清晰，逐渐上升到对美观的追求，对美好生活的向往。

(三)整理与收纳任务群的项目内容

根据《劳动课程标准》，中小学生的整理与收纳可从整理自己的生活用品、学习用品，如衣物、玩具、书本、文具等开始，逐步扩大范围到整理居室里的书柜、衣橱、鞋柜和教室里的“图书角”、卫生柜、讲台桌面，再到从整体上完成对家庭各居室和教室内部物品的整理与收纳，以及面向旅行情境的整理与收纳。对于学生劳动能力的要求亦从能够分类摆放，到能够充分、合理地利用空间，用劳动和智慧创造更加舒适的环境，再到能够适当地装饰和美化，设计有特色、易操作的环境美化方案。

具体来看，整理与收纳劳动项目内容在纵向上以实践为主线，随着学段进阶以物品数量的增多、劳动范围的扩大、活动要求的提高等方式，不断增加劳动难度，满足学生的发展需要。在横向上，因地制宜地打通学校与生活的场域，实现将具体情境中的行为与感受内化为学生的素养，使学生在长期一贯的劳动实践体验中养成劳动习惯、感悟劳动价值、激发劳动热情。

(四)整理与收纳任务群的项目选择与设计依据

《劳动课程标准》坚持育人导向，构建以实践为主线的课程结构，对“整理与收纳”不同学段的项目选择与设计提出了具体建议：应以学段为序进阶安排，强调学生自立、自理能力的培养，注重通过家校结合的方式开展本任务群活动。

1. 依据学段特点选择与设计项目

其一，遵循学生身心发展规律，规划劳动实践活动范围与对象。1～2 年级主要是整理课桌和居室的书柜及书桌之内自己的生活用品、学习用品；3～4 年级要求整理居室里的书柜、衣橱、鞋柜和教室里的“图书角”、卫生柜、讲台桌面；5～6 年级通过对物品的整理与取舍，清理自己的学习与生活空间；7～9 年级要求从整体上完成对家庭各居室和教室内部物品的整理与收纳。

其二，细化课程育人目标落实，促进素养进阶。1～2 年级追求能将物品摆放整齐，归类收纳，做到有序、合理、便于取用等实用价值，初步养成及时整理与收纳的习惯，初步感知劳动的辛苦和乐趣。3～4 年级理解要求及时整理与收纳能让生活更美好的道理，初步形成热爱劳动的态度。5～6 年级要求能够运用劳动和智慧较为充分、合理地利用家居空间，具备一定的审美眼光，从而懂得有依据地整理与取舍，体悟劳动对于创造美好生活的意义，具有初步的劳动筹划思维和家政能力。7～9 年级强调能够在复杂、陌生情境中运用整理与收纳技能，如对居室和教室的美化提出具有创造性的解决方案，制订合理的实施方案，并能安全规范地加以实施，发展自我管理与缜密筹划的能力；又如外出远行的行李箱整理与收纳，要求依据行程安排、天气状况准备衣物和生活用品等。要使学生在不断回望与夯实已有素养基础的同时指向对素养的进阶。

2. 依据家、校、社资源，丰富项目设计

整理与收纳应结合不同场域的教育资源条件进行针对性的设计。每个地域、学校、甚至班级都有不同的资源条件与资源特点。教育学自产生之日起便强调环境育人的作用，义务教育阶段的整理与收纳课程最常涉及的教室、走廊等是学生最易接触的教育微环境，因此应结合学校现有的校园环境、场馆设施、教室布置等物理场域，选择适合的整理与收纳项目。

对于中小学生尤其是小学生来说，家庭是其生活的第一场域，院落、客厅、卧室、书房是学生生活与成长的主要场所。因此，家庭的物理环境为学生开展整理与收纳活动提供了丰富而真实的物质基础。教师应和家长积极沟通，了解家庭中教育资源的真实情况，根据不同家庭场域如农村大院、城市楼房的特点设计不同类型的整理与收纳项目。此外，整理与收纳项目的设计还要考虑一定的区域文化，尤其是风俗习惯，结合区域内的民族节日、年度庆典等设计独具特色的劳动项目。

二、任务群项目设计样例

项目一　整理与收纳——《我是书包小主人》(1～2 年级)

【单元简介】

学生通过独立完成分类、摆放书包中书本、学具等物品的体验，形成“自己的事情自己做”的意识，习得初步的个人生活自理能力。本单元分为两个阶段，实践操作由易至难，学习由浅入深，逐渐提高学生劳动素养。

第一课时：照顾学具“小伙伴”；第二课时：我是书包“小主人”。

【单元教学背景】

1. 教学内容分析：学段内容要求分析：本学段的整理与收纳对象为学生自己身边的生活用品、学习用品。学生应初步掌握简单整理与收纳的基本方法，初步养成及时整理与收纳的习惯，初步具有管理自己生活用品、学习用品的能力，初步感知劳动的辛苦和乐趣。单元内容分析：书包和笔袋作为学生最常见、最常使用的物品，以此为教学起点，让学生将熟悉的物品进行分类并依形状摆放整齐，初步形成及时整理与收纳的意识。

2. 学生情况分析：小学低年级学生在生活中已经积累了一定整理与收纳的经验，然而由于学习在生活场域中发生的随机性和绵延性，导致这些经验是较为肤浅的、零散的、随意的。因此，应通过家校结合的方式开展本任务群活动；指导学生在课堂实践中将已有经验激活整合，从而掌握整理与收纳的基本方法；在生活实践中引导家长督促、鼓励学生在家中不断练习整理与收纳并长期坚持实践，养成习惯。可以通过展示、交流、汇报等形式，激发学生的参与热情。

【单元教学目标】

1. 学会文具盒、笔袋、书包、书桌等个人学习用品、用具的整理与收纳，能够发现个人学习用品、用具的整理与收纳需求，并对其进行有目的的整理与收纳。

2. 经过笔袋、书包的整理与收纳过程，掌握笔袋、书包的整理与收纳方法，发展自己的整理收纳能力，初步形成个人学习生活的自理能力；能够更好地爱护学习用品，懂得“自己的事情自己做”的道理。

3. 在整理笔袋、书包的过程中，享受整洁有序的收纳成果，认识到有序的学习生活离不开劳动的付出，形成喜欢整理与收纳的劳动态度，爱护自己和他人的学习用品，懂得珍惜收纳与整理的成果；初步养成勤整理、有序收纳学习用品、用具的习惯和品质。

4. 能够发现整理收纳后的有序之美、方便之利，懂得学习用品、用具应及时收纳的道理，能够在日常学习生活中克服懒惰思想，形成主动整理的劳动习惯，保持爱劳动的热情。

【单元教学重难点】

1. 笔袋、书包的整理方法和技巧。

2. 及时整理的习惯养成。

【单元课时安排及教学内容简介】

第一课时：照顾学具“小伙伴”

在教学中使学生通过情境对比感受到有序收纳学习用品的用途和重要性，进而引发学生思考怎样整理收纳文具盒中的学具，并通过实际操作整理自己的文具盒。在此基础上，学生交流分享整理的技巧和方法，经教师组织讨论并总结得出简单的整理知识技能——物归原位、定时整理。同时在实践过程中，要让学生感受到生活中劳动的存在和劳动的价值，逐步培养其爱整理的意识和勤整理的习惯。

第二课时：我是书包“小主人”

首先，通过快速找到书包中的物品的小活动，探知学生已有归纳与整理习惯的养成情况，且让学生感悟到收纳整理书包能够节约时间，为他们的学习生活提供便利。其次，在“书包整理大赛”中，激活学生已有的收纳整理知识与技能并运用。在赛后经验分享与反思中，学生能够组织语言说明自己的整理技巧，培养分享意识，加深对知识的理解；也能在倾听反思中，更改错误观念，完善对整理与收纳的认识。教师组织总结，并在家校合作中促进整理与收纳知识技能在学生日常生活中的应用，促成学生劳动习惯的养成。

【单元教学活动准备】

1. 劳动场域：普通多媒体教室。

2. 劳动工具与材料：学生日常学习用品，无须专门要求。

3. 劳动组织形式：(1)课前分组——根据具体任务群，建议 2 人一组，说明分工；(2)确定各组的劳动任务及任务量。

4. 劳动安全保障：遵守劳动纪律，要求整理收纳过程中产生的垃圾。

【单元教学过程设计】(见图 2-7)

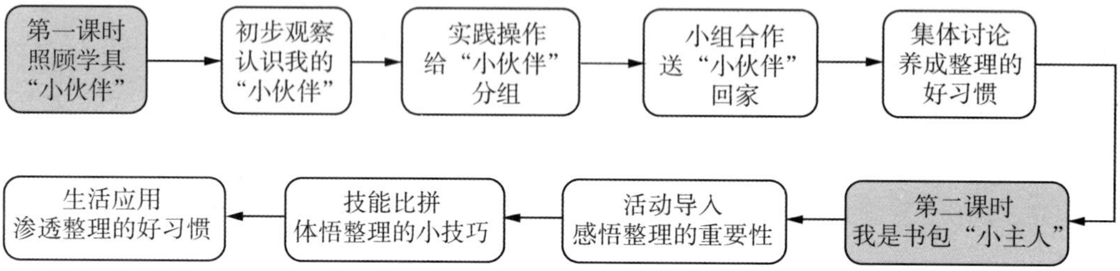

图 2-7　单元教学过程设计

【单元教学效果评价】

1. 评价内容：包括劳动过程、劳动成果、劳动素养等方面。在劳动过程中能否将物品规范分类，规范摆放；劳动成果是否能够完成指定的收纳整理任务；劳动素养方面，是否认识到每个人的生活中都离不开劳动，初步形成喜欢劳动的态度；是否初步养成爱护学习用品，懂得珍惜收纳与整理的成果，“自己的事情自己做”的习惯和品质；是否达成初步掌握整理与收纳基础知识、基本步骤与操作方法，初步具备个人生活自理能力。

2. 评价主体：教师评价侧重课堂中的学生个人劳动表现，重视评价的激励功能。小组评价侧重于对学习的过程进行评价，是更为细致有针对性的反馈，注重对行为的即时反馈与调节。自我评价关注内隐的心理与思维，鼓励学生在自我反思中体悟劳动操作的劳动观念内核与劳动精神底蕴。

3. 评价工具：等级评价表，依据评价内容、评价主体分为六个方面，进行三次评价。

4. 评价方法：主要采取形成性评价，以终结性评价为辅。其中形成性评价综合自评、组评与师评，能够比较全面客观地反映学习的过程与结果。

第一课时：照顾学具“小伙伴”(略)

第二课时：我是书包“小主人”

【教学目标】

1. 掌握整理书包的方法和技巧，能够正确判断学习用品、用具在书包中的收纳位置，并根据整理收纳要求对自己的学习用品进行书包收纳，能够持续维持收纳整理后的书包状态。

2. 经历书包整理大赛的过程，学会书包的整理方法，发展动手收纳能力，感受整齐的书包收纳对于学习的便利之处，认识到学习生活的有序开展离不开收纳劳动。

3. 在关于书包的讨论中明确书包的用途，明白整理书包是为了更好地学习的道理，能在日常学习生活中养成有序收纳学习用品、及时整理书包的良好习惯。

4. 能够在日常学习生活中克服懒惰思想，发扬持之以恒完成任务的精神，形成主动整理的劳动习惯，保持热爱整理的劳动热情。

【教学重难点】

1. 正确整理书包的方法和技巧。

2. 养成学习用具及时整理的好习惯。

【教学准备】

1. 学生分组：4～6 人一组。

2. 材料与工具：书包及其中的书本等物品。

【教学过程】

板块一：活动导入，感悟整理的重要性

1. 认识小书包：谁愿意向大家介绍一下你的小书包？你的小书包有几层呢？每一层是不是一样大呢？前面看有漂亮的颜色和图案，从侧面看呢？后面呢？（见图 2-8）

（请个别学生回答）

图 2-8　各种各样的书包

教师小结：小朋友说得真好，咱们每个小朋友的书包上面都有漂亮的颜色和图案，还有两根背带。最重要的是书包有许多层，有的大一点、有的小一点。小书包的两侧还有两个小兜。小书包有这么多层和兜，用起来一定会很方便。

2. 书包里有什么：那我们来上学，书包里都可以带些什么呢？哪些东西是不能带的呢？为什么呢？

（学生回答）

教师小结：对，我们的书包里，可以带上学需要的课本、文具盒、文具等；零食、玩具等与学习无关的物品就不要放到书包里带到学校去了。

3. 比比谁更快：请同学们认真听口令，快速在自己的书包中找到老师念到的物品，比比谁更快！

（教师随机说出一些物品名称，学生快速拿出）

想一想：为什么有的同学能够那么迅速地在书包里拿出想要的物品呢？

（学生小组讨论交流）

小提示：学会整理很重要，物品有序摆放能够让我们的物品看起来更加整洁，并且能够帮助我们快速找到我们需要的东西。

板块二：技能比拼，体悟整理的小技巧

1. 讨论交流整理书包的方法

教师：刚才呀，我们一起了解了书包的结构，知道了上学哪些东西能带、哪些东西不能带。现在请你们拿出自己的书包，并将书包里的物品全部取出，你认为这些物品中有不应该带的东西吗？其他东西放在书包的哪一层、哪里合适呢？

（学生小组讨论交流）

2. 观看整理书包的视频

教师小结：刚才呀，我们看了一年级小学生整理书包的视频，知道了整理书包的时候，我们要先把需要整理的东西分类，把铅笔、橡皮、转笔刀放进铅笔盒中，课本摆放整齐，本子摆放整齐，然后拉开书包，把课本放进最大的一层里，本子放在课本上面，铅笔盒放在小的一层里，跳绳等小东西就可以放到两边的小兜里。

3. 书包整理大赛

提问：你们的书包是谁整理的呢？有谁是自己整理自己的书包的？（小组讨论交流）

进行比赛：我们选出四位同学作为参赛选手，把书包里的东西全部拿出，然后听到口令以后开始整理，看谁整理得又好又快！

评选冠军：请大家查看过以后投票评选出书包整理大赛的冠军，并说说你把票投给他的理由。

冠军采访：你为什么能够整理得又好又快呢？你有什么技巧吗？

总结：整理书包小技巧——分类整理、按序排列、安排位置。

板块三：生活应用，渗透整理的好习惯

教师：书包是我们的好朋友，我们上学时它会天天陪伴着我们，那应该怎样爱护它呢？

（学生交流）

教师：老师希望你们以后能保持整理小书包、爱护小书包的好习惯。能不能做到，同学们？

教师：好了，同学们，现在背起你的小书包，作为一名真正的小学生，起立，齐步走。

【劳动评价】(见表 2-6)

表 2-6　星级评价表

项目内容	自我评价	同伴评价		指导教师评价	
	☆☆☆☆☆	☆☆☆☆☆	评价人	☆☆☆☆☆	评价人
物品的分类					
物品的摆放					
整理的步骤					
书包整理的习惯					

项目二　整理与收纳——《环境美容师》(3～4 年级)

【单元简介】

在每天的生活与学习环境中让学生亲自动手，自主整理收纳，成为环境的小小“美容师”。学生通过自己的基础生活经验与所学习到的整理收纳知识，将感性认识与实践经验相结合，将直接经验与间接经验贯通，将劳动贯穿于学生的日常生活，根据自己的需要、物品的用途等，学会合理高效整理自己的日常生活用品与学习用品。在此基础上，整理物品由小到大，整理范围由局部到整体，主动整理自己的物品及所处的环境。

本单元分为两个课时，每个课时的活动阶段都是循序渐进地进行，在难度的递进中，让学生感受由浅入深的劳动过程，在实际操作与认知深化中逐步提升整理与收纳能力。

第一课时：局部整理收纳——学习收纳；第二课时：整体环境美化——应用收纳。

【单元教学背景】

1. 教学情况分析：整理与收纳对于小学 3～4 年级的学生来讲非常必要。小学 3～4 年级的学生已经初步显示出自主动手与学习的能力，在生活中对自己所处的居室、教室整理与收纳展现出积极性与主动性。小学 3～4 年级的学生从整理自己的学习用品到整理平时的生活用品，从收拾一个小小的角落到可以整理整个房间，从一个书桌的分类归纳到整个教室的物品归类，培养了独立动手的能力，在整理与收纳中养成做事有条理的习惯，学会有技巧的整理方法，形成有规律的收纳方式，进而将这种思维应用到学习与生活的方方面面，体会劳动的智慧与乐趣。

2. 学生情况分析：小学 3～4 年级的学生正处于小学的过渡阶段，是由低年级跨入中高年级的关键学段。小学 3～4 年级的学生稳定性与不稳定性并存，一方面，稳定性体现在经过两年的小学学习生活，学生对集体生活及教室、校园已经有了归属感，而在此基础上的整理与收纳则更有利于学生开展与学习，基于共同的集体荣誉感与责任感，学生能够意识到通过自己动手劳动，可以为大家创造一个更整洁优美的环境，因此在劳动上有了更深的情感认同。另一方面，小学3～4年级的学生在自我意识上也出现转变，开始有自己的主见，这种自主性的增强表现在学习与日常生活中的方方面面，尤其在学习方式与态度上也面临着过渡。有条理的整理与收纳活动可以对学生进行及时正确的引导。

为此，教师应组织学生开展整理与收纳活动，以教室为主要背景，以家庭、校园及其他整体环境为扩展，通过整理与收纳，培养学生及时收纳、分类存放的好习惯，锻炼学生自主决策能力，让学生在学习与日常生活中都养成良好的自理习惯。

【单元教学目标】

1. 学会书桌、教室及家庭个人房间的整理与收纳方法，能够发现书桌、教室及家庭个人房间的整理与收纳需求，并对其进行有目的的整理与收纳，做到物品整理有序合理、归类收纳便于取用。

2. 经历从书桌到教室的整理与收纳过程，掌握书桌、教室的整理与收纳方法，发展整理收纳能力，初步形成书桌、教室的收纳筹划能力；能够制作简单的收纳器具，更好地利用空间，摆放学习用品、用具，懂得“物品收纳需要规划”的道理。

3. 经历整理书桌、整理教室以及整理个人房间的过程，享受整洁有序的收纳成果，认识到有序的学习与生活离不开劳动的付出，保持喜欢整理与收纳的劳动态度，能够筹划摆放学习用品、用具，爱惜物品，懂得珍惜整理与收纳的成果；养成勤整理、有序收纳物品、用具的良好习惯和品质。

4. 能够发现学习环境经历整理与收纳后的有序之美、方便之利，懂得及时整理、合理收纳的道理，能够在日常学习生活中克服懒惰思想，形成主动整理的劳动习惯，保持爱劳动的热情。

【单元教学重难点】

1. 书桌、教室的整理与收纳方法。

2. 根据用途及需求有序整理摆放物品、合理利用空间收纳物品。

【单元课时安排及教学内容简介】

第一课时：局部整理收纳——学习收纳

在课的一开始通过歌曲提升学生学习兴趣，随后呈现整理前后对比图片，让学生直观感受整理与收纳的作用，激发学生直观体验，进而让学生自主思考为什么要整理收纳，有哪些东西需要整理收纳，怎样收纳整理……让学生通过已有的生活与知识经验，主动建构整理与收纳小技巧，在原有基础上帮助学生理解并应用。最后让学生通过小组活动进行实践，以找朋友的方式把各种不同种类的物品分类摆放，有序收纳，并以课桌为实践场地短暂进行劳动尝试，在实际操作中理解整理与收纳技巧，并进行小组交流谈谈自己的整理过程与想法。

第二课时：整体环境美化——应用收纳

本节课将在第一课时的基础上提升劳动程度，先让学生谈谈有哪些自己整理与收纳的方法与工具，并结合上节课将教室进行空间划分，明确各个空间功能及各部分物品的用途。本节课重点为合作整理与收纳教室，制作收纳道具。首先让学生观看收纳达人整理空间的视频，教师加以引导。其次以小组为教学活动单位，让学生分组分区域整理教室，并在教师示范下认识、学习并动手制作收纳工具，在团队合作中体会整理与收纳的价值。最后通过拍照对比，让学生感受自己动手劳动创造美好环境的劳动成就感，课后将所学所积累的整理与收纳方法应用到家庭、校园活动室等多处。

【单元教学活动准备】

1. 劳动场域：普通多媒体教室；活动教室。

2. 劳动工具与材料：(1)收纳工具：纸箱、盒子等；(2)闲置物品回收袋；(3)垃圾桶、便利贴；(4)工具材料数量根据人员或小组需求合理发放。

3. 劳动组织形式：(1)课前分组——根据具体任务群，建议 4～6 人一组，说明小组分工；(2)确定各组的劳动任务及任务量。

4. 劳动安全保障：(1)劳动纪律要求：操作过程注意纪律与劳动要点，保持课堂纪律；(2)注意事项：在劳动时注意安全，防止误伤自己或同学。

【单元教学过程设计】(见图 2-9)

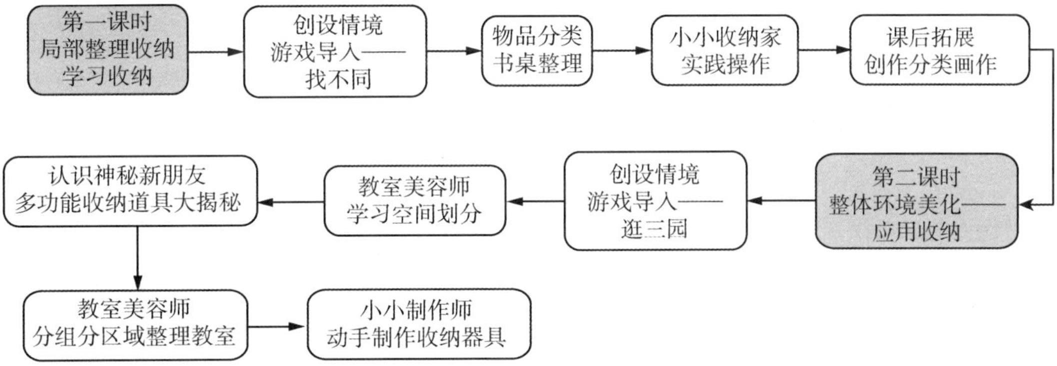

图 2-9　单元教学过程设计

【单元教学效果评价】

1. 评价内容：①劳动过程——结合生活经验合理对物品进行分类，进行有规律有条理的收纳；②劳动成果——整理收纳出一个干净整洁的环境，分类实用性强，并维持长时间的整洁；③劳动素养——能够主动劳动，养成及时收纳、摆放整齐、分类存放的好劳动习惯；④劳动精神——热爱劳动，感受劳动价值，运用劳动智慧结合经验进行整理与收纳实践，刻苦认真，灵活性强；⑤劳动规范——能够根据需要与物品用途，整理与收纳教室、居室的桌面、图书角等，摆放整齐、归类收纳，做到有序、合理、便于取用。

2. 评价主体：以自我评价与小组评价为主，教师评价与家长评价为辅。在课堂上让学生先对收纳整理结果进行自我评价，再通过小组互评进行改进，使学生进一步实践并灵活运用所学的劳动技能，同时教师加以辅导，发挥学生劳动的自主性。在课后进行家校合作，扩展整理收纳的空间，此时的家长评价更能强化学生的整理收纳习惯。

3. 评价工具：通过足迹卡记录学生在整理与动手操作方面的收获，记录劳动技能并评价劳动过程及成果；以星级评价的形式让学生思考整理与收纳技能的掌握程度，让学生更好地经历从分类到制作收纳工具的学习过程。

4. 评价方法：形成性评价和终结性评价相结合。形成性评价应用在课堂学生劳动行为的及时纠正，主要评价对象为学生分类物品的合理性、整理空间的合理性，为后期学生的自主动手奠定基础。终结性评价则是两个课时的最后，根据学生对书桌以及教室的整理成果，对学生从劳动技能、习惯、过程等不同维度进行总结性评价。

第一课时：局部整理收纳——学习收纳(略)

第二课时：整体环境美化——应用收纳

【教学目标】

1. 知道本班教室的空间布局，明确教室各功能区的用途，能够对教室器物进行熟练整理、合理收纳；认识常用的收纳器具，能够根据收纳需求制作简单的收纳器具。

2. 经历教室分组分区域整理收纳的规划与实践过程，学会教室整理与收纳的一般方法，发展学生的整理收纳能力；体验合作劳动的优势，提升团队意识，增强班集体的凝聚力，强化人人为集体、处处为集体的服务意识。

3. 经历收纳盒的制作过程，学会简单收纳器具的制作方法，发展制作规划能力、动手实践能力；体验应用器具收纳的智慧，知道父母及家人为其生活付出的整理劳动，懂得珍惜他人劳动成果，养成保持整齐环境的好习惯，培养认真整理、仔细收纳的劳动品质。

4. 知道整齐有序的教室环境对于学习的促进与影响，明确班级及时整理的重要意义和价值，了解其对提升班集体的凝聚力的作用，树立“劳动最光荣、劳动最美丽”的劳动观念。

【教学重难点】

1. 教室整理与收纳的规划实施。

2. 收纳盒的制作。

【教学准备】

1. 学生分组：4～6 人为一个小组。

2. 材料与工具：纸箱、纸袋、废旧纸盒或瓶子等，彩纸，剪刀，胶棒，便签等。

【教学过程】

板块一：创设情境，游戏导入——逛三园

讲述游戏规则：以小组为单位，大家按顺序进行接龙。第一个人开始发言：星期天逛三园，什么园；第二个人发言：水果园、蔬菜园、动物园……第三个人至第 N 个人依次发言：根据前一个人说的“园”，说出与那些园有关的事物。比如：水果园后面的人说苹果、香蕉、西瓜……如果有人重复或者五秒内接不上就视为失败。

【设计意图】

激发学生分类意识与思维发散能力，提示可以按照特点思考，对第一课时的局部整理收纳进行回顾，为接下来整体环境的整理与收纳奠定基础。

板块二：教室美容师——学习空间划分

1. 教室里的区域：讲台、卫生角、图书角等

以上一节课的书桌为基础进行难度升级，范围增大，教师引导学生主动划分区域，为后续的物品收纳和整理做好准备。

2. 生活环境导入：厨房、客厅、卧室常用物品的摆放

通过简单的互动与抢答环节，让学生给每一个物品找到自己的“家”，明确每个物品都可以有自己的专属位置。

【设计意图】

引导学生思考不同收纳整理方法都应该以使用便利为先。

板块三：认识神秘新朋友——多功能收纳道具大揭秘

1. 认识收纳工具

在我们整理与收纳的过程中，需要用到很多小道具来帮助收纳。比如，收纳盒、收纳袋、收纳罐。（见图 2-10）

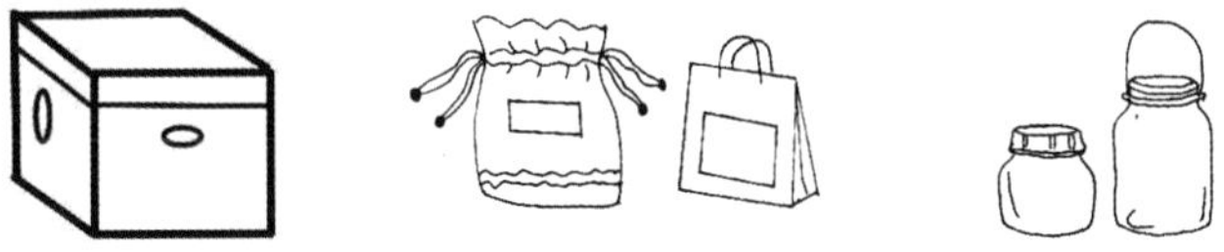

图 2-10　收纳工具

【设计意图】

引导学生根据整理情况，利用不同的收纳道具达成收纳整理的目的，让学生意识到为自己的物品挑选合适的收纳道具，将使整理更轻松。

2. 善学善思

生活中的很多小发明和小创造，都是我们在生活中根据经验与经历总结出来的。在劳动中我们同样也需要善于发现问题，善于总结与思考，将想法变成一种创造力，找到更高效的整理方法。

板块四：教室美容师——分组分区域整理教室

1. 观看整理收纳视频，为后续小组合作整理空间奠定基础。

2. 以小组为单位划分教室的不同区域，进行整理与收纳。

3. 面对杂而多的物品，可以利用收纳工具进行合理分类。

4. 活动要求

(1)小组团队配合，合理分工；

(2)整理高效，收纳合理；

(3)可以根据教室不同区域进行整理与收纳，可以快速找到需要的物品；

(4)尽可能利用收纳器具，合理利用空间。

5. 小组汇报

教师提问：你在整理收纳时遇到了什么难题？你是用什么方法解决的？

教师总结：实际上，由于每个人的需求及思考方式的不同，我们整理的方法有很多。只要我们把空间整理得有条理、整齐并且美观，能够帮助我们快速找到需要的物品，就是一种好的整理与收纳方法。

板块五：小小制作师——动手制作收纳器具

1. 教师引导示范

在我们对教室进行整理与收纳时，我发现许多同学都有一个问题，那就是教室物品太多太杂，没有足够的收纳空间，那接下来我们就利用最常见的几种工具，发挥智慧与想象力，共同设计并制作一个专属于自己的收纳盒吧！(见表 2-7、图 2-11)

表 2-7　收纳盒制作步骤

第一步	准备工具：废旧纸盒、纸袋或瓶子，彩纸，画笔，剪刀，胶棒，便笺纸，颜料
第二步	在彩纸上画出自己喜欢的图案，并裁剪成相应的形状
第三步	根据自己想要收纳物品的大小选择合适的废旧纸盒、纸袋或瓶子，并将彩纸按照所选择收纳工具的大小进行裁剪
第四步	将绘画裁剪好的彩纸粘贴在收纳工具上，并进行装饰

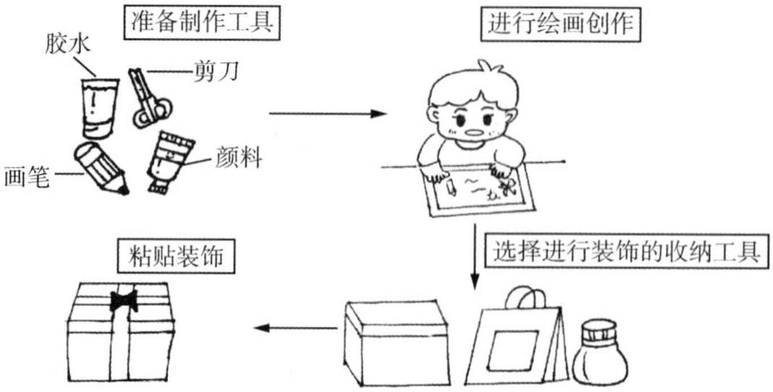

图 2-11　收纳盒制作过程

2. 学生动手操作

学生经历动手操作后展示自己的成果，并进行交流评价，介绍自己制作的收纳工具及用途。

教师引导学生进行劳动思考感悟。

课后拓展：

1. 根据所学的整理与收纳方法，回家整理自己的房间，并拍摄两张对比图。

2. 将自己制作的收纳盒应用到教室，分类放置教室物品，完成教室的美容。

【劳动评价】(见表 2-8、表 2-9)

表 2-8　星级评价表

评价内容	自我评价 ☆☆☆☆☆	同伴评价	
		☆☆☆☆☆	评价人
积极参与班级日常劳动，认真主动完成劳动任务			
合理划分本班教室的空间，明确教室各功能区的用途，根据收纳需求制作简单的收纳器具			
主动进行教室整理收纳的规划与实践，养成保持整齐环境的习惯，培养认真整理、仔细收纳的劳动品质			
树立为集体服务的劳动精神，团队意识增强，体验合作劳动的优势			

表 2-9　《环境美容师》任务卡

<table>
<tr><td>活动内容</td><td>环境美容师</td><td>第(　)组</td></tr>
<tr><td colspan="3">活动一　结合经验与学习理解，写出物品分类</td></tr>
<tr><td colspan="3"></td></tr>
</table>

续表

<table>
<tr><td>活动内容</td><td>环境美容师</td><td colspan="2">第（ ）组</td></tr>
<tr><td colspan="4">活动二　整理收纳小思路
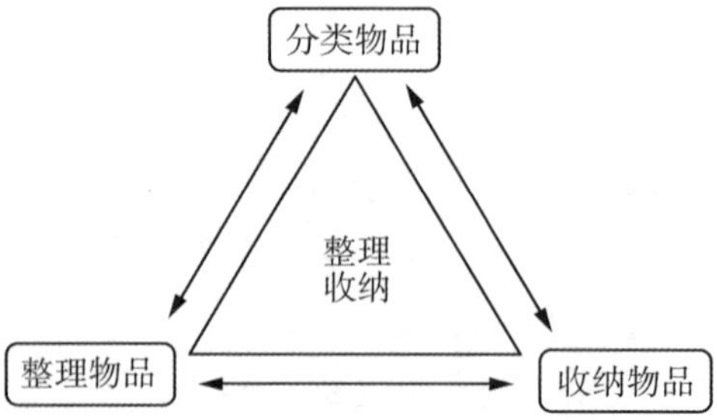
</td></tr>
<tr><td colspan="4">活动三　整理前后对比图</td></tr>
<tr><td colspan="2">整理前：</td><td colspan="2">整理后：</td></tr>
</table>

项目三　整理与收纳——《“断舍离”的生活美学》(5～6 年级)

【单元简介】

本单元的目的在于让学生学会“断舍离”，有效整理与归纳自己的学习与生活空间。学生通过学习对物品的整理与取舍，制订计划，合理利用空间，正确处理自己的废弃物品，创造整理的生活美学。

本单元分为三个课时，三课时相互联系，彼此连接。每个课时都是根据学生在进行“断舍离”和整理过程中的问题和需求而生成。

第一课时：鉴赏整理美学；第二课时：整理衣柜、书柜；第三课时：开展跳蚤市场。

【单元教学背景】

1. 教学内容分析：通过对物品的整理与取舍，清理自己的学习与生活的空间，如清理和合理处置使用过的教科书、本子，不再穿的衣物，以及不再玩的玩具等。初步掌握对物品、居室进行整理、清洁的方法，较为充分、合理地利用家居空间，用劳动和智慧为自己和家人创造更好的生活环境。

2. 学生情况分析：小学 5～6 年级这一学段的学生虽然已经基本掌握了把物品摆放整齐，做到归纳、有序，明白整理与收纳使生活、环境变得更加美好的道理，但是还是缺乏对整理美学的深刻认识。再加上家长对孩子生活上无微不至的照顾，孩子很少有自我实践的机会，从而影响了孩子参与劳动的兴趣，不利于孩子劳动素养的提升。为此，本单元开展“断舍离”的生活美学活动，让学生体悟劳动对于创造美好生活的意义，具有初步的劳动筹划思维和家政能力，并学会处理废旧物品。

【单元教学目标】

1. 能够对自家的衣柜、书柜进行整理与收纳，能够整理出需要“断舍离”的物品(与自己相关的)，并说明原因。学会根据现实生活需求定期处理废旧物品，理解“断舍离”具有增大收纳空间的益处；了解自家衣柜、书柜的空间布局，能够规划衣柜空间，会分类利用衣柜空间，懂得整理收纳能够让生活更美好的道理。

2. 经历家庭衣柜、书柜、书架的整理收纳过程及整理收纳经验分享，学会家庭衣物、书籍的一般整理收纳方法，发展学生的整理收纳能力；激发整理收纳热情，懂得整洁有序的家庭环境需要勤整理、巧收纳的道理，养成定期整理、及时收纳的良好习惯。

3. 经历校园图书馆的参观过程，了解校园图书馆的图书收纳布局空间，知道图书馆的图书需要定期的整理，欣赏校园图书馆的齐整之美，激发对家庭书柜、书架的整理欲望。

4. 经历跳蚤市场活动，能够找到自己具有实际需求的物品，懂得珍惜资源、勤俭节约的道理，学会与人友好沟通的方法，发展一定的沟通能力；能够发现废物的利用价值，不浪费，不奢侈，能够规划合理的学习生活活动。

【单元教学重难点】

1. 合理规划归纳空间。

2. 根据季节整理衣柜，筛选废弃衣物。

【单元课时安排及教学内容简介】

第一课时：鉴赏整理美学

学会根据现实生活需求定期处理废旧物品，能够判断生活中的物品是否有用，整理出不需要的物品，理解“断舍离”具有增大收纳空间的益处；参观学校图书馆，观看相关视频，知道衣柜、书柜的简单收纳方法，学会叠放衣物收纳的方法，了解自家书柜、衣柜空间布局，能够合理规划空间。

第二课时：整理衣柜、书柜

进行“断舍离”并依据计划实践整理美学，师生交流，小组评价。

第三课时：开展跳蚤市场

学会正确合理地处理自己的废弃物品，捐赠废弃衣服、书籍，“变废为宝”。

【单元教学活动准备】

1. 劳动场域：普通多媒体教室；学校操场。

2. 劳动工具与材料：(1)衣物；(2)宣传牌。

3. 劳动组织形式：先集体授课，最终所有参与该活动的学生举办跳蚤市场。

4. 劳动安全保障：(1)劳动纪律要求；(2)注意事项。

【单元教学过程设计】(见图 2-12)

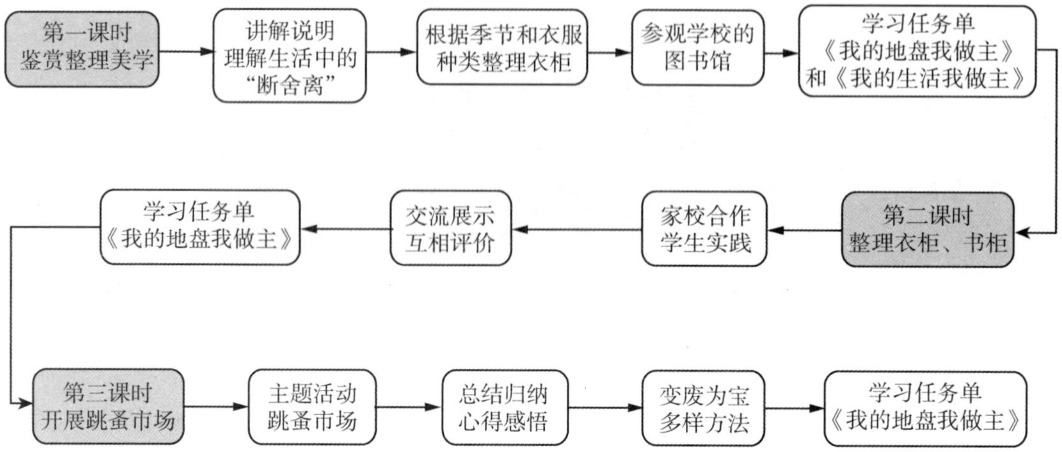

图 2-12　单元教学过程设计

【单元教学效果评价】

1. 评价内容：①劳动过程——结合生活经验，合理对衣物、书籍进行“断舍离”，衣物按照季节和种类进行收纳，书籍按照种类进行收纳；②劳动成果——整理收纳出整洁有条理的书柜、衣柜且具有美学价值，合理处理“断舍离”后的废弃物品；③劳动素养——能够主动劳动，养成及时“断舍离”、收纳、整理和合理处理废旧物品的良好劳动习惯；④劳动精神——热爱劳动，感受劳动价值，运用劳动智慧结合经验进行整理与收纳实践，做自己地盘和生活的主人；⑤劳动规范——能够根据需求对物品进行取舍，整理与收纳书柜、衣柜，摆放整齐、归类收纳。做到有序、合理处理自己的废旧物品。

2. 评价主体：本次教学活动以自我评价与同伴评价为主，教师评价与家长评价为辅。在课堂上通过让学生先对上课内容的理解掌握情况进行自我评价，再根据具体实践后的情况进行同伴评价和家长老师的辅助评价，发挥学生劳动的自主性，互相学习，自我反思，取长补短，共同进步；同时促进家校合作，扩展整理收纳的空间，此时的家长评价更能强化学生的整理收纳习惯。

3. 评价工具：使用成长足迹卡，通过足迹卡记录学生在整理与动手操作方面的收获，记录劳动技能并评价劳动过程及成果；以星级评价的形式让学生思考整理与收纳技能的掌握程度，更好地让学生经历从分类到制作收纳工具的学习过程。

4. 评价方法：采用形成性评价、终结性评价和增值性评价相结合。终结性评价应用在学生对课堂理解和应用的掌握，主要评价对象为学生“断舍离”、书柜和衣柜的布局设计，为后期学生的自主实践打下基础。形成性评价则应用在具体实践环节。根据学生书柜和衣柜的整理成果，对学生从“断舍离”、整理收纳、合理处理废旧物品、生活美学等不同维度进行增值性评价。

第一课时：鉴赏整理美学

【教学目标】

1. 学会根据现实生活需求定期处理废旧物品，能够判断生活中的物品是否有用，整理出不需要的物品，理解“断舍离”具有增大收纳空间的益处；了解自家衣柜、书柜的空间布局，知道衣柜、书柜的简单收纳方法。

2. 经历衣柜整理与收纳的学习过程，学会叠放衣物收纳的方法，能够规划衣柜空间，会分类利用衣柜空间，懂得整理收纳能够让生活更美好的道理。

3. 经历校园图书馆的参观过程，了解校园图书馆的图书收纳布局空间，知道图书馆的图书需要定期的整理，欣赏校园图书馆的整齐之美，激发对家庭书柜、书架的整理欲望。

4. 在家长的帮助下完成“我的地盘我做主”学习任务单，唤起学生的劳动热情，懂得“劳动创造美、劳动创造美好生活”的道理。

5. 了解“我的生活我做主”学习任务单的内容，为合理处理“断舍离”物品和“变废为宝”做好规划和准备。

【教学重难点】

1. 整理衣物和书籍的方法，合理规划收纳空间。

2. 根据现实生活需求定期处理废旧物品。

【教学准备】

1. 准备有关“断舍离”的课件，根据季节整理衣柜的相关视频。

2. 准备T恤、外套、裤子等多个类型的衣物。（让有条件的同学可以准备一些不同类型的衣物）

3. 预约学校图书馆参观的时间。

4. 让同学们在课前观察家中的衣柜和书柜，重点观察衣柜和书柜的布局结构和大概尺寸。

【教学过程】

板块一：讲解说明，理解生活中的“断舍离”

1. 生活实际导入：在日常生活中，你觉得在家中有什么东西是多余的、没有用处的？

2. 问题一：你在生活中怎么处理一些废弃的东西？（比如：a. 你小时候穿的衣服还在家里吗？如果不在，又是怎么处理的呢？b. 家里是不是有一些看过的书觉得不需要了？有没有和别人交换过课外书阅读呢？）

3. 问题二：同学们有没有听说过“断舍离”？请你们根据自己的理解来谈谈这三个字的意思。

4. 过渡语：“断舍离”是整理与收纳的前提和基础，这节课，我们一起来了解“断舍离”。

5. 出示“断舍离”的 PPT 和相关视频。

【设计意图】

让学生懂得对自己物品的取舍和筛选。

板块二：根据季节和衣服种类整理衣柜

1. 过渡语：同学们，接下来我们就要把“断舍离”运用到实际生活中去。首先，我们一起运用它来帮我们整理和收纳自己的衣物吧！

2. 对衣柜的衣物进行“断舍离”。

3. 让学生学会衣物整理的方法，教师先放视频，再带领学生进行归纳整理。秉持从局部到整体的意识，先放叠衣服的相关视频，再在讲台上放置部分衣物(可以让学生上去模仿操作)；接着再播放衣柜整理的视频，总结衣柜的整理方法：按照季节或者衣物的种类分类整理。

4. 在观看相关衣柜整理的视频时，教师要强调对于各个空间的管理与规划，适合放多少衣物要提前预测一下。

5. 着重强调一下整理衣柜的美学意识，可以用对比图的方式让学生深刻领悟什么是生活整理之美。

【设计意图】

让学生懂得衣物叠放整理的方法，了解衣柜布局，学会空间规划设计。（见图 2-13）

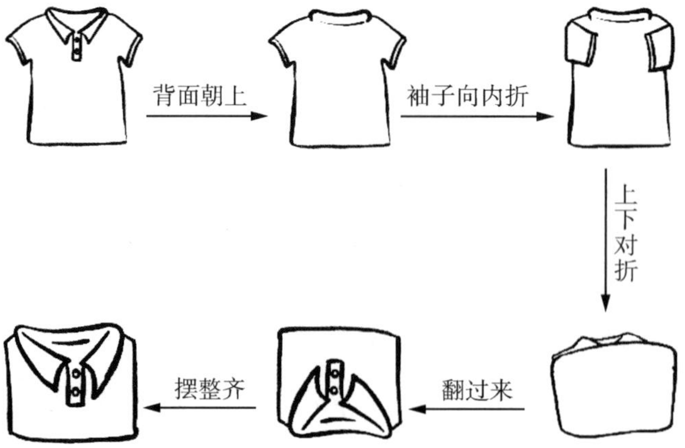

图 2-13　衣服叠放的步骤图

板块三：参观学校的图书馆

1. 温馨提示：

(1)活动过程，注意安全；

(2)参观过程，轻声细语；

(3)仔细观察，课后交流。

2. 教师带领学生参观学校的图书馆，让学生感受按照书籍的种类进行分类整理的书柜“美学”。

3. 教师讲解指导，维持纪律。

4. 学生课后做好笔记感悟，互相交流心得体会。

【设计意图】

教师带领学生了解书籍的分类整理，构建书架的空间概念。

板块四：学习任务单《我的地盘我做主》和《我的生活我做主》

【设计意图】

为第二课时的具体实践做好准备，在整理之前提前做好空间规划，回家按要求完成衣柜、书柜的整理与收纳任务。为第三课时处理“断舍离”物品和“变废为宝”提前做好规划。

【劳动评价】(见表 2-10、表 2-11)

表 2-10　课时等级综合评价表

评价内容	A	B	C	等级
劳动观念	完全理解生活和学习物品的“断舍离”，主动对自己的物品进行“断舍离”，整理书柜、衣柜，懂得整理美学	基本理解生活和学习物品的“断舍离”，偶尔需要身边人提醒对自己的物品进行“断舍离”，整理书柜、衣柜，基本懂得整理美学	大致理解生活和学习物品的“断舍离”，每次都需要提醒才能对自己的物品进行“断舍离”，整理书柜、衣柜，了解整理美学	
劳动能力	进行衣物“断舍离”，掌握衣物叠法，设计衣柜布局，按季节和衣物种类整理衣柜。进行书籍“断舍离”，设计书柜布局，美化书柜	进行衣物“断舍离”，掌握衣物叠法，设计衣柜布局。进行书籍“断舍离”，按照书籍种类进行书籍分类收纳	基本学会衣物“断舍离”，将衣物整齐叠放好放入衣柜。基本学会书籍“断舍离”，将书柜中的书籍摆放整齐	
劳动习惯和品质	主动在“断舍离”前合理规划，设计衣柜、书柜布局，按计划行动。整理结束后有意识主动合理处理自己的废弃物品	能在身边人指导下在“断舍离”前合理规划，设计衣柜、书柜布局，基本按计划行动。整理后对废弃物品的处理需要有人提醒再进行规划	被动进行“断舍离”前的合理规划，设计衣柜、书柜布局。整理后对自己的废弃物品没有合理规划	

续表

评价内容	A	B	C	等级
劳动精神	能积极进行“断舍离”，热爱生活，热爱劳动，欣赏和应用整理美学，懂得劳动创造美、劳动创造美好生活的道理	能合理取舍自己的生活和学习物品，能够主动劳动，理解整理美学，基本懂得劳动创造美好生活的道理	能简单收纳出自己的废弃物品，被动参与劳动，能够整齐摆放自己的衣物和书籍	

表 2-11 《我的地盘我做主》学习任务单

<table>
<tr><td>活动内容</td><td>我的地盘我做主</td><td>姓名</td><td></td></tr>
<tr><td colspan="2">活动一：结合所学，绘制衣柜布局简图和收纳设计示意图(标注相关尺寸)</td><td colspan="2">活动二：结合所学，绘制书柜布局简图和收纳设计示意图(标注相关尺寸)</td></tr>
<tr><td colspan="2">示例：
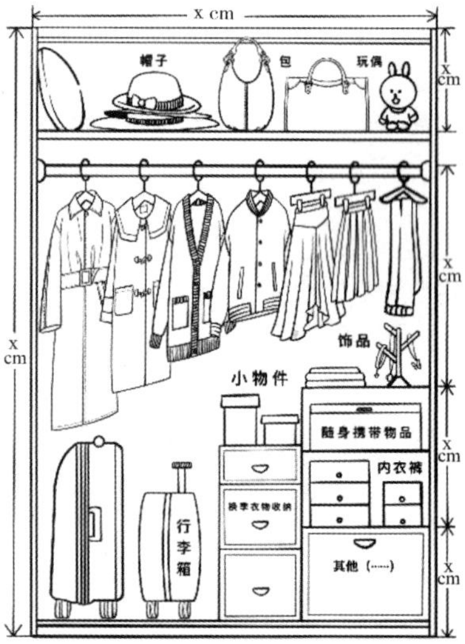
</td><td colspan="2">示例：
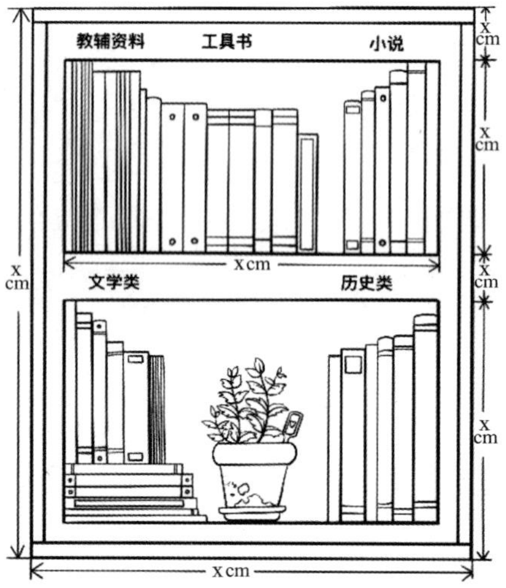
</td></tr>
<tr><td colspan="4">活动三：剪贴整理收纳前后照片</td></tr>
<tr><td colspan="2">书柜整理前</td><td colspan="2">书柜整理后</td></tr>
<tr><td colspan="2">衣柜整理前</td><td colspan="2">衣柜整理后</td></tr>
</table>

续表

活动内容	我的地盘我做主	姓名	
活动四：观察前面三个活动的图画，写出自己的感悟			
感悟：			

表 2-12　《我的生活我做主》学习任务单

活动内容	我的生活我做主	姓名	
“断舍离”物品	衣物： 书籍： 其他：		
跳蚤市场中物品的处理情况	衣物： 书籍： 其他：		
其他方式“变废为宝”(可图片剪贴，可文字表述)			
学习心得			

第二课时：整理衣柜、书柜(略)

第三课时：开展跳蚤市场(略)

项目四　整理与收纳——《我的园地我做主》(7～9 年级)

【单元简介】

学生通过亲自完成“书房用品整理与收纳”以及“教室的装饰与美化设计与实施”等任务，理解劳动创造美好生活的道理，提高生活自理能力，增强家庭责任意识。本单元分为三个活动阶段，立足学生生活，从独立自主到合作探究，不断提高学生劳动素养。

第一课时：书房用品整理与收纳；第二课时：教室的装饰与美化方案设计；第三课时：教室的装饰与美化方案实施。

【单元教学背景】

1. 教学内容分析：学段内容要求分析：本学段的整理与收纳要求学生灵活运用整

理与收纳的方法，从整体上完成对家庭居室和教室内部物品的整理与收纳；与他人合作对居室、教室进行适当的装饰和美化，设计易操作、有特色的环境美化方案；独立完成外出远行的行李箱整理与收纳，能够依据行程安排、天气状况准备衣物和生活用品等。单元内容分析：书房作为学生居家生活的主要空间，以此为教学起点，从能够将熟悉的物品分类收纳为始，让学生积累个人劳动的知识和能力。在此基础上要求学生对教室等公共空间进行适当装饰和美化，在与他人的合作劳动中形成劳动的习惯与品质，感悟劳动对个人和集体的价值。

2. 学生情况分析：7～9年级学生已经接受了长时间、系统的劳动教育，能够综合运用生活基本技能解决问题，有了良好的劳动习惯和品质基础以及初步形成不畏艰辛、积极探索、追求创新的劳动精神。初中阶段随着学生生理、心理的发展，他们应当持续参与劳动，巩固强化劳动素养，并适当提升劳动活动的难度和要求以升华劳动素养表现。

【单元教学目标】

1. 能够系统地分析居室与教室的主要功能用途，能对居室和教室的美化提出布局合理、更便捷生活的收纳方案并予以实施，掌握居室和教室的整理与收纳的一般方法，发展动手实践能力。

2. 经历居室、教室整理方案的设计与实施过程，学会为居室、教室的装饰美化的一般整理收纳方法，发展自我管理与缜密筹划的能力，养成认真细致地进行整理与收纳的习惯和品质；在个人和集体劳动中理解劳动对于个人生活、集体建设的意义，懂得劳动创造美好生活的道理。

3. 经历居室、教室的整理与收纳劳动，理解校工整理校园的艰辛，知道父母及家人在生活中的劳动付出，懂得感恩，懂得珍惜他人的劳动成果，养成勤整理、善收纳的好习惯，弘扬“崇尚劳动、热爱劳动、辛勤劳动”的劳动精神。

【单元教学重难点】

1. 教学重点：为居室、教室的美化进行合理的整理与收纳。

2. 教学难点：设计美化居室和教室的设计方案。

【单元课时安排及教学内容简介】

第一课时：书房用品整理与收纳

首先，通过观察情境使学生反思生活中书房的收纳与整理情况，在对照范例中，初步感受书房整理与收纳方案的设计要求。其次，让学生初步构思整理收纳的步骤，并通过讨论、交流，在教师引导组织下总结书房整理的一般步骤与方法。最后，让学生在课后进行书房用品整理与收纳的实践，在持续的生活劳动中锻炼家政技能、提高生活自理能力，培养持之以恒、追求品质的劳动精神。

第二课时：教室的装饰与美化方案设计

首先，通过教室布置案例的呈现，引导学生在对比案例设计的优劣中，总结、归纳教室布置与美化的设计要求。其次，开展教室设计与美化大赛，激活学生已有的收纳整理知识与技能，人人参与设计，并评选出最优方案实施。在赛后经验分享与反思中，引导学生组织语言说明整理技巧，培养分享意识，加深对知识的理解；学生也能在倾听反思中，修正错误观念，深化对整理与收纳的认识。

第三课时：教室的装饰与美化方案实施

为完成教室的装饰与美化方案与班主任、后勤领导做必要的沟通，根据最佳设计方案准备工具材料，最后按设计分组完成方案。

【单元教学活动准备】

1. 劳动场域：普通多媒体教室。

2. 劳动工具与材料：学习记录单。

3. 劳动组织形式：分组实践、集体展示。

【单元教学过程设计】（见图 2-14）

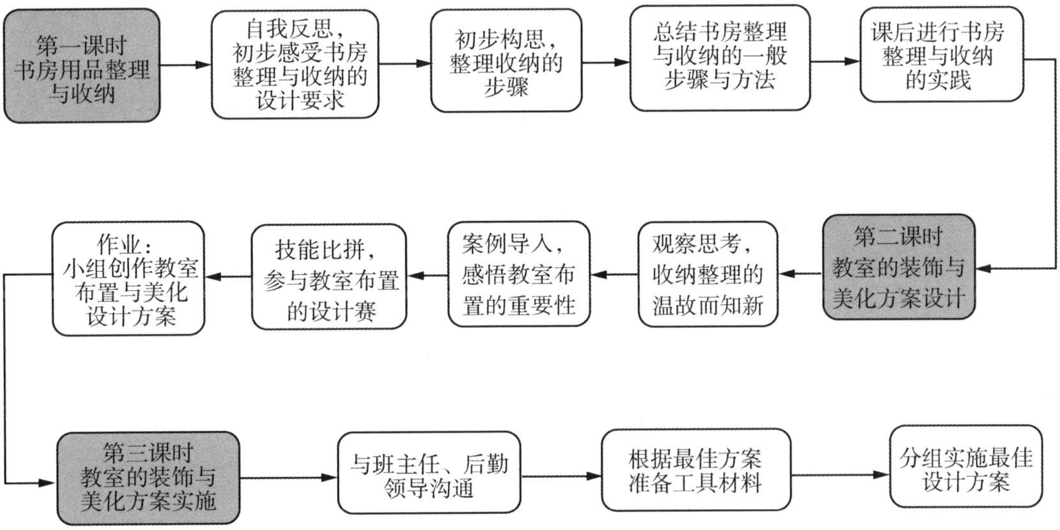

图 2-14　单元教学过程设计

【单元教学效果评价】

1. 评价内容：包括劳动过程、劳动成果、劳动素养等方面。评价学生在劳动过程中能否将物品规范分类，规范摆放；是否能够完成指定的收纳整理任务；在个人和集体劳动中理解劳动对于个人生活、集体建设的意义，懂得劳动创造美好生活的道理（劳动观念）；能安全规范地实施劳动方案，发展自我管理与缜密筹划能力，养成认真细致地进行整理与收纳的习惯和品质（劳动习惯）；能对教室的美化提出具有一定创造性的解决方案，制订合理的实施方案（劳动能力）。

2. 评价主体：教师评价侧重课堂中的学生个人劳动表现，重视评价的激励功能。小组评价侧重于对学习的过程进行评价，是更为细致有针对性的反馈，注重对行为的即时反馈与调节。自我评价关注内隐的心理与思维，教师要鼓励学生在自我反思中体悟劳动操作的劳动观念内核与劳动精神。

3. 评价工具：采用等级评价表，依据评价内容、评价主体分为六个方面，进行三次评价。

4. 评价方法：主要采取形成性评价，以终结性评价为辅。其中形成性评价综合自评、组评与师评能够比较全面客观地反映学习的过程与结果。

第一课时：书房用品整理与收纳(略)

第二课时：教室的装饰与美化方案设计

【教学目标】

1. 知道定期整理教室对于维护班级良好学习环境的意义，掌握整理教室的一般方法，能够根据班级活动需求，合理布置教室，巧妙收纳班级物品。

2. 经历教室布置与美化的设计过程，明确在日常班级学习活动中教室的整理需求，发展整理筹划能力，理解劳动创造美好生活的道理，养成设计规划劳动的好习惯。

3. 经历分组整理收纳规划、美化设计的方案构思过程，学会优化教室居室的空间布局方法，发展合作能力、筹划能力，体验合作设计劳动优势与快乐，与同学共同努力提升班集体的凝聚力，形成向往美、爱美、追求整洁的班级风尚。

【教学重难点】

1. 教室整理收纳的一般方法。

2. 教室美化合理空间布局设计。

【教学准备】

1. 学生分组：4～6 人为一组。

2. 材料与工具：多媒体课件。

【教学过程】

板块一：观察思考，收纳整理的温故而知新

1. 观察思考

学生观察教室中有哪些物品、分区，思考当前的教室布置有无不合理之处。(图 2-15)

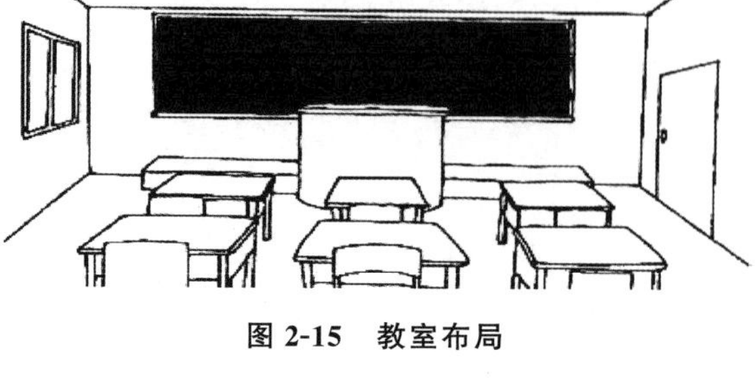

图 2-15　教室布局

2. 尝试回顾总结

(1)从物品的分类到物品的摆放，提示学生从教室的构造、物品的使用、个人的习惯等方面进行分析与思考。(见图 2-16)

(2)引发学生对各自的初步设想进行再构思，并进一步引导学生对如何结合实际情况进行思考。

讲台　图书角　卫生角

图 2-16　物品摆放

3. 完善步骤认知

教师应充分发挥学生的主体性，组织学生交流，显化已有认知，相互指出合理性，以及提出可以改进的地方，通过引导和帮助，让学生获得好的创意进行“再设计”。

教师在学生确定方案时，可适当给予一些提示，并及时对这个过程中出现的问题加以分析指导。最终师生合作总结实现方案的步骤：

第一步：集中。将所有物品放到空地上。

第二步：分类。根据摆放位置、功能和使用频率等将物品进行分类，前者可以分为放置在讲台上的物品、放置在书架的物品、清洁洒扫用具、美化绿化物品等，并依据使用的频率按一定顺序摆放(从左到右、从前往后)。

第三步：“断舍离”。有些物品为消耗品，当需要更换或确定以后都不会再使用了，也没有收藏意义的时候，就可以处理掉，比如送给有需要的人、转卖或捐赠。

第四步：整理归位。根据使用频率从上到下，由不易取处到易取处将物品归位摆放。最上层放收藏类物品(奖状等)，因为这里是最少翻动、也最难拿取的地方，还可以用作展示；中间层是收纳的黄金区，伸手就能拿到，放经常看或打算要使用的物品；最下层需弯腰或蹲下才能拿到物品，此处可放偶尔但常规会使用的东西。

板块二：案例导入，感悟教室布置的重要性

1. 感知、对比班级环境布置

图片展示：

图一：地面有果皮、纸屑、泥块等；图二：桌椅很乱，黑板没擦；图三：笤帚、拖把、水桶等乱七八糟堆在一起。

同学们，从这几幅图中你们看到了什么？有什么感受？

（学生边看图边找问题。教师引导学生说出：卫生又差又乱，在这样的教室里上课，心里很不舒服，会影响学习和身体健康等）

同学们，你们看看我们教室的环境怎么样，你们感觉到了什么？

这干净、整洁、舒适的环境是我们的值日生用他们的辛勤劳动创造出来的。劳动创造了美，创造了完美的生活，劳动是最光荣的！

2. 分享不同教室布置的案例

劳动是平凡的，也是伟大的，我们无一不是用双手去劳动、去创造自我的一切。我们一起来分享我们学校不同班级的环境文化建设案例。从这些案例中，你们受到了什么启发呢？

引导学生在对比案例设计的优劣中，总结、归纳教室布置与美化的设计要求。

板块三：技能比拼，参与教室布置的设计赛

1. 发起教室布置与美化设计征集活动

劳动是光荣的，但劳动也是辛苦的！同学们，请根据教室布置与美化的设计要求，结合班级的实际情况，小组合作设计一个方案。

明确评选要求：整洁有序、凸显班级文化、温馨实用。

作业：小组创作教室布置与美化设计方案

教师应充分发挥学生的主体性，组织学生交流、表达各自的设计意图，相互指出方案设计的合理性、创新性以及提出可以改进的地方。通过引导和帮助，让学生获得好的创意进行“再设计”。

课后，师生合作评定获奖的教室布置与美化方案。

【劳动评价】（见表 2-13）

表 2-13 课时等级综合评价表

评价内容	A	B	C	等级
劳动观念	了解定期整理教室对维护班级良好学习环境具有重要意义，能够积极地参与教室装饰与美化方案设计，认真主动完成劳动任务，积极参与讨论，具有较强的集体意识	初步了解定期整理教室对维护班级良好学习环境具有重要意义，能够参与教室装饰与美化方案设计，偶尔需要提醒才能完成劳动任务，具有集体意识，能够参与讨论	知道定期整理教室对维护班级良好学习环境具有重要意义，在提醒下能够参与教室装饰与美化方案设计，几乎每次都需要提醒才能完成劳动任务，集体意识较为薄弱，讨论参与度低	

续表

评价内容	A	B	C	等级
劳动能力	掌握整理、优化教室空间布局的一般方法，能够根据班级活动需求，合理布置教室，巧妙收纳班级物品，具有较好的整理筹划能力	基本掌握整理、优化教室空间布局的一般方法，基本能够根据班级活动需求，较为合理地布置教室、收纳班级物品，具有一定的整理筹划能力	在他人帮助下，初步掌握整理、优化教室空间布局的一般方法，在布置教室、收纳班级物品时有较多不足，整理筹划能力的提高空间较大	
劳动习惯与品质	具有很强的合作能力、筹划能力，养成设计规划劳动的好习惯。通过劳动实践，深入理解劳动创造美好生活的道理	具有较强的合作能力、筹划能力，基本养成设计规划劳动的好习惯。通过劳动实践，理解劳动创造美好生活的道理	合作能力、筹划能力相对欠缺，初步建立设计规划劳动的好习惯。通过劳动实践，基本理解劳动创造美好生活的道理	
劳动精神	能积极解决教室装饰与美化方案设计过程中遇到的问题，体会到合作的优势与快乐，形成向往美、爱美、追求整洁的劳动精神	能解决教室装饰与美化方案设计过程中遇到的问题，初步体会到合作的优势与快乐，初步形成向往美、爱美、追求整洁的劳动精神	在教室装饰与美化方案设计过程中有放弃的想法，未能很好地在合作中感悟快乐与劳动精神，有怕脏怕累等消极表现	

第三课时：教室的装饰与美化方案实施(略)

第三节
烹饪与营养

一、任务群理解

(一)烹饪与营养任务群概述

“烹饪与营养”作为日常生活劳动的重要任务群，贯穿1～12年级五个学段的全过程。“烹饪”一词最早出现在2700多年前的《易经·鼎卦》中，“以木巽火，亨饪也”。谓以鼎供烹饪之用。[①]《现代汉语词典》(第 7 版)中烹饪的意思是做饭做菜。[②] 由此，汉语中烹饪的意思是把可食的东西用特定的方式做熟。[③] 现代汉语中将从食物中可以获取的、身体必需的生物素叫作营养。2019 年举办的中国营养传播大会中专家提出了"营养素养"的概念，并将其定义为"一种让自己和他人掌握怎样吃得更好更健康的能力"，同时指出根据目前的行业调查显示，大部分国人的这种能力尚显不足。

烹饪与营养可以理解为让学生在烹饪实践中掌握怎样吃得更好的能力，并养成健康的饮食习惯。[④] 而烹饪与营养任务群可以理解为实践"烹饪"和逐步养成"健康饮食习惯"项目的完整流程。在《劳动课程标准》中，我国把劳动从综合实践活动中独立出来，并且把"烹饪与营养"作为单独的劳动内容。因此"烹饪与营养"课程已经不再局限于解决温饱问题，而是为了满足健康、生命意义等方面的高层次需要。

(二)烹饪与营养任务群的价值

正所谓"民以食为天"，从远古人类在生理本能的驱使下茹毛饮血到简单处理食物以求果腹，烹饪本质上是一种生存技艺；随着人类摆脱蛮荒、拥抱文明，烹饪技艺的发展不仅包含了生存技能，而且被赋予了育人性与民族文化性等内涵，在落实烹饪与营养项目中便可发挥其在培养生存能力、促进终身发展、传承饮食文化方面的教育价值。

其一，烹饪与营养任务群具有培养学生生存能力的价值。英国在 2014 年实施的《国家课程纲要》指出："学生应该学习如何烹饪并掌握营养和健康饮食的原则。烹饪是一项重要的生活技能，它能使学生在现在和以后的生活中以经济的方式养活自己和他人。"[⑤]英国著名厨师菲尔·维克里为英国烹饪必修课程编制的菜谱执笔作序，其中提到："烹饪是一门手艺。"可惜，现在已很少有人从孩童时代开始学习。掌握烹饪基本技能，意味着你拥有成年后的一项谋生技能。[⑥] 我国学者顾建军认为家长需要重视劳动与生活技能对未成年人成长的价值，让劳动融入日常生活。[⑦] 所以，烹饪与营养任务群给学生动手实践的机会，让学生接触烹饪流程，锻炼厨艺、提升营养素养，具有培养学生生存能力的重要价值。

---

① 夏征农、陈至立：《辞海》，4 页，上海，上海辞书出版社，2010。

② 中国社会科学院语言研究所词典编辑室：《现代汉语词典》(第 7 版)，987 页，北京，商务印书馆，2016。

③ 杨铭铎：《烹饪加工手段的发展脉络与相关概念的内涵解析》，载《美食研究》，2016(02)。

④ 缪学超：《劳动教育进国家课程——英国中小学烹饪课程的演进、经验及启示》，载《天津师范大学学报(社会科学版)》，2021(06)。

⑤ Department for Education. The national curriculum in England: framework document, https://dera.ioe.ac.uk/20511/1/Master_final_national_curriculum_140714.pdf, 2023-04-12.

⑥ 岳玉苓：《传承美食烹饪技艺从娃娃抓起》，载《经济参考报》，2008-09-17。

⑦ 《孩子们，上劳动课了！——聚焦中小学新版劳动课几个关注点》，新华网，2022-05-11。

其二，烹饪与营养任务群具有促进学生发展的育人价值。烹饪技能训练和健康饮食习惯的养成与其他关键能力培养紧密结合，发挥着烹饪与营养课程多方面的教育功能。一项关于儿童少年营养的调查发现，儿童超重和肥胖成为儿童少年的主要营养问题。[①] 另有调查显示，我国 6～17 岁儿童的超重肥胖率为 26.5％。[②] 近年来网上一些吃播视频，以及各种零食广告，向学生传播了不少错误的营养认知，导致出现不健康的膳食行为。因此，要注重引导学生掌握健康饮食的相关知识，增强营养意识，改变不健康的饮食习惯，合理调整膳食结构，为学生健康成长保驾护航。同时，围绕烹饪技能而展现的动手操作、时间管理、成本管理、健康生活、动态调整、安全意识、探索发现、成果展示、成果阐述、过程反思等各项能力都能让学生在任务群下提升综合生活能力，具有综合性和终身性的育人价值。

其三，烹饪与营养任务群蕴含饮食文化的传承价值。饮食文化是一切文化的基石，一个民族的食物特征决定其文化色彩，中华优秀传统文化中蕴含着丰富且具有特色的中华饮食文化。孔子的“食不厌精，脍不厌细”是对烹饪手法的描写；《庄子》中提到“击壤鼓腹”形容百姓饱腹后去参加投掷游戏。佛家饮食文化中的忌食五辛、戒荤素食、过饱伤身、戒贪美味、酒乱心性等养生之道也是从饮食文化中吸取的精华。我们经常使用的“柴米油盐”“酒足饭饱”“囫囵吞枣”“众口难调”“年年有余”“丰衣足食”等成语都是中华饮食文化的智慧结晶。[③] 饮食文化也一直是中国古诗词中的常客，如“吃文化”“茶文化”“酒文化”。[④] 因此，烹饪与营养项目可以通过嵌入古诗词、成语故事等，在传承中华优秀传统文化尤其是饮食文化方面发挥重要价值。

(三)烹饪与营养任务群的项目内容

烹饪与营养项目可以有多种分类方法。按照烹饪技法分，《齐民要术》首次记录了“蒸、烤、煎、炮(焗)、腌、煨、氽、白煮、酿、卷、拌、熇、腊”13 种；[⑤] 发展到现代已有 30 余种。按照菜品分，中国第一部烹饪教材《随园食单》记录了 14—18 世纪比较流行的和自家研制创新的 326 种肴馔。[⑥]《中国烹饪文化大典》的第五篇《中国名食篇·中国各区域名菜名点》总计收录了 576 道肴馔作品，其中菜肴 414 道，面点 162 道。按照调味要求可以分为鲁菜、川菜、粤菜、苏菜、浙菜、闽菜、湘菜、徽菜八大具有浓

---

① 弓巧玲、杨建国、邵声波、王宝玉、宋苏飞：《郑州市儿童少年营养状况调查》，载《现代预防医学》，2006(11)。

② 张倩：《中国中小学生营养与健康改善十年回顾与展望》，载《卫生研究》，2022(05)。

③ 杨扬：《成语中的饮食文化研究——评〈齿颊生香：饮食文化与成语〉》，载《食品工业》，2020(12)。

④ 卢航燕：《古诗词中蕴含的饮食文化研究——〈人间有味是清欢：古诗词中的风雅饮食〉评述》，载《食品与机械》，2022(01)。

⑤ 石声汉译注：《齐民要术》(中华经典名著全本全注全译)，790—1190 页，北京，中华书局，2015。

⑥ 陈学智：《浅析中国菜谱的三座历史丰碑》，载《南宁职业技术学院学报》，2018(06)。

厚地方特色的菜系。[1] 按照烹饪食材的划分可以分为北方和南方的面食，北方如花卷、馒头等汽蒸类食品和油糕、油条等油炸类食品，南方的米糕、米粉等。[2]

理论上来讲，凡是具有积极教育意义、适合青少年身心发展特点的烹饪与营养项目都可以作为劳动课程的项目选择范围。根据《劳动课程标准》的描述，中小学可选择的烹饪与营养项目考虑了基本烹饪流程、普通烹饪方法和常见烹饪菜肴三方面。基本烹饪流程包括：选材、初加工、配菜、调味等。常见的烹饪方法包括：炒、煎、炖等。常见烹饪菜肴包括：泡果茶、制作凉拌菜、制作水果拼盘、西红柿炒鸡蛋、煎鸡蛋、炖鸡等。这些项目不仅关注不同年龄段单项技能的掌握，而且重视综合思维能力的培养，还渗透了对饮食文化的了解。

(四)烹饪与营养任务群的项目选择与设计依据

《劳动课程标准》根据学生的年级特点，对不同学段的项目选择与设计提出了具体建议。除了关注年龄的特点外，烹饪与营养项目的选择还应考虑烹饪的方法、流程和地域特色等因素。

1. 依据学段特点选择与设计项目

烹饪与营养作为贯穿全学段的任务群之一，在具体项目安排上应是渐进式的，随学段进阶，项目难度逐渐增加，逐步提升技能水平。一般而言，应遵循从简单到复杂、从单一到综合，从个人到团体、学校到家庭的原则……在活动中凸显各学段项目设计的连续性、进阶性与发展性。

其一，按照烹饪流程和烹饪方法，逐级拓展项目选择范围，对不同阶段学生进行逐步深入的烹饪内容的锻炼。1～2 年级应以简单的食材粗加工，如择菜、洗菜、削皮、简单切菜为主要内容，比如：择芹菜、剥毛豆、削水果皮等；3～4 年级应该按照一般流程制作凉拌菜、拼盘，学习用蒸、煮等烹饪方法加工食材，比如：煮鸡蛋、煮水饺、凉拌黄瓜等；5～6 年级应该能以炒、煎、炖等烹饪方法制作 2～3 道家常菜，比如：煎鸡蛋、西红柿炒鸡蛋、炖鸡汤；7～9 年级难度进一步提升，能根据家庭成员实际需求设计食谱、合理搭配饮食，在制作菜肴的过程中进一步掌握日常烹饪技能，比如：独立制作午餐或晚餐中的 3～4 道菜；10～12 年级，强调烹饪技巧的娴熟化及合理地设计与规划食谱、采购食材、主食与菜品搭配，如独立设计午餐或晚餐的食谱，采购食材，制作菜品。

其二，以劳动素养生成为主线，逐级强化劳动品质与劳动精神，逐步实现从自理

---

① 张自龙：《史学视角下中国传统饮食文化研究——评〈中国饮食文化简史〉》，载《食品科技》，2020(08)。

② 孟玮：《中日饮食文化对比研究——评〈盒之味：日本饮食文化的礼仪之道〉》，载《食品安全质量检测学报》，2022(01)。

理念到家庭责任分担观念的过渡。1～2年级，主要是建立生活自理意识，初步具有劳动安全意识。3～4年级，主要是满足自身基本的饮食需求，初步树立健康的饮食观念，初步具有食品安全意识，能认识劳动的价值，逐步形成爱劳动、尊重劳动的观念。5～6年级，主要是具有食品安全意识，树立乐于做事、服务家人的观念，初步形成家庭责任感。7～9年级，主要是通过掌握日常烹饪技能，形成健康的生活理念，理解劳动对于个人发展和家庭幸福生活的意义。10～12年级，主要是形成科学的膳食营养搭配理念，并培养个人坚持不懈、积极探索的劳动品质。

2. 依据地域特色选择与设计项目

烹饪与营养应结合学校所处地域的民族饮食文化选择合适的项目。烹饪与营养的一个突出特点就是民族文化性，各个民族、区域都有独具特色的民族饮食文化，如回族的面点、苗族的花茶等。我国五十六个民族共同生活在同一片土地上，不同的民族间存在着不同的饮食文化以及不同的地域发展，这使各个民族的饮食文化都具有一定的独特性，选取地域性饮食项目也能够继承和发扬别具一格的特色饮食文化。

3. 依据学校资源条件选择与设计项目

烹饪与营养应结合学校现有的教育资源条件进行选择和设计项目。不同学校所具有的劳动师资、劳动场域、劳动设施设备等资源条件不同。我国将烹饪与营养纳入劳动课程，面临劳动教育师资缺乏、专业性不强等问题。因此，我国应该制定便于操作的实施指导方案。这既有利于确保烹饪与营养任务群项目实施的科学性和规范性，也能够为实施提供指导。另外，还可以考虑搭建课程资源平台，甚至开发完整的烹饪教学资源包。这既有利于减轻教师的工作负担，也能为他们开展劳动教学提供优质资源。

二、任务群项目设计样例

项目一　烹饪与营养——《欢乐小厨房》(1～2年级)

【单元简介】

烹饪既是享受也是创造，既是技能也是生活。本单元的烹饪活动能够让学生在美食制作的过程中提高生活中的动手能力和实践能力，在食物制作中感受食品创作的乐趣和劳动成果的甜美，体会劳动的不易，加深对生活的感悟。

本单元分为两个课时。两个课时的活动都围绕烹饪流程生成，活动前后关联，便于引导学生学习理解与操作。

第一课时：走进小厨房；第二课时：我来显身手。

【单元教学背景】

1. 教学内容分析：第一学段的烹饪与营养项目要求学生能参与简单的家庭烹饪劳

动，如挑选蔬菜，清洗蔬菜，对蔬菜进行去皮、切块、切片等食材的粗加工，初步具有科学处理蔬菜的意识和能力；初步了解蔬菜、水果、饮品等食物的营养价值和科学的食用方法；能认识刀具，根据实际需要选择合适的刀具，掌握日常简单烹饪工具、器具的使用方法和注意事项；具有安全劳动意识，以及“自己的事情自己做”的生活自理观念。

2. 学生情况分析：1～2年级的学生刚入学不久，对小学生活有很大的新鲜感，但是很多学生还不能自理，没有相应的劳动习惯，对家长和老师的依赖性很强。一方面，这个阶段的学生具有直观、具体、形象等思维特点，在教学中要注重通过实践活动来增加学生的直接经验和感性认识。另一方面，这个阶段是人格发展的关键阶段，需要发展学生的各方面的能力，提升学生的自信心。教学中需要侧重学生日常生活劳动的锻炼，让学生在劳动实践中初步感知劳动的艰辛与乐趣。

【单元教学目标】

1. 辨识常见蔬菜，学会清洗常见蔬菜，了解三种常用刀具的特点，并根据实际需求选择适合的刀具进行去皮、切块、切片等操作，懂得安全用刀方法；掌握凉拌西红柿的制作步骤。

2. 经历凉拌西红柿的制作过程，学会凉菜的一般制作方法，感受凉菜的制作乐趣，发展动手实践能力，强化用刀劳动安全意识，克服恐惧，树立自信心。

3. 经历蔬菜的清洗，切菜练习以及凉拌西红柿的制作过程，学会简单凉菜的制作方法，提升对于鲜食果蔬的加工能力；具有烹饪制作的安全意识，懂得“认真操作，有序操作”的道理，弘扬不怕困难的劳动精神。

【单元教学重难点】

1. 凉拌西红柿的制作。

2. 刀具的选择与使用。

【单元课时安排及教学内容简介】

第一课时：走进小厨房

辨识常见蔬菜，经历蔬菜清洗流程，了解刀具特点，进行用刀练习，学会使用刀具简单处理果蔬，注意刀具使用安全。

第二课时：我来显身手

经历西红柿的选择、清洗、切块(鼓励学生根据自己的喜好切块)、摆盘(突出食物之美)、放糖(放糖要适量)等流程，掌握凉拌西红柿的制作方法，欣赏食物造型之美，强调参与，体会劳动果实的甜美，形成服务家人、服务他人的服务意识。

【单元教学活动准备】

1. 劳动场域：校园烹饪基地；餐厅。

2. 劳动工具与材料：(1)工具：水果刀、削皮刀、菜刀、盘子、菜板；(2)材料：季节性常见蔬菜；(3)工具和材料的数量满足人员需求。

3. 劳动组织形式：(1)课前分组，4～6 人一组，明确各组分工；(2)确定各组的劳动任务及任务量。

4. 劳动安全保障：(1)注意食品安全；(2)注意刀具的安全使用。

【单元教学过程设计】(见图 2-17)

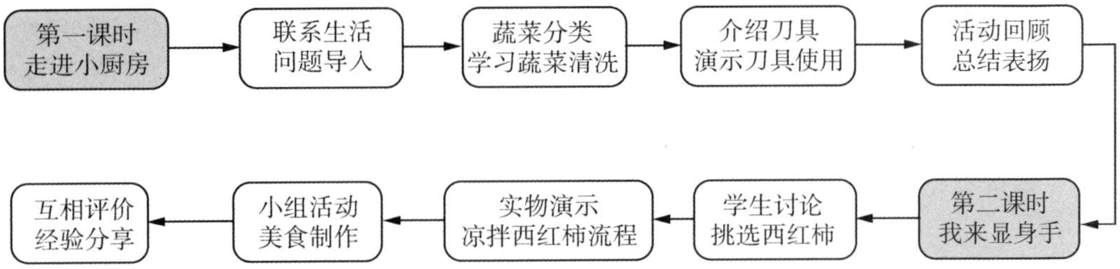

图 2-17　单元教学过程设计

【单元教学效果评价】

1. 评价内容：评价内容主要包含劳动规范、劳动成果、劳动观念、劳动能力、劳动态度与劳动习惯和品质六个方面。劳动规范方面主要评价学生是否能够安全用刀、及时收纳刀具；劳动成果方面主要评价学生是否能将蔬菜清洗干净，了解常见的三种刀具的特点，根据实际需求选择合适的刀具，掌握凉拌西红柿的制作步骤；劳动观念方面主要评价学生是否能通过制作凉拌西红柿树立我能行的自信心，弘扬不怕困难的劳动精神；劳动能力方面主要评价学生是否具有动手实践能力；劳动态度方面主要评价学生是否能认真完成烹饪流程；劳动习惯和品质方面主要评价学生能否在烹饪过程中和结束后进行及时清理、收纳刀具。

2. 评价主体：在评价主体上，主要采用学生评价和教师评价两种评价方式。学生不仅要对自我劳动过程和成果进行评价，而且要对组内的其他成员进行评价。采用学生相互评价的形式可以增加其参与活动的积极性，他评与自评两者的结合有助于提高学生的劳动能力，同时增加评价的科学性与客观性。

3. 评价工具：主要使用“星级分项评价表”的形式，记录学生在本课程学习和劳动过程中的积分，以积分多少的形式表示学生课程掌握的程度，跟踪学生的学习情况和学生的能力发展情况。

4. 评价方式：采用形成性评价与终结性评价相结合的方式。形成性评价主要体现在学生学习蔬菜清理和刀具练习的实践过程中，教师对他们提出的改进或优化建议。终结性评价是指在整个实践活动结束后对学生本节课获得的知识、能力、方法、态度、习惯等进行多方面的综合评价。

第一课时：走进小厨房

【教学目标】

1. 辨识生活中常见的原生态蔬菜，学会常见蔬菜的清洗，掌握蔬菜的清洗方法；

知道水果刀、菜刀、削皮刀在生活中的用途，能够选择合适刀具处理蔬菜。

2. 经历小组清洗蔬菜、用刀具分切蔬菜的实践活动过程，学会常见果蔬的清洗方法，初步建立食品卫生的安全意识，学会常见刀具的持、握、用、移的安全操作方法，发展对于鲜食果蔬的加工能力。

3. 经历果蔬清洗及切割过程，体验果蔬清洗加工的乐趣，养成主动承担力所能及的家庭厨务的习惯，初步形成认真、仔细、规范的操作品质。

4. 积极主动地参与果蔬清洗及切割，发扬崇尚劳动、热爱劳动的精神。

【教学重难点】

1. 常见蔬菜的清洗；了解三种刀具的特点，会根据实际需要选择和使用刀具。

2. 三种刀具使用的安全措施。

【教学准备】

1. 学生分组：4～6 人一组。

2. 材料与工具：水果刀、削皮刀、菜刀、盘子、菜板等工具；青菜、土豆等蔬菜。

【教学过程】

板块一：联系生活，问题导入

生活情境导入：同学们，你们家谁做菜最好吃？你们有没有在爸爸妈妈做饭的时候打过下手？请谈谈你们的经验。(择菜、洗菜、切菜)

过渡语：同学们，你们现在是小学生了，能够做一些自己力所能及的事情了。做菜这项技能一方面可以提升自己的生活技能，另一方面可以替自己的父母分担家庭的负担。大家想不想亲手做一盘菜给爸爸妈妈尝一尝？好，让我们一起走进厨房。今天首先我们来学一学如何清洗蔬菜和使用刀具。

板块二：蔬菜分类，学习蔬菜清洗

1. 联系生活场景：同学们知道哪些常见蔬菜？请举例说明。(白菜、包菜、土豆、洋葱)

2. 介绍蔬菜的分类

问题：蔬菜的种类有哪些？(教师根据提前准备的蔬菜实物讲解蔬菜常见种类)

(1)叶菜类

蔬菜的种类很多，其中占主导地位的是叶菜类，比如白菜、生菜、韭菜、空心菜、菠菜和香菜等就属于叶菜类蔬菜，这类蔬菜是日常生活中比较常见的。

(2)根茎类

萝卜、土豆、生姜、芦笋、山药和洋葱等就属于根茎类蔬菜。

(3)茄果类

茄果类蔬菜包括茄子、辣椒、番茄等，多为茄科类植物，一般集中在夏季出产。

(4)豆荚类

常见的有扁豆、豌豆、蚕豆、四季豆、荷兰豆、毛豆等。

(5)食用菌类

金针菇、平菇、香菇、杏鲍菇、木耳等就属于食用菌类蔬菜。

3. 学习蔬菜清洗

过渡语：蔬菜的洗涤方法都一样吗？如果蔬菜清洗不干净会怎么样？(让学生举手回答问题，从而引导出蔬菜清洗的重要性)

问题一：同学们会清洗蔬菜吗？请有过蔬菜清洗经历的同学来分享。(预设学生能够说出大概流程，但是仍然缺少详细步骤)

(1)老师来演示并讲解蔬菜清洗的详细步骤

①准备：穿戴厨房衣帽，洗净双手后，先用水和洗洁精清洗菜筐、菜板、刀具等。

②择菜：a. 叶菜类型的蔬菜，要一片片掰开，摘除黄叶、虫咬及腐烂的部分；b. 叶菜类的蔬菜在切菜的时候可以把根茎切除。

③浸泡清洗：a. 清洗几遍，去掉表面泥巴；b. 加一勺食盐或者小苏打，浸泡 5～10 分钟；c. 浸泡后再仔细清洗 1～2 遍。

④装筐：清洗后装入菜筐，并整齐摆放在旁边控水区。在控水的时候注意保洁。

⑤清理现场：把地面、水池清理干净。

(2)学生清洗果蔬

过渡语：下面请同学们把你们小组带来的蔬菜分类，并进行蔬菜分类清洗。

①小组分类；②合作清洗；③装筐沥水。

板块三：介绍刀具，演示刀具使用

问题：同学们观察一下老师播放的图片，谁能认出这些刀？它们分别在什么时候使用呢？(出示图片：水果刀、菜刀、削皮刀)(图 2-18)

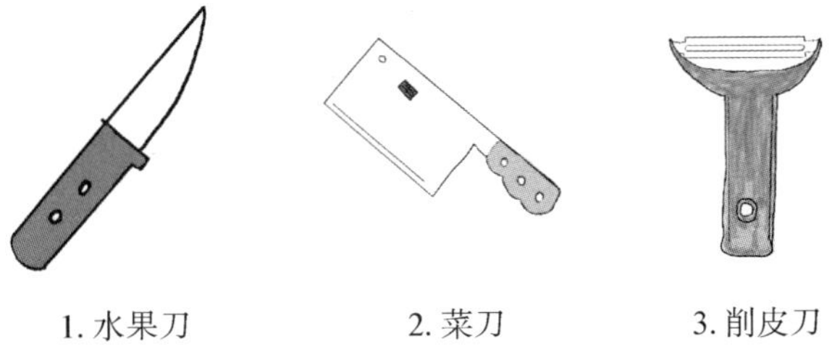

1. 水果刀　　2. 菜刀　　3. 削皮刀

图 2-18　厨房刀具

1. 了解刀具特点和使用注意事项

问题：刀具有什么特点？使用时应注意哪些问题？(教师根据提前制作的 PPT 进行图片讲解)

(1)菜刀特点和注意事项

图片展示小号菜刀构造，明确刀具的不同部位：刀把、刀背、刀刃。持刀的手应该紧握刀把，手肘微弯，手腕稳定，刀刃的方向要向下，同时手指卸掉多余力量，使切割更加稳健。另外，在使用菜刀的过程中，应该保持自己的手肘与切割物体平行，不要侧向而斩，这样更容易受伤。

(2)削皮刀特点和演示

削皮刀一般由把手和刀片组成，把手一般为塑料、木质或者钢制。削皮刀的使用技术提示：①用不拿刀的手握住根茎类蔬菜如土豆等；②用惯用手拿刀柄；③用所有手指握住刀柄；④将拇指放在刀刃侧面；⑤在土豆侧面的表皮上切出一个小口，切入表皮和中果皮之下；⑥轻轻地侧向转动小刀；⑦转动土豆，刀片在皮下朝水平方向用力，直到削去所有表皮。

(3)水果刀特点和注意事项

市场上的水果刀从材质上来说有不锈钢的、塑料的，从形状上来看有直的、折叠的等。现有水果刀是由刀体和刀刃构成的扁长状结构。使用时，手握住刀柄，并用刀刃沿果蔬表面的切线方向切下，从而对水果进行切削。

2. 根据实际需要选择刀具

小组讨论不同刀具适合处理什么类型的蔬菜。

削皮刀有手柄，可以用金属刀片位置对根茎类蔬菜(土豆、胡萝卜、红薯)进行削皮；水果刀主要用来切水果和小型的蔬菜；菜刀的主要用途是将食材切为大块。

3. 分组实践用刀分割果蔬练习

从沥水筐取出自己带来的果蔬，选用刀具处理果蔬。

(1)分组实践活动，教师进入小组指导学生使用刀具

①确认清洗干净；②果蔬用刀分割；③装袋收纳；④整理用具。

(2)安全提示：学生使用刀具时应当注意力集中，不用刀具比画、打闹，刀刃不要对着自己或同学，以免误伤别人或自己。而且用刀的时候要注意安全，小心切手。另外，刀不能直接递给同学使用，一位同学使用结束后把刀放回原来的位置，另一位同学再使用(不可带着刀具移动位置)。

板块四：活动回顾，总结表扬

1. 对所学内容进行回顾与提问

第一课时所学的陈述性知识和程序性知识都较多，对于陈述性知识可以对学生进行提问巩固，对于程序性知识可以要求学生演示并及时给予反馈，对出现问题的学生要引导改正并给予鼓励。

2. 对本节课进行总结

对本节课同学的表现进行总结，提问蔬菜清洗的流程，为下节课动手制作凉拌西红柿打下良好基础，相信同学们通过今天的学习一定会更加爱惜食物。

【劳动评价】(见表 2-14)

表 2-14　星级评价表

项目内容	自我评价	同伴评价		指导教师评价	
	☆☆☆☆☆	☆☆☆☆☆	评价人	☆☆☆☆☆	评价人
认识常见蔬菜					
能够把蔬菜清洗干净					
会选择合适刀具处理蔬菜					
能注意用刀安全					

第二课时：我来显身手(略)

项目二　烹饪与营养——《甜丝丝的冰糖雪梨》(3～4 年级)

【单元简介】

本单元的烹饪活动——通过制作冰糖雪梨，学生能初步建立健康饮食的观念，能用简单的烹饪方法满足自己基本的饮食需求，具有初步的食品安全意识。学生通过学习处理雪梨的正确方法以及煮、炖等简单的烹饪方法，掌握简单的日常烹饪技术，形成热爱劳动、尊重劳动者的观念。

本单元分为两个课时，逐步引导学生自己动手完成冰糖雪梨的制作。

第一课时：雪梨的处理；第二课时：炖煮冰糖雪梨。

【单元教学背景】

1. 教学内容分析：第二学段烹饪与营养项目的内容包括能制作简单的日常饮食，冰糖雪梨属于日常饮品，适合学生制作和品尝。本单元的教学内容包括让学生掌握处理水果的方法和技巧，学会炖、煮等简单的烹饪方法，让学生懂得“一分耕耘，一分收获”的道理，尊重劳动，尊重普通劳动者，初步形成热爱劳动的态度。

2. 学生情况分析：小学 3～4 年级的学生在第一学段的劳动学习中已经初步感知了劳动的艰辛与乐趣，喜欢劳动，具有主动劳动、积极参加劳动的愿望，并且参与了简单的家庭烹饪。小学 3～4 年级的学生具有强烈的好奇心和求知欲，有想要尝试烹饪的意向，对烹饪的方法具有浓厚的兴趣，有自己动手实践的能力。因此，本单元组织开展冰糖雪梨的制作活动，为学生提供动手实践与交流合作的机会，让学生互相观摩学习，逐步认识烹饪劳动的价值，掌握简单的日常烹饪技术，

【单元教学目标】

1. 学会挑选雪梨并进行清洗、去皮、去核、切块、炖煮的烹饪加工操作，能够正确使用料理秤、量筒进行称重测量，知道砂锅烹饪的优势，学会控制火力大小的方法。

2. 经历小组合作制作冰糖雪梨的过程，学会冰糖雪梨的烹饪方法，发展动手实践

能力，懂得加工有方法、制作依程序的烹饪道理，善于与他人合作提高效率，提升团队合作能力。

3. 经历雪梨的处理和冰糖雪梨的烹饪过程，体会到烹饪的乐趣，能主动进行日常食品的简单烹饪，学会使用简单的烹饪工具，知道烹饪劳动对个人生活、家庭幸福的意义，养成自觉自愿、吃苦耐劳的家庭烹饪劳动习惯。

4. 积极主动参与冰糖雪梨的烹饪制作，具有较高的劳动安全意识，锻炼耐心、细心的劳动品质，能够积极主动解决烹饪中所遇到的问题。

【单元教学重难点】

1. 冰糖雪梨的制作步骤。

2. 雪梨的处理。

【单元课时安排及教学内容简介】

第一课时：雪梨的处理

本课时的内容包括清洗雪梨，将雪梨去皮、去核及切块。通过实践操作，使学生学会冰糖雪梨加工水果块的方法，正确运用烹饪工具。

第二课时：炖煮冰糖雪梨

本课时的内容包括称量冰糖、称量雪梨、测量水，调配冰糖、雪梨和水的比例，并且炖煮冰糖雪梨，掌握炖煮的时间，关注炖煮的过程。

【单元教学活动准备】

1. 劳动场域：校园烹饪基地；厨房。

2. 劳动工具与材料：(1)工具：水果刀、砧板、小勺子、料理秤、量杯、砂锅；(2)材料：雪梨、冰糖；(3)工具和材料的数量满足人员需求。

3. 劳动组织形式：(1)课前分成4～6人一组，每一组有明确的分工；(2)确定给各组的劳动任务及任务量。

4. 劳动安全保障：(1)劳动记录要求，运用电子设备及时记录劳动过程；(2)注意水果刀和砂锅的安全使用。

【单元教学过程设计】(见图2-19)

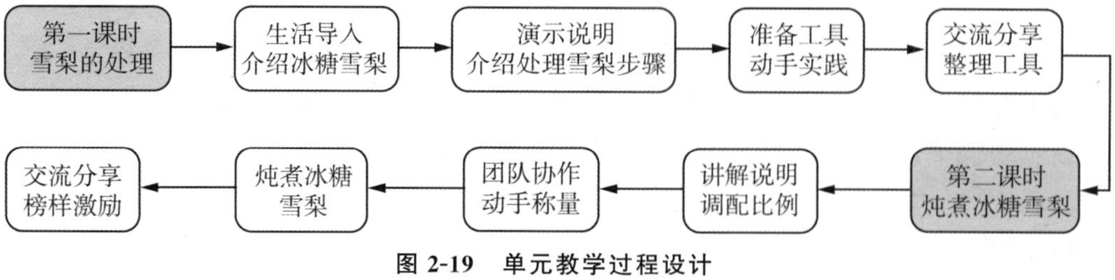

图2-19　单元教学过程设计

【单元教学结果评价】

1. 评价内容：在劳动过程中是否能够正确使用水果刀和砂锅等简单的烹饪工具，

是否能够牢记烹饪时的注意事项，是否能够调配合适的材料比例，是否能够准确把握烹饪的时间；在劳动成果方面，最终制作成的冰糖雪梨是否达到香甜可口的要求；在劳动素养方面，是否有自觉自愿、吃苦耐劳、珍惜劳动成果的素养，是否有动手劳动的意愿，是否养成良好的劳动习惯等。

2. 评价主体：教师评价，教师观察学生的烹饪过程并且对学生的劳动成果做出评价，主要关注学生的烹饪工具使用情况和劳动成果呈现情况等；小组评价，小组的其他成员的评价，主要关注在劳动过程中学生的合作、耐心和细心等劳动品质；自我评价，学生对自己在烹饪过程中的表现和对制作出的劳动成果进行的评价，主要关注自己的劳动过程，反思自己在劳动过程中的优势与不足等。

3. 评价工具：运用评价表对劳动过程和劳动成果进行评价，项目内容分为雪梨的处理、水果刀的使用、食材的调配、炖煮的过程和制作完成的冰糖雪梨五项内容，分别由学生自己、小组成员和教师进行评价，从一星到五星共分为五个星级。

4. 评价方法：运用形成性评价，在劳动过程中及时调整学生的劳动方式，提高劳动的效果，目的在于修正学生在劳动过程中的不足，并且提出改进的方法；运用终结性评价，对学生两课时完成的劳动成果进行评价，以劳动过程的正确和规范、劳动素养的形成和提升、冰糖雪梨的香甜可口等方面为评价标准，对学生达到标准的程度进行评价。

第一课时：雪梨的处理(略)

第二课时：炖煮冰糖雪梨

【教学目标】

1. 学会炖煮的烹饪加工操作，能够正确使用料理秤、量筒进行称重测量，知道砂锅烹饪的优势，学会控制火力大小的方法。

2. 经历小组合作制作冰糖雪梨的过程，学会冰糖雪梨的烹饪方法，发展动手实践能力，懂得加工有方法、制作依程序的烹饪道理，善于与他人合作提高效率，提升团队合作能力。

3. 经历雪梨的处理和冰糖雪梨的烹饪过程，体会到烹饪的乐趣，能主动进行日常食品的简单烹饪，学会使用简单的烹饪工具，知道烹饪劳动对个人生活、家庭幸福的意义，养成自觉自愿、吃苦耐劳的家庭烹饪劳动习惯。

4. 积极主动参与冰糖雪梨的烹饪制作，具有较高的劳动安全意识，锻炼耐心、细心的劳动品质，能够积极主动解决烹饪中所遇到的问题。

【教学重难点】

1. 炖煮冰糖雪梨。

2. 调配冰糖、雪梨和水的比例。

【教学准备】

1. 学生分组：4～6 人一组。

2. 材料与工具：雪梨、冰糖、纯净水、砂锅、料理秤、量杯。

【教学过程】

板块一：讲解说明，调配比例

1. 导入：上节课，我们已经做好了制作冰糖雪梨的准备工作，处理好了雪梨，这节课我们继续完成冰糖雪梨。（出示课题“炖煮冰糖雪梨”）

2. 讲解调配比例

问题一：同学们，你们知道什么是比例吗？（让学生根据自己的理解，联系生活实际，理解比例的含义，引导出食材的比例在烹饪中是非常关键的。要想做出美味的冰糖雪梨，冰糖、雪梨还有水的比例是非常重要的，如果比例把握不好就会太甜或者太淡，就不好喝了）

问题二：要制作冰糖雪梨，需要哪些食材呢？（学生举手回答，需要冰糖、雪梨和纯净水）

问题三：这些食材的比例是多少呢，你们觉得哪种食材的比例是最大的？（学生猜测比例，教师总结：一般的比例是 500 g 的雪梨，要用到 1000 mL 的水和 50 g 的冰糖，如果你喜欢喝甜一点的，那么可以再多加一些冰糖）

教师提醒：做冰糖雪梨一定要用冰糖，不可以用白砂糖替代，不然口感会不好，而且营养价值也没有冰糖高。

板块二：团队协作，动手称量

过渡语：现在进行小组合作，请每一小组都称量出 500 g 的雪梨、50 g 的冰糖和 1000 mL 的纯净水。

1. 认识称量工具

教师介绍称量工具的用法和注意事项，教师演示称量过程。

2. 小组进行分工

每位学生都参与到活动中，四人一组，一人用量杯量水，一人称冰糖，另外两人称雪梨。

3. 教师在小组间巡视，指导学生运用料理秤和量杯（见图 2-20）。

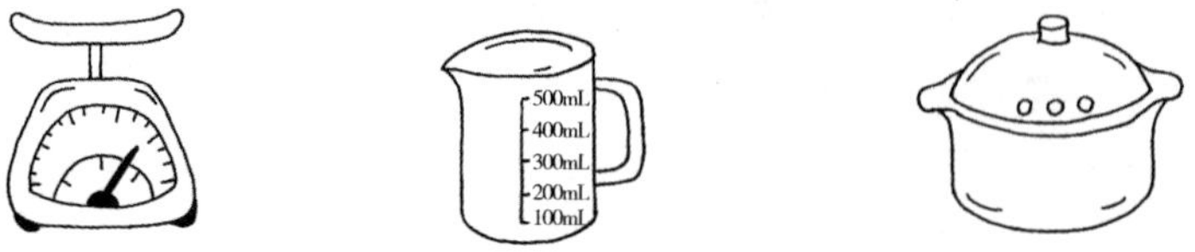

料理秤　　量杯　　砂锅

图 2-20　使用工具

板块三：炖煮冰糖雪梨

过渡语：老师看到每个小组都准备好了雪梨、冰糖和纯净水，同学们真棒！接下来我们来进行制作冰糖雪梨的最后一步——炖煮冰糖雪梨，要用到的烹饪工具是砂锅，有谁知道砂锅有哪些特点吗？

（预设：砂锅是一种熬制药材和煲汤的炊具，具有通气性、吸附性、传热均匀、散热慢等特点）

过渡语：现在我们就用砂锅来炖煮冰糖雪梨，四人一组，一起炖煮冰糖雪梨。

教师讲解炖煮冰糖雪梨的方法和步骤。

(1)炖煮的时间是 20 分钟；

(2)在炖煮过程中要不停地用勺子搅拌，控制火力；

(3)注意砂锅很烫，不要碰到砂锅，防止烫伤。

老师在各小组之间巡视并且进行指导。

板块四：交流分享，榜样激励

过渡语：老师刚才巡视了一圈，大部分小组已经炖煮好了冰糖雪梨，那么现在请同学们分别来领取一个小杯子，你们先自己品尝一下自己小组炖煮的冰糖雪梨。

1. 学生自评互评劳动成果

教师：品尝完自己小组的冰糖雪梨，再去品尝一下其他小组的，比较一下是自己小组的冰糖雪梨好喝还是其他小组的冰糖雪梨好喝。

学生进行自评互评，指出自己的优点和不足，评价他人的优点和不足。

2. 师生共同总结

教师：同学们，这两节课我们一起学习了冰糖雪梨的制作方法，并且每位同学都动手参与了制作过程，每一位同学都参与了劳动，大家都是最棒的。希望大家能在家里也运用今天课堂上学习到的制作方法，为爸爸妈妈制作一杯冰糖雪梨。

3. 整理烹饪工具

学生完成烹饪后，提醒学生清洗和整理烹饪工具，保持烹饪环境卫生与整洁。

【劳动评价】（见表 2-15）

表 2-15　星级评价表

项目内容	具体要求	评价等级
雪梨的处理	是否能完成雪梨的清洗	☆☆☆☆☆
	是否能完成雪梨的去皮、去核及切块	☆☆☆☆☆
炖煮冰糖雪梨	是否能正确使用料理秤和量筒	☆☆☆☆☆
	是否能把握好冰糖雪梨的炖煮比例	☆☆☆☆☆
	是否能正确使用砂锅，注意控制火力	☆☆☆☆☆
	是否能在烹饪完成之后主动整理烹饪工具	☆☆☆☆☆

项目三　烹饪与营养——《西红柿炒鸡蛋》(5～6年级)

【单元简介】

本单元的家庭饮食烹饪活动取材于日常生活，注重理论联系实际。让学生通过了解掌握烹饪技巧、厨房用具以及食材的挑选，增强生活自理能力和服务他人的能力。本单元根据学生年龄特点和知识技能分为两个活动阶段，彼此相互衔接，相互关联。

第一课时：厨前小准备；第二课时：炒出鲜香味。

【单元教学背景】

1. 教学情况分析：中华饮食的烹饪手法可以分为炒、煮、烧、蒸、炸、煎、炖、焖、煲、烩、烤、卤等，本单元教学内容以"学做家庭小厨师——西红柿炒鸡蛋"为主题，学习炒菜。学生在具体的课堂教学过程中，强调感受、体验和实践，通过前后衔接的课堂教学使学生走进厨房，了解菜刀、炒锅、锅铲等常用器具的规范使用以及掌握炒这一烹饪技巧，吸引学生在教学中更贴近生活，进一步提高学生的劳动能力。

2. 学生情况分析：在小学中低年段的劳动课程学习后，学生已经认识了常用家用器具，可以使用简单的烹饪器具对食材进行加工，按照一般流程制作凉拌菜、拼盘等，学习用蒸、煮方法加工食材。而本课炒菜内容是基于学生已有的劳动能力而选择的新的学习内容，要求学生能够用简单的炒、煎、炖等烹饪方法制作家常菜，参与从择菜、洗菜到烧菜、装盘的完整过程，这对他们来说是一次新的体验，一切充满了神秘、新鲜和好奇。

【单元教学目标】

1. 掌握西红柿炒鸡蛋的烹饪方法，学会独立挑选食材，能够正确使用刀具加工食材，使用锅具烹炒食材，调出适合的口味，能够判断油温及食物成熟的标准。

2. 经历小组合作制作西红柿炒鸡蛋的过程，学会西红柿炒鸡蛋的烹饪方法，发展炒菜的能力，懂得制作美食要选好食材、做好烹饪的道理，善于与他人合作提高效率，提升团队合作能力。

3. 经历西红柿炒鸡蛋的烹饪过程，享受制作美食的乐趣，懂得"美好生活是靠双手创造出来"的道理，在家中能够主动进行日常食品的简单烹饪，学会使用简单的烹饪器具并做清洁整理，养成自觉自愿为家庭服务的烹饪习惯。

4. 积极主动参与西红柿炒鸡蛋的烹饪制作，具有较高的烹饪安全意识，锻炼耐心、细心的劳动品质，能够积极主动解决烹饪中所遇到的问题。

【单元教学重难点】

1. 西红柿炒鸡蛋的制作方法。

2. 翻炒与火力控制。

【单元课时安排及教学内容简介】

1. 厨前小准备(1 课时)：学习菜刀、炒锅、锅铲等家用器具的使用，学习如何挑选食材，做好烹饪前的准备工作。

2. 炒出鲜香味(1 课时)：学习炒菜的烹饪技巧、翻炒、装盘等，及时对菜品的“色、香、味”做出评价。

【单元教学活动准备】

1. 劳动场域：校园烹饪专业教室；餐厅。

2. 劳动工具与材料：(1)工具：菜刀、砧板、锅铲、炒锅、碗盘；(2)材料：西红柿、鸡蛋、葱、油、盐等调味品。

3. 劳动组织形式：(1)课前分组——根据具体任务群，建议 4～6 人一组，明确小组分工；(2)确定给各组的劳动任务及任务量。

4. 劳动安全保障：(1)劳动纪律要求；(2)注意事项。

【单元教学过程设计】(见图 2-21)

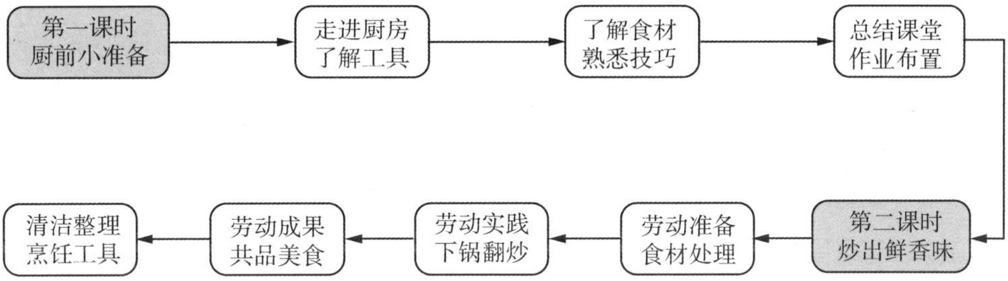

图 2-21　单元教学过程设计

【单元教学效果评价】

1. 评价内容：在劳动能力方面，是否能够正确使用菜刀和炒锅等简单的烹饪工具，是否能够掌控烹饪操作加工食材，是否能够调配合适的材料比例，是否能够准确把握烹饪的时间；在劳动成果方面，最终制作成的西红柿炒鸡蛋是否达到色香味俱全的要求；在劳动观念方面，是否形成动手劳动的兴趣，尊重劳动、主动劳动的正确劳动观念；在劳动精神方面，是否有自觉自愿、吃苦耐劳、珍惜劳动成果、团结协作等素养；在劳动习惯方面，是否养成及时清洁整理、自觉收纳等良好的劳动习惯等。

2. 评价主体：教师评价，教师观察学生的烹饪过程并且对学生的劳动成果做出评价，主要关注学生的烹饪工具使用情况和劳动成果呈现情况等；小组评价，小组的其他成员的评价，主要关注在劳动过程中学生的合作、耐心和细心等劳动品质；自我评价，学生自己对自己在烹饪过程中的表现和对制作出的劳动成果进行的评价，主要关注自己的劳动过程，反思自己在劳动过程中的优势与不足等。

3. 评价工具：运用星级评价表对学生的劳动素养进行评价，包括劳动观念、劳动能力、劳动习惯与品质、劳动精神四个方面，分别由学生自己、小组成员和教师进行评价，从一星到五星共分为五个星级。

4. 评价方法：运用形成性评价，在劳动过程中及时调整学生的劳动方式，提高劳动的效果，目的在于修正学生在劳动过程中的不足，并且提出改进的方法；运用终结性评价，对学生两课时完成的劳动成果进行评价，以劳动过程的正确和规范、劳动素养的形成和提升、劳动习惯的养成等方面为评价标准，对学生达到标准的程度进行评价。

第一课时：厨前小准备(略)

第二课时：炒出鲜香味

【教学重难点】

1. 西红柿炒鸡蛋的烹饪方法。

2. 炒锅翻炒与火力控制。

【教学准备】

1. 劳动场域：校园烹饪基地；厨房。

2. 材料与工具：西红柿、鸡蛋、油、盐、菜刀、炒锅、锅铲等。

【教学过程】

板块一：劳动准备，食材处理

1. 处理西红柿

首先，锅中倒入适量水，将水烧开。同时，将西红柿洗净，在西红柿顶端切十字刀(煮软后方便剥皮)。待水烧开后转小火，将西红柿放入锅中煮1～2分钟，等西红柿皮慢慢自然翻起，捞出西红柿，待冷却后沿着十字刀口将西红柿去皮。(见图2-22)

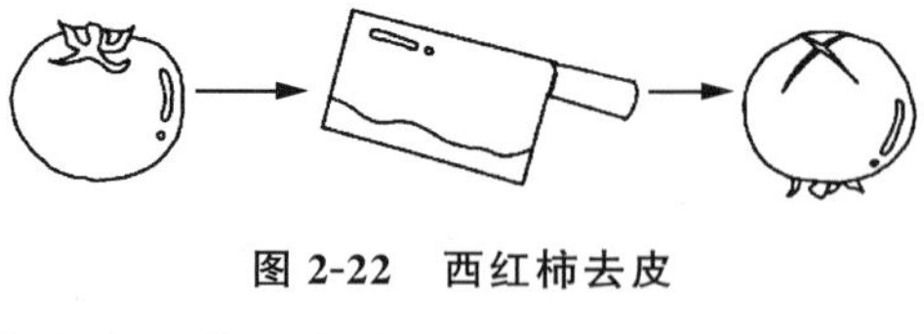

图2-22　西红柿去皮

随后，将西红柿切成小块，装入盘中。(见图2-23)

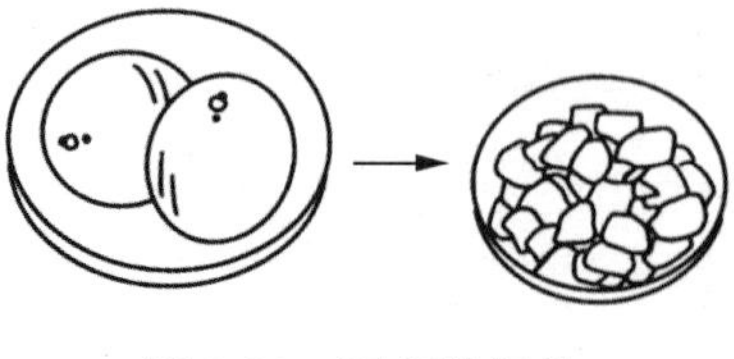

图2-23　西红柿切块

2. 处理鸡蛋

首先，将鸡蛋逐一打破，将蛋液装到碗中。

（生活小技巧：在打鸡蛋时，为了避免中间出现坏鸡蛋影响一整碗蛋液，在打鸡蛋时可以准备两个碗，确认蛋液没问题后再倒入另一只碗中）

其次，在蛋液中加入几滴水和少量盐。（见图 2-24）

（生活小技巧：蛋液加水可使炒出的鸡蛋柔软鲜嫩，味道也更加鲜香味美）

最后将碗中蛋液用筷子顺着同一方向搅拌，使蛋清和蛋黄充分搅拌均匀。

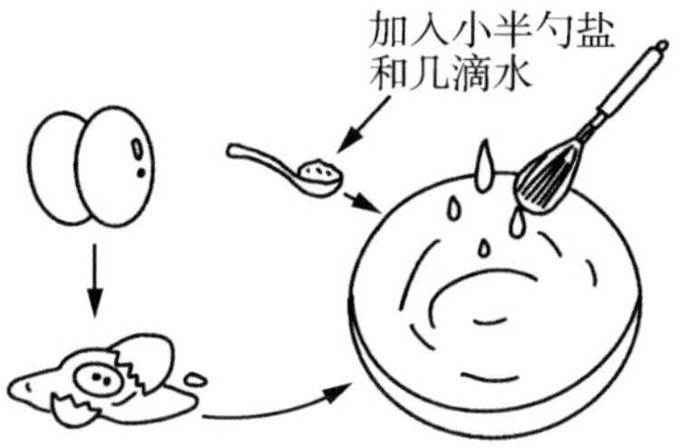

图 2-24　处理鸡蛋

板块二：劳动实践，下锅翻炒

1. 翻炒鸡蛋(见图 2-25)

图 2-25　鸡蛋下锅煎至金黄

小火将锅加热，锅中无水后放入食用油。等油稍微有一点烟冒出就可以倒入蛋液翻炒。当鸡蛋炒至凝固，颜色呈现金黄色后，熄火，将鸡蛋盛到盘子里。

2. 煸炒西红柿

首先，锅中放入少许油，锅热后先加入葱、姜，再加入西红柿，小火翻炒，炒出番茄汁。

3. 西红柿炒鸡蛋

此时把炒好的鸡蛋倒入锅中，添加一些盐、糖等调味品，翻炒，直到调味品和锅里的鸡蛋与西红柿混合均匀。（见图 2-26）

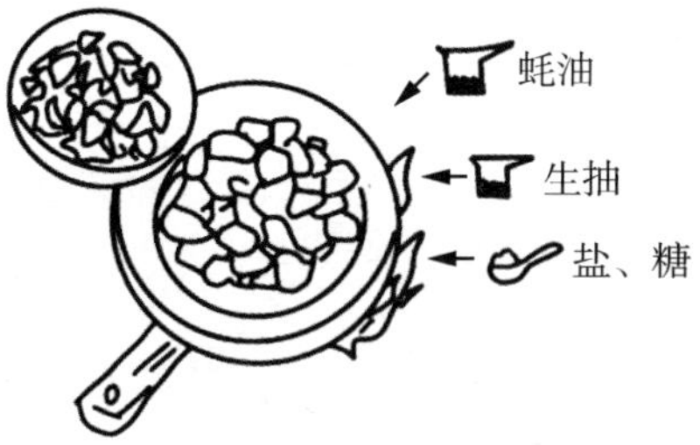

图 2-26　将西红柿和鸡蛋翻炒均匀并加入适量调料

4. 熄火装盘

把美味的西红柿炒蛋盛出装到盘子里。

（温馨提示：在制作过程中，请一定要注意安全。在翻炒过程中，要与油锅保持一定距离，避免油点飞溅到身上）

板块三：劳动成果，共品美食

小组成员共同品评本组成果，之后分别品评他组成果。

板块四：清洁整理烹饪工具

小组成员共同清洁整理碗盘、锅具、灶具，所有用具及时归位。

【劳动评价】（见表 2-16）

表 2-16　课时等级综合评价表

评价内容	A	B	C	等级
劳动观念	积极参与西红柿炒鸡蛋烹饪劳动，认真主动完成劳动任务，具有较强的团体意识，共同劳动，珍惜劳动成果	参与西红柿炒鸡蛋烹饪劳动，偶尔需要提醒才能完成劳动任务，具有团体意识，不脱离团队，珍惜劳动成果	参与西红柿炒鸡蛋烹饪劳动，每次都需要提醒才能完成劳动任务，团体意识较薄弱，偶有脱离团队个人行动的行为，偶有浪费	
劳动能力	能够按照正确的烹饪步骤制作菜品，根据食材情况合理选择合适的调味料，熟练使用锅铲、炒锅等工具，处理食材、翻炒、摆盘操作有序且动作规范	能大致按照正确的烹饪步骤制作菜品，能选择出合适的调味料，会使用锅铲、炒锅等工具，处理食材、翻炒、摆盘操作较有序，动作较规范	在提示下，能按照正确步骤制作菜品，选择合适的调味料，能使用锅铲、炒锅等工具，处理食材、翻炒、摆盘操作待改善，动作欠规范	
劳动习惯和品质	主动擦拭厨房用具、清洁收纳剩余材料，工具用后归位，能认真主动地清理劳动场所	能擦拭厨房用具、清洁收纳剩余材料，工具用后归位，清理劳动场所	需要提醒才能擦拭厨房用具、清洁收纳剩余材料，工具用后忘记归位，经过提醒后才能清理劳动场所	
劳动精神	能积极解决西红柿炒鸡蛋烹饪过程中遇到的问题，积极肯干，不怕脏累，团结协作，追求精益求精	能解决西红柿炒鸡蛋烹饪过程中遇到的问题，能够出力劳动，不怕脏累，有一定的团体意识，追求完成任务	在西红柿炒鸡蛋的烹饪过程中有放弃的想法，表现出怕脏怕累，操作随意	

项目四　烹饪与营养——《“鱼”你一起成长》(7～9 年级)

【单元简介】

本单元的家庭饮食烹饪活动围绕清蒸鱼这道菜展开，通过教会学生使用蒸锅、了解蒸锅的工作原理、掌握鱼的相关知识等活动进一步提升学生的劳动能力，提高其生活自理能力，使其理解劳动创造美好生活的道理。

第一课时：餐前准备；第二课时：清蒸鲈鱼。

【单元教学背景】

1. 教学内容分析：本课选择清蒸鱼这道菜，主要采用“蒸”这一新的烹饪方法，不仅能够使学生回顾并将所学知识运用到实践中，而且丰富了学生的烹饪知识与技能，进一步提高学生的家庭责任感。

7～9 年级的学生开始学习物理、化学、生物、地理等课程，所学知识有所丰富，认知事物的能力更强，学习难度也进一步提升，劳动课程也更关注综合思维能力的培养。因此，在单元设计时也更加注重各学科的融合，例如在学习菜肴的制作时了解有关鱼的生物学知识、蒸锅的工作原理、蒸菜时所发生的化学反应等，寓学科知识于劳动课程之中，实现各门学科的融合，促进学生全面发展。

2. 学生情况分析：7～9 年级学生已经系统接受过相关的劳动课程教学，掌握了基本的家庭饮食烹饪技法，能够制作简单的家常餐，具有食品安全意识；了解家庭常用器具的功能特点，规范、安全地操作与使用，具备一定的劳动能力。

这一学段的学生正处于青少年期，其心理、生理快速成长，他们对知识性强、富有挑战性的内容特别感兴趣，富有求知欲，乐于尝试和实践。但随着年龄增长，课程门数、学业压力的增加，许多家长更重视学生学习成绩，很少让学生走进厨房。但实际上劳动课程培养的是学生综合解决问题的能力，能够帮助学生理解劳动对于个人生活、家庭幸福的意义，懂得劳动创造美好生活的道理，在劳动中培养学生的主人翁意识和责任感。

【单元教学目标】

1. 了解常见鱼的种类及营养价值，能够处理常见的生鲜鱼，学会厨房相关器具的使用方法，掌握清蒸鲈鱼的制作步骤，能够熟练使用调味品进行调味。

2. 经历小组合作制作清蒸鲈鱼的过程，学会清蒸鲈鱼的烹饪方法，发展学生的蒸煮烹饪能力，懂得美味是从选材加工开始的烹饪道理，善于与他人合作，提高效率，提升团队合作能力。

3. 经历清蒸鲈鱼的制作过程，体验厨师的职业特点，享受制作美食的乐趣，懂得“为家庭分担劳动，创造美好生活”的道理，养成自觉自愿为家庭服务的烹饪习惯；在今后的生活中能够尊重餐饮从业者，珍惜生活中的一餐一饭，不浪费食物。

4. 积极主动参与清蒸鲈鱼的烹饪制作，具有较高的烹饪安全意识，能够积极主动解决烹饪中遇到的问题。

【单元教学重难点】

1. 清蒸鲈鱼的制作方法。

2. 鲜鲈鱼的处理。

【单元课时安排及教学内容简介】

第一课时：餐前准备

认识清蒸鲈鱼所使用的相关厨具，学习蒸锅等家用器具的使用方法，学习如何挑选食材，做好烹饪前的准备工作。

第二课时：清蒸鲈鱼

小组合作熟悉蒸鱼的流程，掌握蒸煮食物的技巧，合作制作一道清蒸鲈鱼，共同品鉴美食，相互评价。

【单元教学活动准备】

1. 劳动场域：校园烹饪基地；厨房。

2. 劳动工具与材料：(1)工具：菜刀、砧板、蒸锅、盘子；(2)材料：鲈鱼、葱、油、盐等。

3. 劳动组织形式：(1)课前分组——根据具体任务群，建议 4～6 人一组，说明小组分工；(2)确定给各组的劳动任务及任务量。

4. 劳动安全保障：(1)劳动纪律要求；(2)注意事项。

【单元教学过程设计】(见图 2-27)

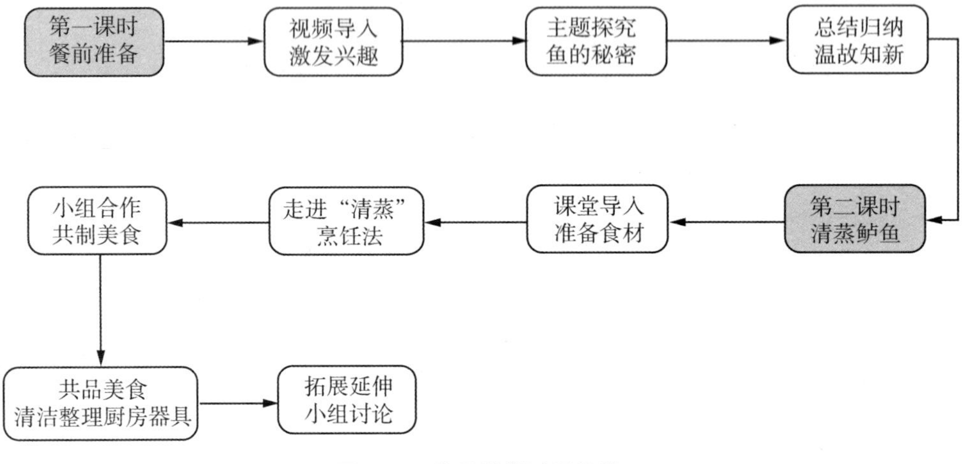

图 2-27　单元教学过程设计

【单元教学评价】

1. 评价内容：在劳动过程中是否掌握挑选食材的技巧、鱼类的特点等，是否能够正确使用菜刀、蒸锅等简单的烹饪工具，是否能够准确把握烹饪的时间；在劳动成果方面，制作的清蒸鲈鱼是否色香味俱全；在劳动素养方面，是否有自觉自愿、吃苦耐劳、珍惜劳动成果的素养，是否形成动手劳动的兴趣，是否养成良好的劳动习惯等。

2. 评价主体：教师评价，教师观察学生的烹饪过程并且对学生的劳动成果做出评价，主要关注学生的烹饪工具使用情况和劳动成果呈现情况等；小组评价，小组的其他成员的评价，主要关注在劳动过程中学生的合作、耐心和细心等劳动品质；自我评价，学生对自己在烹饪过程中的表现和对制作出的劳动成果进行的评价，主要关注自己的劳动过程，反思自己在劳动过程中的优势与不足等。

3. 评价工具：运用等级综合评价表对劳动过程和劳动成果进行评价，在劳动观念、劳动能力、劳动习惯和品质、劳动精神四方面分别设置不同的等级及对应要求，分别由学生自己、小组成员和教师进行评价，从 A 到 C 共分为三个等级。

4. 评价方法：运用形成性评价，在劳动过程中及时调整学生的劳动方式，提高劳动的效果，目的在于修正学生在劳动过程中的不足，并且提出改进的方法；运用终结性评价，对学生两课时完成的劳动成果进行评价，以劳动过程的正确和规范、劳动素养的形成和提升、劳动习惯的养成等方面为评价标准，对学生达到标准的程度进行评价。

第一课时：餐前准备(略)

第二课时：清蒸鲈鱼

【教学重难点】

1. 清蒸鲈鱼的制作方法。

2. 鲜鲈鱼的处理。

【教学准备】

1. 校园烹饪厨房，4～6 人一组。

2. 材料与工具：蒸锅、菜刀、砧板、剪刀、锅、碗、盘子、垫架、勺子、鲈鱼、姜、葱、料酒、食用油、酱油、盐等。

【教学过程】

板块一：课堂导入，准备食材

教师：同学们，有人想来分享一下自己小组是怎么挑选鲈鱼的吗？

学生 1：我求助了爸爸妈妈。

学生 2：我们根据上课教的挑选鱼的小技巧去挑选，还问了卖鱼的老板。

……

教师：很好，遇到困难大家都能运用不同方法来解决。请同学们再次检查一下各个小组的材料和工具都准备齐全了吗？

(蒸锅、菜刀、砧板、剪刀、锅、碗、盘子、垫架、勺子、鲈鱼、姜、葱、料酒、食用油、酱油、盐、清水等)

板块二：走进“清蒸”烹饪法

教师：今天让我们一起走进中国传统烹饪方法“清蒸”的学习，有同学了解“清蒸”这一烹饪方法吗？

学生 1：“清蒸”这个烹饪方法在我国已有几千年的历史，在众多的传统烹饪方法中占据着重要地位。

学生 2：与常见的爆炒或是烘烤相比，“清蒸”的温度更低，时间也更长，这样的条件可以使食物中的味道得到更加充分的释放。如果是味道较轻的食材，那么经过蒸的过程，其香味就会更加清淡；如果是味道较重一些的食材，蒸熟后的味道会变得更加醇厚。

学生 3：蒸熟的过程产生的油烟更少，吃起来也更加营养健康，更符合现代人对于饮食健康的要求。

教师：感谢这几位同学的介绍，非常详细具体。那有同学知道把菜蒸熟的原理是什么吗？

学生 1：不知道。

学生 2：是靠水蒸气把鱼给烫熟吗？

教师：说的有一定道理。“清蒸”从物理角度来解释，是靠密闭空间中的水沸腾后产生的水蒸气作为传热介质，使食物变熟的烹调方法。高温蒸汽对食物进行充分加热，这是影响蒸菜的口感味道及外观的重要因素。“清蒸”可以最大限度地保留原有菜品的含水量，以及本身的口味等，所以很多人还是比较喜欢用“清蒸”的方式来做菜。

【不同的食材火候】

1. 鱼类、蔬菜类、水蒸蛋，由于原料比较嫩，容易成熟，选择大火蒸 15 分钟左右，这样可以保证食材蒸熟的同时不会破坏其口感。

2. 排骨、鸡肉、粉蒸肉、鸭肉等，质地相对来说比较粗糙，不易蒸熟，因此一般选择大火长时间蒸，根据不同的肉类来决定具体的时间。

3. 海产品或是馅料类食物，比如酿肉，此类菜肴适合大火快速蒸熟，时间在 10 分钟左右，更能保留食材口感和色泽。

板块三：小组合作，共制美食

教师：说了那么多，大家一定对清蒸有了一个全新的认识了吧？那请同学们跟着老师制作这道美味的清蒸鱼吧。

1. 用勺子刮去鱼鳞，并用剪刀剪开鱼肚，去除内脏。用清水将鱼洗干净后，放在砧板上，用刀分别在鱼身两面斜划 3～5 刀后，将鱼放在干净的盘子中。

快速刮鱼鳞的方法

我们只需要一块湿的抹布，还有一个不锈钢勺子。

第一步，我们用抹布盖住鱼头位置，这样可以更好地固定鱼，使我们在刮鱼鳞的时候可以使力。

第二步，用勺子的尖端部位，从鱼尾的部分开始向上刮起。（见图 2-28）

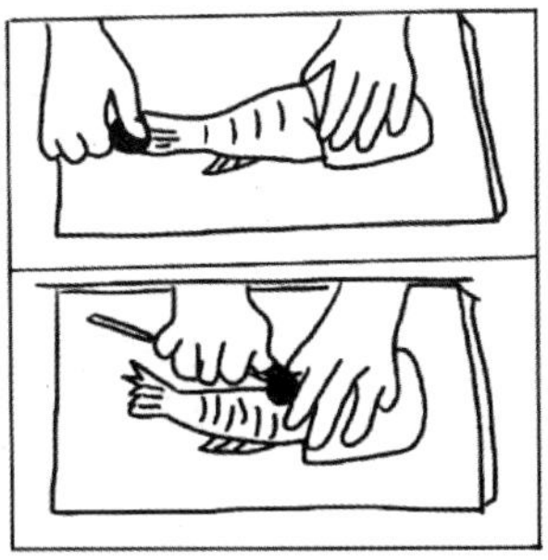

图 2-28 刮鱼鳞

2. 把姜去皮切成姜片或姜丝，葱切成长约 5 cm 的葱段，放在碗中备用。

3. 往鱼肚里塞入姜片(丝)和部分葱段，在鱼身表面抹适量的盐和料酒。

【葱、姜可以很好地去除食材本身的腥味。】

4. 在锅中放入适量清水，水煮开后，将盛鱼的盘子放在锅里的垫架上，盖上锅盖，中火蒸 6～7 分钟后关火，不掀盖继续焖 5 分钟。

【在蒸的过程中，如果时间没有到，那么我们一定不能随意打开锅盖，因为锅内外的温差较大，骤然开锅，会使冷空气进入锅内，影响锅内的温度，从而影响锅内食物的口感甚至味道。】

5. 取出盘子，将盘子中的水倒掉，在鱼身上铺好剩下的葱丝再淋上酱油。

6. 将少量的食用油放入锅中烧热，均匀地淋在鱼身上，完成烹饪。

【①蒸鱼后用热油浇是为了口感更润滑，视觉效果也更好，热油浇烫鱼肉，可使香味四溢。

②用热油浇可以把最后放在鱼身上的姜葱丝的香味引出来。

③蒸鱼后浇热油也能去除腥味，浇完热油的鱼即使冷了也不会有腥味。】

注意事项：

1. 使用刀时要注意规范操作，注意保持手指与刀刃之间的距离，防止划伤。

2. 从锅中取出盘子时，应使用隔热手套或湿毛巾，防止烫伤。

板块四：共品美食，清洁整理厨房器具

1. 小组成员共同品评本组清蒸鱼，之后分别品评其他组的。

2. 各小组清洁整理厨房器具，碗盘、锅及灶具清洗后归位。

板块五：拓展延伸，小组讨论

拓展知识：了解丰富多彩的烹饪方式、各种调味料的运用、中餐火候的把握等知识技巧。

小组讨论：了解了这么多的美食加工方法，你怎样理解看待厨师职业？在今后的生活中又应以什么样的行动来表达对从业者的尊重？

【劳动评价】(见表 2-17)

表 2-17　课时等级综合评价表

评价内容	A	B	C	等级
劳动观念	积极参与清蒸鲈鱼烹饪劳动，认真主动完成劳动任务，具有较强的团体意识，共同劳动，珍惜劳动成果	参与清蒸鲈鱼烹饪劳动，偶尔需要提醒才能完成劳动任务，具有团体意识，不脱离团队，珍惜劳动成果	参与清蒸鲈鱼烹饪劳动，每次都需要提醒才能完成劳动任务，团体意识较薄弱，偶有脱离团队个人行动行为，偶有浪费	
劳动能力	能够按照正确的烹饪步骤制作菜品，根据食材情况合理选择合适的调味料，熟练使用蒸锅、菜刀等工具，处理食材、翻炒、摆盘操作有序且动作规范	能大致按照正确的烹饪步骤制作菜品，能选择出合适的调味料，会使用蒸锅、菜刀等工具，处理食材、翻炒、摆盘操作较有序，动作较规范	在提示下，能按照正确步骤制作菜品，选择合适的调味料，能使用蒸锅、菜刀等工具，处理食材、翻炒、摆盘操作待改善，动作欠规范	
劳动习惯和品质	主动擦拭厨房用具、清洁收纳剩余材料，工具用后归位，能认真主动地清理劳动场所	能擦拭厨房用具、清洁收纳剩余材料，工具用后归位，清理劳动场所	被动擦拭厨房用具、清洁收纳剩余材料，工具用后忘记归位，经过提醒后能清理劳动场所	
劳动精神	能积极解决清蒸鲈鱼烹饪过程中遇到的问题，积极肯干，不怕脏累，团结协作，追求精益求精	能解决清蒸鲈鱼烹饪过程中遇到的问题，能够出力劳动，不怕脏累，有一定的团体意识，追求完成任务	在清蒸鲈鱼的烹饪过程中有放弃的想法，表现出怕脏怕累，操作偶有随意	

第四节
家用器具使用与维护

一、任务群理解

(一)家用器具使用与维护任务群概述

“家用器具使用与维护”任务群作为日常生活劳动的任务群之一，从 3 年级开始渗透。根据《现代汉语词典》(第7版)的解释，“器具”有“用具；工具”之意。因而，家用器具即“家庭日常使用的各类用具、工具”。“家用器具”是任务群的劳动对象，是家庭日常使用的用具、工具，凸显出生活性、日常性。“使用与维护”则是任务群的劳动内容，可以分为“使用”“维护”两个层面来理解，前者是指让家用器具为达到某种目的、为满足某种需要而服务；后者是指维持、保护家用器具，避免其遭受破坏，维系使用寿命。

不过要特别说明的是，尽管《劳动课程标准》中所举的例子和提出的活动建议都以“家用电器”为主体，但“家用电器”和“家用器具”之间并不是画等号的关系，“家用电器”指日常生活中使用的电器，而“家用器具”还包括了一些非电器类的生活用具。因而，本任务群虽然在内容选择方面相对更倾向于家用电器的使用与维护，但并不排斥非电力家用器具作为主题选择的对象。总之，在设计、开展本任务群的活动时要拓宽视野，不能将其局限于家用电器的使用与维护。

(二)家用器具使用与维护任务群的价值

家用器具是生活中的重要组成部分，其使用与维护是生活中的必备技能。因而，在项目活动过程中要充分发挥本任务群学科融合的促进价值、生活技能的积蕴价值及主人翁意识的培养价值。

其一，家用器具使用与维护任务群具有学科融合的促进价值。家用器具的基本结构和工作原理中包含着电路、能量转化等物理知识，形状、平移旋转等数学知识，可以成为促进学科融合的抓手。

其二，家用器具使用与维护任务群具有生活技能的积蕴价值。在活动过程中学生会接触各种各样的家用器具，在体验中建立直接经验；会学习产品说明书的阅读，在理解中构建可迁移能力；会尝试用多种方法解决问题，在实践中提高生活自理能力。

其三，家用器具使用与维护任务群具有主人翁意识的培养价值。劳动中不断提高学生参与度，鼓励学生运用所学劳动技能，主动承担相应工作，主动参与家务劳动，凸显其主体地位；同时在活动中勤于观察、乐于思考，活动后及时清理、收纳到位，在实际行动中找寻自身价值，在细节关注间扎实培养主人翁意识。

(三)家用器具使用与维护任务群的项目内容

“家用器具”是一个很大的概念，包含着很多种类的用具，大致可以分为电器和非电器两大类，并能够进一步细化。以家用电器为例，包含了洗衣机、吸尘器、扫地机等清洁类器具；暖风机、电暖气、电热毯等取暖器具；吹风机、电动牙刷等美容器具；冰箱、冰柜等冷藏器具；微波炉、烤箱、电饭煲等烘烤用具；电视机、收音机、计算机等音视频设备……而非电器类的家用器具又可以包括沙发、茶几、床、书桌椅、储物柜、厨房刀具等物品。

家用器具种类繁多、用途多样。理论上来讲，凡是具有积极教育意义、适合青少年身心发展特点且具有安全保障的家用器具均可以列入劳动课程的项目选择范围。具体而言，3～12 年级可以选择的家用器具包括吹风机、吸尘器、电视机、电冰箱、洗衣机、电风扇、空调等；家用器具使用和维护活动则包括根据食品制作需求合理选用电饭煲蒸、煮、炖等各项功能，借助螺丝刀、扳手等工具进行空调滤网、饮水机的消毒。

总之，开展本任务群活动在基于课标的同时要高于课标、源于生活，比如挖掘所选项目中与节能减排、科技创新、安全教育等热点相关的内容进行探究与讨论，引导学生关注热点问题，主动承担家用电器的拆卸、清洗、安装、简单维修等工作。

(四)家用器具使用与维护任务群的项目选择与设计依据

《劳动课程标准》根据学生的年级特点，对不同学段的项目选择与设计提出了具体建议。除了关注年龄特点外，家用器具使用与维护任务群在进行项目选择和设计时还应考虑安全规范的要求和家校共育的目标。

1. 依据学段特点选择与设计项目

不同学段的学生具有不同特点的学情，因而应以具体学情为参考，以正确使用和科学维护家用器具为主线，设计难度不同、层次逐步递进的实践活动。

具体来看，3～4 年级要求学生初步掌握 1～2 种家庭常用小电器的使用方法，会根据需要选择、正确使用以完成劳动任务。同时单独提出对家庭烹饪劳动的参与，包括认识、了解厨具种类与作用，正确使用厨房小家电等。5～6 年级则强调基本操作方法的掌握，要求学生通过阅读产品说明书了解家庭常用器具的功能特点并能根据需要选用合适的功能，从中感受现代科技对劳动效率的提高和生活品质的提升。7～9 年级同样强调产品说明书的阅读，但提出了更高的要求，即了解家庭常用器具的基本结构及工作原理，并以此为基础加入了保养、维护元素，要求学生能够判断、维修家用电器小故障，能运用工具进行简单的拆卸与清理，实现家政技能的提升和实践操作能力的增强。10～12 年级则要求学生熟悉家用器具的技术构成和主要技术参数，能针对选择、使用、维护家用器具提出个性化方案，并渗透对家庭常用保健设备的了解和规则，即转向更为全面的家庭管理素养的培养。

2. 依据安全规范要求选择与设计项目

本任务群的劳动对象——家用器具，在使用和维护时均潜藏着一定的安全隐患，比如锋利的刀口、危险的电流等，故安全规范是活动中一以贯之的要求，也是必然要考虑的因素之一，是怎么重视都不为过的。

首先，项目选择和设计时要考虑安全规范，可以选择危险系数较低，符合学生能力与需要的活动。其次，活动过程中要重视对操作流程规范性、安全性的演示与强调。

最后，从3～4年级初步培养使用安全意识和器具维护意识，到5～6年级以耐心和细心初步养成良好使用习惯，再到7～12年级科学规范使用、勤于保养家用器具，旨在使学生在劳动过程中不断增强安全保护意识和劳动质量意识。

3. 依据家校共育的目标选择与设计项目

本任务群的活动对象是“家用器具”，基于其生活性、日常性的特点，寻求家校合作、开展家校共育是更为可行的实践方式。以家用器具的使用与维护为主题，应当选择便于在家庭和学校开展的活动进行实践。项目设计时以家庭实践和学校指导为主线，可以考虑多种路径。比如先在学校场域创设情境，引导学生初步掌握家用器具的正确使用及科学维护方法，再在家庭中进行实践。再比如先让学生在家庭中体验、实践，再到学校在班级内开展交流、分享心得体会。总之，项目选择与设计时可以基于家校共育目标，考虑多种路径，推动落实家用器具使用与维护任务群所具有的价值。

二、任务群项目设计样例

项目一　家用器具使用与维护——《神奇的电饭煲》(3～4年级)

【单元简介】

本单元的劳动旨在让学生掌握电饭煲的正确使用方法，初步学会电饭煲的养护，强化用电安全；在煮饭劳动中，认识电饭煲各个部件，了解其功能；能根据家庭的食量，计算出用米量，感受到劳动的乐趣，更加懂得珍惜粮食、爱惜饭菜的道理。

本单元共分为两个课时，每个课时的活动都是围绕使用电饭煲过程要面临的常见问题而生成的。并且两课时由浅入深、循序渐进、彼此连接，便于学生学习理解与操作。

第一课时：使用电饭煲的说明；第二课时：电饭煲的具体操作。

【单元教学背景】

1. 教学情况分析：3～4年级的学生，通过烹饪与营养课程的学习，初步掌握了一些劳动的基本知识、基本步骤和操作方法，具备一定的动手能力。电饭煲是学生生活中常见的家用电器，经过调查，这个学段会使用电饭煲的学生不多。因此，本单元的教学不仅应该着眼于电饭煲使用的广泛性和必要性，而且应着眼于对学生已有劳动能力的引导。

2. 学生情况分析：小学3～4年级是小学低年级向高年级的过渡期，学校教育内容和方式有了一些明显变化，要求孩子必须开始从被动学习向主动学习转变。这个时候的学生虽然开始有了一些自己的劳动愿望，但是要进行规范劳动依然有难度，加之这个时期的家长很容易忽视孩子技能方面的培养，从而让孩子缺乏一些日常生活劳动实践经验。为此，组织3～4年级学生开展电饭煲的认识和使用活动，让学生能够在实际使用中掌握技能并且感受到劳动的魅力。

【单元教学目标】

1. 了解电饭煲的基本组成，知道电饭煲的主要用途，学会电饭煲的清洁与维护，能够通过外观判定电饭煲的安全性，学会安全使用电饭煲煮饭。

2. 经历小组合作对电饭煲的清洁、维护及煮饭过程，掌握电饭煲的清洁与维护要领，学会用电饭煲煮饭的方法，发展动手实践能力；懂得家用电器需要定期维护的道理，在生活中能够安全用电。

3. 经历电饭煲煮饭的过程，学会家庭用米量的一般估算方法，懂得“粒粒皆辛苦”、不要浪费粮食的道理，形成勤俭节约的良好品质。

4. 积极主动参与电饭煲清洁、维护及煮饭活动，形成规范使用家用电器的良好习惯，能够积极主动解决在电饭煲的清洁、维护及煮饭过程中所遇到的问题。

【单元教学重难点】

1. 电饭煲的使用与维护。

2. 煮饭的水和米的比例。

【单元课时安排及教学内容简介】

第一课时：使用电饭煲的说明

在本课时的教学中，教师向学生简要说明电饭煲的基本原理，展示、介绍电饭煲的结构和功能，让学生知道电饭煲煮饭的整个操作流程和注意事项，以及操作过程中的一些小技巧，做好电饭煲的维护，为下一课时的实际操作奠定基础。

第二课时：电饭煲的具体操作

在本课时的教学中，教师要引导学生实际运用电饭锅进行煮饭操作，具体包括焖米饭前的准备环节(加米、淘米)，以及其后的电饭煲煮饭环节。在此课时中，教师需要指导学生注意一些操作细节，如电源的接通、水和米的比例、煮饭完成度的不同指示等，最后将蒸熟的米饭送到餐厅，供师生品尝。

【单元教学活动准备】

1. 劳动场域：校园劳动教育专业教室；餐厅。

2. 劳动工具与材料：(1)工具：电饭煲；(2)材料：米、水；(3)清洁工具：清洁工具材料。

3. 劳动组织形式：课前分组，建议将学生分为4～6人一组，小组内合作完成任务。

4. 劳动安全保障：①服从组织安排，一切行动听指挥；②爱护工具和劳动成果；③保持劳动场地的“整洁”；④注意用电、用水安全，节约水电。

【单元教学过程设计】(见图 2-29)

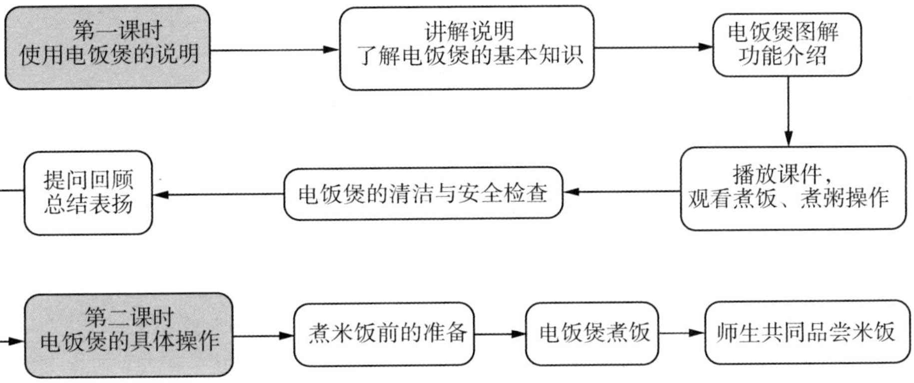

图 2-29　单元教学过程设计

【单元教学效果评价】

1. 评价内容：主要从劳动规范、劳动成果、劳动精神、劳动观念、劳动能力以及劳动习惯和品质六个方面进行评价。考查学生能否按照电饭煲操作流程正确煮饭，劳动是否符合安全要求；煮出的米饭是否软硬、生熟得当，口感味道是否合适；能否体悟到勤俭节约的精神；能否形成“粒粒皆辛苦”的劳动意识和珍惜粮食的情感；能否井井有条地使用电饭煲煮饭；在劳动习惯和品质方面，能否通过煮饭的劳动过程养成勤劳认真、热爱动手的好习惯。

2. 评价主体：采用小组评价和教师评价两种评价方式。学生每 4～6 人为一组，在煮饭结束后，小组互相品尝米饭，评选出最可口的米饭，并说一说食用的感觉。随后，教师总结学生在使用电饭煲的整个过程中存在的问题并进行纠正，对成功完成任务的小组进行表扬。

3. 评价工具：选择等级综合评价表，等级评定法是指给出不同等级的定义与描述，然后针对每一个评价指标按照给定的等级进行评估，通过采用此方法可以避免宽松的误差，同时对学生的掌握情况有一个良好的区分，方便教师提出改进建议。

4. 评价方法：采用形成性评价和终结性评价相结合的方式。形成性评价主要针对学生在两个课时的学习、操作过程中存在的问题，以便教师及时指出并给予纠正。终结性评价是在活动结束后，对学生在整个劳动课程中的表现进行综合评价。

第一课时：使用电饭煲的说明

【教学目标】

1. 了解电饭煲的基本组成，知道电饭煲的主要用途，学会电饭煲的清洁与维护，能够通过外观判定电饭煲的安全性能。

2. 经历小组合作对电饭煲的清洁、维护过程，学会电饭煲的清洁与维护方法，发展动手实践能力；懂得家用电器需要定期维护的道理，在生活中能够安全用电。

3. 积极主动参与电饭煲清洁、维护活动，形成规范使用家用电器的良好习惯，能够积极主动解决在电饭煲的清洁、维护中所遇到的问题。

【教学重难点】

1. 电饭煲清洁维护与煮粥、煮饭操作步骤。

2. 煮粥、煮饭的米、水比例调节。

【教学准备】

1. 水、米以及清洁工具等材料。

2. 所需配图的课件。

【教学过程】

板块一：讲解说明，了解电饭煲的基本知识

1. 生活情境导入：在我们的日常生活中，有哪些家务是需要日常频繁去做的？请举例说明。（刷碗、扫地、洗衣服）

问题一：同学们，米饭是我们的饮食生活中必不可少的主食，那么大家有没有思考过我们平时吃的米饭是怎么做出来的啊？（引导同学回答：电饭煲）

问题二：看来很多同学都在自己家里看见过电饭煲，不知道有没有同学帮助过自己的家人煮米饭啊？（有的同学煮过，有的同学没有煮过，有的同学帮家长淘过米等）

过渡语：无论有没有使用过电饭煲，相信同学们都对电饭煲这个家用电器充满了好奇，那么这节课我们就来一起认识一下它吧！首先我们一起来看看电饭煲的结构以及这些按键都有什么功能。

板块二：电饭煲图解，功能介绍

教师展示电饭煲的结构图、功能键，依次向学生介绍电饭煲的构造，并且向学生讲解每一个按键的功能以及显示屏、指示灯的显示状态等。（见图 2-30）

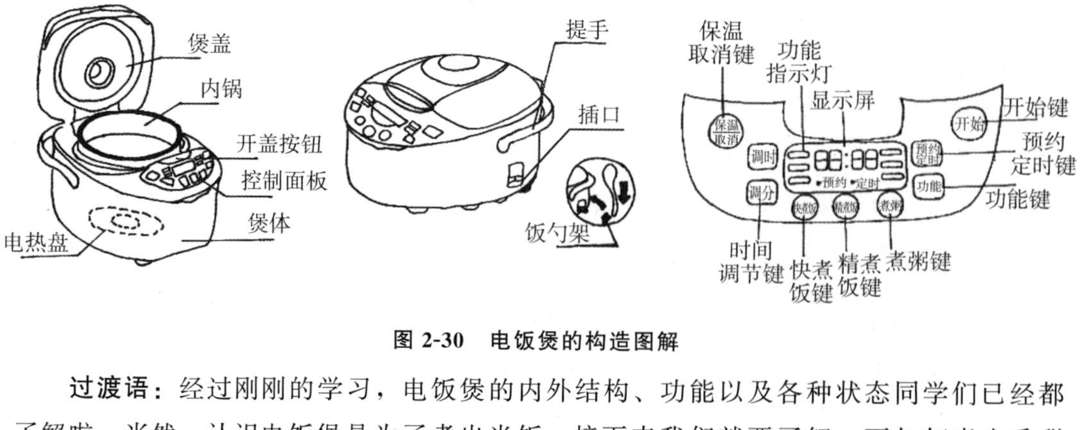

图 2-30　电饭煲的构造图解

过渡语：经过刚刚的学习，电饭煲的内外结构、功能以及各种状态同学们已经都了解啦。当然，认识电饭煲是为了煮出米饭，接下来我们就要了解一下如何煮出香甜软糯的米饭了。

板块三：播放课件，观看煮饭、煮粥操作方法

1. 师生共同总结煮饭、煮粥操作步骤。

2. 煮饭、煮粥米、水调配比例

(1)米少水多：煮粥(1∶8 到 1∶10)；

(2)米多水少：煮出来的米饭很生硬，甚至有的夹生(不可)；

(3)米和水的比例 1∶1.2：煮出来的米饭是最合适的。

电饭煲内外结构比较复杂，功能也较多，按钮也比较密集，并且煮饭操作的顺序也应注意遵循，所以学生会产生许多疑惑和不解，教师应该鼓励学生大胆提问，并进行一一解答，保证学生能够正确掌握有关知识。

板块四：电饭煲的清洁与安全检查

电饭煲是厨房的小电器，既然是用电器就要保障用电安全。

1. 电饭煲安全检查(有损坏、破损及时报告老师)

(1)检查电饭煲的电源线有无破损；

(2)检查电饭煲的外观有无破损，开关操作面板有无损坏；

(3)打开煲盖取出内锅，看内锅有无变形，试注水观察有无漏水。

2. 电饭煲的清洁

每次使用电饭煲都要对其进行清洁，应如何清洁呢?

(1)外观清洁(用抹布擦拭，不可用水冲洗，将拧干的抹布滴上清洁剂擦拭一遍，再用清水漂洗抹布，拧干抹布再擦拭一遍)；

(2)内锅与排气孔的清洁(大多数内锅具有防粘图层，不可用钢丝擦暴力清除黏物，应浸泡并使用抹布清洗，洗净后要将内锅外部擦干放入电饭煲，将排气孔冲洗干净，放回原处)；

(3)清洗加热盘(取出内锅后，可两人合作将电饭煲倒置，轻轻拍打看有无细小杂物掉出，最后用拧干的清水抹布擦拭加热盘表面)。

板块五：提问回顾，总结表扬

1. 对所学内容进行回顾与提问

第一课时所学理论内容较多，在提问时应多以判断正误或选择的形式进行，学生回答问题后要给予及时反馈，表扬回答正确的学生，纠正回答错误的学生并给予鼓励。

2. 对本节课进行总结

对本节课学生的表现进行总结表扬，同时提出这节课关于电饭煲理论内容的学习是为下节课动手操作电饭煲打下良好的基础，相信通过今天的学习同学们以后一定会更加珍惜粮食。

【劳动评价】(见表 2-18、表 2-19)

表 2-18　星级评价表

评价内容	具体要求	等级
操作流程	比较规范	☆☆☆
	基本规范	☆☆☆☆
	完全规范	☆☆☆☆☆
清洁与维护	外观整洁干净	☆☆☆☆☆
	内锅干净无破损	☆☆☆☆☆
	倒置无杂物	☆☆☆☆☆

表 2-19　劳动评价表

“神奇的电饭煲”项目测评表				
班级：			姓名：	
任务名称：				
劳动过程	劳动工具的使用	☆☆☆☆☆	劳动规范的操作	☆☆☆☆☆
劳动成果	劳动成果的完成度	☆☆☆☆☆	劳动成果的美观度	☆☆☆☆☆
劳动素养	劳动观念	☆☆☆☆☆	劳动能力	☆☆☆☆☆
	劳动习惯和品质	☆☆☆☆☆	劳动精神	☆☆☆☆☆

第二课时：电饭煲的具体操作(略)

项目二　家用器具使用与维护——《洗衣机的使用》(5～6 年级)

【单元简介】

本单元的家用电器使用活动能够满足学生对于家用电器使用的好奇心与探索欲，为他们接触生活事物积累了有益的直接经验与感性认知。学生通过学习使用洗衣机的注意事项，能够实际操作洗衣机洗涤衣物。

本单元分为两课时，每课时的活动都是围绕洗涤活动中可能会出现的问题与洗涤活动需要生成的，且两课时由浅入深，便于学生学习理解与操作。

第一课时：使用洗衣机的说明；第二课时：操作洗衣机。

【单元教学背景】

1. 教学内容分析：劳动教育作为一种育人活动，在现实生活中才会被激发出更大的育人价值。因此，小学劳动教育应更加贴近生活。随着技术的革新，洗衣机已成为现代家庭的必需品，教会学生使用洗衣机对于学生养成良好的使用电器习惯、提高家务效率和生活品质十分必要。

2. 学生情况分析：小学 5～6 年级的学生对生活的探索欲与好奇心增强，热衷于动手实践，自主性进一步增强，逻辑思维与创造性思维开始在思维中占优势，但除了课程教学上的实践活动外，平日动手机会较少，加之家长更注重学习成绩而易忽视学生的全面发展，从而降低了学生参与劳动的积极性，不利于学生进行劳动兴趣的培养与劳动素养的提高。因此，组织 5～6 年级学生学习使用家用电器有助于培养学生实践动手能力，树立正确的劳动价值观。

【单元教学目标】

1. 认识衣物的标识，知道衣物标识的含义，能够将洗衣机洗涤的衣物进行分类，能够连接常见洗衣机的电路和水路，认识常见的洗涤剂，知道洗衣机洗涤衣物的基本过程，能够对洗衣机进行简单的维护与保养。

2. 经历洗衣机的基本洗衣过程分析，知道洗衣机清洗衣物的一般过程，锻炼学生的分析能力，知道洗衣机各洗衣环节所利用的科学原理。

3. 经历衣物洗衣标识的学习过程以及依此标识的衣物分类过程，学会常见衣物的清洗分类方法，发展学生对洗涤衣物的分类能力；懂得分类洗衣方便生活、利于健康的道理。

4. 经历洗衣机的安全检查以及操作洗衣机的洗衣过程，学会常见洗衣机的使用方法，能够简单维护洗衣机的电路与水路，懂得家用电器需要定期维护保养的道理，在生活中，能够安全用水、用电，准确掌握各类洗涤剂的用量，养成良好的衣物清洁和节约用电的习惯。

5. 积极主动参与洗衣机的维护、保养及洗衣活动，形成规范使用家用电器的良好习惯，能够积极主动解决在洗衣机维护、保养及洗衣过程中所遇到的问题。

【单元教学重难点】

1. 常见洗衣机的使用与维护方法。

2. 洗衣机洗涤衣物的分类。

【单元课时安排及教学内容简介】

第一课时：使用洗衣机的说明

学习洗衣机使用的基本要求，仔细阅读洗衣机的使用说明书，了解结构功能，认识洗衣标识，学会常见衣物的洗涤注意事项，能够对不同材质衣物的洗涤要求做出分类。

第二课时：操作洗衣机

连接洗衣机电路、水路，运用洗衣机不同功能洗涤不同材质衣物。

【单元教学活动准备】

1. 劳动场域：校园劳动教育专业教室；洗衣房。

2. 劳动工具与材料：(1)工具：洗衣机；(2)材料：不同材质的衣物(如棉、麻、毛制的衣物)。

3. 劳动组织形式：课前分组，建议 4～6 人一组，每组洗涤两种不同材质的衣物。

4. 劳动安全保障：(1)服从组织安排，一切行动听指挥；(2)爱护工具和劳动成果；(3)注意保持劳动场地的“整洁”；(4)注意用电、用水安全，节约水电。

【单元教学过程设计】(见图 2-31)

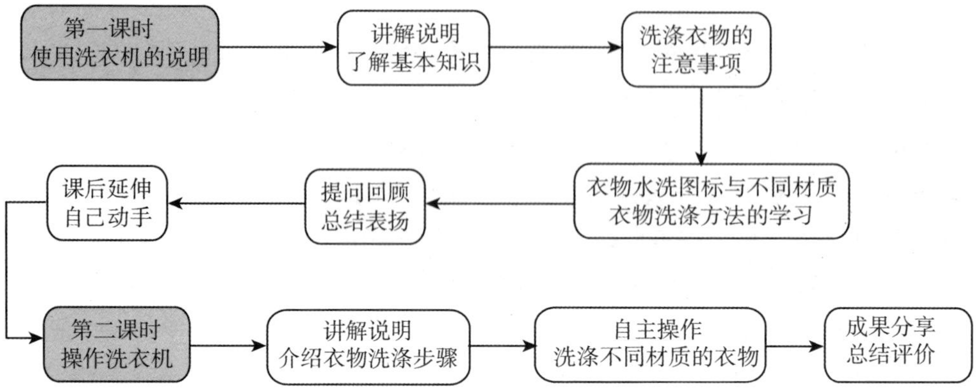

图 2-31 单元教学过程设计

【单元教学效果评价】

1. 评价内容：主要包含劳动观念、劳动能力、劳动精神与劳动习惯和品质四方面。劳动观念方面主要评价学生是否通过动手操作洗衣机洗涤衣物，树立劳动最光荣的思想观念；劳动能力方面主要评价学生是否具有自主探索与动手实践的能力；劳动精神方面主要评价学生是否能积极细心听老师讲解相关知识，在操作过程中严谨认真，积极主动解决实践过程中遇到的问题；劳动习惯和品质方面主要评价学生是否能在衣物清洗后将劳动现场清理干净，进行“收尾工作”。

2. 评价主体：包含学生与教师两大主体，学生不但要对自我劳动效果进行评价，而且要对组内的其他成员进行评价。采用学生自评的形式可以使其增加参与活动的积极性。他评(教师和同学评价)与自评两者的结合有助于提高学生自评的能力，同时增加评价的科学性与客观性。

3. 评价工具：选择等级综合评价表，等级评定法是指给出不同等级的定义与描述，然后针对每一个评价指标按照给定的等级进行评估，通过采用此方法可以避免较大的误差，同时对同学的掌握情况有一个较好的区分，方便教师提出改进建议。

4. 评价方式：过程性评价与结果性评价相结合。过程性评价主要体现在学生在学习洗衣机洗涤衣物相关理论知识及动手操作洗衣机的实践过程中教师对他们提出改进或优化建议，结果性评价是指在整个实践活动结束后进行多方面的综合评价。

第一课时：使用洗衣机的说明

【教学目标】

1. 认识衣物的标识，知道衣物标识的含义，能够将洗衣机洗涤的衣物进行分类，知道洗衣机洗涤衣物的基本过程，能够对洗衣机进行简单的维护与保养。

2. 经历洗衣机的基本洗衣过程分析，知道洗衣机清洗衣物的一般过程，锻炼学生的分析能力，知道洗衣机各洗衣环节所利用的科学原理。

3. 经历衣物洗衣标识的学习过程以及依此标识的衣物分类过程，学会常见衣物的清洗分类方法，发展学生对洗涤衣物的分类能力；懂得分类洗衣方便生活、利于健康的道理。

4. 积极主动参与洗衣机洗衣过程分析活动，形成主动分析生活用电器原理的探究习惯，能够积极主动解决在洗衣机结构原理归纳分析、衣物标识分类中所遇到的问题。

【教学重难点】

1. 洗衣机使用的基本方法。

2. 区分不同材质衣物的洗涤方法。

【教学准备】

1. 不同材质衣服及相应水洗标。

2. 所需配图的课件。

【教学过程】

板块一：讲解说明，了解基本知识

1. 生活情境导入

在我们日常生活中，有哪些家务是需要日常频繁去做的？请举例说明。(刷碗、扫地、洗衣服)

问题一：是否观察过父母是如何清洗衣物的？是用手洗还是机洗？(让学生举手回答问题，从而引导出洗衣机已成为我们现代家用电器中不可缺少的用具)

过渡语：洗衣机是我们做家务的好帮手，合理使用洗衣机会帮助我们提高做家务的效率与提升生活品质，今天就让我们来学习一下洗衣机的使用吧！

2. 介绍洗衣机的分类

问题一：同学们，大家家里的洗衣机是什么样子的？

(抽取同学进行回答，让同学们可以从颜色、大小、开门方向等特征进行形象描述)

问题二：洗衣机的类型有哪些？(教师根据提前制作的PPT进行图画讲解)

(1)按照结构形式分类：单桶、双桶、多桶型；

(2)按洗涤方式/结构原理分：滚筒式洗衣机、波轮式洗衣机、搅拌式洗衣机(其他：喷流式、喷射式、振动式等，市场上比较少见)；

(3)按自动化程度分：普通型洗衣机、半自动型洗衣机、全自动型洗衣机。

问题三：洗衣机的功能有哪些？

洗衣机的主要功能有：调节洗涤时间、调节洗涤温度、调节洗涤模式。(不同洗衣

机具体的功能按键不同，上述为主要功能举例）（见图 2-32）

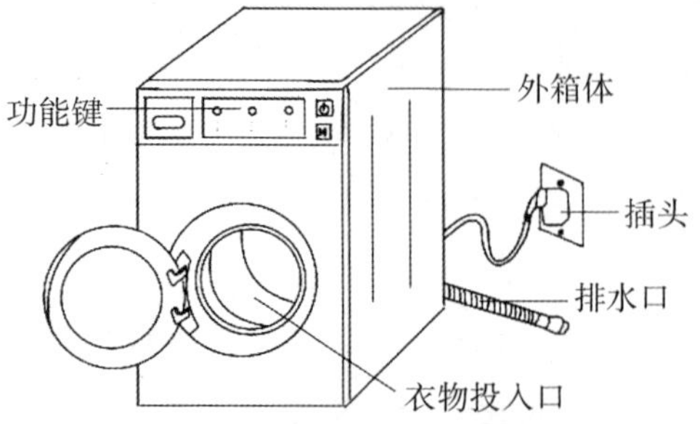

滚筒洗衣机结构示意图

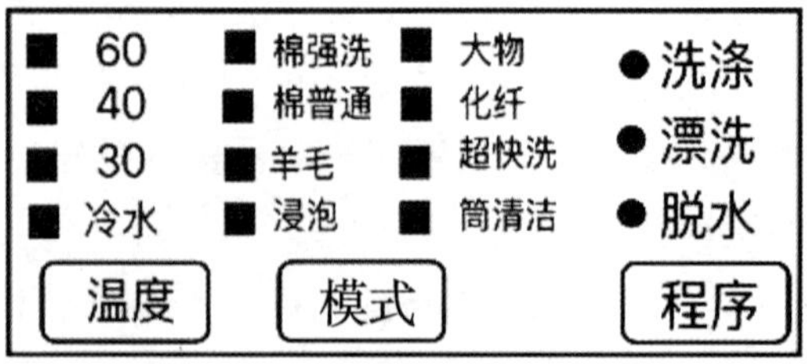

洗衣机功能键

图 2-32　洗衣机整体结构与功能主键示意图

3. 师生共同归纳总结：洗衣机的基本洗衣过程

(1)放入需要洗涤的衣物，注水添加洗涤剂(有的洗衣机能够调控水温)；

(2)洗衣过程(模拟人的揉搓——波轮式，模拟人的摔打——滚筒式，根据不同的衣物以及衣物的多少，设定不同的洗涤时长)；

(3)甩干过程(应用离心原理)；

(4)漂洗过程(对不同衣物的洗涤要求，有的设定 1 次，有的设定 2 次，设定 2 次需与第 5 步交替工作)；

(5)再次甩干过程；

(6)烘干过程(没有此功能的洗衣机，到第 5 步即可取出衣物晾晒)。

板块二：洗涤衣物的注意事项

讲解洗衣机洗涤衣物的注意事项：

问题一：同学们，使用洗衣机洗涤衣物，我们应该注意哪些问题？

(1)浅色衣物与深色衣物分开洗涤：深色衣物在清洗的过程中遇水会产生掉色的现象，浅色衣物与其一同清洗接触后染色会影响其原本的美观与使用。

(2)不同材质衣物分开洗涤：不同材质衣物的洗涤要求不同，具体表现在水温、洗涤剂、洗涤时间等方面。例如，质地薄软的化纤、丝绸织物，短短几分钟就可清洗干净，而质地较厚的棉、毛织品要数十分钟才能洗净；丝质衣物与普通棉质所用的洗衣剂也大不相同，丝绸制品使用普通的洗衣剂会丧失原有的光泽感；清洗羊毛衣物时，水温不宜过高，否则会发生衣物缩水的情况，而棉质衣物可以适当调高一些温度以助清洗干净。

(3)不同类型衣物分开洗涤：根据服装的用途可分为内衣与外衣两大类，还可根据具体使用情况进行细分。内衣主要指我们的贴身衣物，例如内衣、内裤，内衣尽量避免与我们的外衣一同放入洗衣机内清洗，防止交叉感染，危害身体健康。

(4)衣物洗涤前需进行衣袋检查：在洗涤前需仔细检查口袋内是否有纸币等物品并

将其取出，一方面可以避免过硬物品对洗衣机内壁造成损伤，另一方面可以避免财产损失。

(5)衣物洗涤后要立刻进行晾晒：衣物洗涤后需立即晾晒，因为清洗过后的衣物含有水分，易滋生细菌，对人体健康不利。此时需注意的是，深色棉质的衣物不要经常在强光下暴晒，会导致掉色；羊毛制品需平铺晾干，否则会导致衣物变形。

板块三：衣物水洗图标与不同材质衣物洗涤方法的学习

1. 为学生讲解水洗图标

过渡语：同学们，大家有没有注意到在我们衣服里侧下方有一个标签？(给同学们讲解这是水洗标，不同衣服如何进行洗涤就是通过水洗标上面的说明来确定的)

问题一：什么是水洗标？

水洗标是几种特殊材料做的标签。(见图 2-33)它的实质也是一种标签，只是在材料上跟普通纸质的标签有所区别。主要应用于服装行业，打印一些服装参数和注意事项，可洗过不掉色。

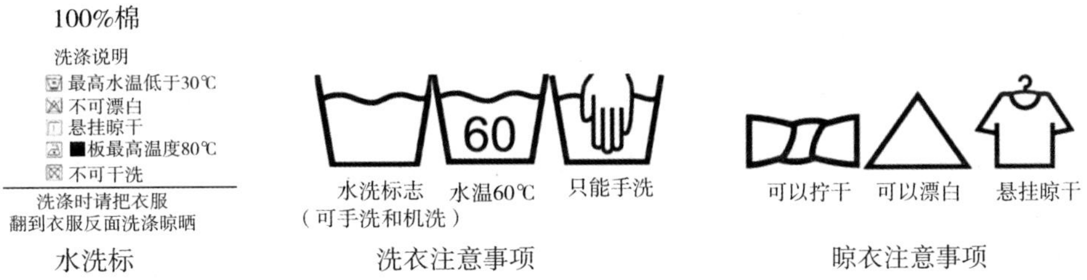

图 2-33 衣服洗晾注意事项示意图

问题二：如何识读水洗标？

水洗标内容主要分为几类，具体包括水洗标志、水温注意标志、洗涤剂品种规定、熨烫标志、晾干注意事项、干洗。

问题三：不同材质衣物如何清洗？

(1)棉织物洗涤方法：棉织物的耐碱性强，不耐酸，可用各种肥皂或一般洗涤剂洗涤，最佳水温为 40℃～50℃，多次漂洗，以免洗涤剂残留。

(2)麻织物洗涤方法：麻纤维织物的洗涤方式大部分跟棉一样。需要温和的机洗，在清洗力度上要比棉还要轻柔。洗后不可用力拧绞，有色麻织物不宜在强光下暴晒。

(3)化纤类织物洗涤方法：这类衣物不挑洗涤剂，在清洗方式上也很随意，可以机洗，也可以手洗。此类衣物便于打理，洗涤温度小于 45℃即可。

(4)羊毛类织物洗涤方法：羊毛不耐碱，因此要用中性洗涤剂进行清洗。使用洗衣机洗涤，应该“轻洗”，洗涤时间不宜过长，以防止缩绒。羊毛织物在 30℃以上的水溶液中要收缩变形，故需特别注意水温。使用洗衣机脱水以半分钟为宜。应在通风阴凉处晾晒，不要在强烈日光下暴晒，以防止织物失去光泽和弹性及引起织物强度的下降。

2. 小组合作分类衣物

各小组根据不同的分类标准，将组内衣物进行分类。(PPT 展示各小组的分类标准，分类完成后，2～3 个小组间互查互评)

(1)水洗、干洗衣物分类；

(2)深色、浅色衣物分类；

(3)内衣、外衣分类；

……

板块四：提问回顾，总结表扬

1. 对所学内容进行回顾与提问

第一课时所学理论内容较多，在提问时应多以判断正误或选择的形式进行，同学回答问题后要给予及时反馈，表扬回答正确的同学，纠正回答错误的同学并给予鼓励。

2. 对本节课进行总结

对本节课同学们的表现进行总结表扬，同时提出这节课关于洗衣机理论内容的学习是为下节课动手操作洗衣机打下良好的基础，相信通过今天的学习，同学们以后一定会更加注意保持自己衣物的整洁。

板块五：课后延伸，自己动手

回家后，按照课堂所学内容动手操作，将不同衣物进行分类并任选一类衣物进行清洗，全过程可邀请父母参观监督，并可以与父母交流一下日常生活劳动后的感悟哦！

【劳动评价】(见表 2-20)

表 2-20　课时等级综合评价表

评价内容	A	B	C	等级
劳动观念	积极主动参与洗衣劳动，完成劳动任务，认识到劳动使生活更美好的道理，树立热爱劳动、尊重劳动人民、劳动最光荣的思想观念	参与洗衣劳动，基本完成劳动任务，认识到劳动使生活更美好的道理，树立热爱劳动、尊重劳动人民、劳动最光荣的思想观念	参与洗衣劳动，需要提醒才能完成劳动任务，基本认识到劳动使生活更美好的道理，基本树立热爱劳动、尊重劳动人民、劳动最光荣的思想观念	
劳动能力	掌握将不同衣物分类的能力，独立完整地操作洗衣机洗衣，拥有对洗衣机进行简单的维护与保养的能力	掌握将不同衣物分类的能力，需要他人提醒操作洗衣机洗衣，拥有对洗衣机进行简单的维护与保养的能力	有在他人提醒下将不同衣物分类的能力，需要他人提醒操作洗衣机洗衣	

续表

评价内容	A	B	C	等级
劳动精神	细心听老师讲解相关知识，积极主动解决洗衣实践过程中遇到的问题，追求精益求精	听老师讲解相关知识，能够解决洗衣实践过程中遇到的问题，追求完成任务	听老师讲解相关知识较为被动，遇到问题时不能迎难而上	
劳动习惯和品质	主动整理衣物，叠放整齐，清洗后按要求晾晒	在他人提醒下整理衣物，叠放整齐，清洗后按要求晾晒	被动整理衣物，清洗后不主动按要求晾晒	

第二课时：操作洗衣机(略)

项目三　家用器具使用与维护——《冰箱的使用与维护》(7～9 年级)

【单元简介】

本单元冰箱的使用与维护是为学生正确使用日常家用电器，提高一般家用电器的维护与保养能力而设立的。学生通过学习冰箱的历史、冰箱的主要部件、冰箱的应用原理、冰箱的移动、冰箱的分类、冰箱储存区域的特点等资料，丰富冰箱日常使用知识；通过用冰箱来分类储存食品的模拟活动丰富生活经验；通过清洁冰箱、冰箱冷冻室除冰、冰箱排水孔疏通等维护保养工作，认识家电维护与保养的重要性。当家电不能正常使用时，让学生知道处理方法及与厂家、技术维修人员沟通的技巧。

【单元教学背景】

1. 教学内容分析：在本单元第一课时冰箱的使用中，涉及的是课前通过阅读冰箱说明书或网络查找资料，了解冰箱的内部电路结构和运作原理。这里符合《劳动课程标准》里家用电器使用与维护中对 7～9 年级的内在要求——“通过阅读产品说明书，了解家庭常用电器的基本结构、工作原理和保养方法”。

此外，在第一课时冰箱的使用中，也会有让学生将不同的食物卡片整理进冰箱模型的模拟活动。通过这种活动，不仅可以加深对冰箱内部存储区域的理解，提升生活技能，而且能够锻炼学生整理与收纳的能力。

在第二课时冰箱的清洁、除冰、排水孔维护等，主要涉及的是用简单的清理工具对冰箱进行维护。这符合《劳动课程标准》里家用电器使用与维护中对 7～9 年级的内在要求——“用螺丝刀、扳手等工具对家用电器进行简单的拆卸、清理、维修等”。

2. 学生情况分析：7～9 年级学生有着较高的求知欲与探索精神，对于未知的事物，更乐意进行研究。除此之外，思维的独立性明显提升，在探索的过程中不再只是想依赖老师，而尝试开始自己独立思考，以此获得成就感，故借助冰箱调查活动发挥学生的积极性。但由于心智发展尚不成熟，思维仍具有片面性，因此需要师生共同总结来获取系统知识。

初中阶段有物理、生物、科学等多门学科课程与冰箱的使用与保养有关。在此次课程中可以尝试将冰箱与物理学科气、液、固三态转化的知识相结合，帮助学生找到冰箱的应用原理，形成学科知识融合的认知与应用。

【单元教学目标】

(1)了解冰箱保鲜食品的历史、应用原理、内部主要部件组成，以及冰箱的分类；认识冰箱冷藏、冷冻存储空间区域，知道其各自特点；能正确将食品摆放在冰箱合理位置；能够对冰箱进行清洁、除冰、疏通排水孔等维护与保养。

(2)经历小组合作调查冰箱与总结汇报冰箱任务单的学习过程，体会合作学习的优势，学会调查学习的方法；知道收集、整理家电信息的重要意义。

(3)经历冰箱的食品模拟存储摆放以及冰箱的除冰、清洁、疏通排水孔、断电等维护学习过程，学会冰箱的使用与维护方法，发展学生的实践能力，懂得“必要的维护与保养，可以减小家电的能耗，延长其使用寿命”的道理，认识劳动创造美好生活的内涵，增强家电使用的安全意识，形成断电维护的良好习惯。

(4)经历冰箱报修的讨论与总结过程，学会一般家电的报修流程，能够选择正规厂商或维修部，描述家电的故障现象，发展学生的交流沟通能力。

(5)积极主动参与冰箱的使用与维护活动，养成安全劳动、规范劳动的好习惯，能够积极解决在冰箱的使用与维护中遇到的问题。

【单元教学重难点】

1. 教学重点

(1)冰箱冷藏、冷冻存储空间区域分布与各自温度控制特点。

(2)冰箱的除冰、清洁、疏通排水孔、断电等维护。

(3)冰箱的故障描述与报修。

2. 教学难点

(1)冰箱的基本构件与工作原理。

(2)冰箱适时维护的判断。

【单元课时安排及教学内容简介】

第一课时：冰箱的使用

在上课前安排预习作业单，鼓励学生通过阅读书籍、上网查找资料、阅读冰箱使用说明书等方式来解决预习作业单上的问题，如冰箱保鲜食品的发展历史、冰箱的工作原理、冰箱的基本构件组成、冰箱的分类、冰箱的移动要求等。课上进行小组展示，之后师生共同总结关于冰箱的知识。

再介绍冰箱的冷藏冷冻的温度控制，认识冰箱的存储食品结构，知道各区域适合放置的食物，然后安排学生分小组将不同食品卡片摆放进模拟冰箱，展示成果，分享经验，互相评价。

然后展示冰箱冷冻室结冰图片，引导讨论：这种状态的冰箱运行会带来什么样的后果？师生共同总结讨论结果：增加能耗，缩短冰箱使用寿命。接下来教师介绍风冷冰箱，阐述其不易造成冷凝器结冰的原理，体会技术创新为生活提供的便利、便捷；最后布置任务，回家看自己家的冰箱冷冻室是否也有结冰。

第二课时：冰箱的维护与保养

展示冰箱冷冻室结冰图片，反馈学生家庭冰箱的冷冻室结冰状况。之后分小组讨论如何除冰、除冰需要哪些工具材料。教师播放视频——《冰箱除冰》，师生共同总结冰箱的除冰方法。

为了让冰箱能够更好地运行，为我们的生活提供便利，我们还需要对冰箱做哪些维护保养工作？引导讨论后，师生共同总结。

如果家里的冰箱损坏或运行不正常，那么我们应该怎样做？当需要专业人员进行修理时，我们如何与厂家及家电维修人员沟通？

【单元教学活动准备】

1. 劳动场域：校园劳动教育专业教室；餐厅。

2. 劳动工具与材料：食品卡片、透明硬管、不锈钢疏通管刷、抹布、清洗剂、水盆、PPT 等。

3. 劳动组织形式：根据实际情况，建议 4～6 名学生为一组。

4. 劳动安全保障：

(1)劳动纪律要求：听从老师指挥，不在讲授期间动用器械；正确使用器械，不破坏器械；操作过程要规范认真；劳动或上课时不闲聊、不打闹等。

(2)劳动注意事项：对于使用不锈钢疏通管模拟清理冰箱排水孔时要注意安全。

【单元教学过程设计】(见图 2-34)

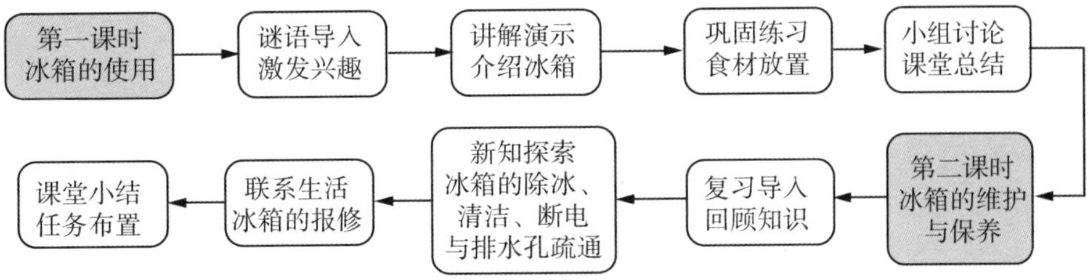

图 2-34　单元教学过程设计

【单元教学效果评价】

1. 评价内容：劳动过程中，冰箱维护工具的使用与规范操作；劳动成果上，活动完成度与美观度如何；劳动素养上，劳动观念上是否理解劳动创造美好生活的道理，增强家庭责任意识；劳动能力上，能否正确地将食品放在冰箱合理位置，能否认识排水孔的维护工具，能否正确运用维护工具来清理冰箱排水孔；劳动精神上，能否有初步的精益求精、不畏艰辛、追求品质的精神；劳动习惯和品质上，是否初步形成安全劳动、规范劳动的好习惯。

2. 评价主体：教师评价、小组评价、自我评价。教师主要负责劳动过程，劳动成果和劳动素养上的劳动能力项目评价；小组主要负责劳动素养上的劳动精神与劳动习惯和品质项目评价；自我评价主要负责劳动素养上的劳动观念项目评价。

3. 评价工具：等级综合评价表。

4. 评价方法：以过程性评价为主，辅以结果性评价。在课堂学习过程中，教师对学生都要在口头上进行及时评价。在展示成果时，针对劳动成果进行终结性评价。

第一课时：冰箱的使用(略)

第二课时：冰箱的维护与保养

【教学目标】

1. 能够判断冰箱的维护需求，能对冰箱进行清洁、除冰、疏通排水孔、断电等维护与保养。

2. 经历冰箱的食品模拟存储摆放以及冰箱的除冰、清洁、疏通排水孔、断电等维护学习过程，学会冰箱的维护与保养方法，发展学生的实践能力，懂得“必要的维护与保养，可以减小家电的能耗，延长其使用寿命”的道理，认识劳动创造美好生活的内涵，增强家电使用的安全意识，形成断电维护的良好习惯。

3. 经历冰箱报修的讨论与总结过程，学会一般家电的报修流程，能够选择正规厂商或维修部，描述家电的故障现象，发展学生的交流沟通能力。

4. 积极主动参与冰箱的维护活动，养成安全劳动，规范劳动的好习惯，能够积极解决在冰箱的维护中遇到的问题。

【教学重难点】

1. 教学重点：冰箱的清洁、除冰、排水孔疏通与断电维护。

2. 教学难点：冰箱适时维护判断与冰箱的报修。

【教学准备】

1. 其他准备：学生提前分组，建议 4～6 人为一组。

2. 材料与工具准备：透明硬管、不锈钢疏通管刷、抹布、清洗剂、水盆冰块、PPT 等。

【教学过程】

板块一：复习导入，回顾知识

同学们，上节课老师布置了一个任务，就是让同学们回家看自己家的冰箱冷冻室是否也有这样结冰(展示冷冻室结冰图片)。同学们反馈家里冰箱冷冻室结冰状况，从生活中找冰箱的维护需求。

板块二：新知探索，冰箱的除冰、清洁、断电与排水孔疏通

如何除冰呢?

1. 冰箱冷冻室除冰

(1)分小组讨论，除冰需要哪些工具材料？除冰的操作步骤。

(2)教师播放视频——《冰箱除冰》，师生共同总结冰箱的除冰步骤。

①工具材料：木铲、毛巾、温水、水盆。

②除冰步骤：A. 断电；B. 清空冷冻室物品及隔仓，敞开冷冻室门；C. 在冷冻室放一盆或多盆温水，底部用毛巾掩好；D. 静置 1 小时后用木铲除冰清理；E. 用干毛巾擦干冷凝器及保温壁；F. 通风半小时再放回冷冻室物品。

2. 冰箱的清洁

冰箱的清洁，既能让我们储存的食品更安全，也是对冰箱进行日常维护与保养的重要内容。除冰是对冷冻室的清洁，那么对于冰箱整体而言，我们还应对其做哪些清洁工作？分小组讨论汇报，师生共同总结。

(1)冰箱外部清洁：目的是外观洁净，让蒸发器更好地散热；用湿抹布与洗涤剂擦拭外观，重点部位是门把手。

(2)冰箱内部清洁：①冰箱内部清洁目的：去除异味，减缓细菌滋生，让储存的食品更安全，食用更健康；②清洁材料：食用小苏打，餐具清洁剂，75%的医用酒精；③重点部位：凹槽缝隙和密封条。

3. 冰箱排水孔的疏通

学生仔细观察老师所展示的排水孔图片(出示示意图片，见图 2-35)，看看有什么发现。教师此时和学生分析示意图片，鼓励学生看图找到冰箱排水孔，说说排水孔存在的意义。大家思考冰箱的排水孔为什么会堵塞，造成冰箱漏水结冰。

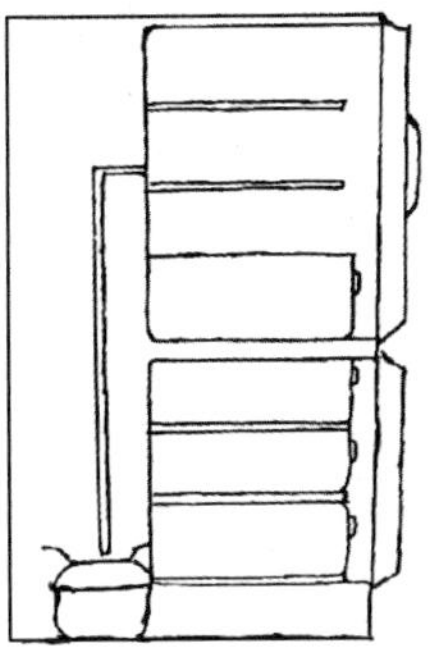

图 2-35　冰箱排水孔构造图

图 2-36　毛刷

(1)冰箱排水孔的维护工具：清理冰箱的排水孔需要专用维护工具，大家看老师手里的清理冰箱排水孔的工具(出示不锈钢管道刷)，说说你有什么发现。(见图2-36)

(2)演示冰箱排水孔维护方法：看来同学们发现了很多不锈钢管道刷子的特点，那么接下来老师用这个透明硬管来模拟冰箱的排水孔，请大家仔细看老师用不锈钢管道刷子来模拟对冰箱排水孔的维护操作方法。

(3)巩固练习：看完老师的演示后，相信同学们已经知道用不锈钢疏通管道刷来进行排水孔的疏通了。接下来请同学们以小组为单位用桌上的维护工具对透明硬管进行疏通操作吧！

教师巡视，必要时给予集中指导或个别指导。小组合作进行模拟排水孔疏通活动，师生点评疏通效果。

4. 冰箱的断电

同学们，所有对冰箱的维护与保养工作都是在断电的情况下进行操作的，为了让冰箱能够更好地运行，我们还需要对冰箱做哪些维护保养工作呢？分组讨论。

师生共同总结：

(1)移动冰箱时，角度超过45度，到指定位置后要静置2小时后再供电。

(2)连续不间断使用半年以上的冰箱需要断电2小时再使用。

板块三：联系生活，冰箱的报修

在日常生活中，当发现冰箱有异响，或者出现电火花，甚至冒烟时，我们应该怎么做？对，第一时间断电。此时的冰箱已经损坏，接下来冰箱将交给专业人员进行修理，这时我们应该如何报修？向谁报修？又如何与专业人员进行沟通？

分小组讨论，师生共同总结：

(1)告知家长，说明情况，问询冰箱是否在质保期内。

(2)向专业厂家报修，向专业维修部报修，切不可听信小广告的宣传。

(3)查询冰箱品牌报修电话或专业维修部的电话，描述冰箱故障现象，说出上门地址及联系电话。

板块四：课堂小结，任务布置

同学们，今天我们在冰箱的使用与保养中学到了很多知识，这些知识让我们更好地了解冰箱，说一说你们在本单元的学习收获。

回家任务：利用周末假期时间，与同伴或家长一起，对自己家的冰箱进行一次综合的维护与保养工作，要求记录维护保养的内容与时间。

【劳动评价】(见表 2-21)

表 2-21　课时等级综合评价表

评价内容	A	B	C	等级
劳动观念	积极参与使用和保养冰箱的学习，认真主动完成劳动任务，积极参与讨论，具有较强的团体意识	参与使用和保养冰箱的学习，偶尔需要提醒才能完成劳动任务，能够参与讨论但积极性较低，具有团体意识，不脱离团队	参与使用和保养冰箱的学习，每次都需要提醒才能完成劳动任务，讨论积极性低，团体意识较薄弱，偶有脱离团队的个人行为	
劳动能力	能够按照正确的方法、使用合适的工具对冰箱进行清洁、除冰、疏通排水孔、断电等维护与保养。能够按照正确的流程进行一般家电的报修	能够大致按照正确的方法、使用合适的工具对冰箱进行清洁、除冰、疏通排水孔、断电等维护与保养。能够基本按照正确的流程进行一般家电的报修	在帮助下，能够按照正确的方法、使用合适的工具对冰箱进行清洁、除冰、疏通排水孔、断电等维护与保养。进行家电报修时，仍有欠缺，有较大的成长空间	
劳动习惯和品质	具有很强的家电使用的安全意识，养成断电维护的良好习惯。能够将所学主动运用于生活实践，课外主动进行维修保养冰箱的工作并做好记录	具有较强的家电使用的安全意识，基本养成断电维护的良好习惯。能够将所学运用于生活实践，课外进行维修保养冰箱的工作并做好记录	家电使用的安全意识相对欠缺，初步养成断电维护的良好习惯。将所学运用于生活实践时相对被动，课外被动地进行维修保养冰箱的工作并做好记录	
劳动精神	能积极解决冰箱使用和保养过程中遇到的问题，积极肯干，不怕脏累，团结协作，追求精益求精	能解决冰箱使用和保养过程中遇到的问题，能够出力劳动，不怕脏累，有一定的团体意识，追求完成任务	在冰箱使用和保养过程中，有放弃的想法，表现出怕脏怕累，操作偶有随意	

项目四　家用器具使用与维护——《一路“喝”护知冷暖》(10～12 年级)

【单元简介】

本单元立足于生活中家用器具使用与维护，以常见的小电器——电水壶切入学习主题，进行控制的相关学习。技术实践从电水壶的工作原理出发，学习电水壶的温度控制原理，然后进行相关配件的电学指标测试，再进行实物连接，注重理论知识与实践操作相结合，旨在以通用技术学科知识引导学生提升自身的技术，形成小家电的维护意识，锻炼动手操作能力和综合运用相关学科知识的能力，为生活提供便捷的维修维护服务。本单元分为两个课时，每课时都从生活实际出发，围绕电水壶而展开，且两个课时之间具有内在的相关性和渐进性。

第一课时：认识电水壶的控制；第二课时：维护与清洁电水壶。

【单元教学背景】

1. 教学情况分析：普通高中课程方案的培养目标包含具有理想信念和社会责任感，具有科学文化素养和终身学习的能力，具有自主发展能力和沟通合作能力三方面。① 前文在义务教育阶段开展的关于家用器具的课程主要立足于引导学生在使用与维护的过程中学习劳动技能，发展劳动能力，形成劳动习惯。面向高中生的课程则更关注家用器具的零件配置、工作原理、运转测试等方面，以期在劳动课程中帮助学生拓宽视野，了解技术前沿。本单元从电水壶切入，由原理到维护的教学过程中，进一步加深学生对于家用电器的认识。本单元的内容有助于学生形成探索意识，锻炼思维能力，强化安全操作规范，体会到当代维修人员的劳动意义和劳动价值，认同维修维护劳动，尊重从业人员。同时，普通高中通用技术课程标准中提及的学科核心素养与课程目标也与之相契合，不仅能够让学生在劳动中学习通用技术知识，丰富技术实践，而且能够深化本课程的意义与价值。

本单元从电水壶的工作原理出发，学习不同电水壶的开环、闭环控制构成，依此进行电水壶的分类，了解两种控制下的电水壶构成，分析电水壶各配件的电学参数，构成第一课时教学内容。在学生充分了解其工作原理、控制原理后开启第二课时的教学，首先学生分小组讨论电水壶维护修理的必要性，在观念统一认可维护修理后，学生进行实践；学生在小组合作的方式下，对电水壶进行拆解维护与清洗除垢，在劳动中亲近技术，在劳动中体验工具的使用，深入了解生活。

2. 学生情况分析：高中阶段的学生具有较强的自主性和独立性，并对世界形成相对全面的认知体系。他们对于常见家用器具的使用方法已经熟练掌握，无须教师赘述。但是家用器具中蕴含的技术知识和运行原理，与高中阶段的物理、化学、通用技术课程联系紧密，学生缺乏实践，没有系统认知。高中学生的动手操作能力较强，能够在教师的引导下使用相关仪器、仪表，参与技术实践活动。

【单元教学目标】

1. 知道家庭常用电水壶的基本结构，了解各部件的组成与相关功能，能够依据不同的分类标准，对家用电水壶做出分类判断，能够依据控制的基本组成准确找出控制器、被控对象、执行器、控制量等所对应的部件。

2. 知道电水壶的工作原理，能够依据开环控制和闭环控制的相关知识，判定自家电水壶的控制方式，并准确画出控制框图，说明控制过程。

3. 熟练依据电水壶的工作原理、控制原理进行故障排查，思考应对的维修策略，提升理论联系实际解决问题的能力。

---

① 中华人民共和国教育部：《普通高中课程方案》，23 页，北京，北京师范大学出版社，2020。

4. 经历电水壶的拆解与清洁维护过程，学会常见维修、维护工具的使用方法与操作规范，发展学生的动手操作能力，提升操作过程中的安全意识。

5. 经历电水壶维修维护意义的讨论过程，以及实际维护操作过程，认可电水壶的维护劳动，愿意承担自家或他人的小型家电维护劳动，尊重家电维护修理人员，致敬劳动及劳动者。

【单元教学重难点】

教学重点：1. 电水壶开环、闭环的各自控制过程。

2. 电水壶的拆解、清洗、除垢等维护操作。

教学难点：绘制电水壶的控制框图。

【单元课时安排及教学内容简介】

第一课时：认识电水壶的控制

本课时的教学，从生活中烧水的实际出发，学生学习电水壶的工作原理，认识电水壶的控制方式后，在教师的引领下对电水壶的控制板、温度传感器、温控器、蒸汽开关、加热盘等进行相关控制分析，了解各部件在电水壶工作过程中所起的功能作用。本课时旨在激发学生探索家用小电器的组成和工控原理，感受技术设计智慧，认识到劳动和科技改变生活的意义。

第二课时：维护与清洁电水壶

在充分了解电水壶的配件组成及对应的功能之后，学生能够利用工具，对电水壶进行拆解，认识配件结构，并根据工作原理和控制原理判定电水壶存在的问题，尝试更换配件进行维修。接下来，学生能够运用相关的化学知识，处理电水壶中残留的水垢，做好清洁与洗护工作。学生在学习过程中锻炼动手操作能力，激发思维的灵活性和全面性，不仅能理解“能修不换”的环保观念，而且能生成尊重维修工作者劳动成果的意识。

【单元教学活动准备】

1. 劳动场域：通用技术实践专室；物理、化学实验室。

2. 劳动组织形式：(1)课前分组——根据实际情况，建议4～6人一组，小组做合理分工；(2)小组技术操作，教师巡视，遇到问题个别指导或集中指导。

3. 劳动工具与材料：多媒体课件、螺丝刀、尖嘴钳、电水壶实物(普通机械电水壶、智能电水壶)、常闭型电子温控器(95℃、105℃)、温度传感器(55℃、95℃、125℃)、电水壶控制板、蒸汽开关、防干烧开关、加电盘、加电管、耦合器、多用电表、砂纸、手套、白醋、小苏打等。

4. 劳动安全注意事项：

(1)在测试零件与维修的过程中，注意用电安全。

(2)在拆解电水壶的过程中，注意佩戴手套、口罩等保护装置。

【单元教学过程设计】(见图 2-37)

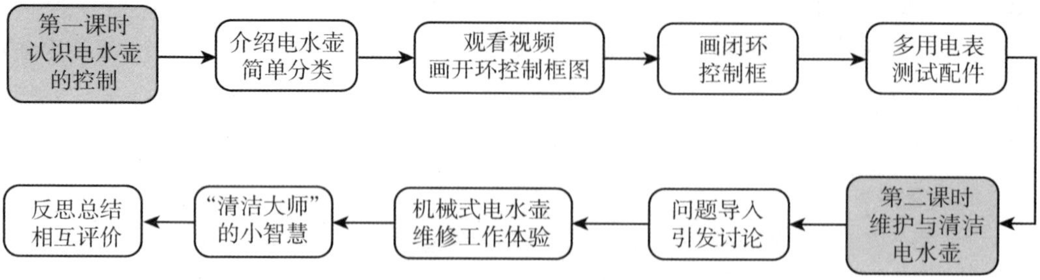

图 2-37 单元教学过程设计

【单元教学效果评价】

1. 评价内容：评价内容主要从学生的劳动规范、劳动成果、劳动精神、劳动观念、劳动能力、劳动习惯和品质等方面进行考察。在劳动规范上，考查学生能否根据实验操作规范拆解电水壶，并对其零件进行测试；在劳动成果上，以学生能否正确测出零件的存在的问题，并根据实际情况，提出解决方案为依据；在劳动精神上，考查学生是否主动深入探究电水壶的工作原理，积极参与小组讨论，并尝试动手操作；在劳动观念上，能否理解科技为人类带来的便利，形成努力学习科学知识的意识，理解维修对于经济和环保的意义，并尊重维修工人的职业；在劳动能力上，是否掌握简单的零件拆解、组装、测试等操作，并学会利用物理、化学知识清洗电水壶；在劳动习惯和品质上，考查学生能否养成思考与探究新事物的习惯，并在操作与尝试中发现世界的奥秘。

2. 评价主体：评价主体包括教师和学生。教师对学生在课堂互动、自主操作等环节进行引导和帮助，并做出过程性评价，在学习结果展示环节对学生进行终结性评价。学生群体的评价包括自评和互评两种，自评是学生对自己在学习过程中的付出和收获进行总结，互评主要是小组内部成员之间的评价。针对表现较好的同学，可以给予“维修能手”“思维王者”等称号。

3. 评价工具：借助等级综合评价表对学生的劳动过程进行评价，包括劳动观念、劳动能力、劳动习惯和品质、劳动精神四个方面。根据学生的操作能力、参与积极性、解决问题的结果等，分为 A、B、C 三个等级的自评、互评和师评。

4. 评价方法：以过程性评价和终结性评价为主。过程性评价主要考查学生在劳动过程中的操作与参与，终结性评价则关注学生维修和清洁电水壶的结果。

第一课时：认识电水壶的控制(略)

第二课时：维护与清洁电水壶

【教学目标】

1. 能够运用工具，拆解电水壶，认识电水壶的配件结构，知道正常的电水壶相关配件状态。

2. 体验维修工作，能够根据各零部件的作用和功能，结合所领到的电水壶故障状态，判定存在的问题，小组合作提出解决方案，并进行相关维修维护。

3. 体验小组合作学习的优势，注意操作过程中的安全注意事项，认识到谨慎操作是维修维护人员的基本要求，维修维护追求精益求精，质量至上。

4. 经历电水壶维修维护意义的讨论过程，以及实际维修维护操作过程，认可电水壶的维护劳动，愿意承担自家或他人的小型家电维护劳动，尊重家电维护修理人员，致敬劳动及劳动者。

【教学重难点】

教学重点：1. 拆解电水壶及配件测试。

2. 电水壶除垢。

教学难点：电水壶的故障排查。

【教学准备】

材料与工具：多媒体课件、小苏打、白醋、钢丝球、防护手套、有问题的电水壶、电水壶相关配件、拆装工具、检测工具、“常护常新”：家用电水壶维护记录表。

【教学过程】

板块一：问题导入，引发讨论

教师：电水壶价格很便宜，坏了不如丢弃买个新的，是否有维护、修理的必要？你对坏了就新购，不修有什么看法？维护、修理有何益处？（学生就此类问题展开小组讨论）

教师要从经济成本、资源利用、可持续发展、时间成本等方面做引导，帮助学生理解维护维修的意义与价值，并生成对家电维护修理人员的尊重和致敬。

小组汇报：维护是对饮水健康的需求，对安全用电的需求，同时能够延长电水壶的使用寿命，减少资源浪费，减少碳排放；维修需要综合评估，如果重要部件损坏，如加热盘损坏、壶体漏水可做资源回收处理，其他故障均有维修价值，可维修后继续使用。

板块二：机械式电水壶维修工作体验

1. 常见故障预设方案

各小组领取一个有问题的电水壶，先通过直接观察查找电水壶的明显问题，若观察无问题后进行电水壶工作测试，在测试中尝试发现电水壶不能工作的特征表现，并结合第一课时所学内容排查电水壶不能工作的原因。学生自主思考解决问题，给出排除故障的操作方法。并填写“常护常新”：家用电水壶维护记录表，教师及时给予指导。

问题一：电水壶指示灯不亮，无法正常工作。

问题二：电水壶通电后，水至沸腾后不能自动断电。

问题三：电水壶功能正常，能正常工作，但指示灯熄灭。

2. 检查零部件性能

根据思考，学生再结合第一课时中学习的电水壶中主要零部件的功能及作用，开始有针对性地对电水壶进行拆解，测试相关零部件是否失灵，并及时记录。

解决问题一：

(1)检查电水壶底座的电源线或插头，可使用万用表检查电源线和插头是否通电，如不通电说明发生短路故障，需要重新更换电水壶的底座。

(2)检查电水壶底座耦合器，观察底座中间耦合器中的金属片是否松动变形、氧化生锈或藏有污垢导致接触不良，可使用小螺丝刀对金属片进行矫正或使用砂纸对金属片进行打磨，并清理耦合器处的污垢，完成后重新进行工作测试。

(3)若故障仍无法解决，则说明底座耦合器损坏，需要使用螺丝刀将底座耦合器拆解下来，并更换安装新的底座耦合器。

解决问题二：

(1)使用螺丝刀拆解电水壶的手柄或壶身底部，找到电水壶的蒸汽开关，观察蒸汽开关处的蒸汽感温元件(蝶形金属片)是否失去形变能力导致无法触动蒸汽开关进行断电，可尝试使用砂纸对蒸汽感温元件(蝶形金属片)进行打磨，如蒸汽感温元件故障，则需要将其拆解下来重新更换新的蒸汽感温元件(蝶形金属片)。

(2)若蒸汽感温元件(蝶形金属片)正常，则观察电水壶内壁蒸汽进气孔是否被堵住导致蒸汽感温原件(蝶形金属片)无法受温发生形变，进而无法触动蒸汽开关进行断电，可以使用小螺丝刀清理疏通蒸汽进气孔。

(3)若以上问题均排除，则证明电水壶身底部温控器故障，使用螺丝刀拆解电水壶身底部，找到底部耦合器处温控器(机械双金属片)，判断其是否失去形变能力导致无法进行断电，可以尝试使用小螺丝刀对温控器(机械双金属片)进行矫正或使用砂纸对其进行打磨，如温控器(机械双金属片)故障则需要将底部耦合器拆解下来进行更换。

解决问题三：

电水壶能正常工作，但指示灯熄灭，一般是指示灯发生故障。此时可以用螺丝刀将电水壶底部拆解，找到指示灯，将其拆解下来重新更换一盏新的即可。注意拆解安装时要正确连接金属导线，并使用绝缘胶带将金属导线缠包紧密，以免发生漏电等故障。

3. 实践操作

学生按照测试结果对问题零部件进行拆解维修(问题零部件的更换需找教师领取，要求说明部件故障原因)，排除故障后重新组装，并做及时记录。

(1)实践注意事项：

①活动过程，注意安全，禁止通强电测试。

②技术交流，轻声细语，谨慎操作。

③合理分工，团结协作，创造精彩。

(2)学生分组实践维修操作，教师巡视指导。

4. 维修成果展示

维修结果汇报：各组根据维修记录表汇报所维修的故障，并进行供电测试，检测电水壶的维修结果(测试现场电源已做安全保护处理)。

板块三："清洁大师"的小智慧

1. 认识水垢，明晰成分

学生通过观察图片和有水垢的电水壶实物，并结合所学物理、化学知识进行小组讨论，明晰水垢的成分及其产生的原因。

2. 抛出问题："如何清洁电水壶中的水垢？"

进一步思考：长期使用的电水壶中也会有水垢，该如何进行水垢清洁呢？(观看除垢视频)

清洁水垢的方法：

(1)往带有水垢的电水壶中加入视频中试剂或物料，可根据水垢厚积程度适当增加用量，以达到更好的清洁效果。

(2)加入约半壶的清水，并接通电源使电水壶中的清洗液至沸腾状态。

(3)沸腾后不要着急倒出，待水温降至适宜温度后使用钢丝球清理电水壶内壁，使较顽固的水垢加速溶解脱落，注意清理时力度要适当，避免因力度过大导致电水壶内壁受到损坏。

(4)清理完毕后将其倒出，并用清水反复冲洗两遍即可。

3. 课后实践

回家根据自家电水壶或其他家用器具的水垢进行除垢实践(注意：用电安全、操作时防止烫伤)。

板块四：反思总结，相互评价

为了提升资源利用率，达到节能减排的目的，身边的家用电器出现故障后，不要直接更换新的，而应该尝试维修。因此，家用电器常见故障的排查、拆解与维护是生活中必备的实践技能。通过这节课的学习与实践，学生应已经掌握了电水壶的拆解与维护方法，同时也对电水壶常见的维护清洁问题——水垢有了认识，并运用化学知识对有水垢的电水壶进行了清洁维护。

教师：那么除了课上老师所介绍的除水垢的方法外，你们还能想到哪些关于清理水垢的"生活小妙招"呢？请同学们课下搜集相关资料，尝试多种容易得到的试剂或物料，看除垢效果，比较一下哪种清洁除垢方法最经济、最有效。

【劳动评价】(见表 2-22)

表 2-22　课时等级综合评价表

评价内容	评价等级			自评	组评	师评
	A	B	C			
劳动观念	非常认可劳动改变生活的价值观念，愿意参与电水壶的维护清洁劳动，时刻拥有强烈的维修维护安全意识	基本形成劳动改变生活的价值观念，能够参与电水壶的维护清洁劳动，拥有维修维护安全意识	基本形成劳动改变生活的价值观念，能够参与电水壶的维护清洁劳动，偶尔需要提醒，拥有维修维护安全意识，个别环节需要同伴提醒			
劳动能力	能够熟练运用工具拆解和清洗电水壶，分清各零部件的作用和功能，根据电水壶出现的问题，设计解决方案，并尝试操作	能在同伴协助下，运用工具拆解和清洗电水壶，大致了解各零部件的作用和功能，积极参与小组合作与讨论	能在同伴协助下，运用工具拆解和清洗电水壶，大致了解各零部件的作用和功能			
劳动习惯与品质	具有操作安全意识，主动佩戴防护装备，及时、主动清理操作台，整理劳动工具	具有操作安全意识，主动佩戴防护装备，与同伴一起及时清理操作台，整理劳动工具	不具有操作安全意识，活动参与性与积极性较低			
劳动精神	积极操作与思考，精心设计解决方案，具有不怕麻烦、不怕辛苦、精益求精的劳动精神	排除电水壶故障及清洗的过程中，参与性、积极性较高，认真设计解决方案，较能克服困难	积极性较弱，能够出力劳动，操作较谨慎，不愿克服劳动困难，劳动精神欠缺			

本章小结

日常生活劳动领域的具体内容贯穿各学段，包含清洁与卫生、整理与收纳、烹饪与营养、家用器具的使用与维护四个任务群，具有生活化、操作性强等特点。其中，清洁与卫生任务群可大致分为家庭清洁活动、校园清洁活动、社区清洁活动；整理与收纳任务群蕴含着从熟悉空间到陌生空间，从独立劳动到合作劳动的进阶；烹饪与营养任务群可以理解为实践烹饪和逐步养成健康饮食习惯的完整流程；家用器具的使用与维护任务群则可以从使用、维护两个层面进行理解。概而论之，日常生活劳动对学生发展具有重要的教育价值，主要表现在自我管理意识的培养、生活能力的积蕴、审美价值的涵育等方面。在选择和设计项目时需考虑学段特点、劳动安全性、劳动资源条件等诸多要素。以此为基础进行通盘思考，本章重点呈现了日常生活劳动各学段的劳动课程设计样例，希望能起到一定的启发和借鉴作用。

章后练习

1. 日常生活劳动领域主要包括哪些任务群？

2. 如何理解日常生活劳动领域的各个任务群？

3. 如何选择和设计日常生活劳动领域的劳动项目？

4. 请在日常生活劳动领域任选一个任务群，尝试自主撰写一份劳动教学设计。

拓展阅读

1. 檀传宝. 劳动创造美好生活[M]. 北京：中国劳动社会保障出版社，2020.

2. 曾天山，顾建军. 劳动教育论[M]. 北京：教育科学出版社，2020.

3. 石声汉译著. 齐民要术(中华经典名著全本全注全译)[M]. 北京：中华书局，2015.

4. 柴文刚，穆亚平. 人类功效学及在收纳类家具设计中的应用[J]. 西北林学院学报，2006(03).

5. 杨铭铎. 烹饪加工手段的发展脉络与相关概念的内涵解析[J]. 美食研究，2016(02).

6. 缪学超. 劳动教育进国家课程——英国中小学烹饪课程的演进、经验及启示[J]. 天津师范大学学报(社会科学版)，2021(06).

7. 张倩. 中国中小学生营养与健康改善十年回顾与展望[J]. 卫生研究，2022(05).

8. 杨扬. 成语中的饮食文化研究——评《齿颊生香：饮食文化与成语》[J]. 食品工业，2020(12).

9. 卢航燕. 古诗词中蕴含的饮食文化研究——《人间有味是清欢：古诗词中的风雅饮食》评述[J]. 食品与机械，2022(01).

10. 张自龙. 史学视角下中国传统饮食文化研究——评《中国饮食文化简史》[J]. 食品科技，2020(08).

在线学习资源

1. https://dera. ioe. ac. uk/20511/1/Master _ final _ national _ curriculum _ 140714. pdf

2. http://www. moe. gov. cn/jyb_xwfb/s5147/202205/t20220512_626910. html

第三章

中小学生产劳动课程设计

本章结构图

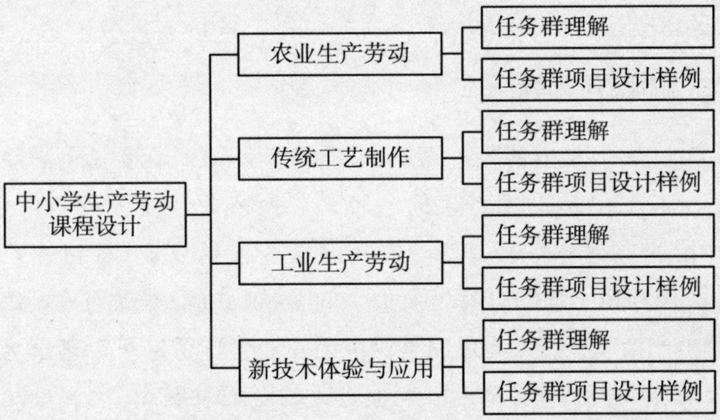

本章概述

本章聚焦生产劳动课程设计，根据《劳动课程标准》精神，将生产劳动进一步细分为农业生产劳动、传统工艺制作、工业生产劳动、新技术体验与应用四大任务群。各任务群首先从学理层面进行解读，包括任务群概述、任务群价值以及任务群的项目内容、项目选择与设计依据等；重点从实践层面进行项目设计，呈现各任务群不同学段的项目设计样例，包括单元教学设计和课时教学设计。

章前导语

生产劳动是《劳动课程标准》明确提出的三大劳动类型之一，具体包含农业生产劳动、传统工艺制作、工业生产劳动、新技术体验与应用四个任务群。如何理解任务群是影响劳动教学设计的重要因素之一，而生产劳动中的各任务群都有其自身特色和独特价值。基于此，本章将以解读任务群为起点，以呈现各学段的具体劳动教学设计为重点，结合理论与实践，旨在为生产劳动领域的课程设计厘清思路、提供借鉴。

关键术语

中小学　劳动教育　生产劳动　课程设计

第一节
农业生产劳动

一、任务群理解

(一)农业生产劳动任务群概述

“农业生产劳动”属于典型的生产劳动，贯穿于1～12年级五个学段的全过程。农业是人类从采集、狩猎的活动中产生的。后来，种植业和畜牧业相依发展。在中国，狭义的农业指种植业或称农作物栽培，广义的农业包括农业(种植业)、林业、牧业、副业和渔业。① 人们利用土地的自然生产力，栽培植物或饲养动物等，以获得所需的产品，这就是农业生产活动。② 劳动课程模块中的农业生产劳动可以理解为学校开展的农业生产活动，以培养学生综合劳动素养，促进人的全面发展。

从古代的铁犁牛耕，到现代化的农业生产，我国有着几千年的农业发展历史。民以食为天，劳以农为基。有研究指出：“农业的产生是人类内在的创造力形成的重要标志，标志着人类由此开始进行真正的生产活动，使人们由纯粹地适应自然到逐渐主动地改变自然，成为食物生产者，这就提高了人类的生存能力，促进了人类自身的发展。”③因此，农业生产劳动是中小学生必须要经历的劳动内容。农业生产劳动以实地体验的形式，把课堂搬到田野中，让学生亲身体验并感受动植物的生长，在躬行过程中学习农业知识，促进有价值的劳动教育落地生根。

(二)农业生产劳动任务群的价值

农业生产与日常生活息息相关，在一定程度上解决了衣食住行等多方面的问题，一直以来都是我国发展的重要根基。农业生产劳动任务群的学习不是纸上谈兵，而应从现实出发。农业生产劳动可以从活动体验中充分发挥教育价值：农业生产劳动的参与涉及视觉、触觉、嗅觉等多处感官体验，学生在切身体验中直观感受劳动过程，获

---

① 中国大百科全书数据库，http://h.bkzx.cn/。

② 人民教育出版社课程教材研究所，地理课程教材研究开发中心：《普通高中教科书·地理 必修 第二册》，54页，北京，人民教育出版社，2019。

③ 胡效月、安成邦：《中国农业起源研究综述》，载《安徽农业科学》，2007(25)。

得动植物生长规律的知识，增强合作劳动能力，形成热爱自然的情感，进而培养辛勤、诚实、合法劳动的优良品质，铸就创造性劳动精神。

首先，农业生产劳动能够促进学科知识的掌握。“橘生淮南则为橘，生于淮北则为枳”，农业生产与自然环境、地理位置和气候条件密切相关。通过参与农业生产，学生可以更真切地领悟书上抽象的知识，学会将理论知识运用于实践操作，真正实现学有所用。同时，农业生产劳动项目可以通过进一步开发，成为生物、地理等基础学科的实践课程或拓展课程。

其次，农业生产劳动能够厚植生态环境意识。参与农业生产的过程就是接触大自然的过程。在教师带领下，学生逐步领悟到大自然的奇妙与伟大，进而产生敬畏自然、爱护自然环境的情感，潜移默化地培养与自然和谐相处的意识和保护环境的习惯。

最后，农业生产劳动能够增强体能锻炼的意识。在插秧、锄草、浇水、施肥、喂养的过程中，学生不再是坐在教室里听教师上课，而是在劳动生产中挥洒汗水。学生不仅能够从中深刻领悟到粮食的来之不易，而且能体会到锻炼身体和增强体能的重要性。

(三)农业生产劳动任务群的项目内容

农业生产可从作物种类、地貌土壤、水文气候、生产技术、生长周期等维度进行系统性分类。一般而言，从作物种类分，常见的农业生产由农作物种植和家禽养殖两大类组成。从劳动生产的过程，劳动教育可以进一步细分为认识农业器具、参与种植或养殖、了解农业技术、探究季节、气候等因素对农业的影响等。

《劳动课程标准》中对于农业生产劳动任务群的要求包括种植和养护常见的水培或土培植物等，饲养小动物等，开展系列化种植或养殖劳动实践，体验先进的种植、养殖方式和方法等。理论上，凡是具有一定教育价值、有较强的可操作性、适合青少年身心发展特点的农业生产活动都可列入项目内容的选择范围。

因此，基于农业生产教育的传统以及《劳动课程标准》的要求，从宏观层面来看，可供选择的农业生产劳动项目基本分为两大类：种植类和畜牧类。常见的种植类农业生产劳动有作物种植、蔬菜种植、瓜果种植等，比如种植水稻、西红柿等；常见的畜牧类农业劳动有动物养护、家禽养殖等，比如小兔子养殖、鸡鸭鹅养殖等。

(四)农业生产劳动任务群的项目选择与设计依据

《劳动课程标准》根据学生的年级特点，对不同学段的项目选择与设计提出了具体建议。除了关注学生身心发展特点和动手能力外，农业生产劳动项目的选择还应考虑地理、动植物生长周期等因素。

1. 依据学段特点选择与设计项目

农业生产劳动作为贯穿全学段的任务群之一，在选择具体活动时应由浅入深，从关注个性到总结共性，从激发学生兴趣到指导学生体验劳动，逐步引导学生从了解农业知识，到体验农业劳动，最后理解农业生产的价值。因此，要在教育过程中彰显各学段活动设计的连贯性。

首先，按照复杂性分配活动，充分考虑各年龄段的学生特点。农业生产劳动教育应该根据任务难度，由易到难地开展，以阶梯式上升的方式呈现。1～2 年级应以培养学生对动植物的爱护之情为主要目标，引导其种植当地常见的水培或土培植物，或者饲养金鱼、桑蚕之类的小动物。3～4 年级可将活动范围扩大到种植瓜果蔬菜或饲养家禽，让学生以直观体验经历蔬菜种植和家禽饲养的过程。5～6 年级将进一步扩大活动范围，学习种植、饲养的具体方法。7～9 年级则开展系列化种植或养殖劳动实践，如组合盆栽、农副产品保鲜与加工、水产养殖等，并在这一过程中，带领学生了解现代农业和传统农业，理解种植、养殖与日常生活及经济发展的关系。10～12 年级可将农业劳动与生物、化学等学科结合起来，引导学生利用学科知识进行农业生产设计，并尝试设计问题解决的策略。

其次，按照自主性推进活动，逐步引导学生独立进行劳动。学习是从依赖教师到独立自主的过程，劳动教育也不例外。1～4 年级倾向于以教师主导为主，学生在教师的引导下逐步了解、参与和体验简单的种植、养殖活动。5～6 年级进入过渡阶段，渐渐开始凸显学生的主体地位，让学生在劳动操作的过程中学习农业知识、体验劳动技能。7～9 年级则要求学生能更独立地进行农业劳动，并能理解农业的地位和与其他行业的联系。10～12 年级的学生要在独立自主的基础上，生成有关农业劳动的创新意识，并通过小组合作等形式进行实践。

最后，按照综合性开展活动，以点带面促进学生融入活动。农业生产劳动的教学目标应从单一走向多元。1～2 年级引导学生了解并记录动植物的生长与养护。3～4 年级带领学生体验技术进步对农业发展的促进作用。5～6 年级则将农业劳动与农业新技术、新模式结合起来，带领学生开展探究学习，同时重视加强道德情感教育，让学生体会到农业生产劳动的价值。7～9 年级则要求学生系统思考，关注农业影响的方方面面。10～12 年级关注学生的多角度思考和多维度视野，由农业生产劳动相关内容延伸出去，开展更多综合性实践。

2. 依据地理因素和生长周期选择与设计项目

不论是种植业还是养殖业，都受到地理因素的影响。所以在设计具体农业生产劳动项目的时候要充分考虑地形、气候、季节等因素，因时、因地制宜，结合当地特色，开展富有教育意义的劳动实践活动。

在地形方面，平原地区地形平坦、土层深厚，适宜发展种植业；山地、丘陵地区地表起伏大，耕作不便，适宜发展林业或畜牧业。山地自然条件的垂直分异，使农作物分布随海拔有所不同。① 在气候方面，我国东部为季风气候，西北部为温带大陆性气候，西南部的青藏高原为高原山地气候；东部季风气候自南向北依次分为热带季风气候、亚热带季风气候、温带季风气候。② 所以，在进行农业生产劳动的活动设计时，要选择适合的当地地形和气候特点的农作物或者动物。此外，“麦到芒种谷到秋，寒露以后刨红薯”“头伏萝卜二伏菜，三伏天里种荞麦”等一系列民间俗语都体现出农业生产劳动项目所具有的很强的季节性，因而在设计项目时同样不能忽视季节这一要素。

在进行农业劳动设计时还要考虑到活动的衔接性和完整性，根据动植物的生长周期，在各学段设计不同难度和灵活实施的活动。1～2 年级以了解基本农业常识为目标，可以选择生长周期较短且易于观察的动植物，让学生在切身实践中简单了解动植物的生长过程。3～4 年级可逐渐尝试将动植物的生长融入校园生活中，在学校中开辟“开心小农场”，让学生在较长时间段内观察动植物的生长，进一步了解种植、饲养方法。5～6 年级可采用项目学习的方式开展实践，带领学生亲身经历动植物生长过程。随着学生的不断发展，7～9 年级对农业生产劳动提出了更加综合的要求，故可选择生长周期较长以及技术含量较高的动植物作为劳动活动对象，将学习周期相应拉长，增强活动的参与感与体验感，以更好地达到教学目标。10～12 年级可基于农业生产过程或技术开展跨学科的大单元学习，充分发挥学生的主体地位，在学科融合中学习知识，提升能力。

二、任务群项目设计样例

项目一　农业生产劳动——《喂养小兔子》(1～2 年级)

【单元简介】

本单元的养殖动物的活动为学生接触自然、生活事物和现象积累有益的直接经验和感性认识。学生在低学段中的农业生产劳动主要以观察和了解为主，通过观察兔子的外形、生活习性和生长环境来学习养殖动物，进一步接触到农业生产劳动。本单元分为两个活动阶段，每一个阶段都是与学生的自身发展水平适配的，在养殖过程中学会发现问题和解决问题。

第一课时：认识家兔；第二课时：喂养家兔。

【单元教学背景】

1. 教学内容分析：该单元主要是让学生对兔子的外形特征进行观察后进一步了解

---

① 人民教育出版社课程教材研究所，地理课程教材研究开发中心：《普通高中教科书·地理 必修 第二册》，56 页，北京，人民教育出版社，2019。

② 同上书，53 页。

兔子的习性并初步喂养。对于第一学段(1～2年级)的学生来说，在认识和喂养的过程中，学生以小组合作的形式，能说出兔子的各种外形特征及生活习惯。以家兔笼养为例，学生能知道笼子可容纳的兔子数量，主动对兔笼进行清洁，具体喂养时兔子的需求量、喂养时间等。从中可以将他们代入到农业生产劳动的情境当中，从低学段开始培养他们农业生产劳动的意识，进而在逐级递增的过程当中潜移默化。

2. 学生情况分析：小学1～2年级学生看待周围事物具有直观、具体、形象的思维特点，此时他们处于劳动意识启蒙初期，对事物有着好奇心和求知欲，对劳动观念的理解还是浅层的，甚至对劳动的观念是缺乏的。从侧面可以说明，学生在劳动教育观念上的可塑性比较强，这个阶段的学生对于小动物也是喜爱和好奇的，学校和家长应当趁此机会，耐心地进行劳动教育方法的指导，从小培养学生积极正面的劳动意识，深化劳动品格教育，养成良好的劳动习惯，能够增加孩子责任心等各方面素养的形成，从而提升他们的自主能力、学习能力甚至合作能力。

【单元教学目标】

1. 经历观察兔子外形的活动，知道兔子的外形，把握兔子的外观情况。

2. 了解一般家兔的生活习性，能说出兔子的基本信息，可以对兔子进行初步科学规划喂养，提升劳动观察能力和动手能力。

3. 经历喂养兔子、照顾兔子的活动，学生在这个过程当中能发生正向的劳动内隐功能，感悟饲养动物的奇趣，使学生树立爱护动物、爱劳动的观念，培养学生的劳动意识和劳动品质，促进学生珍爱劳动成果。

【单元教学重难点】

1. 家兔的生长过程以及生活习惯。

2. 兔子的饮食量、饮食时间段。

【单元课时安排及教学内容简介】

第一课时：认识家兔

在本课时教授的过程中，通过实地对兔子进行观察，进一步通过老师讲解，了解到兔子有什么特征呢？能够观察到什么？兔子身上有什么呢？学生在观察兔子的同时对兔子的外形有一定的了解，了解兔子的基本习性。根据掌握的内容进一步延伸到农业生产劳动的内容当中。

第二课时：喂养家兔

在本课时教授的过程中，根据学生掌握的兔子的生活习性，如喜爱的食物、喂养时间段、食用量等，让学生亲身体验给兔子喂食、对兔子的笼子进行清洁等，从中体会劳动的乐趣。鼓励学生分享劳动过程中的体验和乐趣以及相应的劳动成果，让学生懂劳动、爱劳动。

【单元教学活动准备】

1. 劳动场域：校园养殖场。

2. 劳动组织形式：(1)课前分组——根据具体任务群，建议4～6人一组，说明小组分工；(2)确定给各组的劳动任务及任务量。

3. 劳动工具与材料：(1)小兔子；(2)定量胡萝卜、青菜或谷物等；(3)水壶；(4)盛食物和水的碗。

4. 劳动安全注意事项：

(1)门窗开关时需注意安全。

(2)喂养时要和兔子保持距离，兔子易受到惊吓，保持安静。

【单元教学过程设计】(见图3-1)

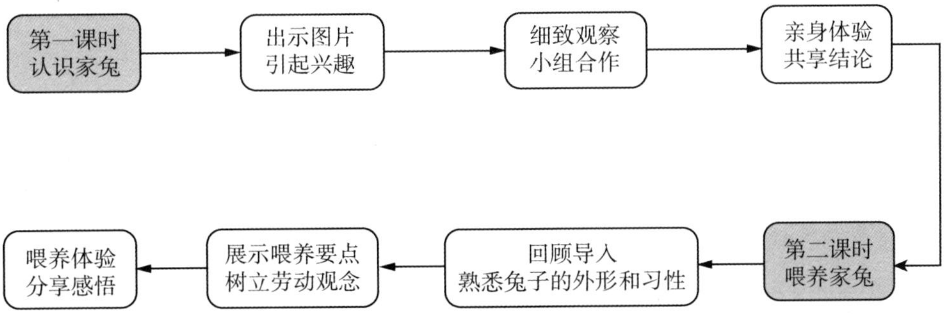

图3-1　单元教学过程设计

【单元教学效果评价】

1. 评价内容：主要从劳动规范、劳动成果、劳动精神、劳动观念、劳动能力以及劳动习惯和品质六个方面进行评价。考查学生在劳动过程中是否能够完整地说出兔子的外形且掌握兔子的生活习性和生长环境，并能够独立对兔子进行喂养；是否能够完整地进行对兔子仔细观察、掌握兔子的生活习性和生长环境、亲自喂养活动，并准确知道兔子的饮食需求；在劳动过程中是否积极参与，以劳动过程中的积极性和主动性为考查内容；考查学生在观察、了解兔子的生活习性以及动手喂养方面的能力，并能整理好劳动场所；是否能够主动参与到观察、了解农业劳动的过程当中，具备坚持不懈的劳动耐力，产生合作共赢的劳动素养。

2. 评价主体：采用小组评价和教师评价两种评价方式。学生每4人为一组，在实践劳动结束后，小组完成一幅小兔子的图画，并标上兔子的身体各部位的名称。随后，教师总结画画过程中存在的问题并进行纠正，对评选出的“画画小达人”给予积分奖励。

3. 评价工具：主要使用“星级评价表”的形式，记录学生在本课程学习和劳动过程中的积分，以积分多少的形式表示学生课程掌握的程度，能够跟踪学生的学习情况和学生的能力发展情况。

4. 评价方法：采用过程性评价和结果性评价相结合的评价方式。过程性评价主要解决学生在每节课学习过程中出现的问题，教师及时进行跟踪和纠正。结果性评价是对学生在整个劳动活动课程中的表现进行全面评价。

第一课时：认识家兔

【教学目标】

1. 认识常见的家养兔子，亲身观察兔子的外貌特征。

2. 了解观察兔子外形的基本方法，能知道兔子的基本生活习性，培养学生的观察能力。

3. 开展观察兔子的外形和了解兔子的基本习性的活动，学生能够描述兔子的外形和说出基本习性；在学生观察的过程中培养他们的坚持和耐心，认识到生活当中要尊重劳动者，促进学生享受自身的劳动成果，明白亲身劳动才能够收获的道理。

【教学重难点】

1. 兔子的外形特征。

2. 兔子的生活习性。

【教学准备】

1. 学生分组(5 人为一组)。

2. 场地和材料：教室、兔子一只、课件。

【教学过程】

板块一：出示图片，引起兴趣

1. 情境导入：同学们，我们在生活中有接触过什么动物吗？(举例：小猫、小狗、小鸟……)看来同学们都很喜欢小动物呢，今天老师想带同学们一起来重新认识一下某种小动物。你们能猜一猜是什么动物吗？(引导出示幻灯片兔子的图片)

2. 教师启发提问：

问题一：这是什么动物？它是不是很可爱？(师生共同交流)学生回答，引出课题认识家兔。

问题二：同学们有见过兔子或者家里养过兔子吗？简单告诉老师对兔子的一些认识。(学生积极发言，教师做总结)

【设计意图】

展示图片引起兴趣和话题。由于是 1～2 年级的学生，可以不用讲授过多深层次的劳动知识，需要考虑他们的发展水平，可以直观表达，让他们用眼睛去看兔子。

板块二：细致观察，小组合作

出示不同的兔子图片，进行观察，将一只准备好的兔子轮流交给学生小组观察其外形特征。

1. 对学生提出相关的观察要求

小兔子的身上有什么呢？

小兔子和小猫小狗哪里不一样呢？

小兔子和小兔子之间又有什么不一样呢？

学生根据问题进行独立思考，观察后进行汇报(如兔子的大小等)。学生观察到的内容：兔子有两只长长的耳朵、短短的尾巴、四条腿，眼睛有不同的颜色，红色和蓝色等，兔子的毛也有不同的颜色，但大部分是白色，也有棕色和黑色，兔子的大小也不同等。

图 3-2　家兔的基本结构

2. 教师追问

问题一：同学们，你们在观察的过程中，可以和小兔子成为好朋友吗？(学生积极回答：好)

问题二：看老师给同学们带来了一段关于兔子生活习性的视频，大家把注意力集中起来，我们一起来看一看，你们有什么发现？看完之后小组讨论，一起分享。(学生以小组为单位积极讨论，教师在这个过程中巡察，倾听，解惑)

讨论：

小兔子喜欢安静，需要避免刺激它；

在家养兔子，一般来说兔子住在笼子里；

小兔子在吃饭、喝水时要注意合适的量……

【设计意图】

在观察的过程当中，学生积极参与观察过程是好的，因为本课时主要是以观察为主，学生专注于观察就达到了我们的教学目标之一，低学段的孩子在直观地参与表达中，能够更好地掌握本节课的劳动知识，从而实现劳动的正向内隐功能。

板块三：亲身体验，共享结论

1. 合作交流，展示汇报

(1)同学们，你们和小兔子成为好朋友了吗？教师请学生上来和全班分享内容，你们组的同学观察到了什么。(请学生上台发表自己观察到的)

(2)学生观看总结兔子的生活习性：在家喂兔子可以喂兔粮和干草，因为兔子是草食性动物，不能只吃兔粮，一天早晚各一次就可以，但要适量；兔子六个月前不适合吃胡萝卜、青菜，容易拉肚子，水是可以一直加的；兔子也有一个家，笼子就是兔子的家；兔子不怕冷但很怕热；等等。

2. 总结交流，回顾知识

初步解释本节课与劳动的关联性，今天同学们都认识了小兔子，回家和爸爸妈妈分享一下今天你们做了什么。最后教师再次问学生本节课学了什么，学生反馈本节课主要观察小兔子的外形和了解小兔子的生活习性。完成一幅兔子的图画，再标上身体部位。

【设计意图】

总结本节课，让学生到讲台上分享观察结果，让学生做小老师，培养学生的独立能力和劳动意识，同时让学生从代表动物类比到其他动物，从而达到本单元的教学目标。

【劳动评价】(见表 3-1)

表 3-1　星级评价表

项目内容	自我评价	同伴评价		指导教师评价	
	☆☆☆☆☆	☆☆☆☆☆	评价人	☆☆☆☆☆	评价人
说出兔子的外形					
了解兔子的生活习性					
正确观察参与讨论					
完成兔子图画					

第二课时：喂养家兔(略)

项目二　农业生产劳动——《我会种生菜啦》(3～4 年级)

【单元简介】

本单元以生菜为例展开农作物种植活动，围绕农业生产劳动，带领学生直接体验、亲身参与，激发学生的好奇心和探索欲望，在知识普及和动手实践中初步习得常见蔬菜的种植方法，规范使用劳动工具，体会劳动乐趣，并进而形成崇尚劳动、热爱劳动、尊重劳动人民的思想感情。在本单元的学习过程中，学生通过认识生菜、种植生菜学会生菜的种植和养护方法，体验完整的农业生产过程。两个活动相互衔接，活动顺序循序渐进。

第一课时：认识生菜；第二课时：种植生菜。

【单元教学背景】

1. 教学内容分析：针对 3～4 年级的学生，农业生产劳动教育要求学生体验常见蔬菜种植的一般方法，初步形成关爱生命、尊重自然、热爱劳动的劳动观念；在实践过程中能够积极探索、勤俭节约、不怕困难、学会与他人合作，养成有始有终的劳动习惯，明白“一分耕耘，一分收获”的道理。

2. 学生情况分析：小学 3～4 年级是低年级向高年级的过渡期，也是学生成长的关键时期。此时学生的性格外向、思维活跃，并且逐步形成了自我意识，从他律向自律发展、从被动学习向主动学习迈进，正是需要引导、尝试探索的时候。但由于缺乏正确的劳动认知，对“体力劳动”与“劳动光荣”的认识浅薄，学生存在轻视劳动、不愿意劳动、不珍惜劳动成果等突出问题。加之，现在的学生多数为独生子女，父母溺爱而且仅仅关注学习成绩等因素导致学生无法体会劳动的乐趣，更无法感受到体力劳动者的辛苦。这不利于促进学生的劳动观念、劳动能力、劳动精神、劳动习惯和品质的培养。因此，本单元课程带领学生开展生菜种植活动，让学生亲身参与到农业生产劳动中，提高学生的劳动素养。

【单元教学目标】

1. 了解生菜的起源、品种、播种时间和食用价值；正确认识喷壶、镊子、小铲子等劳动工具，正确认识颗粒石、培养土等种植材料，并学会它们的使用方法；掌握播种、浇水、间苗、追肥、采摘等种植要领，并将它们运用到日常生产劳动中。

2. 经历生菜种植的完整过程，体会收获的快乐，体会到一切幸福都是劳动带来的，初步形成尊重劳动、尊重普通劳动者、热爱劳动的思想感情。

3. 经历同伴合作种植生菜的规划与实践，体验合作劳动的优势，培养完成劳动任务所需的设计能力、操作能力以及团队合作能力，增强团队凝聚力，初步养成有始有终、专心致志的劳动习惯和品质。

4. 经历种植生菜的劳动付出，体会劳动者的艰辛，珍惜劳动成果，正确理解美好的生活离不开各行各业的劳动者的意义，在此基础上，初步培养学生的勤俭、奋进、创新、奉献的劳动精神。

【单元教学重点】

1. 生菜的起源、品种、播种时间和食用价值等相关农作物知识。

2. 生菜种植过程的步骤要领。

【单元教学难点】

1. 喷壶、镊子、小铲子等劳动工具的使用方法。

2. 颗粒石、培养土等种植材料的使用方法。

【单元课时安排及教学内容简介】

第一课时：认识生菜

首先向学生提问日常生活中吃过的或认识的蔬菜，导入本课的学习对象——生菜。从学生印象中的生菜的样子开始讨论并展示图片、观察实物，了解生菜的外形特征；讨论生菜的吃法、味道并展示课件。激发学生学习兴趣并初步认识生菜。然后通过多媒体课堂，图、文、声并茂地让学生掌握生菜的基本信息，包括生菜的起源、形态、品种、食用价值、最佳播种时间等知识。随后，分发生菜种子，引导学生观察并总结出生菜种子的特点。

详细介绍种植生菜所使用的喷壶、镊子、小铲子等劳动工具，颗粒石、培养土等种植材料及种植的基本步骤和要领等理论知识，并播放相关视频资料，让学生掌握播种、浇水、间苗、追肥、采摘等农业生产方法。随后，观看生菜生产价值的相关视频资料，师生交流感受。让学生体会“一分耕耘，一分收获”的内涵，明白“劳动是一切幸福的源泉”的道理，形成珍惜劳动成果的意识。最后，学生自主进行阅读回顾，教师提问，确保学生掌握生菜种植过程。

在这一课时让学生体会劳动的可贵和劳动成果的珍贵，初步形成尊重劳动、崇尚劳动的观念。

第二课时：种植生菜

首先教师将学生分为 4～6 人的小组，组织学生明确小组成员的分工。

其次，各小组按步骤有序开展种植活动，教师巡视，注意维持秩序、确保学生安全，及时纠正学生不正确的做法或答疑。完成种植任务后，组织学生将工具和容器放置到指定地点，打扫卫生、洗手并回到教室。在这一过程中让学生正确使用劳动工具，学会与他人合作，养成有始有终、专心致志的劳动习惯和品质，提高劳动能力。

交流种植活动的感悟，分享在种植过程中遇到的问题或者活动感悟。例如：泥土会把手弄脏，铲子、镊子、喷壶、木板等工具各有重要的用途，不完全按照要求来操作就可能出现问题，和小伙伴们分工明确完成任务会轻松很多等。教师趁热打铁追问学生感悟，让学生懂得劳动人民不怕脏、不怕累，劳动人民很辛苦，团结合作可以解决困难，我们要珍惜粮食、珍惜他人劳动成果，我们要尊重劳动、热爱劳动，劳动才能换来幸福等道理。

再次，教师可做总结：作为新时代的小学生，要尊重劳动、尊重劳动者、热爱劳动、崇尚劳动，在生活中，同学们要主动参与劳动，在此过程中学会团队合作、有始有终，用辛勤和汗水收获快乐和幸福，珍惜自己和他人的劳动成果。

最后，教师可以视具体情况，按照生菜生长的阶段，带领学生完成浇水、间苗、填补土壤、施追肥等任务。

【单元教学活动准备】

1. 劳动场域

(1)普通多媒体教室或学校农业生产劳动教育专业教室。

(2)城市学校“校园小农场”或校外农业生产劳动教育基地/农村学校附近的农田或学生家中农田。

2. 劳动工具与材料

以容器内种植为例：

(1)工具：喷壶、剪刀、镊子、小铲子。

(2)材料：容器、种子、颗粒石、培养土、木板、报纸、水。

(3)工具、材料数量满足人员需求：上述工具、材料每一组一份(其中报纸、种子若干，水适量)。

3. 劳动组织形式：

课前分组：

(1)4～6人一组，按种植步骤分工。

(2)每小组完成一次容器内生菜种植。

4. 劳动安全保障：

(1)活动时保持良好秩序，不可吵闹、追逐。

(2)不允许拿劳动工具玩耍。

【单元教学过程设计】

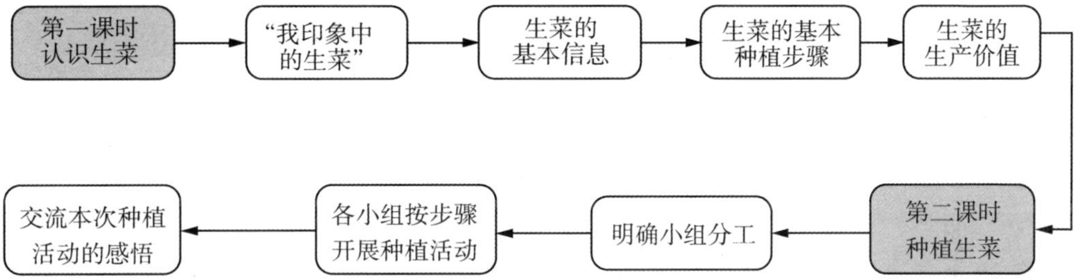

图 3-3　单元教学过程设计

【单元教学效果评价】

1. 评价内容：课堂上，能否做到保持安静、专注听讲、细致观察、积极交流；劳动过程中，种植材料的使用是否正确，种植步骤的操作是否规范，活动纪律是否良好；劳动成果上，种植活动的完成度、规范度如何；劳动素养上，能否尊重劳动、尊重普通劳动者、热爱劳动，认识到美好的生活离不开各行各业的劳动者；劳动能力上，能否正确使用劳动工具，养成完成劳动任务所需的设计能力、操作能力以及团队合作能力；劳动精神上，能否体会到一切幸福都是劳动带来的，初步具备勤俭、奋进、创新、奉献的劳动精神；劳动习惯和品质上，能否与小组成员合作劳动，做到有始有终、专心致志，珍惜劳动成果。

2. 评价主体：课堂教学过程中的学生表现以教师为评价主体，侧重于学生上课时各环节的积极性、纪律性等方面。动手操作环节由学生本人、同伴和老师共同评价，学生本人评价反馈出自我的认知，同伴评价反馈出小组合作中彼此的观察和体验感，教师评价则侧重于整体的完成情况、操作规范及活动纪律等方面。

3. 评价工具：以星级评价表为主。星级评价作为良性竞争的一种方式，以五角星鼓励学生，不仅激发学生的学习动力，而且在评价中体验获得的快乐。

4. 评价方法：本单元教学过程中，不以单一的结果为评价依据，而是根据课堂学习和实践操作全过程的学习态度、劳动观念、劳动能力、劳动习惯和品质、劳动精神等做出评价，了解学生的发展和存在的问题。

第一课时：认识生菜

【教学目标】

1. 了解生菜的起源、品种、播种时间和食用价值；正确认识喷壶、镊子、小铲子等劳动工具，正确认识颗粒石、培养土等种植材料，并学会它们的使用方法；掌握播种、浇水、间苗、追肥、采摘等种植要领。

2. 经历生菜的食用方法、食用价值的讨论和生菜的基本信息的学习过程，学会珍惜劳动成果，体会到“一切幸福都是劳动带来的”，初步形成尊重劳动、尊重普通劳动者、热爱劳动的思想感情。

3. 经历生菜种植的完整过程的学习和梳理，初步体会劳动者的艰辛，珍惜劳动成果，正确理解美好的生活离不开各行各业的劳动者的意义，在此基础上，初步培养学生的勤俭、奋进、创新、奉献的劳动精神。

【教学重点】

1. 生菜的起源、品种、播种时间和食用价值等相关农作物知识。

2. 生菜种植过程的步骤要领。

【教学难点】

喷壶、镊子、小铲子等劳动工具和颗粒石、培养土等种植材料的使用方法。

【教学准备】

1. 课件，包含生菜及其种植的图文和视频资料。

2. 一株生菜。

3. 若干生菜种子。

【教学过程】

课堂导入

教师：在我们的日常生活中，大家都吃过或者认识哪些蔬菜呀？（预设：学生举例回答，青菜、白菜、萝卜、西红柿……）播放课件展示各种蔬菜图片。

教师肯定学生的回答，引出课题——认识生菜：今天我们要一起来学习一种生活中十分常见的蔬菜——生菜。播放课件展示生菜图片。

板块一：“我印象中的生菜”

1. 教师：在同学们的印象中，生菜是什么样子的呀？（预设：颜色有绿的有紫的、叶薄茎厚)教师肯定同学们的回答并将生菜传递观察，结合课件展示不同品种生菜的图片。

2. 教师：大家讲一讲你平时生菜都是怎么吃的呀？学生回答。

3. 教师肯定学生的回答，展示课件并总结。(预设：炒着吃、做沙拉吃、涮火锅吃、包烤肉吃、夹在汉堡包里吃……)(见图 3-4)

图 3-4　生菜吃法

板块二：生菜的基本信息

1. 讲解关于生菜的基本信息

基本信息包括生菜的起源、品种、播种时间和食用价值。

在课前学生收集资料的基础上，以讨论、交流、分享和补充的形式展开学习。包括且不限于以下基本信息：

生菜，属菊科莴苣属，为一年生或二年生草本作物，由野生种驯化而来，古希腊人、罗马人最早食用，生菜传入中国的历史较悠久。

生菜依据叶的生长形态可分为结球生菜、皱叶生菜和直立生菜。

生菜不耐寒也不耐热，生长适宜温度为 15℃～20℃，种子在 4℃时即可发芽，高于 30℃时几乎不发芽。生育期 90～100 天。

生菜熟食、生食皆可，它的营养价值丰富，并且具有多种药用和保健价值。

教师指导学生用自己的话介绍生菜，包括生菜的起源、品种、播种时间和食用价值等相关农作物知识，了解学生掌握情况。

2. 指导学生观察生菜种子

教师分发生菜种子，学生观察。提问：大家发现生菜的种子有哪些特点呀？学生回答，教师总结。(预设：很小，像芝麻一样，梭形，灰白色、棕黑色……)

板块三：生菜的基本种植步骤

首先，播放生菜种植的相关视频资料，以视频的形式吸引学生注意力，让学生大致了解生菜种植的全过程。

其次，播放课件，展示视频和图片资料，教师介绍颗粒石、培养土等种植材料并讲解条播、点播、散播、间苗、追肥等农业生产方法。

最后，结合课件和教材图片，分步骤讲解并强调注意点。步骤如下：

准备一个容器，先在容器的底部铺一层颗粒石，再倒入培养土，如果采用条播的方法(也可以选用点播、撒播),可以用木板在容器上划出平行的浅沟(在田地中也可以使用木棍、锄头等工具)。

采用条播法,即将种子播入划好的浅沟中;采用撒播法,即将种子均匀地播撒在容器里。播种后不要覆土,可以用手将种子轻轻地压入土壤中。

在种子发芽前,为了避免土壤干燥,可进行浇水。浇水时先在土壤上方垫一层报纸,然后将水慢慢地浇在报纸上(垫上报纸可以防止浅埋在土壤中的种子暴露出来),当种子发芽的时候就可以将报纸拿走了。

当完成了上述的步骤后,就开始等待发芽。一般生菜播种后 7 天左右开始发芽,再过大约 15 天就能慢慢长出叶子。

后续的养护方法:

在叶片还小的时候就要及时进行间苗处理,处理掉过于拥挤的菜苗,并且要在剩下的菜苗根部周围填补土壤,防止菜苗支撑不够而歪倒。

间苗并不是只需要进行一次,在生菜生长的过程中如果再次出现菜苗拥挤的情况,就要再次进行间苗。注意!第二次间苗处理出来的叶片就可以食用了。

在间苗时填补的培养土要事先进行配置,要混合适量的追肥(在植物生长期间施用的肥料,用来补充和调节植物营养,主要是氮磷钾肥)。

一般在生菜播种两个月的时候就可以收获(或者在生菜长出 10 片叶子的时候收获)。收获时先摘取外围的叶片,由外而内。可以在盆中保留部分叶片让其继续生长,延长收获的时间。

如果在采摘生菜时发现植物基部的叶片已经变硬了,就不要将其保留了,直接从根部剪断,收获整株生菜。①

第一步　装土

第二步　播种

第三步　浇水

第四步　护养

第五步　首次间苗

第六步　第二次间苗

第七步　追肥

第八步　采摘

教师采用指名学生回答、快问快答、抢答游戏等方式提问生菜种植过程的步骤要领,喷壶、镊子、小铲子等劳动工具和颗粒石、培养土等种植材料的使用方法,了解学生掌握情况。

板块四:生菜的生产价值

教师:相信同学们现在对于生菜的种植步骤已经十分熟悉了,那生长完成的生菜

① 慢生活工坊:《绿色蔬菜栽培入门手册》,48 页,福州,福建科学技术出版社,2018。

经历了怎样的采摘过程呢？收获之后的生菜又去到了哪里呢？

教师播放视频资料，展示生菜从种植、采摘到运输、销售，最终成为人们日常生活中重要的菜肴之一的过程。引导学生展开交流，分享自己的感悟。

教师总结，蔬菜、水果、粮食……我们日常生活中必不可缺的食品，看似触手可得，但是“一分耕耘一分收获”，在这背后有农民不懈的辛勤劳动，我们要尊重劳动者，在享用他人劳动成果的时候要懂得珍惜、懂得感恩。我们自己在日常生活中，也要明白“劳动是一切幸福的源泉”的道理，我们要崇尚劳动、热爱劳动，养成勤俭、奋进的习惯，用自己的努力不断创新，乐于奉献。

课堂讲解完成，学生自主进行再次阅读回顾，教师提问，确保学生掌握生菜种植过程，为第二课时生菜种植做铺垫。

【劳动评价】（见表 3-2）

表 3-2 星级评价表

班级：	姓名：	
课堂流程	评价标准	评价等级
课堂导入	迅速进入上课状态，积极参与互动交流。	☆☆☆☆☆
“我印象中的生菜”	注意力集中，积极举手发言。	☆☆☆☆☆
了解生菜的食用价值	初步体会劳动成果的珍贵价值，体会到“一切幸福都是劳动带来的”，初步形成尊重劳动、尊重普通劳动者、热爱劳动的思想感情。	☆☆☆☆☆
观察生菜种子	保持安静，细致观察，描述时做到准确、完整。	☆☆☆☆☆
学习生菜种植的基本步骤	专注听讲，自主阅读时不做与课堂无关的事情，能够掌握并复述生菜的种植过程。	☆☆☆☆☆
	初步体会劳动者的艰辛，珍惜劳动成果，正确理解美好的生活离不开各行各业的劳动者的意义，在此基础上，初步形成勤俭、奋进、创新、奉献的劳动精神。	☆☆☆☆☆

第二课时：种植生菜（略）

项目三 农业生产劳动——《红薯种植与栽培》（5～6 年级）

【单元简介】

本单元的红薯种植与栽培活动是基于劳动课程开设的农业生产劳动领域，共分为传统种植栽培技术实践和现代化种植栽培技术知识拓展两个子单元。学生通过两种各具特色的差异化种植栽培技术的实践和学习，了解不同种植栽培技术的优缺点及其对农业生产活动的影响，积累接触自然现象、生活事物的直接经验和加强感性认识。学生通过直接感知植物的生长条件、体验使用传统种植栽培工具和实际操作红薯秧苗的种植栽插进行种植栽培技术的初步实践，进而学习了解现代化红薯种植栽培技术相关工序，形成科技助力生产、科学提质劳动的认识。

本单元分为三个课时，每个阶段的活动都是伴随着学生在实践过程中的问题和需要生成的，让学生经历感受由浅入深的劳动过程，在实际操作与认知深化中逐步提升农业生产劳动能力。

第一课时：红薯秧苗的种植栽插；第二课时：红薯秧苗的养护管理；第三课时：现代化种植栽培技术拓展。

【单元教学背景】

1. 教学情况分析：根据《劳动课程标准》的相关要求，针对农业生产劳动这一任务群，第三学段(5～6年级)学生需要掌握1～2种当地常见的蔬菜、盆栽花草、果树等种植与养护知识和技能，体验简单的种植生产活动，初步学习种植的基本方法。学生经历持续性的农业生产实践活动，进一步感受生产劳动的艰辛和不易，养成持之以恒的劳动品质，形成热爱自然、热爱土地的情感态度。

本单元的学习通过体验实践传统生产技术和拓展了解现代化生产新技术新模式相结合，探究、考查学生亲历劳动实践和现代农业技术的优缺点及其对农业生产活动的影响，分析总结科学技术进步对农业生产劳动的积极意义和社会价值。本单元的学习让学生形成对农业生产技术的直接经验和对科学技术进步助力社会生产效率提高、科学生产方法提高生产劳动质量的感性认识。

2. 学生情况分析：小学5～6年级的学生对生活的探索欲与好奇心增强，热衷于动手实践，自主性进一步增强，逻辑思维与创造性思维开始在思维中占优势，但除了课程教学上的实践活动外，平日动手机会较少，降低了学生参与劳动的积极性，不利于学生进行劳动兴趣的培养与劳动素养的提高。

为此，组织5～6年级学生开展植物种植栽培活动，让学生动手实践、出力流汗，接受锻炼、磨炼意志，培养学生正确的劳动价值观和良好的劳动品质。

【单元教学目标】

1. 掌握红薯种植栽培的知识和技能，知道红薯种植栽培及田间管理技术的操作流程和注意事项，了解劳动实践所需工具的用途，能够通过红薯秧苗的种植栽插实践活动，学会正确合理使用锄头、铁耙等劳动工具。

2. 经历红薯秧苗选取与处理、秧苗种植栽插、覆土浇水灌溉等过程，学会红薯秧苗种植栽插的科学规范的实践操作方法；发展观察遴选能力、分析总结归纳的能力和合作探究的精神；体验劳动的艰辛，尊重从事农业生产工作的劳动者，珍惜餐桌上的粮食，养成勤俭节约的生活习惯和热爱生活的积极态度。

3. 经历红薯秧苗养护与田间管理以及拓展了解现代化生产新技术新模式，学会运用科学的施肥技术和田间管理措施进行红薯秧苗的养护，懂得科技推动生产劳动的重要意义，形成吃苦耐劳、不畏艰辛、积极探索、追求创新的劳动品质，懂得“美好生活是靠双手创造出来的”的道理。

4. 积极主动参与红薯秧苗的种植栽插和养护管理活动，形成安全劳动、科学规范操作、持之以恒的劳动习惯，培养劳动效率意识、劳动质量意识和劳动安全意识，能够积极主动解决红薯秧苗种植栽插和养护管理过程中遇到的问题。

【单元教学重难点】

教学重点：

1. 劳动工具的认识与使用。

2. 种植栽培红薯秧苗的流程及田间管理技术。

教学难点：

移栽和扦插两种种植栽培技术的优缺点及其影响。

【单元课时安排及教学内容简介】

第一课时：红薯秧苗的种植栽插

本课时教师首先通过展示红薯秧苗开展实物教学，指导学生通过观察红薯秧苗，初步得出适宜栽种的红薯秧苗所具备的特点，并借助图片等形式拓展红薯的相关科学知识，深化学生的课程理解。其次，教师向学生介绍秧苗的选取和处理方法，指导学生完成种植栽插前的准备。再次，教师介绍劳动所需工具及使用方法，讲解红薯种植栽培步骤和技术要点。最后，学生分组进行红薯秧苗栽插的劳动实践，教师及时提供帮助与指导，并开展劳动成果评价与课程总结。

第二课时：红薯秧苗的养护管理

本课时教师首先通过引导学生观察已种植秧苗出现的变化与问题，指导学生进行组内交流讨论。其次，教师结合学生交流结果讲解红薯施肥技术、田间管理技术以及红薯收获条件。最后，学生分组进行劳动实践，教师及时提供帮助与指导，并开展劳动成果评价与课程总结。

第三课时：现代化种植栽培技术拓展

本课时教师首先通过指导学生开展组内交流，反思总结前两课时劳动实践中出现的问题及传统种植栽培技术的优缺点。其次，教师借助多媒体视频素材，向学生介绍现代化种植栽培技术及其相关工序。最后，教师指导学生以小组辩论赛的形式对不同种植栽培技术的优缺点进行辩论分析并进行总结展示。

【单元教学活动准备】

1. 劳动场域：校园劳动教育实践基地。

2. 劳动工具与材料

(1)工具：尖头铁锹、锄头、铁耙、手套、洒水壶、喷壶、小铲。

(2)材料：红薯秧苗、50%多菌灵 700 倍液或 4%甲基丙磷 300 倍液、有机肥、复合肥、除草剂、除虫剂。

(3)工具材料数量满足人员需求。

3. 劳动组织形式

(1)课前分组。根据具体任务群，建议 4～6 人一组，说明小组分工。

(2)确定各组的劳动任务及任务量。

4. 劳动安全保障

(1)劳动纪律要求。

①积极参加完成学校劳动课程规定学时，从劳动实践中培养热爱劳动和劳动人民的美德，避免产生好逸恶劳、拈轻怕重、怕苦怕脏的错误思想。

②听从任课老师指挥，服从任课老师安排，按时按质按量完成劳动实践任务。

③爱护劳动工具，爱护劳动成果，坚决反对践踏庄稼、破坏工具、侵占劳动成果等错误行为。

④劳动实践时，要加强团结友爱、发扬协作精神，工具使用结束后有序放好。

⑤劳动实践时，要注意保护自身安全，避免危险操作，坚决杜绝事故发生。

(2)注意事项。

①劳动实践课程上要遵守劳动纪律，服从任务分配，听从教师指挥。

②劳动实践过程中要认真听取教师的讲授，记住劳动操作程序，领会劳动操作要领；要虚心接受教师指导，切勿蛮干、瞎干。

③劳动实践过程中要保护好自身安全，不要和同学玩耍打闹，特别是使用工具时严禁嬉戏、追逐、打闹，在指定的活动场所内参加劳动实践。

④劳动实践过程中有突发情况，要立即向任课教师报告。

【单元教学过程设计】(见图 3-5)

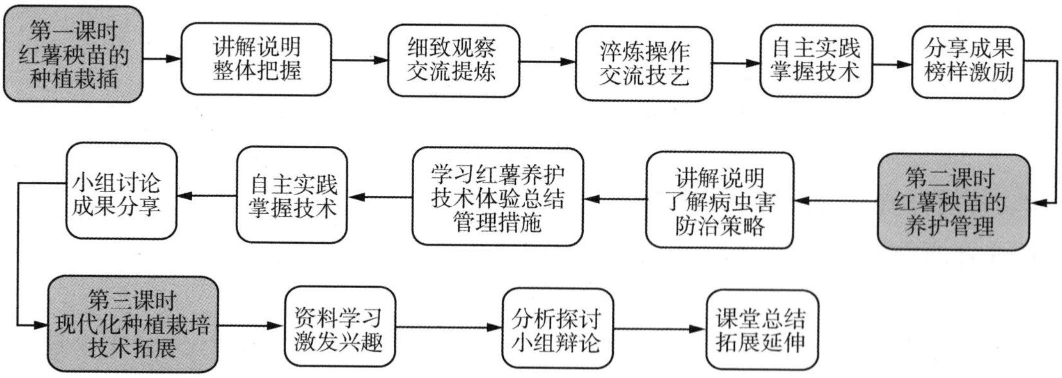

图 3-5 单元教学过程设计

【单元教学效果评价】

1. 评价内容：能够正确合理使用劳动工具，遵循科学安全的劳动实践要求，主动擦拭劳动工具、收纳剩余材料，工具用后归位，能认真主动地清理劳动场所；能够正确选取秧苗；土地深耕适当，沟深一致；秧苗栽插时能够直立，注意埋叶，覆土灌溉适当；热爱劳动，感受劳动价值，劳动兴趣浓厚，充分体现吃苦耐劳、不畏艰辛、积极探索、追求创新的劳动精神；学会红薯种植栽培与养护的知识和技能，增强操作能力及团队合作能力；能够主动劳动，养成积极肯干、不怕脏累、操作谨慎、精益求精的良好劳动习惯。

2. 评价主体：以自我评价与同伴评价为主，教师评价为辅。学生不但要对自我劳动效果进行评价，而且需要根据具体实践后的情况进行同伴评价。学生自评的形式可以使学生增加参与活动的积极性。他评（教师和同学评价）与自评两者的结合有助于提高学生自评的能力，同时增加评价的科学性与客观性，充分发挥学生劳动的自主性，互相学习，自我反思，取长补短，共同进步。

3. 评价工具：选择等级综合评价表，可以避免宽松的误差，同时对学生的掌握情况有一个良好的区分，方便教师提出改进建议。

4. 评价方法：采用形成性评价和终结性评价相结合的方法。形成性评价主要体现在学生在学习红薯种植栽培相关理论知识及动手操作体验种植栽培红薯的实践过程中，教师对他们提出改进措施或优化建议；终结性评价是指在整个实践活动结束后进行多方面的综合评价。

第一课时：红薯秧苗的种植栽插

【教学目标】

1. 认识红薯秧苗的特点及红薯的生长习性，了解种植红薯的历史和红薯的营养价值，知道红薯的种植方式及秧苗的最佳种植栽培时期。

2. 知道尖头铁锹、锄头、铁耙、小铲等劳动工具在种植栽培红薯秧苗过程中的用途，学会这些工具的使用。

3. 经历红薯秧苗选取与处理、秧苗栽插、覆土浇水灌溉等过程，学会红薯种植栽培的科学规范的实践操作方法；发展学生观察遴选能力、分析总结归纳的能力和合作探究的精神；体验劳动的艰辛，尊重从事农业生产工作的劳动者，珍惜餐桌上的粮食，养成勤俭节约的生活习惯和热爱生活的积极态度。

【教学重难点】

教学重点：

1. 红薯育苗方法，选择合适的红薯秧苗。

2. 锄头、铁耙等劳动工具的使用方法。

教学难点：

1. 辨别秧苗差异，选取壮苗并进行科学处理。

2. 种植地选择和种植方式，种植栽培的技术要点和基本方法。

【教学准备】

1. 学生分组：建议 4～6 人一组。

2. 材料与工具：红薯秧苗、50％多菌灵 700 倍液或 4％甲基丙磷 300 倍液、有机肥、复合肥、除草剂、除虫剂。

3. 课前调查活动：学生通过查阅相关资料了解我国红薯引入、种植栽培的历史，以小组为单位绘制调查小报。

【教学过程】

板块一：讲解说明，整体把握

1. 观察实物，初识红薯

出示红薯秧苗(红薯藤)，每组 3 棵。

问题一：同学们，请大家仔细观察手中的秧苗，思考一下这是什么植物的秧苗呢？

(红薯)

问题二：大家说一说，红薯秧苗都有哪些特点呢？

(茎皮光滑、叶片肥厚、颜色较深，顶三叶齐平，节间短，茎粗壮，有 6 个左右展开叶)

2. 结合图片，了解红薯

问题一：同学们，关于红薯你都了解哪些知识呢？(师生交流)

(红薯属双子叶植物，实生苗最先露出 2 片子叶，接着在其上发生真叶。红薯的茎通常叫作蔓或藤，主蔓上长的分枝叫作侧蔓。红薯的果实和牵牛花的果实相同，是圆形或扁形的蒴果，果皮成熟时变成枯黄色或褐色。红薯喜光，在光照充足的情况下，叶色较浓，叶龄较长，茎蔓粗壮，茎的输导组织发达，产量较高)

过渡语：在课前老师布置了一项关于红薯引入和种植历史的调查活动，并让大家绘制了调查小报。下面请各小组派一位代表给大家展示本组的调查成果，并进行介绍。

活动一：小组展示、讲解汇报

问题二：红薯能成为我国农业生产的重要农作物，说明它具有很高的营养价值。那谁来说一说红薯有哪些营养价值呢？

活动二：观看相关视频，了解营养价值

学生在认知红薯营养价值过程的基础上，结合自身生活经历分享对于红薯外观和味道的印象与感受，进一步理解本课学习红薯种植栽培的实践意义。

过渡语：我们通过多种形式、多个活动知道了红薯及其秧苗的特点，了解了红薯的种植栽培历史以及营养价值。那么接下来，让我们一起来学习如何种植栽培红薯吧！

出示课件《红薯种植栽培的步骤》。

板块二：细致观察，交流提炼

过渡语：同学们，刚才我们一起了解了红薯秧苗的特点及红薯的生长习性，为了使红薯种植栽培成功并实现高产，在红薯秧苗选取和处理上应注意什么呢？

活动一：出示课件，教师讲解

1. 秧苗选取

以块根育苗方式培育的红薯秧苗栽插后缓苗快，生长迅速，短期内能形成较大的光合面积，后期叶面积缓慢下降。一般壮苗要选取具有茎皮光滑、叶片肥厚、颜色深、舒展叶 7～8 片，顶部三叶齐平；茎节粗短，根原基大，苗高 23 厘米左右，茎粗壮；无病虫害等特点的秧苗。①

2. 秧苗处理

移栽前 1～2 天进行薯苗处理。在栽植前，将薯苗百株左右打捆，可用 50%多菌灵 700 倍液或 4%甲基丙磷 300 倍液浸泡种薯块 5～10 分钟，对防治红薯黑斑病和茎线虫病有很好的效果。② 浸泡处理期间要定时翻动，让每个薯块能完全浸泡到药液内。

活动二：学生实践，选取秧苗

教师准备好红薯秧苗，引导学生通过观察秧苗的株高、茎粗、叶龄选取适合后续实践活动所要栽插的壮苗。

板块三：淬炼操作，交流技艺

过渡语：同学们，在了解了红薯秧苗的选取和处理之后，相信大家都已经迫不及待想要尝试了，那在正式种植之前请大家思考一下种植栽培红薯都需要哪些工具。

活动：教师示范，明确要求

介绍劳动工具，学习使用方法

锄头用来开沟翻地；铁耙用来理平土地，清理杂草；尖头铁锹用处更广，土地整理、堆叠成垄、挖穴覆土、处理杂物等；洒水壶用于浇水。

过渡语：接下来，我们一起来学习红薯秧苗栽插前所要做的具体步骤。

(1)选地：选择疏松透气、土层深厚，耕作层有 25～30 厘米(见图 3-6)，有机质含量高，排灌方便的沙性土壤。(采用观察比较的方法)

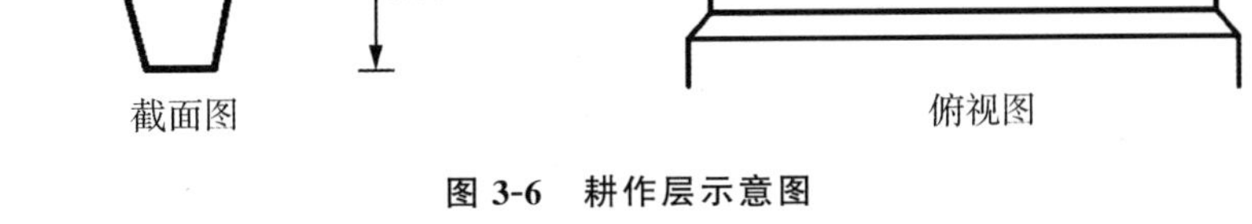

图 3-6 耕作层示意图

---

① 卢小磊：《甘薯高产栽培技术》，载《河南农业》，2021(22)。

② 赵强：《山东地区甘薯高产栽培技术》，载《特种经济动植物》，2022(1)。

（2）深耕：土地深耕，耕作层大约深25～30厘米，一般在晴天进行。①翻土时右手及左手分别一前一后握着锄头柄，提起锄头时要留心，锄头的高度应保持在水平视线上下。把锄头锄入泥中，约一个锄头深，略微提起锄头柄，把翻起的泥块稍微往自身方向一拉，翻起土块。用锄头背部将土块打碎，顺道将肥料与泥土混合，再用铁耙将土表耙平，清理杂草、小石块、垃圾等。（见图3-7、图3-8）

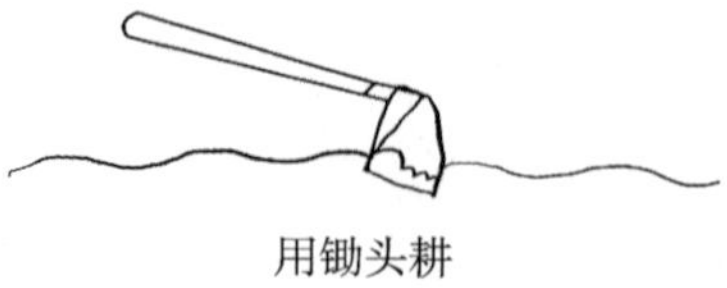

图3-7　锄地

图3-8　除草

（3）起垄：高垄单行种植，在起垄前每亩施腐熟的有机肥2000千克；②施尿素10千克、过磷酸钙25千克、硫酸钾11千克，施肥采用集中深施，将复合肥施入垄底，翻耕于垄内，施足底肥；③起垄时要求垄距60～80厘米，垄高25～30厘米，垄形肥胖，垄沟窄深，垄面平，垄土实，垄内无硬心，垄截面呈半椭圆形。④垄向以南北为好。（见图3-9）

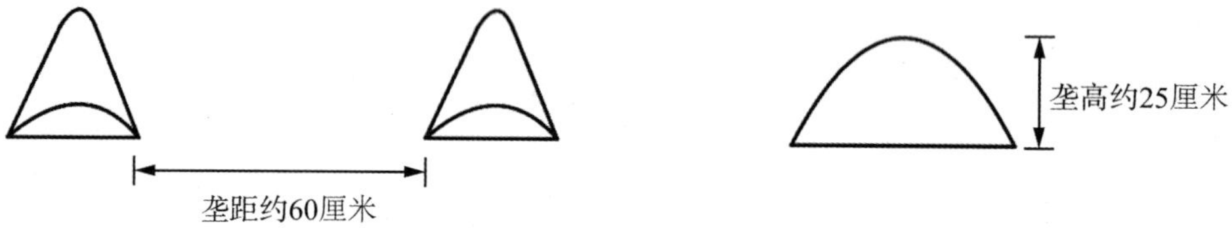

图3-9　垄距、垄高示意图

板块四：自主实践，掌握技术

活动：学生分组开展红薯秧苗栽插劳动实践

1. 劳动实践方法

栽插方式：宜采用船底形栽种法，栽插时株距约20厘米（见图3-10）；苗的基部在浅土层内（2～3厘米），中部各节略深（4～6厘米），沙地深些，黏土地浅些（优点：结薯多而均匀，耐旱，操作容易，抗风，早成活，单株薯块较大等）。⑤

栽插时间：选择阴天土壤不干不湿时进行，晴天气温高时宜于午后栽插（避免在暴雨、大风、光照强烈、久晴土燥的天气栽插，以防止缺株断垄）。

① 赵强：《山东地区甘薯高产栽培技术》，载《特种经济动植物》，2022（1）。
② 苏永涛、潘晓东、张改等：《甘薯水肥一体化高产栽培技术》，载《农业科技通讯》，2021（4）。
③ 何永娜：《甘薯高产栽培技术》，载《现代农村科技》，2021（9）。
④ 苏永涛、潘晓东、张改等：《甘薯水肥一体化高产栽培技术》，载《农业科技通讯》，2021（4）。
⑤ 肖利贞、王裕欣：《甘薯栽插技术》，载《农村新技术》，2015（8）。

使用尖头铁锹对栽插后的秧苗进行覆土，覆土量要适当，注意土壤不要过度紧实，要保持一定的透气性。使用洒水壶对栽插后的秧苗进行灌溉，为后续秧苗根系的生长提供所需要的水分以缓解移栽过程中的水分消耗，同时可以在水中加入适量除虫剂，以防止茎线虫病及地下害虫。(见图 3-11)

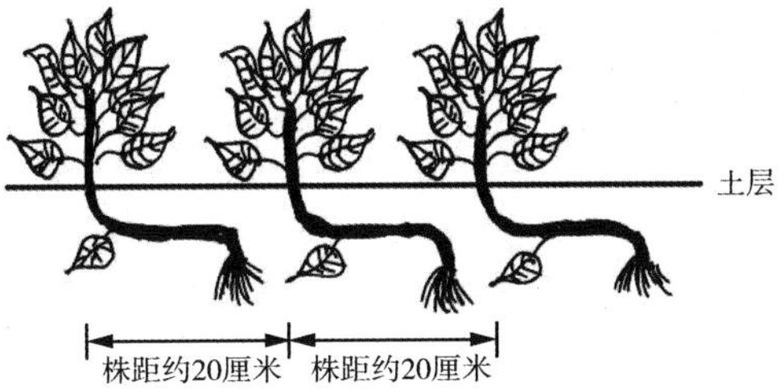

图 3-10　栽插株距示意图

图 3-11　浇水灌溉

教师提示技术要点：

(1)栽后保持薯苗直立，避免栽后因地表高温造成灼伤而形成弱苗或枯死苗。

(2)栽插时要埋叶，缓苗早，提高成活率。

(3)栽插时不能大水，大水会妨碍根系的发展。

实践注意事项：

(1)活动过程，注意安全。

(2)技术交流，轻声细语。

(3)团结协作，创造精彩。

2. 学生分组操作实践，种植栽插红薯秧苗。

3. 教师巡回指导。

板块五：分享成果，榜样激励

过渡语：老师刚才巡视了一圈，大部分同学已经完成了红薯秧苗的种植栽插。接下来我们一起分享一下自己的劳动成果。

1. 开展点评，让孩子们自评互评劳动成果

活动建议：教师补充，肯定优点，指出成果中存在的问题，提出改进方法。教师请优秀的小组分享技术经验，并进行表扬激励。

2. 总结课堂，拓展延伸

教师：种植地的选取以及种植方式是植物种植的前提和基础，同学们今天的辛勤付出，为后期的植物种植的养护提供了最佳的生长、发育环境。老师相信农作物们一定能结出丰硕的果实来回馈大家的辛勤劳动。

【教学评价】(见表 3-3)

表 3-3　课时等级综合评价表

评价内容	A	B	C	等级
劳动观念	积极参与红薯秧苗种植栽插劳动，认真主动完成劳动任务，亲近、尊重劳动指导者，珍惜生活中的一菜一饭	参与红薯秧苗种植栽插劳动，偶尔需要提醒才能完成劳动任务，尊重劳动指导者，珍惜生活中的一菜一饭	参与红薯秧苗种植栽插劳动，每次都需要提醒才能完成劳动任务，尊重劳动指导者，偶有浪费	
劳动能力	能够准确辨识红薯秧苗差异，合理选择合适的秧苗栽插，熟练使用铁锹、平耙、开沟器等蔬菜种植工具，栽插、覆土、灌溉操作有序且动作规范	能辨识红薯秧苗差异，能选择出合适的秧苗栽插，会使用铁锹、平耙、开沟器等蔬菜种植工具，栽插、覆土、灌溉操作较有序，动作较规范	在提示下，能辨识红薯秧苗差异，能选择出合适的秧苗栽插，能使用铁锹、平耙、开沟器等蔬菜种植工具，栽插、覆土、灌溉操作待改善，动作欠规范	
劳动习惯和品质	主动擦拭种植工具、收纳剩余材料，工具用后归位，能认真主动地清理劳动场所	能擦拭种植工具、收纳剩余材料，工具用后归位，能主动地清理劳动场所	被动擦拭工具、收纳材料，工具用后忘记归位，经过提醒后能清理劳动场所	
劳动精神	能积极解决红薯秧苗种植栽插中遇到的问题，积极肯干，不怕脏累，操作谨慎，追求精益求精	能解决红薯秧苗种植栽插中遇到的问题，能够出力劳动，不怕脏累，操作较谨慎，追求完成任务	在红薯秧苗种植栽插遇到困难时，有放弃的想法，怕脏怕累，操作偶有随意	

第二课时：红薯秧苗的养护管理(略)

第三课时：现代化种植栽培技术拓展(略)

项目四　农业生产劳动——《在希望的田野上》(7～9 年级)

【单元简介】

本单元是农业生产劳动，旨在培养学生粮食来之不易的意识，养成珍惜粮食的意识和习惯。围绕农业生产劳动，从水稻的种植历史、主要分布等入手，向学生介绍解决中国人吃饭问题的水稻专家袁隆平，在劳动过程中，让学生直接体验、亲身参与种植水稻的某一环节，积累接触自然、生活事物和现象，从亲身体验中直接学习大米的由来，懂得“粒粒皆辛苦”的道理。本单元分为两个课时，每一个阶段都是与学生的自身发展水平适配的，在种植过程当中发现问题和解决问题。

第一课时：认识水稻及种植技术；第二课时：体验水稻种植环节。

【单元教学背景】

1. 教学内容分析：该单元主要让学生了解水稻种植的历史、简单分类、产量等知识，了解水稻种植的基本步骤，能够体验水稻种植环节的劳动，对种植水稻产生认识，进而懂得水稻的培育种植与养护使用的工具，初步了解水稻种植的基本技能，形成热爱农业生产、关心农业发展，形成辛勤、诚实、合法劳动及进行创造性劳动的劳动品质。进一步了解中国传统农业特点，理解种植、养殖与生活及经济的关系。

2. 学生情况分析：7～9 年级在学生成长过程当中是一个比较重要的发展阶段，是生理和心理生长成熟最快的一个阶段，这个阶段的劳动培养，很容易形成劳动习惯，此时他们学习知识的能力较强，农业生产劳动实践的开展能够更好地锻炼各项能力，可以更好地对他们进行农业生产劳动知识的传播。因此，组织 7～9 年级学生开展植物栽培活动，让学生动手实践、出力流汗，接受锻炼、磨炼意志，能够培养学生正确的劳动价值观和良好的劳动品质。

【单元教学目标】

1. 经历认识水稻种植历史、主要分布、大米的区别等过程，进而引出水稻种植的步骤，亲身经历种植水稻的实践环节，知道劳动创造价值、创造财富、创造美好生活的道理。

2. 学会正确使用种植水稻的工具，了解种植水稻的知识和技能，学会正确进行秧盘育种、认识传统犁田工具、水稻培育技术等劳动知识能力，增强操作能力及团队合作能力。

3. 经历亲身种植水稻的实践环节，了解水稻种植技术，培养吃苦耐劳、勤奋做事的精神，感知劳动乐趣，在实践过程中不畏艰辛，具有主动劳动、积极参加劳动的愿望，明白大米来之不易。

4. 培养劳动意识和劳动安全意识，使得学生养成珍惜粮食、节约粮食的习惯，养成珍惜劳动成果的品质。

【单元教学重难点】

1. 水稻种植的历史、分布、产量等。

2. 种植水稻的简单步骤及体验种植水稻的环节。

【单元课时安排及教学内容简介】

第一课时：认识水稻及种植技术

通过多媒体课堂，在图、文、声并茂的课堂上，学生了解水稻种植的历史、水稻种植的主要区域等，掌握水稻、大米的基本信息，包括水稻生长的基本步骤等理论知识。

第二课时：体验水稻种植环节

前往校园劳动基地体会水稻种植的某一个环节，并亲身体验水稻种植、养护水稻等多种形式，懂得使用水稻种植工具，在体验前回顾种植水稻的简单步骤和需要注意的细节。

【单元教学活动准备】

1. 劳动场域：校内劳动教育基地；校外农场。

2. 劳动组织形式：(1)课前分组——根据具体任务群，建议4～6人一组，明确小组分工；(2)确定各组的劳动任务及任务量。

3. 劳动工具与材料：秧盘、犁耙、水稻种子、温水、水桶、镰刀等。

4. 劳动安全保障：

(1)在种植过程当中，不要用手直接触碰化肥、农药。

(2)在收割过程中，要正确使用镰刀。

【单元教学过程设计】(见图3-12)

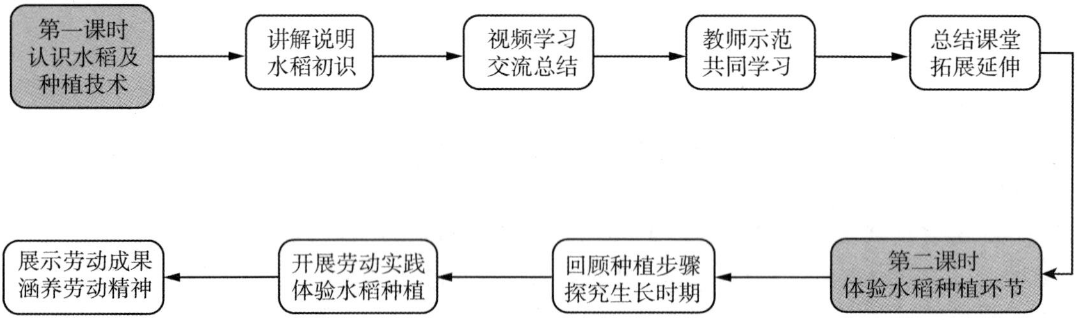

图3-12　单元教学过程设计

【单元教学效果评价】

1. 评价内容：主要从劳动规范、劳动成果、劳动精神、劳动观念、劳动能力以及劳动习惯和品质六个方面进行评价。考查能否完整地说出水稻的种植历史、主要分布地区、种植步骤等，且掌握水稻的生活习性和生长环境，并能够掌握水稻种植的某一环节技能；能否独立完成水稻种植的过程；在劳动过程中是否积极参与，以劳动过程中的积极性和主动性为考查内容；能否完成种植水稻的环节；是否能够主动参与到观察、了解农业劳动的过程当中，是否具备坚持不懈的劳动耐力，养成珍爱粮食的情感，生成合作共赢的劳动素养。

2. 评价主体：主要采用小组评价和教师评价两种评价方式。学生每四人为一组，在实践劳动结束后，小组内部评选出水稻种植最熟练的能手，并说一说评选的理由。随后，教师总结学生在水稻种植过程中存在的问题进行纠正。

3. 评价工具：主要使用等级综合评价表，在7～9年级这个阶段可以对学生农业生产劳动的整体情况进行一个综合性评价，从而从客观的角度去评价学生参与劳动的过程，能够跟踪学生的学习情况和学生的能力发展情况。

4. 评价方法：采用形成性评价和终结性评价相结合的方法。形成性评价主要解决学生在每节课学习过程中出现的问题，教师及时进行跟踪和纠正。终结性评价是在学期末对学生在整个劳动活动课程中的表现进行全面评价。

第一课时：认识水稻及种植技术

【教学目标】

1. 认识水稻种植的历史、主要分布区域等相关知识，了解水稻种植的简单步骤。

2. 知道稻谷到大米的加工过程、稻谷可长期存储。

3. 经历认识播种、插秧、抛秧、收割等过程，学会水稻种植的简单方法。在生活中懂得尊重劳动者，形成保护劳动成果的品质。

【教学重难点】

1. 水稻的种植历史、主要分布、稻谷存储等。

2. 水稻种植生产过程。

【教学准备】

1. 多媒体课件。

2. 材料与工具：一把成熟稻谷，小型舂米缸，一张秧盘，少量泥土与水，少量稻种。

【教学过程】

板块一：讲解说明，水稻初识

1. 生活常识导入

在我们的日常生活中，以什么为主食呢？(如米饭、馒头等)通过引导得知大米是怎么来的，如果同学们不知道，那我们的大米是怎么来的呢？接下来看看老师的演示。(用舂米小缸将一把成熟稻谷舂去外壳，得到大米，介绍现代由于科技的进步都是用碾米机来给稻谷去除外壳的)这时剥去外壳的稻谷就成了我们平时吃的大米了，说明本节课一起研究水稻，出示课题——水稻的种植历史，继而介绍解决中国人吃饭问题的水稻专家袁隆平。

2. 关于水稻的种植历史、分布等相关知识

你们知道水稻在中国的种植历史吗？水稻主要分布在哪里？师生共同交流、小组汇报总结归纳：历史：野生稻被驯化成为栽培稻由来已久。浙江余姚河姆渡新石器时代遗址和桐乡罗家角新石器时代遗址出土的炭化稻谷遗存，已有7000年左右的历史。主要分布：季风气候区。

追问：如何定义糙米和粳米？出示图片，学生自主分析，教师补充。水稻的长期储存是大米还是稻谷？学生汇报交流，总结出存储大米容易发生霉变，因此国家大量水稻粮食存储，存储的是稻谷，一般是3年轮换一次，待出库的时候，稻谷各项指标

与新稻谷相差不大。

板块二：视频学习，交流总结

过渡语：同学们，既然认识稻谷，那现在我们一起来学习一下水稻种植的基本步骤吧。下面先播放一个简单的视频后使用课件阐述步骤。

通过视频当中的步骤你们了解了水稻种植的哪些步骤？学生通过小组合作讨论，教师作为引导总结凝练出以下简单种植水稻的步骤：

1. 将已经泡在温水中发芽的种子筛选出来

将发芽的种子筛选出来，芽枝是白色的，就可以放在秧盘的每个容器中。稻谷在进行种植时，需要在适合的水温中泡发，也就是促进稻谷发芽。

2. 将秧盘平整地铺上和水的稀泥

选择水源合适的田地，单独起垄，禾苗地里的水要保证充足，不宜过多，也不能太干燥，固态稀泥即可，后将种子均匀撒在秧盘上，需保证禾苗有充足水分的同时，也要防止水过多种子浮出。（同学们，这个地方你们掌握到了什么？学生就已学内容展开讨论）（见图 3-13）

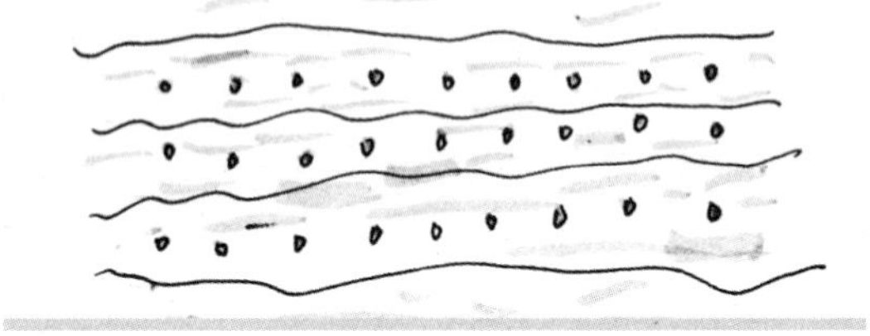

图 3-13　灌水

3. 犁田灌水

将田犁平整，进而灌水，水要高于地面，田里的泥呈稀状，和秧盘地不同的是，水稻田地需要保证水源的充足，才能促进水稻的成长，出示传统水稻种植的工具和现代种植技术图。

4. 插秧、抛秧

插秧和抛秧是水稻种植的重要环节，是禾苗离开秧盘地、进行生长的家，以广西为例，一年当中有的可以种植三季水稻，最常见的是一年两季，辛勤的农民叔叔阿姨们在进行插秧、抛秧工作。抛秧和插秧时秧苗间的距离不稀不疏，插秧时基本上插到田中大概 5 厘米即可。在插秧、抛秧进行之前，先对水稻田进行施肥、杀虫，保证秧苗的成活及促进生长。（见图 3-14）

图 3-14　插秧

5. 养护，照看水稻

在完成插秧农业劳动后，水稻的养殖才真正开始，农民们在前期天天去到田中察看，如果秧苗生长情况不好，那么还需及时补秧苗，抑或还需喷洒杀虫剂以及水稻营养剂，养殖的过程也是十分辛苦的。

6. 收割，丰收季节

水稻收割的传统方式是用镰刀收割后，用一种打米的工具把稻谷和梗分开从而获得一颗颗稻谷，而现代则用收割机进行快速收割。水稻的大丰收代表着劳动者的劳动成果以及农民们的欢乐。水稻也是中国人民智慧的结晶。（拓展：丰收不代表结束，稻谷还需要经过 2～3 天的暴晒，用风扇等吹走杂草、杂质等，才能用碾米机打出大米）

板块三：教师示范，共同学习

同学们，通过刚刚的学习我们基本了解了种植水稻的全部过程，现在请看老师准备的工具，同学们细致观察秧盘育苗操作的简单步骤，并提问学生根据育苗步骤应该怎么做？（选择种子、将种子平均铺在带有稀泥的秧盘上），下节课学生动手来实践操作。（学生认真观察，并做好相关记录）

板块四：总结课堂，拓展延伸

今天我们认识了水稻种植历史、分布区域等相关知识，我们看到了农民的辛勤付出，通过对水稻种植的了解，也认识了水稻种植的简单步骤，下节课我们一起前往校园劳动基地一起操作实践！

【劳动评价】（见表 3-4）

表 3-4　课时等级综合评价表

评价内容	A	B	C	等级
劳动观念	积极参与认识水稻及了解简单的种植技术，认真主动完成劳动任务，亲近、尊重劳动指导者，珍惜生活中的一菜一饭	参与认识水稻及了解简单的种植技术，偶尔需要提醒才能完成劳动任务，尊重劳动指导者，珍惜生活中的一菜一饭	参与认识水稻种植及了解种植技术，每次都需要提醒才能完成劳动任务，尊重劳动指导者，基本珍惜生活中的一菜一饭，偶有浪费	

续表

评价内容	A	B	C	等级
劳动能力	能够准确辨识水稻，能够认识水稻种植的简单步骤，能认识传统水稻种植的工具和认识现代种植水稻的技术	能够辨识水稻，能够认识水稻种植的简单步骤，能认识传统水稻种植的工具和认识现代种植水稻的技术	在提示下，能够辨识水稻，基本能够认识水稻种植的简单步骤，基本能认识传统水稻种植的工具和认识现代种植水稻的技术	
劳动精神	能积极解决认识水稻及种植技术过程中遇到的问题，追求精益求精	能解决认识水稻及种植技术过程中遇到的问题，追求完成任务	在认识过程中遇到困难时，有放弃的想法，偶有随意	

第二课时：体验水稻种植环节(略)

第二节 传统工艺制作

一、任务群理解

(一)传统工艺制作任务群概述

“传统工艺制作”作为生产劳动模块的四大任务群之一，贯穿中小学的全过程。传统工艺制作任务群可以理解为制作“传统工艺”项目的集合体。《中国传统工艺振兴计划》指出，传统工艺是指“具有历史传承和民族或地域特色、与日常生活联系紧密、主要使用手工劳动的制作工艺及相关产品，是创造性的手工劳动和因材施艺的个性化制作，具有工业化生产不能替代的特性”①。有研究者从创意、材料、工具、功能的四维属性出发将传统工艺界定为“在历史上形成的由创意或设计引领、使用天然或人工材料、依仗手和其他肢体并借助工具器械及自然力实施操作、其制品具有实用或兼具审美功能的技艺性劳作”②。可见，传统工艺具有历史性、民族性、地域性、具身性、创

① 中华人民共和国中央人民政府：国务院办公厅关于转发文化部等部门《中国传统工艺振兴计划》的通知，https://www.gov.cn/gongbao/content/2017/content_5186977.htm，2023-05-19。

② 华觉明：《传统工艺的界定和分类》，载《自然科学史研究》，2021(01)。

造性的特点。

与传统工艺相关的词还有手艺、技艺、手工艺、手工技艺等。《中华人民共和国非物质文化遗产法》将“传统技艺”列为中国非物质文化遗产的重要组成部分；联合国《保护非物质文化遗产公约》将“传统手工艺”列为世界非物质文化遗产保护的范畴。为了进一步存续和弘扬传统工艺，必然要以项目制作的形式在劳动课程中有所体现。

(二)传统工艺制作任务群的价值

我国的传统工艺是中华各族劳动人民在悠久的历史长河中，用汗水写下的不朽诗篇，用勤劳双手创造的智慧结晶，是中华优秀传统文化的凝练与精髓。传统工艺项目因其独特的历史性、地域性和民族性特点，在制作项目的实施中将充分发挥传统文化的传承性、劳动精神的激励性、创新意识的涵育性等教育价值。

其一，传统工艺制作任务群具有传承中华优秀传统文化的价值。在历史上形成的手工艺，无论是传承至今的，还是消失湮灭的，都凝结了中华优秀传统文化的精髓。传统工艺制作作为中华民族文化复兴的重要载体和表现形式，[①] 可以引导青少年弘扬中华优秀传统文化，厚植青少年对中国传统文化的自信。

其二，传统工艺制作任务群具有劳动精神的激励价值。传统工艺品都是人们用自己勤劳的双手具身创作的，蕴含了中华民族的劳动智慧和精益求精、一丝不苟、追求卓越的工匠精神，传统工艺的制作可以激励青少年积极参与劳动、热爱劳动、执着劳动，培养积极的劳动品质。

其三，传统工艺制作任务群具有创新意识的涵育价值。传统工艺汇聚了手工艺人无限的潜能和创造性，是在饱含创意设计理念基础上的物化手工艺品，体现了中华民族的创造性智慧。在作品制作的过程中，可以充分发挥青少年的想象力和创意性，激发创新精神，涵育创造品质。

(三)传统工艺制作任务群的项目内容

传统工艺项目琳琅满目，分类不一，可以按照行业、工种、器物、材料、地域等因素进行系统性分类。《考工记》按照制造所需的材料将工艺分为木工、金工、皮革工、染色工、玉工、陶工 6 个类别。《天工开物》按照工种将工艺划分为 18 个类别。中国传统工艺研究会将中国传统工艺分为工具器械制作、农畜矿产品加工、营造、织染绣、陶瓷烧造、金属采冶和加工、雕塑、编织扎制、髹漆、家具制作、造纸和笔墨砚制作、

---

① 陈平、马熙逵：《从中华文化复兴谈传统手工艺的现代转化与再生设计》，载《暨南学报(哲学社会科学版)》，2021(02)。

印刷、剪刻印绘、特种技艺、中药炮制及其他共计 15 大类、106 门类、765 种类。①

理论上来讲，凡是具有教育意义、适合青少年身心发展特点的传统工艺都可以作为劳动课程的项目选择范围。根据《劳动课程标准》的描述，中小学可选择的传统工艺制作项目包括纸工、泥工、编织、布艺、印染、刺绣、陶艺、漆艺、皮影、木雕、篆刻、拓印、烙画、木版画、景泰蓝等。这些项目既具有文化传承的代表性，又较能体现区域特色，且直观有趣，在中小学开展具有较强的可操作性，因而能够作为劳动项目的选择范围。

(四)传统工艺制作任务群的项目选择与设计依据

《劳动课程标准》根据学生的年级特点，对不同学段的项目选择与设计提出了具体建议。除了关注年龄特点外，传统工艺制作项目的选择还应考虑学校的教育资源条件等因素。

1. 依据学段特点选择与设计项目

传统工艺制作作为贯穿全学段的任务群之一，在具体项目选择时应从简单到复杂、从模仿到创造、从单一到综合，从课内到课外，从个体学习到团队合作……在活动中凸显各学段项目设计的连续性、进阶性与发展性。

其一，以物化对象为线索，逐级拓展项目选择的范围，提高项目内容的技术含量，选择制作从简单到复杂的项目作品。1～2 年级应以纸工、泥工、编制为项目范围，选择制作一些简单的传统工艺品，如折叠纸飞机、捏制面人等；3～4 年级应适当扩大项目选择的范围，将布艺、陶艺列入其中，能设计并制作简单的传统工艺品，如剪窗花、制作灯笼等；5～6 年级进一步扩大项目选择的范围，印染、皮影、木版画等具有一定技术含量的项目位列其中；7～9 年级项目难度等级进一步提升，一些体现地方特色的项目如刺绣、景泰蓝等项目列入其中，能够设计制作有一定技术含量的传统工艺品。10～12 年级则在原有项目基础上继续提高难度、挖掘深度，拓展广度，可选择雕刻、木工等项目，充分感受其发展历程，技术特征、文化意蕴和实际应用。

其二，以技能学习为线索，螺旋式设计项目操作体验的难度等级，体现从模仿到创造的过渡。1～2 年级是了解所需的基本材料和常用工具，初步运用文字和图画表达自己的方案设想；3～4 年级是了解制作的技能和方法，识读简单的示意图，并尝试设计简单作品；5～6 年级是初步掌握制作的技能与方法，读懂基本的实体图、示意图等，学会设计方案并制作简单作品；7～9 年级是熟悉制作的技能与方法，并综合运用工艺知识设计方案、绘制示意图，进而物化作品；10～12 年级应理解形成传统工艺成果，需要综合应用如科学、艺术等多种知识，能进行技术探究和工艺分析，并发挥创造力

---

① 华觉明：《传统工艺的界定和分类》，载《自然科学史研究》，2021(01)。

意识推动作品的改进和革新。

其三，以劳动素养生成为线索，逐级提升劳动品质的厚植高度，体现从自我好奇心的激发到对中华优秀传统文化的理解与传承。1～2 年级主要是初步感受传统工艺的奇妙，引发劳动的好奇心，初步养成认真劳动、热爱劳动的习惯；3～4 年级开始感受传统工艺的精湛与魅力及其背后的劳动付出，以及劳动收获的快乐，初步养成专心致志的劳动品质；5～6 年级应进一步感知传统工艺劳动的智慧，触发初步的劳动创新精神；7～9 年级应逐步感知传统工艺背后的人文精神，树立传承中华优秀传统文化的积极观念，初步养成追求卓越的工匠精神；10～12 年级应充分理解工匠精神的本质，能从工匠的视角并展开实践、评价和鉴赏、愿意身体力行，主动传承中华优秀传统文化。

2. 依据学校的资源条件选择与设计项目

其一，应结合学校所处的地域特点选择合适的项目。传统工艺最大的特点就是地域性、开放性，各地都有独具特色的地域文化，如苏州的刺绣、北京的景泰蓝、临汾的木版画、景德镇的陶瓷、华县的皮影戏等，均蕴含着地方劳动人民的智慧。不同区域的中小学地域资源条件不同，如果各地中小学选择这些具有地方特色的传统工艺项目，将进一步拉近学生与当地劳动人民的距离，引导他们“零距离”感知地域文化，进而养成珍惜劳动成果、乐于参与劳动的习惯和品质。因此，中小学应结合所处地缘优势，积极挖掘可供利用的地方特色工艺，合理地转化为具体劳动项目，并借助手工作坊、非遗传承人为劳动项目的具体开展赋能。

其二，应结合学校现有的教育资源条件选择和设计项目。不同学校所具有的劳动师资、劳动场域、劳动设施设备等资源条件不同，传统工艺制作的选择也不尽相同。有些学校建有专业化的面塑室、篆刻室、陶艺室等传统工艺制作实训室，或设有非遗传承人工作室，在这种条件下就可以将地方传统工艺制作项目引入学校，进而系统地设计与开发专业化的校本工艺课程，螺旋上升式地设计不同学段、不同年级的工艺项目。如果不具有这些条件，那么可以充分发挥专业教师的业余爱好和独特智慧，采用项目申请制的方式，引导教师参与其中，并将具体的项目与相应的课程知识融合在一起，在课程融合中培养手工艺制作的综合素养。

二、任务群项目设计样例

项目一　传统工艺制作——《千年灯彩巧手做》(1～2 年级)

【单元简介】

本单元立足传统工艺制作，以历史悠久且具有中国传统特色的灯彩为主题。项目设计时注重直观体验、动手操作，重视直接知识与间接知识的结合。同时，以实践为主线设计活动，从初步认识灯彩，到以小组为单位制作灯彩，最后在交流中进行展示分享。层层递进间，不断深化对灯彩的认识，实现手脑并用、做学合一。

本单元分为三个课时，每课时的活动均以螺旋上升的方式设计，都是追随着学生认知与实践的需要及可能存在的问题而生成的。

第一课时：话千年灯彩；第二课时：巧手制灯彩；第三课时：展多样灯彩。

【单元教学背景】

1. 教学内容分析：灯彩，又叫灯笼、花灯，是中华优秀传统文化的组成部分，在不断发展的过程中积累了深厚底蕴，更与中国传统节日相联系。灯彩的制作是进行传统文化教育的有力载体，具有重要的教育意义和教育价值。进行教学设计时，由学生的直观体验引出灯彩，激发学习兴趣；进而引导学生在熟悉的生活情境中寻找灯彩的身影，在课堂内容与学生已有知识经验间构建桥梁；而后以小组为单位制作灯彩，既能锻炼学生的动手能力、合作能力，又能增强文化自信、涵养劳动精神。可见选用灯彩为教学内容，与《劳动课程标准》中强调的“发挥劳动的育人功能”一脉相承。

2. 学生情况分析：小学 1～2 年级的学生处于低学段，此时形象思维占据优势，知识体系尚未完善，其认知发展水平存在较大的进步空间。考虑到学生的认知、思维、知识、能力水平等尚处于发展中，故选择给出明确的要求和步骤，提供半成品材料包，在教师的演示、指导下，以小组合作的方式制作较为简单的灯彩。同时，为保证学生主体性和创造性的发挥，也设计了涂色、装饰灯彩等有余地且在学生能力范围内的活动。此外，适当减少每课时的活动项目数，细化活动步骤，留出充足的时间让学生充分活动、充分体验。

【单元教学目标】

1. 了解灯彩是中华优秀传统文化，与中国传统节日息息相关，知道灯彩工艺背后的传承者。经历认识、制作灯彩的过程，感受灯彩工艺的奇妙之处，初步体会劳动背后的艰辛与快乐，基本懂得劳动创造美好生活的道理。经历以小组为单位展示灯彩作品的过程，初步树立劳动质量意识。

2. 围绕制作灯彩的任务合理分工，能够主动且较为准确地表达制作、装饰灯彩的思路及构想，培养团队协作能力，锻炼语言表达能力。能够选择合适的工具完成装饰、制作灯彩的任务，初步掌握使用工具的正确方法。

3. 制作灯彩时不怕脏、不怕累，能够有始有终地完成劳动任务，在小组协作中发展责任担当意识，初步养成认真劳动的习惯和乐于劳动的态度。在灯彩制作中能够安全、规范、合理地使用工具、材料，主动发挥创作能力。初步体会灯彩制作背后蕴含着的精益求精、追求卓越的工匠精神，初步培养勤俭、奋斗、创新、奉献的劳动精神。

【单元教学重难点】

1. 灯彩的历史、分类、寓意、背后蕴含的工匠精神。

2. 灯彩制作的步骤与方法。

【单元课时安排及教学内容简介】

第一课时：话千年灯彩

本课时共设计四个板块，分别是创设情境，初识灯彩；详细介绍，再探灯彩；直观感受，欣赏灯彩；任务介绍，解析灯彩。首先，营造黑暗环境，让学生直接感受灯彩之美，初步感知灯彩的照明功用。其次，引导学生回顾在生活中见到灯彩的情况，尝试勾连传统节日，与学生已有知识经验建立联系，深化对灯彩的认知，知道灯彩在中国有美好的寓意，是喜庆的象征。再次，在教师带领下更细致地了解灯彩，知道灯彩的历史、流派等相关知识，知道灯彩传承人的故事。从次，通过对灯彩图片、视频、实物等的感知，进一步体会灯彩之美。最后，教师介绍灯彩制作的任务，对制作灯彩的步骤、需要的材料等进行说明和解析，为下节课正式开展制作灯彩的活动奠定基础。

第二课时：巧手制灯彩

本课时共设计三个板块，分别是讲解演示，制灯方法；小组合作，巧制灯彩；活动小结，初具雏形。首先，学生分享自己记录的生活中的灯彩。教师即时评价，并引出以小组为单位制作灯彩的活动。其次，教师引导学生回顾上节课介绍的制灯步骤和方法，明确本节课的任务，即完成灯彩表面的装饰。再次，教师进行讲解演示，指出可以通过彩笔绘画，也可以通过剪纸粘贴等方式装饰灯彩面纸，进一步明确完成任务的方法。从次，依据课前分组发放灯彩制作材料包。鼓励学生在组内展开讨论，依据所分得灯彩的成品形状进行表面装饰设计，形成思路后进行分享。期间，教师给予即时反馈。充分指导后，以小组为单位正式开展设计灯彩面纸的活动。最后，进行总结并预告下节课的任务。

第三课时：展多样灯彩

本课时共设计四个板块，分别是讲解演示，组装灯彩；小组合作，完成制作；展示分享，多样灯彩；拓展延伸，灯彩之韵。首先，回顾上节课完成的任务，明确这节课要进行组装灯彩的活动，由教师讲解演示组装灯彩的方法，强调步骤和注意点。其次，开展小组活动，教师巡视、及时提供帮助，各小组在合作中完成灯彩制作。再次，由每组负责发言的同学依次上台讲述灯彩的设计思路，展示分享所做的灯彩，接着师生投票选出若干个“最佳创意奖”和“最心灵手巧奖”。最后，师生共同总结本单元的学习活动。同时，教师鼓励各小组进行灯彩的组间组合，形成能够烘托喜庆氛围的灯彩串饰。进而引导学生展开讨论，思考可以把灯彩装饰到哪里呢？鼓励学生完成灯彩的应用。

【单元教学活动准备】

1. 劳动场域：普通多媒体教室(有充足的劳动活动空间)。

2. 劳动工具与材料：灯彩制作材料包(包括灯彩骨架、宣纸、灯串、流苏、绳子、手提杆、胶水)、彩笔、剪刀、彩纸等。

3. 劳动组织形式：第二、第三课时课前分组，建议4～6人一组，展开灯彩制作活动。建议组内合理分工，可设置组长1位、发言人1位、组员若干。

4. 劳动安全保障：

(1)劳动纪律要求：根据活动要求、在教师指导下有序开展活动；正确使用材料和工具；遵守课堂纪律，同学之间相互合作、不嬉笑打闹。

(2)劳动注意事项：使用剪刀等锋利工具时要注意安全；使用彩笔时要注意规范，不要画到身上。

【单元教学过程设计】(见图3-15)

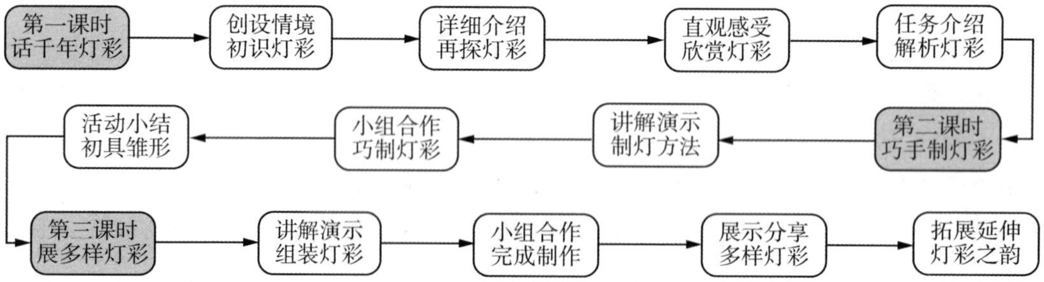

图3-15 单元教学过程设计

【单元教学效果评价】

1. 评价内容：在劳动活动中对灯彩相关知识的了解、对灯彩与中国传统文化相关度的了解、对制作灯彩方法的掌握等。劳动过程中能否规范使用合适的工具和材料装饰、制作灯彩。劳动成果方面，制作的灯彩是否完整、美观且富有创造力。劳动习惯和态度方面，能否积极主动地参与课堂、表达自己，能否有始有终地参与活动、完成组内任务，能否认真劳动、乐于劳动。劳动精神方面，能否感知到灯彩背后蕴含的精益求精、追求卓越的工匠精神。

2. 评价主体：在单元教学中，以教师评价和即时反馈、指导为主要评价方式，教师发挥主导作用，明确活动步骤及规范，给予适切的评价。后两个课时采用多元评价的方式，小组活动完成后，开展组内互评、学生自评、教师评价，力求更全面、真实地反映学生表现。

3. 评价工具：根据学情，采用较为简单的星级评价方式。根据各课时情况，分别设计结构和评价内容不同的评价表，如第一课时的成果累积评价表，第二、第三课时根据活动的具体情况设计的小组学习活动评价单，实现评价作用的同时，也是对活动顺利开展的辅助和对活动过程的简单记录。

4. 评价方法：以增值性评价的方式，辅以成果导向，关注学生活动前后的变化，关注劳动成果的展示。教师引导学生以发展的眼光，发现自己的收获和进步，促进学生的多元成长。

第一课时：话千年灯彩

【教学目标】

1. 知道灯彩是中华优秀传统文化，与中国传统节日息息相关，了解灯彩工艺背后的传承者。经历了解灯彩的过程，感受灯彩工艺的奇妙，知道劳动与生活息息相关，初步感知“美好生活是由劳动创造的”的道理。

2. 积极参与课堂，能够主动且较为准确地表达自己的想法。经历教师的介绍和讲解的过程，学生初步了解制作灯彩的步骤、所需要的材料等。

3. 经历对灯彩认知的不断深化，懂得劳动成果的来之不易，形成珍惜劳动成果的意识。初步体会灯彩制作背后蕴含着的精益求精、追求卓越的工匠精神，初步培养勤俭、奋斗、创新、奉献的劳动精神。

【教学重难点】

1. 灯彩的历史、分类、寓意、背后蕴含的工匠精神。

2. 灯彩制作的大致流程和所需要的材料。

【教学准备】

1. 多媒体课件(灯彩相关图片、视频)。

2. 各类灯彩若干(包括已制作完成的灯彩、半成品灯彩、工艺精美的灯彩等)。

3. 灯彩制作材料包 1 份(教师演示使用)。

【教学过程】

板块一：创设情境，初识灯彩

1. 直观感受，初步感知

(1)同学们，今天老师给大家带来了一些小礼物，这些礼物被放在了教室的各个位置，大家发现是什么了吗？(学生答灯笼)

(2)接下来，老师把灯关上，我们再一起来看看。(关灯，点亮灯笼，学生直接感知灯彩之美)你们有什么感受？(凸显灯笼的照明作用、灯笼之美等)

2. 借助生活，激活认知

(1)回顾自己的生活经历，你们在哪里或是什么时候见过灯笼呢？(学生自由发言。若有困难，教师可尝试往传统节日的方向引导)

(2)(出示情境图“元宵节”)热闹的元宵节往往张灯结彩，同学们能找到图片中的灯笼在哪里吗？它长什么样呢？请大家先找一找，找到了再和你的同桌说一说。(学生讨

论，请同学上台指一指，说一说）

(3)你们知道我们过节的时候为什么要挂灯笼吗？

师生共同总结：灯笼是一种照明工具，灯笼还是喜庆的象征，寓意阖家团圆。

板块二：详细介绍，再探灯彩

过渡语：我们常说的灯笼，或者说花灯，还有个好听的名字，叫灯彩。今天就让我们一起来认识一下已经有千年历史的灯彩。（出示课题——话千年灯彩）

1. 灯彩的介绍

教师播放视频《秦淮灯彩》(也可根据实际情况，因地制宜地选择有地方特色的灯彩进行详细介绍)。

教师简要介绍灯彩的发展历程、灯彩的分类等内容。

2. 灯彩传承人的故事

讲述秦淮河边的花灯“魔术师”——顾业亮先生的故事。（凸显工匠精神）

部分信息：顾业亮先生是国家级非物质文化遗产项目秦淮灯会代表性传承人，被联合国评为“国际工艺美术大师”，他的多幅灯彩艺术品荣获大奖。①

板块三：直观感受，欣赏灯彩

1. 欣赏灯彩

灯彩在2008年入选国家级非物质文化遗产，不同地区的灯彩有着不同的特点，比如秦淮灯彩、泉州灯彩、闽西客家灯彩等。此外，现在还有很多地区保留着与民俗活动有关的传统灯彩，如：北京的宫灯；西安炮里原制作的狮子灯、盆盆灯、花篮灯，凤翔排灯，陇县十二生肖灯；赣南客家罗汉灯、八仙灯；佛山地区的秋色灯、中元灯等。② 下面就让我们一起来欣赏。（出示各类灯彩的图片、视频或是实物并进行解说，见图3-16、图3-17）

图 3-16　灯彩图片 1

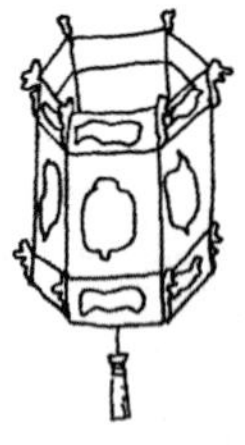

图 3-17　灯彩图片 2

2. 想法表达

哪位同学愿意来分享你比较喜欢的灯彩呢？或者哪种灯彩让你印象比较深刻？请

① 张群：《秦淮灯彩甲天下——访南京夫子庙工艺彩灯艺术中心国际工艺美术大师顾业亮》，载《档案与建设》，2007(05)。

② 孙茜、王斌：《中国灯彩元素在包装设计中的应用研究》，载《设计》，2021(15)。

说说你的理由。(学生自由发言，教师往增强文化自信方向上进行引导)

板块四：任务介绍，解析灯彩

过渡语：刚刚我们一起欣赏了各式各样的灯彩，大家想不想创造属于自己的灯彩呢?为了让同学们亲身感受灯彩的魅力，老师给大家准备了灯彩制作材料包。我们会用接下来的两节课，通过小组合作的方式，一起动手，完成灯彩的制作。今天，我们先进行非常重要的准备工作，由我向大家介绍灯彩的结构、制作灯彩需要的材料和一般的步骤。

1. 认识灯彩的结构

借助灯彩实物或图片，师生共同总结：

(1)灯彩一般由提手、灯身、灯穗组成。(见图 3-18)

(2)灯身是灯彩最主要的部分，往往会有主题性的装饰图案。

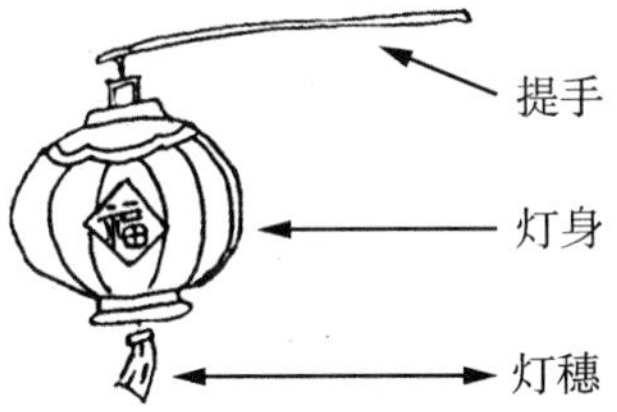

图 3-18　灯彩结构

2. 制作灯彩需要的材料

(展示灯彩制作材料包并进行介绍)在灯彩制作材料包里，老师为大家准备了待组装的灯彩骨架、等待由同学们发挥创造力进行装点的宣纸，即灯彩面纸，还有制作灯彩所需要的灯串、流苏、绳子、手提杆、胶水等。为了更好地装饰我们的灯彩，下节课还需要准备彩笔、剪刀、彩纸等材料。

3. 制作灯彩的一般步骤

过渡语：要想制作灯彩，除了需要清楚应该准备哪些材料外，我们还需要知道什么呢?(学生答：怎么做/步骤)

教师播放视频《灯彩制作》，师生共同梳理制作过程：

(PPT 展示图文过程)

(1)核对制作材料，知道成品形状；

(2)在宣纸上手绘，剪纸，进行灯彩面纸图案设计；

(3)组装灯彩骨架和挂绳；

(4)将宣纸粘贴至灯彩骨架；

(5)安装灯串、流苏、手提杆。

补充：不同灯彩制作步骤稍有不同，但基本大同小异。

4. 师生总结，拓展延伸

同学们，今天我们一起了解和欣赏了各式各样的灯彩，谁愿意来说说自己的成长和收获？

课后，请大家按照课上所学找找身边的灯彩，做好记录，下节课进行分享。

【劳动评价】(见表 3-5)

表 3-5　等级综合评价表

序号	内容及标准	等级
1	我知道灯彩的功能和寓意	○○○○○
2	我能说出和灯彩相关的传统节日	○○○○○
3	我能在生活中认出灯彩	○○○○○
4	我能感受到灯彩艺术的奇妙	○○○○○
5	我敬佩制作灯彩的工匠，并为他们感到骄傲	○○○○○
6	我知道制作灯彩的步骤和需要的材料	○○○○○
7	课堂中我能够较为准确地表达自己的想法	○○○○○
8	我能积极主动地参与课堂	○○○○○
总评	每 5 个○计一个☆，不足 5 个○不计☆	☆☆☆☆☆☆☆☆

第二课时：巧手制灯彩(略)

第三课时：展多样灯彩(略)

项目二　传统工艺制作——《奇妙的剪纸艺术》(3～4 年级)

【单元简介】

本单元的剪纸活动旨在培养学生的创造性思维、动手能力和审美情趣。学生基于对平面与空间的感悟发挥自主想象进行剪纸设计，体验使用剪纸工具进行实际操作、锻炼剪裁技艺，从而深刻领会剪纸艺术的奇妙。本单元分为两个课时，每个阶段的活动都是追随着学生在剪纸过程中的问题和需要生成的。

第一课时：剪纸艺术的知识讲解；第二课时：剪纸艺术的创作实践。

【单元教学背景】

1. 教学内容分析：本单元的课程内容根据《劳动课程标准》中的第二学段(3～4 年级)传统工艺部分要求进行设计，旨在让学生了解民间剪纸艺术之美，传承并发扬优秀的传统工艺。教师要指导第二学段的学生初步识读示意图并尝试设计简单剪纸作品，引导学生感受剪纸艺术的奇妙，锻炼动手能力、创新能力与合作能力，体会劳动时的专注与收获时的快乐。

2. 学生情况分析：小学 3～4 年级学生已经在数学课堂中对于轴对称图形有了一定的认识，剪纸活动给学生提供了实践探究的机会，加深劳动、数学与艺术的融合，促进学生平面与空间思维的发展。在中华民族的传统节日中，如春节、元宵节、端午节等，随处可见精致的剪纸艺术品，教师在剪纸活动中引导学生体验艺术品的形成过程，使学生能够更加贴近中华民族的传统文化，激发学生的劳动兴趣，提升学生发现美、感知美、欣赏美、创造美的能力。

【单元教学目标】

1. 经历体验剪纸工艺的形成过程，懂得劳动创造价值、创造财富、创造美好生活的道理，牢固树立劳动最光荣、劳动最崇高、劳动最伟大、劳动最美丽的思想观念。

2. 掌握剪纸艺术的基础知识与基本技能，正确使用剪刀、刻刀等劳动工具，发展动手能力、创新能力及团队合作能力。

3. 经历体验剪纸艺术品的形成过程，使学生体会专注、敬业、创新、精益的工匠精神以及崇尚劳动、热爱劳动、辛勤劳动、诚实劳动的劳动精神。感悟“艺术源于生活”，积极实践，勇于创新。

4. 经历动手实践的过程，培养劳动意识和劳动安全意识，专心致志，坚持不懈、爱惜劳动成果的品质。

【单元教学重难点】

1. 剪纸作品纹样的连接性与完整性。

2. 剪纸作品的设计和创作。

【单元课时安排及教学内容简介】

第一课时：剪纸艺术的知识讲解

教师在课堂上通过多媒体手段及个人操作演示向学生介绍剪纸的历史、传承意义、表现形式、工具用法与基本技法。最后采用小组讨论的形式启发学生构思剪纸纹样。

第二课时：剪纸艺术的创作实践

首先通过回顾剪纸的题材与表现形式，启发学生创造性地设计剪纸纹样，以蝴蝶为题材让学生进行初步尝试。其次不限制主题进行创作，活动中指导学生安全并正确地使用工具进行剪纸创作。最后，学生以小组为单位，组内评议，并推举优秀作品在班级中展示。

【单元教学活动准备】

1. 劳动场域：普通多媒体教室＋校园美术专业教室；校园艺术文化基地。

2. 劳动工具与材料：(1)剪刀、刻刀、刻垫；(2)示范作品、各种规格的彩纸；(3)工具材料数量满足人员需求。

3. 劳动组织形式：(1)课前分组——根据具体任务群，建议 3～5 人一组，组织小组评价。

4. 劳动安全保障：(1)保证课堂纪律；(2)注意工具的摆放位置与安全使用；(3)注意环境卫生。

【单元教学过程设计】(见图 3-19)

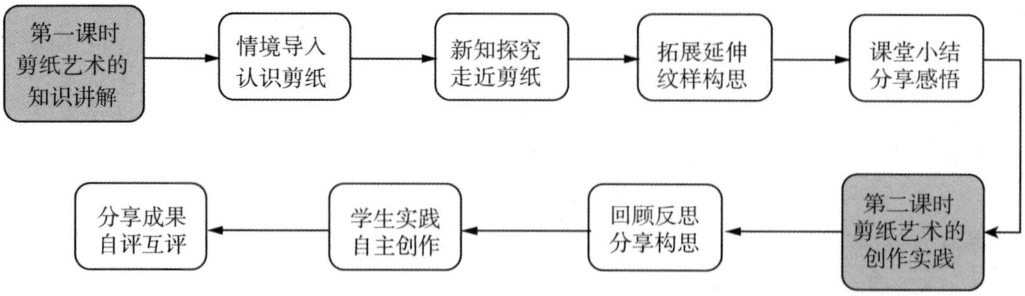

图 3-19 单元教学过程设计

【单元教学效果评价】

1. 评价内容：是否能够正确且安全使用剪纸工具，操作是否规范；剪纸设计构图是否恰当，造型是否严谨，表现力是否丰富，作品线条是否流畅、自然平整，表现技法是否熟练；实践过程中是否专注认真、有耐心，操作是否谨慎，是否爱惜劳动成果。是否主动擦拭工具、摆放材料，是否做到工具干净，材料是否整齐；是否掌握剪纸艺术的基础知识与基本技能，是否具有动手能力、创新能力及团队合作能力；是否认识到劳动创造价值、创造财富、创造美好生活的道理；是否具有专注、敬业、创新、精益求精的工匠精神以及崇尚劳动、热爱劳动、辛勤劳动、诚实劳动的劳动精神。

2. 评价主体：教师评价，小组评价，自我评价。

3. 评价工具：星级评价表。星级评价表与教学流程对应，注重过程性与即时性评价，实施多元主体评价，关注低年级学生认知发展与体验，使学生仅需对比评价标准和完成效果就能清楚知道自己的优点、不足以及改进方向。

4. 评价方法：过程性评价为主，结果性评价为辅。过程性评价从劳动规范、劳动能力、劳动观念、劳动精神、劳动习惯和品质等方面出发，注重从学生的需要出发，重视活动过程以及学生在活动中的体验，强调同伴之间的相互作用以及师生交流。辅之以结果性评价，从劳动成果出发，使学生明确自己整体的学习效果。

第一课时：剪纸艺术的知识讲解

【教学目标】

1. 学习剪纸艺术的知识讲解，认识到劳动创造价值、创造财富、创造美好生活的道理，牢固树立劳动最光荣、劳动最崇高、劳动最伟大、劳动最美丽的思想观念。

2. 了解剪纸艺术的知识讲解，提升识读示意图能力和空间想象能力，为进一步动手实践打下基础。

3. 经历剪纸作品欣赏及相关剪纸知识的学习过程，学会剪纸的简单技法分类，提升剪纸欣赏能力，体会剪纸制作智慧，崇尚剪纸劳动、热爱剪纸劳动，激发制作追求精益求精的工匠精神。

4. 观摩示范的剪纸过程，培养劳动意识和劳动安全意识，专心致志，坚持不懈、爱惜劳动成果的品质。

【教学重难点】

1. 剪纸艺术的表现形式。

2. 剪纸工具的选用与使用方法以及剪纸的基本技法。

【教学准备】

1. 学生分组：视情况，4～6 名学生一组，组内体现个体差异性。

2. 材料与工具：剪刀、刻刀、刻垫、示范作品、各种规格的彩纸。

【教学过程】

板块一：情境导入，认识剪纸

同学们，请看这是 2012 年的春晚舞美设计，整个舞台的外围被设计成一幅巨大的剪纸(多媒体展示)。剪纸是我国民间一种非常流行的艺术形式，历史悠久，有着深厚的生活积淀和底蕴，体现了中华民族的审美观念，也具有鲜明的艺术特色。大家想一想，我们还在哪里看见过剪纸艺术？请举例说明。(例如，窗花、门签、喜花等)

过渡语：每到各种节日或值得庆祝的日子，我国人民就会把各种寓意美好、精致的剪纸粘贴在窗户上、门上……我们一直生活在剪纸艺术的世界，今天我们就一起深入挖掘剪纸艺术的魅力。

出示课题——剪纸艺术的知识讲解。

板块二：新知探究，走近剪纸

1. 介绍剪纸的历史与意义

(1)同学们，你们知道剪纸最早是什么时候产生的吗？(师生交流讨论，随后多媒体展示不同时代的剪纸代表作)

(2)在纸张发明以前，人们就用薄片材料制成各种工艺品，大家说说看，这里面都有哪些镂空雕刻的技法呢？(多媒体展示金箔、皮革、绢布、树叶等工艺品，教师在学生讨论后对照图片指出其中的雕、镂、剔、刻、剪的技法)

(3)而真正意义上的剪纸，应该从纸的出现开始。请大家观察对比从汉代开始，随着纸的出现、发展、普及、繁荣，剪纸艺术呈现了一种怎样的变化？(多媒体展示)

(4)一直到了今天，剪纸艺术依旧是中华民族的瑰丽名片之一。那么，传承剪纸艺术有什么意义呢？(师生讨论交流)

(5)大家有没有发现剪纸艺术有几种特别经典的图案，小组交流讨论一下。

(6)大家能不能说说这些图案有哪些寓意？为什么中华民族对其情有独钟？

2. 介绍剪纸的表现形式

(1)同学们，请大家仔细观察、认真对比，用自己的话说一说这几幅剪纸作品在表现形式上有什么不同。

过渡语：相信同学们都发现了有些剪纸作品是以线条为主，有些则是以块为主，那么这些都是怎样的表现形式呢？

(2)请大家对比阳刻、阴刻、阴阳刻(多媒体展示，见图 3-20)，用自己的话说说看，这三种剪纸艺术的表现形式都有怎样的特点。

图 3-20　剪纸表现形式

(3)同学们更喜欢哪种表现形式？说说你的想法，小组讨论。

3. 介绍剪纸工具的使用方法

(1)介绍剪纸工具。

拿起教具，对以下几种工具进行逐一介绍(从部分到整体，从分类到选用标准等)：①剪刀；②刻刀；③纸张；④垫板。

(2)介绍剪纸工具的用法

播放工具使用的示范视频，教师进行工具的操作演示，并强调注意事项。

(3)同学们可以分小组尝试一下剪纸工具的使用，互相指正，互相监督安全使用。活动后完成星级评价表。

4. 介绍剪纸的基本技法

(1)多媒体动画演示平剪剪纸与折叠剪纸。请同学们说说看这两种基本技法都有怎样的特点。随后，对这两种基本技法进行介绍。

(2)折叠剪纸能够与我们数学课中所学到的哪一个知识点联系起来呢？(轴对称图形)

(3)大家想一想，怎样运用这两种基本技法造出更富有美感的剪纸艺术品呢？

板块三：拓展延伸，纹样构思

结合所学，构思你心中的剪纸纹样，并作为课后思考。

提示学生运用以下两个方法：

1. 图案改创法：学生要注重独立创作剪纸作品，具体要经过剪纸教学实践探索，从无意识设计发展为有意识设计。

2. 写生重构法：学生通过户外写生，收集素材，回到课堂以后通过填充重组等组合方式，将现实生活中两个或两个以上的相关元素、图形重新组合，构成一个新图案。

板块四：课堂小结，分享感悟

引导学生说一说对于剪纸的初步学习的感悟及对民间艺术传承者的看法。

【劳动评价】(见表 3-6)

表 3-6　星级评价表

工具使用	自我评价	同伴评价		指导教师评价	
	☆☆☆☆☆	☆☆☆☆☆	评价人	☆☆☆☆☆	评价人
规范性					
安全性					

第二课时：剪纸艺术的创作实践(略)

项目三　传统工艺制作——《灯火里的皮影戏》(5～6 年级)

【单元简介】

本单元的体验皮影戏活动能够为学生提供感受中华优秀传统文化、非物质文化遗产和工匠精神的丰富有益的直接经验。学生通过直接感受非物质文化遗产皮影戏、体验制作影人和进行团队合作实际导演一出皮影戏，学习中华优秀传统文化，增强学生的民族自豪感。本单元分为两个活动课时，每个阶段的活动都是根据学生不断深入体验皮影戏中产生的问题和需要生成的。

第一课时：制作影人；第二课时：导演皮影戏。

【单元教学背景】

1. 教情分析：本单元根据《劳动课程标准》中针对 5～6 年级学生提出的“素养表现”中“能根据劳动需要，设计并制作简单的传统工艺作品，说明传统工艺的价值，感受传统工艺劳动的智慧，初步形成传承中华优秀传统文化的意识。感受工匠精神，初步形成追求创新的劳动精神”的要求开展相应的活动。

2. 学情分析：5～6 年级的学生的认知随着身心发展越来越丰富，逐渐形成自我意识，产生的体验也更加稳定持久，此时学生渐渐形成集体主义、荣誉感、民族自豪感等更加复杂的情感。皮影戏作为一个有趣但是在生活中并不常见的中华优秀传统文化，容易提高学生参与劳动的兴趣与积极性，从而培养学生的劳动素养，以及学生在参与制作、表演的过程中可以充分感受传统工艺的魅力，促进他们的民族自豪感的产生。为此，教师组织 5～6 年级学生开展皮影人体验与制作活动，让学生动手制作，以团队的形式进行演出展示，培养学生不怕辛苦、积极探索，追求创新的劳动精神与良好的劳动品质。

【单元教学目标】

1. 劳动观念：通过亲自制作影人，导演皮影戏，认识到劳动是财富和幸福的源泉、是人民智慧的结晶、是人民积极向上的精神追求，树立“纸上得来终觉浅，绝知此事要躬行”，在劳动中探索智慧与真理的思想观念。

2. 劳动能力：掌握制作影人，制作皮影戏剧本，展示皮影戏的知识与技能，正确使用仿皮、操作杆、两脚钉等专业劳动工具，增强动手能力，养成持之以恒的劳动品质与在集体中团结协作的能力。

3. 劳动精神：通过制作影人，导演皮影戏的尝试与体验，使学生体会非物质文化遗产和工匠精神的魅力，领会传统劳动的光荣和伟大。

4. 劳动习惯和品质：通过动手制作，培养劳动意识和遵守劳动纪律，珍惜非物质文化遗产，热爱中华优秀传统文化，弘扬工匠精神的品质。

【单元教学重难点】

1. 影人的制作方式及皮影戏演出流程。

2. 正确使用打孔器、剪刀等劳动工具。

【单元课时安排及教学内容简介】

第一课时：制作影人

首先向学生们展示皮影戏的产生与发展的视频，初步了解皮影戏的历史，其次展示影人制作过程，最后组织学生们制作影人，制作结束之后，在班级中进行展示。

第二课时：导演皮影戏

首先展示经典的皮影戏剧目，让学生了解皮影戏的演出形式与特征，其次组织学生组成小组，进行皮影戏剧本的撰写与创新以及皮影戏的演练，最后挑选几个小组上台演示。

【单元教学活动准备】

1. 劳动场域：普通多媒体教室。

2. 劳动工具与材料：

(1)工具：剪刀，打孔器。

(2)材料：仿皮，操作杆，两脚钉，12 色丙烯颜料，幕布。

(3)工具材料数量满足人员需求。

3. 劳动组织形式：课前分组，建议 5 人一组，以小组的形式制作皮影人，撰写皮影戏剧本，进行皮影戏演练。

4. 劳动安全保障：

(1)劳动纪律要求：自觉完成老师的课堂要求，遵守劳动纪律。

(2)注意事项：选择合适的工具、技术与方法，安全、规范、有效地开展劳动。

【单元教学过程设计】(见图 3-21)

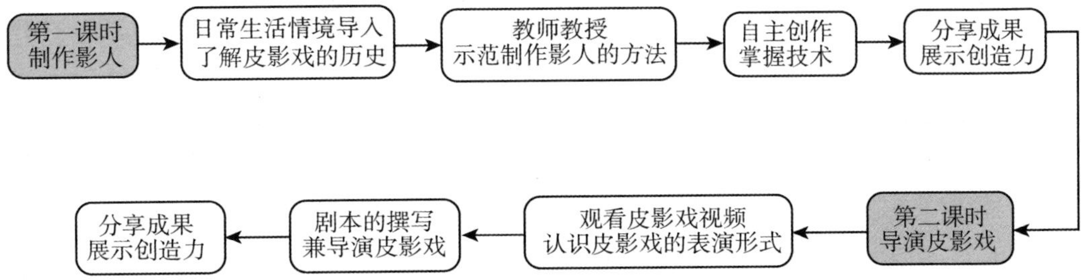

图 3-21　单元教学过程设计

【单元教学效果评价】

1. 评价内容：劳动过程中是否正确使用了剪刀、打孔器、两脚钉等工具，是否按照规范操作连接仿皮和操作杆；劳动成果方面，影人是否完整美观，皮影戏展示是否流畅连贯，剧情是否丰富有趣；劳动素养方面，是否养成良好的劳动习惯，是否培养优秀的动手能力，是否富有创新能力。

2. 评价主体：教师、小组、自我。

3. 评价工具：等级综合评价表。根据课时内容分别从劳动过程、劳动成果、劳动素养三个方面进行自评、组评、师评。

4. 评价方法：过程性评价，通过对学生学习全过程的持续性观察、记录、反思，从而使学生成为评价的主体，激励学生学习，获得成就感，增强自信心。

第一课时：制作影人

【教学目标】

1. 劳动观念：通过亲身体验制作影人的劳动过程，认识劳动财富是幸福的源泉、是人民智慧的结晶、是人民积极向上的精神追求的道理。

2. 劳动能力：围绕制作影人的实践活动，初步养成动手能力与创新精神，培养热爱中华优秀传统文化、尊敬工匠精神的态度。在教师的引导下，学生能尝试自己设计与制作影人，学会影人制作的方法，培养学生分析、归纳和总结的能力。

3. 劳动精神：通过动手操作实践，掌握制作影人的相关操作方法，具有优秀的精益求精、创新的工匠精神，以及崇尚劳动、热爱劳动的劳动精神。

4. 劳动习惯和品质：通过影人的制作，培养专心致志、不懈努力、爱惜劳动成果的优秀品质。

【教学重难点】

1. 剪刀、打孔器的使用方法。

2. 利用打孔器和两脚钉将仿皮与操作杆连接起来，使影人可以灵活活动。

【教学准备】

1. 学生分组。

2. 材料与工具：剪刀、打孔器、仿皮、操作杆、两脚钉、12 色丙烯颜料。

【教学过程】

板块一：日常生活情境引入，了解皮影戏的历史

1. 日常生活经历导入：在日常生活中，你们见过皮影戏吗？请举例说明。

问题一：在你的印象中，皮影戏是什么样子的？（师生共同交流：利用灯光将兽皮或纸板做成的影人投到幕布上。用人物剪影来表演故事的戏剧方式）

过渡语： 皮影戏是我国珍贵的非物质文化遗产，是中华优秀传统文化，这节课，我们一起来学习制作影人。

出示课题——制作影人。

2. 问题导入：皮影戏的三大特点是什么？（师生讨论交流）

（流行范围广、种类繁多、表演道具是影窗）

通过相应视频展示皮影戏与制作影人的相关知识。

问题二：通过视频可以看到，专业的影人制作有哪些步骤？

（选皮、制皮、画稿、过稿、镂刻、敷彩、发汗熨平、缀结完成）

板块二：教师讲授，示范制作影人的方法

过渡语： 同学们，这次老师将简化影人的制作过程，并展示相关制作过程，让每位同学都能通过亲自制作自己的影人来体验皮影戏的魅力。（见图 3-22）

图 3-22　影人

1. 绘制影人

学生分成小组讨论本小组皮影戏要表演的剧目或风格，决定皮影戏的主要表演人物，分工制作人物，老师可以提供相关建议。讨论完毕后，学生选择相应的仿皮和颜料开始自己的影人绘制。

2. 连接影人与操作杆

使用剪刀将影人剪下后，在影人的四肢，头部分别用打孔器打出与操作杆相连的孔，利用两脚钉在每一个孔处将仿皮与操作杆连接起来。

板块三：自主创作，掌握技术

1. 温馨提示：

(1)活动过程中，注意自身安全。

(2)团结协作，拓展创新思维。

2. 学生分组合作，培养团队集体精神。

3. 教师巡回指导。

板块四：分享成果，展示创造力

过渡语：老师刚才巡视了一圈，发现大部分同学已经完成各自的影人创作。接下来我们一起分享一下自己的劳动成果，说说自己的设计思路等。

1. 开展点评，让孩子们组内与组外互评劳动成果

教师补充创作新思路，肯定学生思考的优点，指出成果中仍然存在的问题，提出相应的改进方法。教师请优秀的小组分享创作思路与绘画技巧，并进行表扬鼓励。

评价标准：(1)影人的绘制是否富有美感；(2)打孔是否整齐，间距一致；(3)使用操作杆是否灵活自如。

2. 总结课堂，拓展延伸

影人是整个皮影戏演出的主要主角与不可或缺的存在，同学们富有创造力的绘制，是后期的皮影戏顺利演出的重要环节之一。老师相信在制作的同时，同学们能从中感受到中华优秀传统文化的浸润与工匠精神的伟大，能激发同学们对非物质文化遗产的兴趣与珍视。

此外，老师可布置相应课后任务，比如完善优化影人，自己了解皮影戏等(非强制任务，供感兴趣的学生参考开展)。

【劳动评价】(见表 3-7)

表 3-7 课时等级综合评价表

评价内容	评价等级			自评	组评	师评
	A	B	C			
劳动过程	能够正确使用剪刀剪下皮影，用打孔器和两脚钉将仿皮与操作杆连接起来，制作操作规范	基本能够正确使用剪刀剪下皮影，用打孔器和两脚钉将仿皮与操作杆连接起来，制作操作较规范	基本能够正确使用剪刀剪下皮影，用打孔器和两脚钉将仿皮与操作杆连接起来，制作操作待改善			

续表

评价内容	评价等级			自评	组评	师评
	A	B	C			
劳动成果	影人完整美观	影人较为完整美观	影人仍需完善			
劳动素养	认识到劳动财富是幸福的源泉、是人民智慧的结晶、是人民积极向上的精神追求，具有优秀的动手能力	基本认识到劳动财富是幸福的源泉、是人民智慧的结晶、是人民积极向上的精神追求，具有良好的动手能力	对劳动财富是幸福的源泉、是人民智慧的结晶、是人民积极向上的精神追求的道理认识不足，具有一定的动手能力			

第二课时：导演皮影戏(略)

项目四　传统工艺制作——《多彩的扎染》(7～9年级)

【单元简介】

本单元传统工艺制作活动旨在提高中学生的动手能力、审美能力和创新能力。经历简单的扎染制作活动，了解扎染的基本特点，综合运用简单的工艺知识进行扎染设计，熟悉制作扎染的工序和技能。经历扎染活动制作过程，感受传统工艺作品的人文价值和工匠精神，了解中华民族传统工艺，树立传承中华优秀传统文化的观念，养成积极参与劳动设计、追求品质的劳动精神。在本单元的学习过程中，学生经历学习扎染的基本知识与制作方法技能，动手制作简单的扎染作品。

第一课时：初识扎染；第二课时：制作扎染。

【单元教学背景】

1. 教学内容分析：该单元分为两个课时，第一课时让中学生简单了解什么是扎染、扎染的起源与发展、制作扎染的材料、扎染的制作工序和技能；第二课时立足于学生对扎染的充分了解，学生亲自动手制作扎染作品，真实体会扎染的制作过程。在本单元学习过程中，使学生能够体会活动蕴含的独特智慧和人类创造力，获得初步的职业体验，形成初步的职业意识和生涯规划意识。

2. 学生情况分析：该阶段学生思维发展的主要特点是抽象思维开始占主导地位，逻辑思维需要感性经验的直接支持，且学生动手操作能力较强，能够完成较为复杂的手工活动。因此，第一课时让学生充分了解扎染，第二课时向学生介绍扎染制作的流程，指导学生发挥想象力和创造力制作扎染作品。

【单元教学目标】

1. 欣赏扎染作品，了解扎染的起源与发展，认识制作扎染的工具和材料，亲历扎染制作过程，学会简单制作扎染的方法，体会不同职业劳动者的辛苦与快乐，能够热爱劳动，尊重普通劳动者，在劳动活动中体验动手创作的乐趣，懂得劳动创造美好生活的道理。

2. 经历制作扎染的过程，具备基本劳动知识和技艺，熟悉扎染制作步骤，在劳动实践过程中增强技艺，提高创造力，发展扎染制作过程中的设计能力、操作能力和团队合作能力。

3. 经历简单的扎染创作活动，能够领会“劳动是一切幸福的源泉”的内涵与意义，具有积极主动参与扎染制作的愿望。

4. 积极主动参与扎染创作活动，培养热爱劳动、热爱生活的思想感情，懂得团结合作、认真负责的道理。

【单元教学重难点】

1. 制作扎染作品。

2. 扎染纹样的设计与扎染制作技巧。

【单元课时安排及教学内容简介】

第一课时：初识扎染

在本课时的学习过程中，向学生介绍什么是扎染，了解扎染的发展历史、制作扎染的工具材料及扎染的制作步骤和技艺。初步激发学生对于民间扎染的热爱，认识到扎染工艺是民间文化和传统文化的重要组成部分，增强传承传统手工业及工艺作品制作文化的使命和责任感。

第二课时：制作扎染

在了解扎染的特点和制作流程后，学生能够根据提供的工具和材料制作出自己设计的扎染作品。经历扎染的学习与实践过程，激起了学生对扎染的热爱，以互动的方式进行练习，感受传统扎染的魅力，提高审美能力和动手制作能力。

【单元教学活动准备】

1. 劳动场域：劳动专用教室。

2. 劳动组织形式：(1)课前分组，根据具体任务群，建议6人一组，小组内进行比拼；(2)确定各组的劳动任务及任务量。

3. 劳动工具与材料：多媒体课件、扎染的实物及图片、棉线、水桶、染料、固色剂、晾晒架、剪刀、防水手套等。

4. 劳动安全注意事项：

(1)在扎染制作过程中，注意地面积水以防滑倒。

(2)在扎染制作过程中，不要将扎染颜料洒到皮肤和衣物上。

【单元教学过程设计】(见图 3-23)

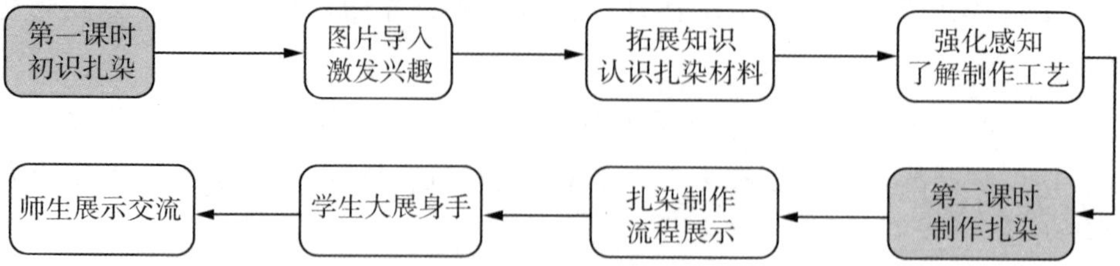

图 3-23 单元教学过程设计

【单元教学效果评价】

1. 评价内容：主要从学生的劳动规范、劳动成果、劳动精神、劳动观念、劳动能力与劳动习惯和品质方面进行考查。考查学生能否按照扎染的制作步骤进行规范操作，考查制作过程的规范性；学生的扎染作品是否美观大方，纹理是否清晰；学生在扎染制作过程中能否积极主动参与并认真完成扎染制作；能否树立劳动最光荣，体会中华优秀传统文化制作的魅力；能否具备捆、扎、折等扎染技巧，并熟练进行扎染制作；能否养成善于动手制作物品的习惯，从劳动中感受乐趣。

2. 评价主体：教师评价与学生评价相结合的评价方式。教师对学生参与的积极性、扎染创作设计、扎染制作步骤、扎染制作成品等方面进行评价；学生评价采取自评与组内互评两种方式，学生根据自己在活动中的表现进行自评，小组内通过相互观察、相互比拼等方式，进行组内互评，并在小组内挑选出最具有创意的扎染作品。

3. 评价工具：在评价工具上，使用等级评价表，将学生的扎染作品在教室内进行展览，并挑选出最美观的扎染作品进行等级评定。按照劳动成果的评价标准，扎染作品的纹理有层次感、画面丰富多彩，则可以给予“A”；扎染作品的设计美观大方，但是纹理较为清晰，则可以给予“B”；扎染作品较为美观，纹理较为混乱，则给予“C”。

4. 评价方法：过程性评价和结果性评价相结合。过程性评价主要考查学生在扎染制作的过程中能否按照规范的流程进行作品制作；结果性评价主要考查学生的扎染作品是否美观大方，设计上是否具有创新性，最终作品是否具有较好的欣赏性。

第一课时：初识扎染

【教学目标】

1. 欣赏扎染作品，知道什么是扎染，了解制作扎染所需的材料及其制作工艺。经历扎染的制作过程，体会扎染工艺凝聚的劳动智慧，树立“劳动者最美丽”的劳动观念。

2. 经历扎染的制作工艺和方法，发展动手操作能力，在扎染制作的过程中充分发挥自己的想象力和创造力。

3. 经历扎染劳动知识与技能的学习过程，体验扎染劳动者的辛劳，能够积极主动参与扎染创作活动，真实体会“劳动最光荣”的道理。

4. 积极主动参与扎染劳动活动，养成热爱优秀传统文化、热爱劳动、热爱动手操作的良好习惯，培养大胆创作、精益求精的劳动品质。

【教学重难点】

1. 了解扎染的起源和发展，了解扎染制作工具和材料。

2. 扎染制作的基本技能与方法。

【教学准备】

扎染作品图及制作扎染的材料图、多媒体课件。

【教学过程】

板块一：图片导入，激发兴趣

1. 图片导入，吸引学生的兴趣

请同学们仔细观察图片，你们在哪里见过这些物品？你们知道它们叫什么吗？这类工艺品叫作扎染。继续介绍关于扎染的知识……

2. 介绍扎染的起源与发展

教师结合学生们的前置性学习，进一步讲解扎染的起源和发展过程。

板块二：拓展知识，认识扎染材料(见图 3-24)

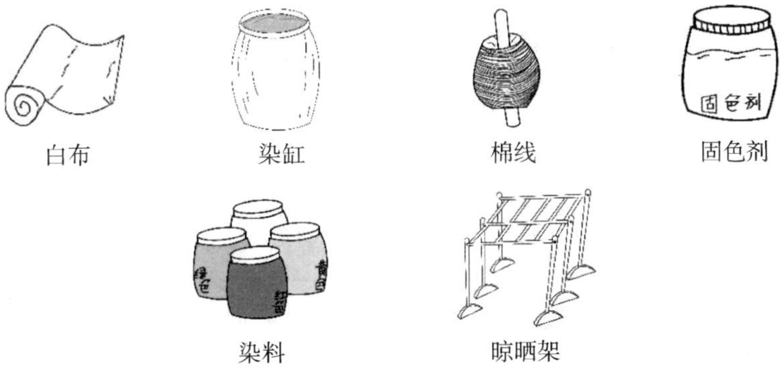

图 3-24　扎染材料

教师介绍制作扎染需要的工具材料以及扎染步骤。工具材料包括白布、染缸、棉线、固色剂、染料、晾晒架。扎染的主要步骤有画刷图案、绞扎、浸泡、染布、蒸煮、晒干、拆线、漂洗、碾布等。

板块三：强化感知，了解制作工艺

进一步拓展关于扎染工艺的知识，强化对扎染的认识。扎染工艺顾名思义分为扎结和染色两个部分。

同学们，通过本节课对于扎染的学习，我们知道了扎染的起源与发展，了解了制作扎染所需要的工具和材料，以及扎染的制作工艺。接下来请你收集有关扎染的其他相关资料，并与同伴进行交流吧！

【劳动评价】(见表 3-8、表 3-9)

表 3-8　课时等级综合评价表

评价内容	评价等级			自评	组评	师评
	A	B	C			
劳动观念	形成热爱劳动的劳动价值观，劳动积极性高，在劳动过程中感受到喜悦之情	基本形成热爱劳动的劳动价值观，劳动积极性较高，在劳动过程中感受到些许喜悦之情	基本形成热爱劳动的劳动价值观，劳动积极性一般，在劳动过程中无法感受到喜悦之情			
劳动能力	扎染纹理设计巧妙，色彩丰富，组内成员积极合作完成扎染制作	扎染美观大方，纹理较为清晰，组内较为协调合作	扎染作品较为美观，扎染纹理较为混乱，色彩使用单一			
劳动习惯与品质	主动整理劳动工具、摆放材料，做到工具干净，材料整齐	主动整理劳动工具、摆放材料，做到工具较干净，材料较整齐	活动参与积极性较低，不愿整理劳动工具、劳动材料，摆放较混乱			
劳动精神	积极参与扎染制作，精心设计扎染图案，不怕劳累、精益求精的劳动精神	扎染制作过程中，参与性、积极性较高，认真设计扎染图案，较能克服困难	扎染制作积极性较弱，能够出力劳动，操作较谨慎，不愿克服劳动难题，劳动精神欠缺			

表 3-9　________班组内分工表

小组序号		一组	二组	三组	四组	……
小组任务分工明细	选择扎染用具					……
	扎染制作					……
	扎染展示汇报					……

第二课时：制作扎染(略)

第三节
工业生产劳动

一、任务群理解

(一)工业生产劳动任务群概述

“工业生产劳动”作为生产劳动模块的四大任务群之一，主要安排在5～12年级，涉及三个学段。工业生产劳动任务群由以工业生产活动为核心的若干劳动项目组成。工业生产活动是指“在工厂里，劳动力(工人、技术人员等)利用动力(燃料、电能等)和机械设备，将原料制成产品”①。经过工业过程所生产出的各种产品，包括两类内容：一种是满足人们生活需要的产品，如食品、服装、家用电器等；另一种是满足生产需要的产品，如钢铁、机械、化肥、农药等。可见，工业生产是对自然物质资源或半成品进行加工、生产产品的物质生产过程。与此同时，工业生产区位的选择应充分考虑自然资源条件，并结合经济、社会、技术、生态环境等有关因素。因此，工业生产劳动具有生成性、地域性、时代性等特点。

(二)工业生产劳动任务群的价值

工业生产劳动凝缩的是劳动者们在工厂里一丝不苟的身影，体现的是为国家建设添砖加瓦的信念。工业生产劳动中所涵养的劳动精神、孕育的职业素养、经历的劳动过程，形成了工业生产劳动任务群涵育工匠精神、磨炼职业意志、体验大国智造的教育价值。

其一，工业生产劳动具有工匠精神的涵育价值。工匠精神最初源于手工业作坊，在工业生产劳动的演变中不断提高其丰富内涵。在工业生产劳动项目群中，学生们通过参与手工劳动，既可以感受传统手工业者的匠心技艺，也可以亲临现代科技产业的精密匠术，从而形成一丝不苟、精益求精的工匠精神。

其二，工业生产劳动具有职业意志的生成价值。工业生产劳动由于职业环境的复

---

① 人民教育出版社、课程教材研究所、地理课程教材研究开发中心：《普通高中教科书·地理 必修 第二册》，63页，北京，人民教育出版社，2019。

杂性、工作流程的长线性、工艺产品的创造性，要求劳动者具有安于职业环境、耐心处理各项工作事务、执着创新创造的意志品质。学生通过参与各项工业生产劳动，可以在职业体验中养成坚持不懈、持之以恒、耐心细心的意志品质。

其三，工业生产劳动具有大国智造的实践价值。工业生产劳动经历了从传统走向现代，从制造走向智造的变革过程，在航空航天、轨道交通等领域涌现出一系列现代化智能技术，通过引导学生体验各项智能制造过程，可以让他们感受现代中国之大国智造的形象与魅力，进而参与到未来可能的职业领域中。

(三)工业生产劳动任务群的项目内容

工业生产劳动项目与居民生活及各行各业的经济活动息息相关，工业生产大多根据产品性质和区位主导因素进行分类。一般而言，根据产品的性质和用途，将工业分为重工业和轻工业两类。其中，重工业包括采矿、冶金、机械、电力、建材、化学等工业；轻工业包括纺织、食品、造纸、皮革、钟表、家电等工业。按照区位的主导因素，工业可以分为原料指向型工业，如制糖工业、水产品加工工业；市场指导型工业，如印刷工业、家具制造工业；动力指向型工业，如化学工业、有色金属冶炼工业；廉价劳动力指向型工业，如电子装配业、普通服装制造业；技术指向型工业，如电子工业、航天工业。

在中小学劳动课程项目内容上，需要坚持“把握育人导向、遵循教育规律、体现时代特征、强化综合实施、坚持因地制宜”的五大原则。《劳动课程标准》指出，中小学可选择的工业生产劳动项目可包括木工、金工、电子、服装、造纸、纺织等。同时，中小学还可以根据所在地区工业生产特色来选择适宜的项目作为工业生产劳动课程内容。

(四)工业生产劳动任务群的项目选择与设计依据

《劳动课程标准》根据学生的年级特点，对不同学段的项目选择与设计提出了具体建议。除了关注年龄的特点外，工业生产劳动项目的选择还应考虑校内与校外教育资源条件等因素。

1. 依据学段特点选择与设计项目

工业生产劳动任务群安排在小学高年级阶段以及中学阶段，在选择劳动项目时，应把握育人导向、遵循教育规律、体现时代特征、强化综合实施、坚持因地制宜。由于工业生产劳动过程周期较长，需要在活动中体现各学段项目设计的阶梯性、连续性和系统性。

首先，在生产对象的选择上，随着年级的增长应逐级拓宽项目的选择范围，逐步提高项目内容的技术含量，选择设计与制作从简单到复杂的产品。5～6 年级以木工、金工、电子为项目范围，选择一些简单的产品模型或原型进行加工，如七巧板、孔明锁、音乐小门铃、音乐贺卡等；7～9 年级适当扩大项目选择范围，将服装、造纸、纺织等具有较高技术含量的项目位列其中，如设计与制作手机支架、声控小台灯、简易服装等。10～12 年级则可以将复杂的电子控制技术作为选择范围，将电子元器件、电路图、电子控制系统、单片机、传感器等应用于设计制作中，如电子音乐盒、电子温度计等。

其次，在技能目标的确立上，随着年级的增长应以螺旋上升的方式增加项目操作技能的难度等级，体现从模仿到创新的过渡。5～6 年级需完成某个简单模型的制作及准备工作，包括掌握工具和设备特点、识别产品技术图样、组装以及测试产品；7～9 年级在掌握制作产品的基础上，需要发挥创造能力，对产品进行设计，因此还需要进一步熟悉加工材料的要求，从而根据产品使用要求选择材料并制订符合人机关系的创意设计方案，最终需要完成产品的组装、测试与优化。10～12 年级从仿制向创意发展，在科技活动中进行创造发明活动，利用所学的知识与技能解决生活中的实际问题，掌握技术设计的一般过程，能对设计方案、设计过程和成果做出比较全面的评价。

最后，在劳动素养的生成上，随着年级的增长应逐级提升劳动素养的精神境界和职业追求，体现从自我感受的喜悦到人类社会的成就。5～6 年级主要是体验工业生产劳动创造财富的喜悦和成就感，理解日用产品的来之不易，懂得爱惜日用产品，初步形成安全规范地进行工业生产劳动的意识，初步形成产品质量意识和精益求精的劳动品质。7～9 年级则需要理解工业生产劳动对人类生产活动、生活的重要作用，养成安全、规范地进行工业生产劳动的良好劳动习惯，养成合理利用材料、环保节约的劳动意识，提升产品质量意识和精益求精的劳动精神。10～12 年级在了解工业生产劳动中各种职业的特点和要求后，逐步形成职业意识、职业兴趣、社会责任感以及创业精神，养成良好的职业习惯和行为规范。

2. 依据学校的资源条件选择与设计项目

在选择与设计项目时，应结合学校现有的教育资源条件选择和设计项目。学校的设施设备、专业化的劳动教室、专业的劳动教师是工业生产劳动项目选择时所需要考虑的因素。针对不同的学校教育资源，可选择相适应的劳动项目。如有些学校建有专业化的电工教室、木工操作教室、缝纫教室、纸模服装教室等工业生产劳动实训室，在这种条件下就可以将书架制作、服装设计等工业生产劳动项目引入学校，进而系统地设计与开发专业化的校本工业课程，以最近发展区来设计不同学段、不同年级的工业生产劳动项目。有的学校由于资金紧张，在缺乏专业化的设施、场地以及师资的条件下，则需要激励学校的教师们以自身的兴趣爱好和特长为基点，采用项目申请制的方式，将具体的工业生产劳动项目与课堂教学相融合，在学科融合中发展学生的学科知识与劳动技能。

3. 依据社会的资源条件选择与设计项目

在选择与设计项目时，还需结合学校所处区域的工业生产特色。工业生产的区位性是影响学校工业生产劳动项目设计的重要因素，不同的地理特点可以造就出各自独特的工业生产项目。如以攀枝花为中心的钢铁工业、以西昌为中心的火箭发射基地，以及珠江三角洲地区的纺织业、湘赣地区多种有色金属工业等，均由当地的地理位置及其资源环境孕育而生。选择具有地方特色的工业生产劳动项目既是校外资源的合理利用，也是学生走向社会的第一步，学生近距离地接触与观察当地的工厂，倾听工人师傅的声音，身临其境地感受工业生产的魅力和劳动价值。因此，中小学在选择工业生产劳动项目时，需仔细考察当地的工业生产特色，巧妙利用已有的社会资源为学生设计相应的工业生产劳动项目。

二、任务群项目设计样例

项目一　工业生产劳动——《木桁架的制作》(5～6 年级)

【单元简介】

本单元的工业生产劳动活动旨在激发学生对动手锯木与组装的实践兴趣，为他们接触生活事物提供了良好的直接经验。学生通过学习木桁架的类型与制作流程，进而动手制作木桁架，在整个实践中体会劳动的乐趣与感悟劳动精神。

本单元分为两课时，两课时内容由浅入深，便于学生学习理解与操作。

第一课时：制作木桁架前的准备工作；第二课时：动手组装木桁架。

【单元教学背景】

1. 教学内容分析：劳动教育作为一种在现实社会中的育人活动，在现实生活中才会被激发出更大的育人价值。因此，小学劳动教育应更加贴近生活。学习木桁架的制作可以教会学生识读图纸、进行模型组装，体验到工业生产劳动创造物质财富的喜悦感。

2. 学生情况分析：5～6 年级的学生对生活的探索欲与好奇心增强，自主性进一步增强，他们对于操作性的学习热情较高，且具备了一定的制作能力。但这个年龄段的学生安全意识不够强，对学生进行安全生产和自我保护教育是十分必要的。因此，对 5～6 年级学生开展工业生产劳动教育有助于培养学生实操动手能力，树立其正确的劳动价值观。

【单元教学目标】

1. 认识不同类型的桁架，了解相关物理知识，学习其蕴含的原理，激发动手操作的兴趣，培养热爱劳动的兴趣，树立劳动创造美好生活的思想观念。

2. 能够在教师的指导下，积极参与木桁架的制作，具备团队合作的意识，培养自主探索与实践的能力。

3. 经历木桁架的制作过程，养成安全劳动、规范劳动的良好习惯，培养认真负责、珍惜劳动成果的好品质，感受中华民族追求卓越的工匠精神。

【单元教学重难点】

1. 桁架类型与结构。

2. 组装木桁架的步骤。

【单元课时安排及教学内容简介】

第一课时：制作木桁架前的准备工作

在本课时的教学中，教师引导学生学习桁架的定义与类型，仔细观看制作木桁架的视频，了解制作步骤与注意事项，根据要求动手将木条锯好。

第二课时：动手组装木桁架

回忆制作流程，将锯好的木条用木工胶水进行连接。

【单元教学活动准备】

1. 劳动场域：校园劳动教育专业教室。

2. 劳动工具与材料：锯子、木条、木工胶水。

3. 劳动组织形式：课前分组，建议 2～4 人一组。

4. 劳动安全保障：

(1)劳动纪律要求：①服从组织安排，一切行动听指挥；②劳动时做到不迟到、不早退，有事、有病要请假，经班主任批准才有效，不无故不参加劳动；③要发扬吃苦精神，注意安全，防止伤害事故的发生；④要爱护工具和劳动成果；⑤同学间要团结友爱，互相帮助，不发生其他影响劳动的行为；⑥劳动后要做好劳动场地的“整洁”工作，做好总结。

(2)注意事项：注意使用工具安全。

【单元教学过程设计】(见图 3-25)

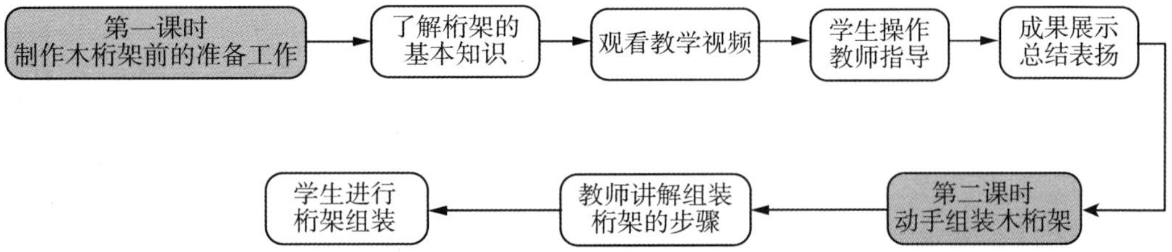

图 3-25　单元教学过程设计

【单元教学效果评价】

1. 评价内容：主要包含劳动观念、劳动能力、劳动精神、劳动习惯和品质四方面。

劳动观念方面，主要评价学生是否能通过动手制作木桁架，树立起劳动最光荣的思想观念；劳动能力方面，主要评价学生是否能够正确安全使用锯子进行锯木活动，组装木桁架时操作步骤是否规范；劳动精神方面，主要评价学生是否能积极细心听老师讲解相关知识，在操作过程中克服遇到的问题；劳动习惯和品质方面，主要评价学生是否在使用工具的时候具有安全意识，锯木与组装活动结束后将现场打扫干净。

2. 评价主体：包含学生与教师两大主体，学生不但要对自我劳动效果进行评价，同时要对组内的其他成员进行评价。采用学生自评的形式可以使其增加参与活动的积极性，他评(教师和同学评价)与自评两者的结合有助于提高学生自评的能力，同时增加评价的科学性与客观性。

3. 评价工具：选择等级综合评价表进行评价。等级评定法是指给出不同等级的定义与描述，然后针对每一个评价指标按照给定的等级进行评估，通过采用此方法可以避免宽松的误差，同时对同学的掌握情况有一个良好的区分，方便教师提出改进建议。

4. 评价方式：主要是过程性评价与结果性评价相结合。过程性评价主要体现在学生在学习木桁架相关理论知识及动手组装木桁架的实践过程中教师对他们提出改进或优化建议。结果性评价是指在整个实践活动结束后进行多方面的综合评价。

第一课时：制作木桁架前的准备工作

【教学目标】

1. 知道桁架的基本定义与类型，能够锯割木条完成组装前的准备活动，认识到劳动使生活更美好的道理，树立热爱劳动、尊重劳动人民、劳动最光荣的思想观念。

2. 经历锯割学习与实践过程，学会认知桁架事物的辨别与归纳的方法，发展学生的动手操作能力，提升热爱劳动与尊重劳动人民的观念。

3. 经历桁架的相关理论知识学习过程，了解桁架的产生，体会劳动人民的智慧，致敬劳动者。

【教学重难点】

1. 桁架的定义与分类。

2. 按规定尺寸锯割木条。

【教学准备】

准备一些必要的劳动工具和材料，包括已经制作好的桁架模型、制作木桁架的教学视频、锯子、木条等。

【教学过程】

板块一：了解桁架的基本知识

1. 生活情境导入：同学们，大家知道在森林里的房子都是用什么建造的吗？(学生回答木材，如若学生回答不出来，可从森林里都是树木这一角度引导同学回答)

问题：大家了解过木屋是怎么建造的吗？木屋的房顶一般是什么形状呢？

（师生之间互相交流，木屋的屋顶有的是三角形，有的是梯形）

过渡语：木屋的房顶一般是三角形或者梯形，它的结构名称叫作“桁架”，相信同学们对于动手组装一个木制品一定迫不及待了，那今天就让我们来学习一下桁架的定义与类型吧！

2. 介绍桁架的定义与类型

老师通过手持已经制作成型的桁架向同学们进行定义与类型介绍。

桁架的定义：桁架是由一些用直杆组成的三角形框构成的几何形状不变的结构物。杆件间的结合点称为节点(或结点)。

桁架的类型：三角形结构桁架是目前比较常见的桁架，其基本类型主要分为中柱式、豪式和芬克式。（见图 3-26）

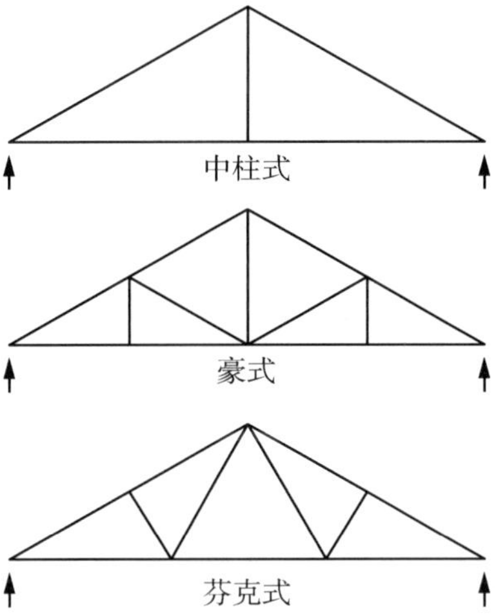

图 3-26　三角形结构桁架

过渡语：桁架的结构同学们已经了解啦，既然这样，我们接下来就要了解一下如何制作出可以进行承重的桁架。

板块二：观看教学视频

1. 教师通过播放制作木桁架的视频使学生了解木桁架的制作流程。

过渡语：既然制作木桁架的流程同学们已经大致了解了，这节课我们就来完成进行组装木桁架前的准备工作——锯木条。

板块三：学生操作，教师指导

1. 学习锯子的使用方法及注意事项

过渡语：锯木条是一个有一定危险性的动作，所以同学们在进行此项活动时绝对不可以打闹，要认真听讲，严格按照老师的要求与规范执行。

问题一：同学们，在锯木头之前有没有人知道锯子该如何使用呢？（见图 3-27）

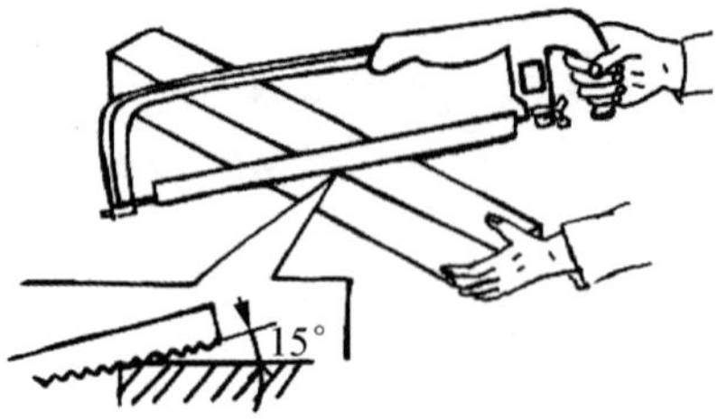

图 3-27　锯子使用示意图

使用锯子时，一般用右手握住锯柄，左手握住锯弓的前方……(介绍关键步骤，提示操作规范，注意安全)

问题二：那在使用锯子时需要注意些什么呢？

(1)姿势：锯割时的站立位置和身体摆动姿势与锉削基本相似，摆动要自然。(2)压力：锯割运动时，推力和压力由右手控制，左手主要配合右手扶正锯弓，压力不要过大。手锯推出时为切削行程施加压力，返回行程不切削不加压力作自然拉回。工件将断时压力要小。(同时告诉学生最重要的一点是安全，在使用锯子时切记不可打闹)

板块四：成果展示，总结表扬

1. 成果展示，开展点评

老师将同学们锯好的木条进行展示，同时给予点评，指出操作过程中存在的问题，提出改进方法。

2. 对所学内容进行回顾与提问

老师对本节课所学习的理论知识进行提问，同学回答问题后要给予及时反馈，表扬回答正确的同学，纠正回答错误的同学并给予鼓励。

3. 对本节课进行总结

对本节课同学们的表现进行总结表扬，同时提出这一节课的学习是为下节课动手组装木桁架打下良好的基础，相信通过今天的学习同学们以后一定能体会到工人伯伯们的辛苦，更加珍惜身边的公物。

【劳动评价】(见表 3-10)

表 3-10　课时等级综合评价表

评价内容	评价等级			自评	组评	师评
	A	B	C			
劳动观念	积极主动参与劳动，树立热爱劳动、尊重劳动人民、劳动最光荣的思想观念	主动参与劳动，树立热爱劳动、尊重劳动人民、劳动最光荣的思想观念	需要提醒参与劳动，基本树立热爱劳动、尊重劳动人民、劳动最光荣的思想观念			

续表

评价内容	评价等级			自评	组评	师评
	A	B	C			
劳动能力	能够正确、安全使用锯子进行锯木活动，组装木桁架时操作步骤规范	能够正确、安全使用锯子进行锯木活动，需要在他人提示下规范组装木桁架	能够安全使用锯子进行锯木活动，需要在他人提示下规范组装木桁架			
劳动精神	细心听老师讲解相关知识，积极主动解决锯木、组装实践过程中遇到的问题，追求精益求精	听老师讲解相关知识，能够解决锯木、组装实践过程中遇到的问题，追求完成任务	听老师讲解相关知识较为被动，遇到问题时不能迎难而上			
劳动习惯与品质	使用工具的时候具有良好的安全意识，锯木与组装活动后主动将现场打扫干净	使用工具的时候具有基本的安全意识，锯木与组装活动后将现场打扫干净	使用工具的时候具有基本的安全意识，锯木与组装活动后未将现场打扫干净			

第二课时：动手组装木桁架(略)

项目二　工业生产劳动——《七巧板的木工制作与加工》(5～6 年级)

【单元简介】

本单元的七巧板木工体验活动旨在增长学生的木工知识，提高学生的动手操作能力，帮助学生树立正确的劳动观念，激发对劳动的热情和兴趣。在劳动过程中，学生逐步学习锯子工具的特点、类别和发明历史，了解砂纸工具的特点和类别，识读简单的七巧板图解，尝试根据七巧板图样用木工工具制作七巧板并完成七巧板的组装，借助砂纸和油漆对七巧板进行加工。

本单元分为两个课时，每个课时的活动循序渐进，由浅入深，后一个课时以前一个课时的内容为基础。

第一课时：七巧板的制作；第二课时：七巧板的加工。

【单元教学背景】

1. 教学内容分析：在本单元七巧板的制作与加工中，涉及的是学习锯子与砂纸工具的特点，这里符合《劳动课程标准》里工业生产劳动中对 5～6 年级的内容要求和素养表现“熟悉所选项目的工具特点、设备特点”与“掌握某项工业生产项目工具、设备的操作方法”，以及“识读简单的产品技术图样，选择合适的手工工具和技术，制作简单木工工艺作品，感受作品完成后的喜悦与成就感，形成安全劳动、规范操作的意识”。

2. 学生情况分析：小学 5～6 年级，属于小学高年级。在思维上，已经逐步具有抽象思维，因此能够通过现象看到本质，也已经能预见事物发展的结果。因此课程的展开不能浅尝辄止，要具有深度，要分析为什么锯子可以快速锯开等这些更加深刻的问题。在日常生活中，小学高年级的学生也积累了不少生活经验，因此在讲解锯子与砂纸等木工工具时要注意与学生日常生活经验相结合。同时，高年级学生自主意识增强，在对七巧板的加工上可以让学生个性化地涂色，分工制造属于自己的部件；而且高年级小学生更加渴望获得同伴的认可，因此可以在最后借组装七巧板活动的时候进行升华——小组每人制作一个部件，七个人齐心协力共同组成了七巧板。

【单元教学目标】

1. 了解锯子、砂纸等木工工具的特点、类别和发明历史，知道如何正确使用这些工具，能够正确识读简单的七巧板作品样图，并根据图样进行七巧板的制作和加工。

2. 能够在教师的带领下，积极参与课堂活动，掌握劳动操作的技能和技巧，领悟劳动创造财富的道理，理解普通劳动者的光荣和伟大，形成不畏艰辛，敢于探索的精神。

3. 经历七巧板木工的制作和加工活动，养成安全劳动、规范操作、坚持不懈、精益求精的好习惯，提升创造能力，树立工匠精神。

【单元教学重难点】

1. 锯子、砂纸等工具的正确使用。

2. 对七巧板图例的正确解读。

3. 动手操作的安全和规范。

【单元课时安排及教学内容简介】

第一课时：七巧板的制作

在本课时的教学中，首先教师借助图片导入七巧板的话题，激发学生制作七巧板的好奇心和兴趣。其次，教师介绍七巧板的图纸，教学生如何识图，利用好图纸上的信息。再次，教师介绍制作七巧板的工具——锯子，介绍锯子的特点、类别、发明历史，解释为什么锯子可以快速地将木头锯断。从次，教师演示如何根据图纸信息用锯子获得一个七巧板部件，并安排小组活动，每人按照图纸制作七巧板中的一个部件。最后教师进行课堂小结，总结今日所学。

第二课时：七巧板的加工

在本课时的教学中，教师首先带领学生回顾上节课学习的木工知识。接着拿出市面上售卖的七巧板与同学上节课做出来的七巧板对比，引出还需要进行打磨与上色加工。其次，介绍打磨工具——砂纸及其特点和类别。再次，教师演示如何用砂纸打磨加工七巧板，随后安排学生进行七巧板的加工与上色的活动。最后请同学上台展示自己的劳动成果，教师进行点评并总结今日所学。

【单元教学活动准备】

1. 劳动场域：校园专业教室；校园基地；校外基地。

2. 劳动组织形式：7 名学生为一组。

3. 劳动工具与材料：木板原料、颜料、刷子、砂纸、图纸等。根据工具和材料数量可以安排每人一个，或者每组一个。

4. 劳动安全注意事项：

(1)听从教师指挥，不在讲授期间动用工具，劳动或上课时不闲聊、不打闹等；(2)正确使用工具，不破坏工具；(3)操作过程要规范认真，注意安全。

【单元教学过程设计】(见图 3-28)

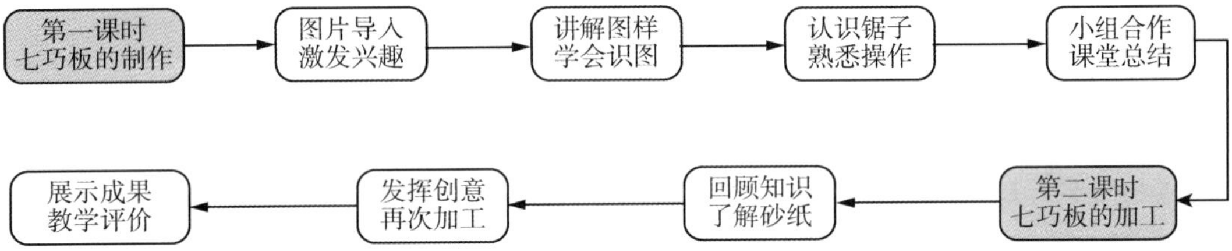

图 3-28　单元教学过程设计

【单元教学效果评价】

1. 评价内容：主要从劳动观念、劳动能力、劳动习惯和品质、劳动精神四个方面进行评价。考查学生能否正确规范地使用锯子砂纸进行操作；制作的七巧板及其部件的完成度与美观度如何；是否能体会到不畏艰辛，敢于探索的精神；能否感受到劳动创造财富的道理，理解普通劳动者的光荣和伟大；能否正确规范地使用锯子、砂布等工具，能否正确识读简单的七巧板作品图样，能否根据图样正确规范地使用锯子等工具来进行七巧板的制作，能否正确规范地用砂布、油漆对七巧板进行加工；是否养成安全劳动、规范操作、坚持不懈、精益求精的好习惯。

2. 评价主体：主要采用教师评价、小组评价和自我评价三种评价方式。学生小组以 7 人为一小组，在七巧板制作活动结束后，小组互评互选，共同推选出作品质量最高的小组，并说明理由。随后，教师对学生在劳动过程中的问题和不足进行指正，对学生的感受、疑问进行总结，并进行鼓励，对最佳小组进行表扬。除此之外，学生要及时反思劳动过程，进行自我评价。

3. 评价工具：主要使用等级综合评价表的形式，用星星的数量来衡量学生在整个制作七巧板过程中的各方面表现以及学习程度，可以较为直观地体现学生各项能力的发展情况。

4. 评价方法：以形成性评价为主，辅以总结性评价。在整个课堂过程中，教师对学生都要进行及时的评价。在成果展示上，针对劳动成果的优劣进行总结性评价。

第一课时：七巧板的制作

【教学目标】

1. 了解锯子等工具的特点、类别、发明历史，知道如何正确地使用锯子、砂纸等木工工具，能正确识读简单的七巧板作品图样，并根据图样规范地使用锯子工具来进行七巧板的制作。

2. 积极参与课堂讨论，在教师的带领下，积极主动参与制作过程，初步形成不畏艰辛，敢于探索的精神，感受劳动创造财富的道理，理解普通劳动者的光荣和伟大。

3. 经历七巧板的制作过程，学会木工锯割方法，养成安全劳动、规范操作的良好习惯，操作过程中坚持不懈地追求质量，发扬精益求精追求卓越的工匠精神。

【教学重难点】

教学重点：1. 锯子的结构。2. 锯割操作。

教学难点：七巧板图样读图。

【教学准备】

材料与工具：木板原料、锯子、图纸等。

【教学过程】

板块一：图片导入，激发兴趣

欢迎同学们来到七巧板王国，这里有各种各样的动物、植物、工具。国王现在要对下面的图案进行分类，同学们能帮帮他吗？先告诉老师这些图案分别是什么，然后再进行分类，说说你的理由。

（展示用七巧板拼成的图案，兔子、老虎、剪刀……按照动物、植物等类别分类）

大家可真聪明！那同学们能不能告诉老师，这些惟妙惟肖的图案是用哪些形状拼成的呢？（正方形、平行四边形、三角形……）看来同学们观察得非常仔细，非常好，这节课老师就带大家一起去了解这种益智小玩具——七巧板吧！

板块二：讲解图样，学会识图

1. 介绍定义：七巧板是一种古老的中国传统智力玩具，这七块板可拼成许多图形，也可以把它拼成各种人物、动物、桥、房、塔等。（展示 PPT）

2. 讲解图样：七巧板为什么能组成这么多图案呢？这个玩具到底蕴含着哪些奥秘呢？下面老师给大家展示七巧板的制作图纸，请同学们仔细观察，小组内部进行讨论，再来说一说你发现了哪些信息？（见图 3-29）

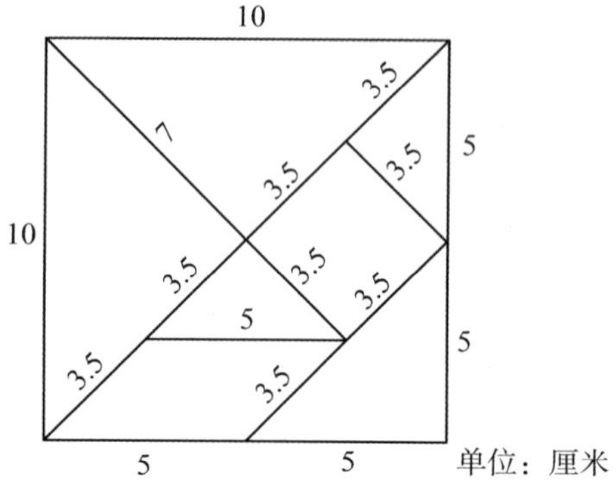

图 3-29　七巧板示意图

3. 交流讨论：下面请小组派出代表来说说从图纸上看到了什么。

七巧板拼起来是个边长为10厘米的正方形；

七巧板里有五个三角形；

七巧板里还有平行四边形；

……

（教师总结）

同学们说得不错，大家既关注了七巧板里的形状，又注意到了每个图形的尺寸和大小，给你们鼓掌！根据图纸上的信息，我们可以制作出一模一样的七巧板。下面老师就带大家来学习制作七巧板，将图纸变为现实。

板块三：认识锯子，熟悉操作

制作七巧板不仅仅需要图纸，还需要能够把木头锯成各种形状的工具——锯子。（见图3-30）那么接下来和老师一起认识锯子吧！

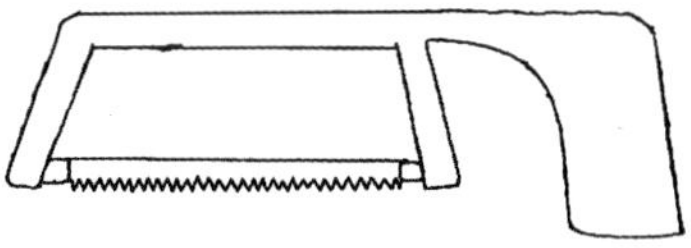

图3-30 锯子

1. 锯子的特点：请仔细观察桌上的锯子，同学们观察到了什么特点呢？

锋利的锯齿；

有一个握住的柄；

……

2. 锯子的种类：同学们除了桌上这个锯子外，日常生活中还见过什么样的锯子？

有插电的电动锯子，有不插电的手工锯子；

有粗齿的锯子，有细齿的锯子；

有条形的锯子，有圆形的锯子；

……

3. 锯子的历史：教师用PPT展示鲁班发明锯子的小故事，请同学们来读一读这个故事吧！教师安排学生朗读，其余学生倾听，感受中国祖先的智慧。（相传有一次鲁班进深山砍树时，一不小心，脚下一滑，手被一种野草的叶子划破了，渗出血来。他摘下叶片轻轻一摸，原来叶子两边长着锋利的齿，他用这些密密的小齿在手背上轻轻一划，居然割开了一道口子。他的手就是被这些小齿划破的，鲁班就从这件事上得到了启发。他想，要是用这样齿状的工具，不是也能很快地锯断树木了吗！于是，他经过多次试验，终于发明了锋利的锯子，大大提高了工效。）

4. 教师示范：学习完图纸和锯子后，老师以制作七巧板中的一块三角形为例子，给大家演示一下使用锯子制作七巧板的流程，请大家认真观看。

板块四：小组合作，课程总结

1. 学生操作：老师制作完了，接下来轮到同学们制作了。每个组 7 人，你们商量好各自选七巧板的一个部件来制作吧！

教师观察，必要时给予帮助。同学们小组合作进行活动。

2. 课堂总结：同学们，通过今天的课程，你学习到了什么？(应该学习到了锯子的分类、特点、历史以及如何使用锯子，如何识图等。如果有情感上的体会教师要给予肯定)

【劳动评价】(见表 3-11)

表 3-11　课时等级综合评价表

评价内容	评价等级			自评	组评	师评
	A	B	C			
劳动观念	体会到劳动创造财富的道理，理解普通劳动者的光荣和伟大	初步感受到劳动创造财富的道理，能理解普通劳动者的光荣和伟大	缺乏对劳动价值的理解，没有形成正确的劳动观念			
劳动能力	工具使用熟练，制作步骤正确，七巧板尺寸得当，大小适中，形状标准	工具使用恰当，制作步骤基本正确，七巧板尺寸相差无几，大小适中，形状比较标准	工具使用不合理，制作步骤混乱，七巧板尺寸不准确，大小出入过大，形状不标准			
劳动习惯和品质	养成安全劳动、规范操作、坚持不懈、精益求精的好习惯	能够运用劳动技能解决问题，基本养成安全劳动、规范劳动的好习惯	缺乏运用劳动技能解决问题的能力，不理解劳动创造美好生活的道理			
劳动精神	形成不畏艰辛，敢于探索的精神，具有工匠精神	逐步形成不畏艰辛、敢于探索的精神，对工匠精神有初步的理解	缺乏不畏艰辛、敢于探索的精神，缺乏对工匠精神的理解			

第二课时：七巧板的加工(略)

项目三　工业生产劳动——《我的太空梦》(5～6 年级)

【单元简介】

在本单元工业生产活动的学习过程中，学生在充满趣味性的课堂教学形式下能够获得丰富多彩的学习体验和个性化的创造表现。学生根据图样动手制作水火箭模型，小组共同探究发射技巧，收集整理数据信息，学习模型制作进而感受人类在航天领域的探索精神。本单元分为三个活动阶段，每个阶段的活动都是围绕着学生在水火箭模型的制作与创造的过程中生成的。

第一课时：制作我的水火箭；第二课时：飞向太空；第三课时：我的发射报告。

【单元教学背景】

1. 教学内容分析：该单元的教学是在5～6年级学生掌握了简单的手工制作等生产劳动，能规范地使用劳动工具，了解常用材料的作用与特征的基础上进行设计。通过本单元的学习，学生能够熟悉手工钻、打气筒等工具和设备的特点。识读水火箭的产品技术图样，根据图样制作水火箭的模型，完成水火箭的组装、测试，让学生身临其境地感受工业生产的魅力与劳动价值。

2. 学生情况分析：5～6年级学生对趣味性的课堂教学形式充满浓厚的兴趣与好奇心，善于追求与尝试各种能表达自己情感的表现手法，初步具备了自主、合作、探究式学习的能力。为此，组织5～6年级学生识读图样、制作模型、组织发射比赛及汇报制作成果，既符合学生活泼好动的天性，对课堂倾注热情，积极主动地参与到实践活动中去，又能体验到劳动所带来的喜悦与成就感。

【单元教学目标】

1. 动手制作水火箭，初步了解航天工业的价值与伟大之处。树立正确的劳动观念和热爱劳动的思想感情，意识到每一个劳动者都值得尊敬，任何一种劳动都值得尊重。

2. 准确识读模型图样，根据图样制作水火箭，小组合作组装、测试水火箭，掌握水火箭发射要领。

3. 经历小组合作组装水火箭、测验水火箭，体验劳动的乐趣，认识劳动的艰辛与不易，增强意志力，领会吃苦耐劳的精神。

4. 经历制作模型的过程，初步形成产品的质量意识，树立安全规范意识，养成谨慎操作的良好习惯，学会尊重他人的劳动成果，发扬精益求精追求卓越的工匠精神。

【单元教学重难点】

1. 组装、发射水火箭。

2. 记录水火箭的测验数据。

【单元课时安排及教学内容简介】

第一课时：制作我的水火箭

首先，教师用视频导入的方法向学生介绍航空技术工人制造火箭的过程，吸引学生的兴趣。以此引出活动主题水火箭的制作。其次，带领学生学习制作水火箭前的准备工作，识读图纸、准备材料。再次，根据图样的提示学习，分小组制作水火箭，并为水火箭设计外观。最后，展示各小组的劳动成果，评选优秀模型。

第二课时：飞向太空

首先，教师在多媒体教室为学生讲解水火箭发射的基本原理及其发射技巧。其次，带领学生到空旷的操场，实践尝试水火箭发射，并不断地熟悉操作过程。最后，展示小组成果。

第三课时：我的发射报告

首先，在多媒体教室学习发射数据收集表的设计以及数据收集的方法，让学生设计属于自己的测验表格。其次，带领学生到操场收集各自小组所需的数据。最后，各小组收集整理数据，分析水火箭的最佳射程所需要的条件，为水火箭的优化提供依据。

【单元教学活动准备】

1. 劳动场域：普通多媒体教室；校园操场。

2. 劳动工具与材料：

(1)材料：饮料空瓶 2 个(带瓶盖，空瓶可大可小，大小需一致，尽量使用 2 升装的)、防水胶带、透明胶带、厚卡纸、装饰纸和橡胶塞。

(2)工具：剪刀、手工钻、发射架、气筒等若干。

(3)工具材料数量满足人员需求。

3. 劳动组织形式：4～6 人一组，组内成员自由合理分配劳动任务。

4. 劳动安全保障：

(1)劳动纪律要求。

小组之间相互交流时不干扰其他小组劳动；前往操场时走廊安静排队，到操场后组长组织成员一字排开。

(2)注意事项。

禁止在人员密集的场地发射水火箭，注意喷射方向，禁止朝向人发射水火箭；注意在使用剪刀、手工钻等尖锐工具时，不要嬉戏打闹，以免自己及他人受伤。

【单元教学过程设计】(见图 3-31)

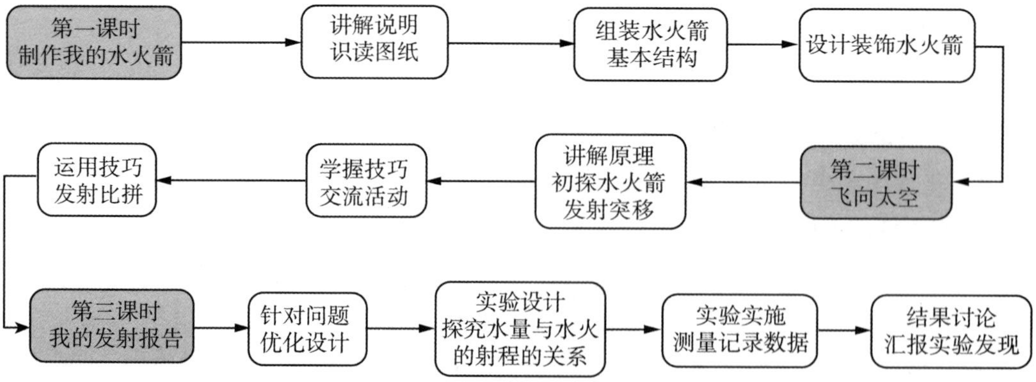

图 3-31　单元教学过程设计

【单元教学效果评价】

1. 评价内容：包括劳动过程、劳动成果、劳动素养三个方面。在劳动过程方面，评价学生对于手工钻、气筒等工具的使用方法是否恰当，水火箭制作的步骤是否正确；在劳动成果方面，评价学生是否能制作完整的水火箭，并成功发射；在劳动素养方面，评价学生是否初步具备从事简单生产劳动的能力，初步形成不畏艰辛、积极探索、追求创新的精神，理解劳动者的光荣与伟大。

2. 评价主体：采用小组评价与教师评价相结合的评价方式。劳动成果是由组内成员共同完成，很难将个人表现区分开来，因此采用小组评价的方式，针对小组劳动成果进行评价。教师需要针对学生劳动观念、劳动能力、劳动习惯与品质和劳动精神方面进行评价，总结学生突出的优点和存在的问题，指出努力的方向。

3. 评价工具：采用等级综合评价表。基于学生劳动观念、劳动能力、劳动习惯与品质和劳动精神的表现，判断学生学习现状，将其划分为 A、B、C 三个不同等级，来掌握学生在本单元的学习情况。

4. 评价方法：采用过程性评价与结果性评价相结合的评价方式。教师对学生动手操作的过程中的表现进行评价，便于掌握学生学习进展，为调整教学计划获得更好的教学效果提供有利的参考。单元成果汇报即对学生的结果性评价，既是对学生学习成果的评价，也是对教师教学效果的评价。

第一课时：制作我的水火箭

【教学目标】

1. 经历亲手制作水火箭的劳动过程，体会劳动的喜悦与成就感的同时提高劳动的积极性，树立热爱劳动、劳动创造美好生活的良好观念。

2. 正确识读水火箭图样，根据图样成功组装水火箭，形成良好的逻辑思维能力和身体协调能力，发展创造能力和动手能力。

3. 面对水火箭的制作过程中的困难时，能够迎难而上，领悟劳动过程中的吃苦耐劳精神，充分感受到劳动过程中团队合作的重要性。

4. 追求水火箭的美观与质量，在水火箭的设计上具有自己的独特想法，尊重每个人的劳动成果。

【教学重难点】

1. 水火箭组装方法与步骤。

2. 识读水火箭图样。

【教学准备】

1. 学生分组：4～6 人一组，组内成员自由分配劳动任务，确定箭头、箭体、尾翼、喷气口等制作者。

2. 材料与工具：水火箭制作图纸、相同大小塑料空瓶、防水胶带、透明胶带、厚卡纸、装饰纸、橡胶塞、剪刀、手工钻。

【教学过程】

板块一：讲解说明，识读图纸

1. 视频导入：播放“天宫二号”发射视频

问题一：“天宫二号”的成功发射使得我们中国的航天事业又向前迈进了一大步。“天宫二号”飞船是靠什么运载工具被送到太空中去的？（火箭）

问题二：火箭的外形是什么样的？它是怎样发射升空的？（师生共同交流：火箭脑袋尖尖，身体细长，圆筒状。火箭是靠火箭发动机向前推进发射的）

过渡语：今天，我们就像航天技术工人一样，学习制作水火箭模型。

出示课题——制作我的水火箭。

2. 水火箭结构的认识

过渡语：老师看同学们对水火箭都充满了好奇心，你们知道水火箭是什么样子的吗？出示水火箭简图。（见图 3-32）

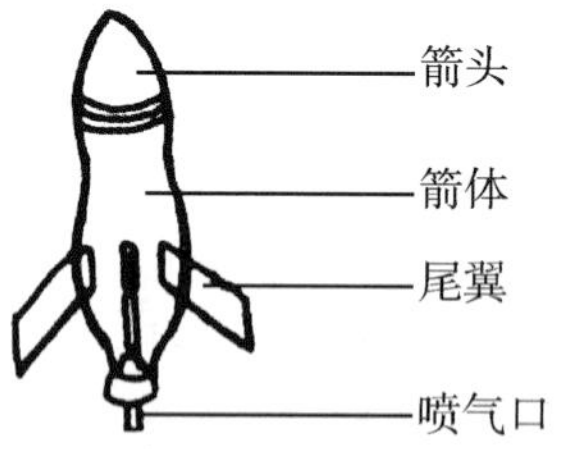

图 3-32　火箭模型图

问题一：水火箭由哪几个部分构成？各部分的作用是什么？水火箭发射的原理是什么？

(1)水火箭大致分为箭头、箭体、尾翼、喷气口四个部分。

(2)流线型箭头减少阻力，同时考虑安全和环保；箭身装水和空气；尾翼对称，把握方向；喷气口施加压力。

(3)向火箭体中装入适量的水，充气后水向后喷，火箭就会向前运行，这就是水火箭的原理。

我们了解了水火箭的结构和原理，就可以自己设计制作水火箭了。

问题二：我们了解了水火箭的基本结构，以及每个部分的作用，接下来我们就需要考虑的是，各个部分需要运用到什么样的材料呢？

箭头：纸、塑料；箭体：大塑料瓶、中型塑料瓶、小塑料瓶(使用可乐或雪碧瓶，不使用矿泉水瓶，因为不耐压)；尾翼：硬纸板、塑料板；喷气口：胶塞喷气口、专用喷气口(自行车气门芯)。

板块二：组装水火箭基本结构

过渡语：同学们，我们选择好合适的材料之后，就可以开始制作水火箭了。接下

来就让我们一起学习水火箭的各部分制作流程，以及不同结构之间的连接方法。(见图3-33)

第一步：制作喷气口(动力舱)

取其中一个可乐瓶做动力舱，敞开瓶口作为喷气口，前提是这个可乐瓶不能漏气。(检测方法：只要对着可乐瓶吹气，气没有泄漏就行，无须加工)

第二步：制作火箭体(发射舱)

取另一个可乐瓶，截取可乐瓶的前半部。

首、尾套起来，然后用胶带粘牢，把可乐瓶的中间部分套入动力舱的尾部，用胶带纸粘牢。

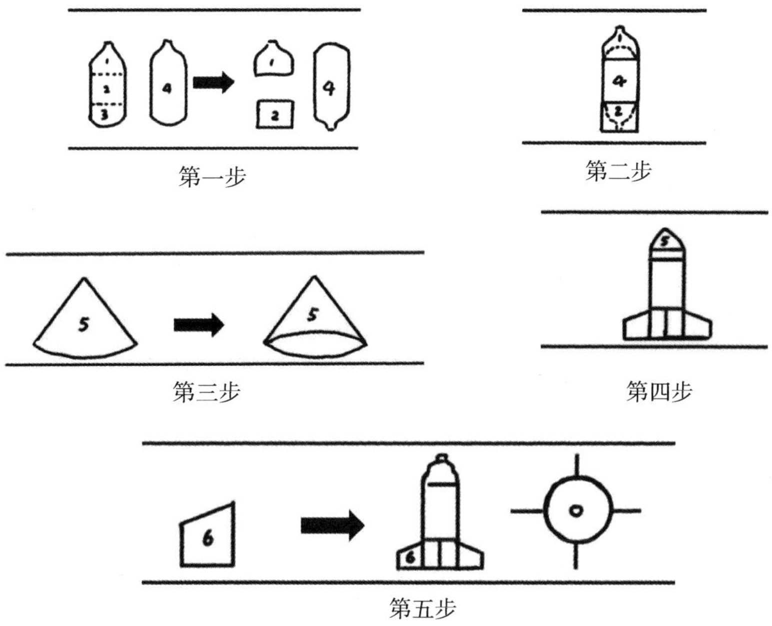

图 3-33　水火箭制作步骤

第三步：制作火箭头

用硬塑料板或硬纸板(表面要尽可能光滑以减少阻力)，根据可乐瓶口的大小绕成一个锥形。

将火箭头套在发射舱可乐瓶的瓶口处。

第四步：制作尾翼

在硬卡纸或塑料上画出适当大小的长方形，沿线剪下，再在靠近折缝的那边剪去一个角；然后在折口处向外反折出一厘米，作为尾翼与火箭体粘接的地方。

第五步：整体安装

按照火箭头—发射舱—动力舱—尾翼的顺序对接在一起并用胶带粘牢固，将尾翼均匀的粘在动力舱下半部分的周围。

板块三：设计装饰水火箭

过渡语：水火箭的基本结构已经制作完成，但整体看上去光秃秃的，没有火箭的气势，我们一起发挥想象力与创造力，来装饰自己的水火箭吧。

学生分组设计构思，运用彩纸或其他装饰材料美化水火箭。(美化箭体的过程中，箭体需要留下一条缝隙观察水位，不要将整个箭体全部贴满)

结语：老师刚才巡视了一圈，大部分小组已经完成水火箭的制作。每个小组都设计出了属于自己小组的独一无二的水火箭，这节课老师看到了同学们的团结友爱、互帮互助，也看到了同学们丰富的创造力。

【劳动评价】(见表 3-12)

表 3-12 课时等级综合评价表

评价内容	评价等级			自评	组评	师评
	A	B	C			
劳动观念	形成热爱劳动的劳动价值观，劳动积极性高，在劳动过程中感受到喜悦之情	基本形成热爱劳动的劳动价值观，劳动积极性较高，在劳动过程中感受到些许喜悦之情	基本形成热爱劳动的劳动价值观，劳动积极性一般，在劳动过程中无法感受到喜悦之情			
劳动能力	制作的水火箭每次能成功发射，水火箭外形设计美观，善于与组内成员沟通交流	制作的水火箭几乎都能成功发射，水火箭外形设计较美观，善于与组内成员沟通交流	制作的水火箭有时能成功发射，水火箭外形设计较美观，与组内成员沟通交流存在障碍			
劳动习惯与品质	主动擦拭工具、摆放材料，做到工具干净，材料整齐	主动擦拭工具、摆放材料，做到工具较干净，材料较整齐	被动擦拭工具、摆放材料，做到工具较干净，材料较整齐			
劳动精神	制作、发射、测验水火箭认真、负责，积极肯干，不怕脏累，操作谨慎，追求精益求精	制作、发射、测验水火箭较认真、负责，积极肯干，操作较谨慎，追求精益求精	制作、发射、测验水火箭较认真、负责，能够出力劳动，操作较谨慎			

第二课时：飞向太空(略)

第三课时：我的发射报告(略)

项目四 工业生产劳动——《制作书架》(7～9 年级)

【单元简介】

在本单元的工业生产活动的学习过程中，学生在充满实践性的课堂教学形式下能够获得丰富多彩的学习体验和个性化的创造表现。学生学习木板的切割与组合方法、亲手设计书架图样、动手制作书架模型，感受劳动人民的勤劳、创新精神。本单元分为三课时，每课时的活动都是围绕着学生在书架的制作与创造的过程中生成。

第一课时：木板的切割；第二课时：木板的拼接；第三课时：书架的设计与制作。

【单元教学背景】

1. 教学内容分析：木工技术是一门传统技术，至今已有上千年的历史。木工产品与我们的生活息息相关，为我们的生活提供了便利。本单元的学习旨在让学生懂得工业生产劳动对人类生活、生产的重要作用。教师向学生展示、示范书架的设计与制作过程，逐步养成学生安全、规范地进行生产劳动的良好劳动习惯以及培养合理利用材料、环保节约的劳动意识。

2. 学生情况分析：7～9 年级的学生，动手能力较强，热爱操作与实验，已经具备一些基础的木工知识和木工实践基础。学生学习并运用这些技能就可以展开内容和题材多样化的创造。这为学生的探究实践提供了广阔的创意空间。本单元的学习，从学生的生活实际出发，引导他们的思考和构思，有创造性地进行设计和实践活动，培养学生的创新精神和实践能力。

【单元教学目标】

1. 体验书架的生产劳动过程，理解工业生产劳动对人类生活、生产的重要作用，感受工业生产的魅力和劳动价值，懂得劳动创造社会财富，劳动没有高低贵贱之分的道理。

2. 了解制作书架的木工知识，学会使用相关木工工具，亲历书架的制作，发展学生的动手操作能力、空间思维能力以及丰富的想象力和创造力。

3. 经历设计并制作一个符合使用要求的书架，在组装、测试、优化的过程中提升产品质量意识和体会精益求精的劳动精神。

4. 经历相关木工工具的操作过程，学会操作方法，养成安全、规范的良好操作习惯；在木料下料、切割的过程中，养成合理下料、精准锯割的劳动习惯，保持环保节约的可持续发展意识。

【单元教学重难点】

1. 木工工具特点和操作技巧。

2. 书架的设计与制作。

【单元课时安排及教学内容简介】

第一课时：木板的切割

在本课时的学习活动中，让学生了解木工切割工具的同时，掌握相关工具的使用姿势和操作技巧，并加以练习，展示评比。为学生后续的课程学习，木板的拼接及书架的设计与制作打下坚实的实践基础。

第二课时：木板的拼接

本课时的学习，是在学生掌握木块的切割基础上进行的。学生需要学习如何将切割下来的木板重新拼接组合成所需要的形制。在学习的过程中逐步掌握木板的固定拼接，会使用锤子与钉子将木板进行拼接。

第三课时：书架的设计与制作

首先，教师向学生展示一些书架的设计图纸，以及这些设计的优势与特点，鼓励学生分小组设计一个能满足组内成员使用的书架。其次，在学生设计好书架后，教师选择一个组内成员讲解设计思路，班集体共同探讨书架设计的可行性。最后，教师组织学生制作自己设计的书架，并不断地完善改良书架。最终进行成品的展示。

【单元教学活动准备】

1. 劳动场域：普通多媒体教室；劳动技术教室。

2. 劳动工具与材料：

(1)工具：铅笔、直尺、橡皮、垫板、锯子、凿子、锤子、刨子、冲钉器、砂纸。

(2)材料：A4 纸、钉子、合页、板材、木条若干。

(3)工具材料数量满足人员要求。

3. 劳动组织形式：

学生分组，6～8 人一组，组内成员自由分配劳动任务。

4. 劳动安全保障：

(1)劳动纪律要求。

①教师在展示、示范时，学生安静听讲；②不干扰其他小组劳动，在制作的过程中，小组之间可以相互交流；③学生在使用锯子、锤子等工具时，不许嬉戏打闹。

(2)注意事项：①切割木板时，需戴上手套，以防割伤；②学生在使用工具时，动作要慢，时刻注意身边是否有人，以防伤到自己和身边人。

【单元教学过程设计】(见图 3-34)

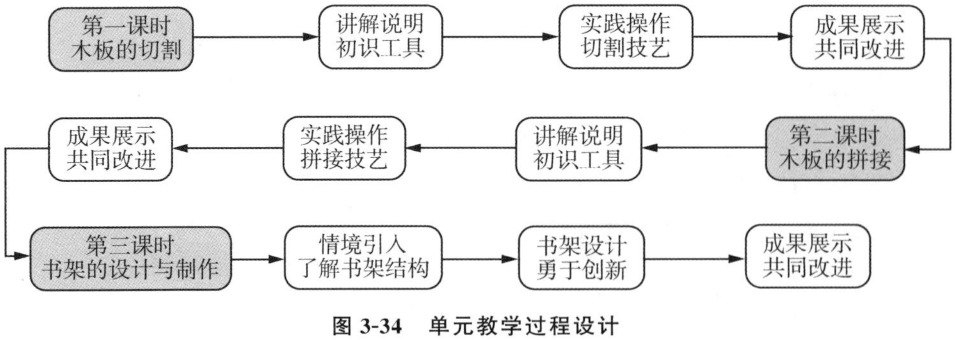

图 3-34　单元教学过程设计

【单元教学效果评价】

1. 评价内容：包括劳动观念、劳动能力、劳动习惯与品质、劳动精神四个方面。

评价学生对于锯子、锤子等工具的使用方法是否恰当，书架制作的步骤是否正确；评价学生是否能制作功能完善的书架，并投入使用；评价学生是否能够选择适当的材料和工艺、工具和设备，综合运用劳动技能解决问题，在劳动中能否理解劳动创造美好生活的道理并形成勤俭、奋斗、创新的劳动素养。

2. 评价主体：采用小组评价与教师评价相结合的评价方式。劳动成果是由组内成员共同完成，很难将个人表现区分开来，因此采用小组评价的方式，针对小组劳动成果进行评价。教师需要针对学生劳动观念、劳动能力、劳动习惯与品质、劳动精神方面进行评价，总结学生突出的优点和存在的问题，指出努力的方向。

3. 评价工具：采用等级综合评价表。基于学生劳动观念、劳动能力、劳动习惯与品质、劳动精神的表现，判断学生学习现状，将其划分为 A、B、C 三个不同等级，来掌握学生在本单元的学习情况。

4. 评价方法：采用过程性评价与结果性评价相结合的评价方式。对学生动手操作的过程中的表现进行评价，便于掌握学生学习进展，为调整教学计划获得更好的教学效果提供有益的参考。单元成果汇报即对学生的结果性评价，既是对学生学习成果的评价，也是对教师教学效果的评价。

第一课时：木板的切割(略)

第二课时：木板的拼接(略)

第三课时：书架的设计与制作

【教学目标】

1. 经历书架的设计过程，学会设计的一般过程，发展学生的筹划性思维和创新能力，从而对劳动者、劳动本身产生敬意。培养热爱劳动和劳动人民的情感，懂得脑力劳动与体力劳动相结合的重要意义。

2. 经历书架的制作过程，学会锯割、组装等木工操作方法，发展学生的实践操作能力，领悟到劳动过程中精益求精、追求卓越的工匠精神，以及在团队合作中甘于奉献、艰苦奋斗的劳模精神。

3. 经历小组合作操作与评价的劳动过程，初步形成质量意识和效率意识；倡导以劳动为荣、以懒惰为耻的风尚，抵制好逸恶劳、贪图享受、不劳而获、奢侈浪费等恶习。

【教学重难点】

1. 书架的制作加工。

2. 书架的设计思路及设计图样表达。

【教学准备】

1. 学生分组

4～6 人一组，组内成员自由分配劳动项目。

2. 材料与工具

(1)工具：铅笔、直尺、橡皮、垫板、锯子、锤子(羊角锤)、凿子、刨子、冲钉器、砂纸、锉刀。

(2)材料：A4 纸、钉子、板材、木条若干。

(3)工具材料数量满足人员要求。

【教学过程】

板块一：情境引入，了解书架结构

生活情境导入：大家请看这幅图片，说说你的感想。(师生共同讨论：桌面很乱，需要整理)

问题：拿什么用具可以让桌面看起来更干净？(书架)

过渡语：今天这节课我们就来学习如何制作小书架。在学习制作书架之前，我们先来看一组图片，感受一下不同类型的书架的风格和特点。

1. 钢木分离式书架

可随意拆装，灵活性强，层板承重力强，不易变形，适合不同空间的要求。因此，大多数图书馆使用的书架为钢木分离式书架。

2. 嵌入式书架

嵌入式书架美观统一。灵活性强，所占空间小，能够将储物面积设计到最大，而且也可避免常见的杂乱现象，弥补了小空间的不足。但是，价格昂贵。

3. 独立式书架

独立式书架顺应性比较强，拆装方便，易于携带，价格便宜，然而可使用空间较小，不能满足多人使用。

板块二：书架设计，勇于创新

过渡语：了解了各种书架的特点之后，我们一起来学习独立式书架的制作步骤，设计一个小组自己的书架。

1. 设计图样(见图 3-35)

图 3-35　书架

根据使用需求，画出设计图样。

2. 选取材料

挑选的木板材质会大大影响成型书架的外观及其使用成本和耐用性。对于特别材质的木板，建议进行光面处理，让木板漂亮的纹理一览无余。

3. 画线放样

测量用来放置书架的空间尺寸。确定好高度和宽度后，在木板上画出所需尺寸，进行切割。

4. 加工制作

将切割好的木板，摆放成设计的形状，在需要拼接的地方用钻孔机或锤子把钉子钉进木板，直到钉头与木板表面持平，然后用冲钉器把钉子打进木板里面。

5. 修整美化

使用手工或自动砂光机均匀地压在整个表面。不要只依赖你的眼睛寻找看起来不规则的斑点，要用砂纸磨平整个书架。

板块三：成果展示，共同改进

过渡语：老师刚才巡视了一圈，大部分小组已经完成书架的制作。接下来我们一起分享一下自己的劳动成果。

评价标准：(1)结构安全稳固；(2)尺寸大小适宜；(3)存放空间足够；(4)整体美观光滑。

结语：这节课我们学习设计并制作了小书架，通过合作、努力，收获了属于自己的作品。每个人在用一双善于发现美的眼睛，点燃了智慧的火花。用你们勤劳灵巧的热爱劳动的双手，打造了美好生活！

【劳动评价】(见表 3-13、表 3-14)

表 3-13 课时等级综合评价表

评价内容	评价等级			自评	组评	师评
	A	B	C			
劳动观念	理解劳动创造美好生活的道理，在劳动过程中注重劳动效率和劳动质量	基本理解劳动创造美好生活的道理，在劳动过程中注重劳动效率和劳动质量	基本理解劳动创造美好生活的道理，在劳动过程中较注重劳动效率和劳动质量			
劳动能力	能按照需求设计书架，选择合适的材料与工具进行制作，根据实际情况进行改进和优化	基本能按照需求设计书架，选择较合适的材料与工具进行制作，根据实际情况进行改进和优化	基本能按照需求设计书架，选择较合适的材料与工具进行制作，通过指导进行改进和优化			

续表

评价内容	评价等级			自评	组评	师评
	A	B	C			
劳动习惯与品质	主动擦拭工具、摆放材料，做到工具干净，材料整齐	主动擦拭工具、摆放材料，做到工具较干净，材料较整齐	被动擦拭工具、摆放材料，做到工具较干净，材料较整齐			
劳动精神	设计、制作、优化书架认真、负责，积极肯干，不怕脏累，操作谨慎，追求精益求精	设计、制作、优化书架较认真、负责，积极肯干，操作较谨慎，追求精益求精	设计、制作、优化书架较认真、负责，能够出力劳动，操作较谨慎			

表 3-14 ________班组内分工表

小组序号		一组	二组	三组	四组	……
小组任务分工明细	书架整体外观设计					……
	书架所需木板切割					……
	书架所需木板拼接					……

第四节 新技术体验与应用

一、任务群理解

(一)新技术体验与应用任务群概述

“新技术体验与应用”作为生产劳动模块的四大任务群之一，贯穿 5～12 年级。新技术体验与应用任务群可以理解为现代数字技术与以智能制造和新材料为主体的技术项目的集合体。新技术是分别以互联网、移动互联网、物联网、大数据、人工智能、

VR等现代技术为主体的数字技术和以智能制造核心技术为主体的技术。具体而言，新技术包含三维打印技术、激光切割技术、智能控制技术、数控加工技术、液态金属打印技术等一系列渗透与变革我们生活方式的新兴科学技术，具有独特性、新颖性、创造性、时代性的特点，能够促进深化认识、支撑生产力发展、推动社会变革。

新技术引领新时代，新时代造就新青年，新青年创造新技术。如今以物联网、大数据、机器人及人工智能等技术为驱动力的第四次工业革命正以前所未有的态势席卷全球，为进一步培养有理想、有本领、有担当的时代新人，必然要将新技术体验与应用设计于劳动课程之中。而新技术教学需要顺应新经济、新思维、大数据、云计算等的发展趋势，紧跟科技创新驱动发展现状，合理设置新技术体验与应用任务群的内容，让青少年学会劳动、学会做事、学会生存、学会创造。

(二)新技术体验与应用任务群的价值

新技术是劳动人民为提高生产效率和生活品质而发明与创造的智慧结晶，新技术项目因其独特性而感悟科技发展的深层次价值，因其新颖性而体会时代的超越性思维，因其创造性而涵养创新活力与科学思维，因其时代性促进科技与时俱进。因此，在劳动课程的教学中，能够充分发挥其蕴含的劳动文化的传承与创造性、劳动精神的激励与涵养性、劳动创新的涵育与革新性、劳动观念的变革与时代性等教育价值。

其一，新技术体验与应用具有劳动文化的传承与创造性价值。新技术在与旧传承的碰撞融合中不断擦出符合当代革新与发展的火花，并且在各种高新技术的推进与落地过程中时刻承担着对传统劳动文化的积淀、传承和创新。如激光切割技术制作精密仪器、3D打印技术修复文物等，都是在发扬中国工匠文化，厚植青少年对高新技术发展的兴趣与对工匠精神培育的自信。

其二，新技术体验与应用中涵盖着对劳动精神的激励与涵养价值。在掌握某项新技术的使用方法的实践尝试中体验劳动的成就感、愉悦感，感受劳动之美，并在应用新技术制作创意产品中形成不断追求品质、精益求精的劳动精神。新技术的体验与应用不仅可以激发青少年积极参与劳动、热爱劳动的劳动品质，而且能促使他们开眼看世界，将所谓难以企及、难以理解的神秘黑科技带进大众视线，培养他们的科学素养，建立起对科学的正确态度与价值观，通过这些新奇的技术及其产品解放学生的发散性思维，使他们跟上时代变革的步伐。

其三，新技术的体验与应用具有劳动创新的涵育与革新价值。现代新技术汇聚了各界科学家与劳动工匠们的智慧结晶，充斥着无限的潜能与创造性，它既包含着创意设计，又拥有着实践价值，是对智力与体力劳动的双重刺激，体现着无尽的创新能力、创造能力、实践能力与社会责任感。在新技术的体验与应用中要充分发挥青少年的想象力、动手操作能力和创造力，能极大激发创新精神、促进发散思维、涵养创造品质。

其四，新技术体验与应用对劳动观念具有变革性与时代性。通过积极参与蕴含新技术的相关生产活动，如三维打印技术制作航空航天工艺材料、智能控制技术实现红绿灯的制作等，认识到劳动对于社会进步与发展的意义，明确劳动对于国家发展和社会进步的意义，形成主动服务关心社会的意识，更要在劳动过程中形成劳动效率意识和劳动质量意识。

(三)新技术体验与应用任务群的项目内容

新技术体验与应用的项目琳琅满目、分类不一。《国家重点支持的高新技术领域》将高新技术产业按技术领域分为八大技术领域：电子信息技术、生物与新医药技术、航空航天技术、新材料技术、高技术服务业、新能源及节能技术、资源与环境技术、高新技术改造传统产业。2006年《中国高新技术产品目录》产品分类：电子信息，软件，航空航天，光机电一体化，生物、医药和医疗器械，新材料，新能源与高效节能，环境保护，地球、空间与海洋，核应用技术，农业。此外，按照行业大类，高新技术产业还可以分为制造业、服务业等领域。总之，现新技术劳动项目涉及计算机技术、医疗技术、人工智能技术、建筑设计技术、交通领域技术等社会发展的方方面面的内容。

但从理论上来讲，凡是具有教育积极意义的、适合青少年身心发展特点与认知规律的新技术都可以作为劳动课程的项目选择范围。根据《劳动课程标准》的描述，中小学可以选择的新技术体验与应用的项目包括三维打印技术、激光切割技术、智能控制技术、数控加工技术、液态金属打印技术等。新技术渗透于日常生活与相关工业生产之中，既具有独特性、新颖性、创造性、时代性，又直观有趣，能有利于优秀传统文化的传承，如人工智能技术让兵马俑说话，外国游客通过百度翻译机了解中国文化，5G、全息投影新技术展示文化遗产，这些不仅对中小学生具有很好的教育启发价值，而且具有较强的可操作性，能够作为劳动项目的选择范围。

(四)新技术体验与应用的项目选择与设计依据

《劳动课程标准》根据学生的年级特点，对不同学段的项目选择与设计提出了具体建议。除了关注年龄的特点外，新技术体验与应用项目的选择还应考虑学校的教育资源条件等因素。

1. 依据学段特点选择与设计项目

新技术体验与应用作为从5～6年级即第三学段开始的任务群，因涉及了比较高的学段，并且此时的学生已经具备一定的知识水平和实践能力。因此，在具体项目选择时，应从模仿到创造，从单一到综合，在活动中凸显高年级学生的认知规律，体现新技术项目设计的连续性、进阶性与发展性。

首先，以项目内容为线索，螺旋式拓展项目选择的范围，提高项目内容的技术含量，从模仿向创造过度，选择学习与制作从固定到创意性的项目作品。5～6年级应学会利用三维打印技术设计与打印小笔筒和茶杯，利用激光切割技术设计与制作木制益智玩具七巧板，利用智能控制技术模拟实现红绿灯自动控制抢答器等。7～9年级能掌握利用激光切割技术进行多功能支架置物架的设计与制作，利用智能控制技术模拟实现语音控制、电梯升降等。10～12年级可根据学校条件和学生兴趣，选择如无人机技术、物联网技术、智能控制技术、大数据技术、三维打印技术、新材料技术等内容进行项目和任务的教学设计，使学生能对新技术及其应用进行自主探究，利用所学新技术相关知识进行特定应用系统的设计，了解新技术的综合运用与实现，能通过理论验证设计开发到应用创新的学习过程。

其次，以技术操作为线索，逐级设计项目操作体验的难度等级，体现从认识到掌握的过渡。5～6年级选择1～2项新技术，如三维打印技术、激光切割技术、智能控制技术等初步进行劳动体验与技术应用，熟悉某项新技术的主要功能及简单的使用方法，熟读简单的产品技术图样，并应用某项新技术进行简单产品的加工，记录某项新技术在改变传统加工方式、提高生产效率和生活品质等方面带来的主要变化。7～9年级选择1～2项新技术如三维打印技术、激光切割技术、智能控制技术、数控加工技术、液态金属打印技术等进行劳动体验与技术应用，熟悉某项新技术的基本工作过程、常用参数设置、材料的适用范围等。并能根据设计要求选择某项新技术，制定合理的设计、加工方案或设计图样，完成应用某项新技术进行加工、组装、测试、优化的全过程。10～12年级能分析技术对象的图样特征，会用手工和二维、三维设计软件绘制简单的技术图样等，并能根据方案设计要求进行材料选择、测试与规划，独立完成模型和产品的成型制作、装配及测试。

最后，以劳动素养生成为线索，逐级提升劳动品质的厚植高度，体现从新技术兴趣培养到发展创造性劳动能力。5～6年级应掌握某项新技术的使用方法，能根据需要应用某项新技术制作简单的产品、模型或原型，初步具有亲近新技术的情感和使用新技术进行劳动的意愿，具有进行创造性劳动的热情。7～9年级应掌握某项新技术的使用方法，并知道其工作原理，能根据需要使用某项新技术进行设计、制作简单的产品模型或原型，并能独立完成产品的技术测试。在劳动中能不断追求品质、精益求精，树立劳动光荣、技能宝贵、创造伟大的观念。10～12年级在对新技术及其应用进行体验与自主探究的活动中，产生对新技术的敏感性和亲近情感，激发创新创造的热情，同时对新技术所蕴含的文化内涵有一定的理解。

2. 依据学校的资源条件选择与设计项目

新技术体验与应用项目的选择，除了考虑学生的兴趣之外，更重要的是要结合学校现有的教育资源条件选择和设计项目。不同的学校所具有的劳动师资、劳动场所、劳动设施设备等资源条件不同，因此新技术项目的选择也不尽相同。

其一，考虑学校现有的软硬件条件。新技术体验与应用教学的开展不仅需要3D打印技术、激光切割技术等相关软件，而且需要3D打印机、激光切割机等硬件设备。如今，如果中小学具有专业化的计算机室与相关的软硬件设备，可以系统地设计开发相关的新技术课程，采用螺旋式教学设计在不同学段、不同年级的新技术项目尽可能地使学生体验新技术在创造性劳动实践中的重要性与意义。

其二，发挥学校所处的行业区位优势。如果学校不具备新技术教学的软硬件条件，就需要发挥学校周边的行业优势，尽可能地通过请进来或走出去的方式使学生充分接触到新技术。校企合作是培养高素质高技能人才的必由之路，在后续的学习中为了更好地跟进新技术的劳动实践体验，可通过组织学生调研所在地区的工厂、企业的新技术的应用情况，与相关高级技师、工程师交流某项新技术对生产生活的价值，只有这样才能更好地培养学生对新技术类职业的理解与认同感。因此学校要根据实际条件和学生实际需求，选择适宜的新技术开展项目实践。

其三，充分利用学科教师的智慧优势。新技术的体验与应用教学还可以引导学科课程教师参与其中，将具体的项目与相应的学科知识、课堂教学融合在一起，在学科融合中培养新技术应用的综合素养。未来社会需要有知识、懂技术、会创新、能合作的复合型高素质劳动人才，因此学校与教师在对学生劳动观念、劳动态度、劳动习惯等进行培养时，要帮助学生树立科学健康的劳动观念、劳动态度，关注学生劳动实践能力的培养，强化学生综合素养的训育。

二、任务群项目设计样例

项目一　新技术体验与应用——《小小航拍家》(5～6年级)

【单元简介】

本单元的新技术体验活动旨在培养小学生的创新能力，通过开展有趣的新技术体验活动，激发对新技术的好奇和热情，养成接受新技术的观念，习得简单的操作技能。在劳动过程中，自主完成简单的技术操作，形成创新的意识，具有较强的动手能力和操作能力。在本单元学习过程中，学生通过认识无人机、了解无人机操作、无人机的拍摄体验，学会正确使用无人机。

本单元分为三课时，每课时的活动均以前一课时的内容为基础，循序渐进、由浅入深地引导学生学习知识、掌握技能。

第一课时：认识无人机；第二课时：四轴航拍无人机的使用与训练；第三课时：无人机航拍××景区。

【单元教学背景】

1. 教学内容分析：无人机作为一项新技术，在社会生活中有广泛的运用。以无人机为例，可以有效地拓宽学生的视野、激发学生对于新技术的兴趣，同时，其蕴含的创新和科技也值得我们挖掘。该单元主要让小学生了解无人机的原理，学会正确使用无人机进行拍摄，对新技术的现状和发展趋势有更深刻的认识，逐步形成创新的意识。同时，在活动过程中，感受动手操作的乐趣和科学技术的奥秘，为以后进行更深入的学习打下基础。

2. 学生情况分析：小学5～6年级的学生具备了初步的科学技术知识，也普遍具有了解新科学技术的兴趣和热情，甚至有强烈的创造、创新倾向。由于学生较少有机会体验接触新技术，因此该学段的学生更乐意体验和应用新技术，但是由于学生此前并无足够的智能技术知识或经验，所以在操纵无人机进行航拍的时候仍然存在一定难度和挑战。

【单元教学目标】

1. 学生了解无人机的构造，学习其包含的科技原理，知道无人机的分类，初步体会科技的力量。掌握无人机的操作技巧，学会运用合适的技术和方法，有效地开展新技术的应用。

2. 能够在教师的指导下，学生积极参与无人机航拍活动，能够条理清晰地安排活动步骤，选择活动材料，具有统筹能力和协作意识。在活动中，充分发挥想象力和创造力，发挥创新性思维。

3. 学生经历无人机航拍的过程，感受新技术对提高劳动效率和质量的重要性，懂得劳动创造财富、劳动促进社会发展的道理，养成敢于尝试、乐于学习、规范操作的习惯和品质，发展创新精神和实践能力，具有主动劳动、积极劳动的意愿。教师培养学生积极探索、追求创新、重视科技的精神。

【单元教学重难点】

1. 无人机的构造和原理。

2. 无人机航拍的正确操作。

【单元课时安排及教学内容简介】

第一课时：认识无人机

在本课时的教学中，学生通过课件的教学、教师的讲解、无人机图片的展示，了解无人机的类型和构造，并对无人机基本原理有一定的掌握。以上学习引起学生的兴趣，为下一课时的无人机实操奠定基础。

第二课时：四轴航拍无人机的使用与训练

在本课时的教学中，学生在教师、专业人员指导下，尝试按照正确流程简单地操纵四轴航拍无人机，对学校进行航拍，并能拍出具有一定质量的照片，进一步加深学生对新技术的兴趣、提升操作经验。

第三课时：无人机航拍××景区

在本课时的教学中，学生在教师的带领下前往当地景区进行实地拍摄，感受无人机的操作，领悟无人机拍摄的技巧。在实践中学生的动手能力和统筹能力得到提升，拓宽了视野，促进劳动素养的全面发展。

【单元教学活动准备】

1. 劳动场域：教室；学校操场；草坪等开阔区域。

2. 劳动组织形式：(1)课前分组——建议 3～4 人为一组，每一小组学生轮流进行无人机操作；(2)教师及时给予操作帮助和指导。

3. 劳动工具与材料：无人机、手机、气球等。

4. 劳动安全注意事项：

(1)在操作无人机的过程中，注意脚下安全，尽量远离人群。

(2)在操作无人机的过程中，注意操作规范。

【单元教学过程设计】(见图 3-36)

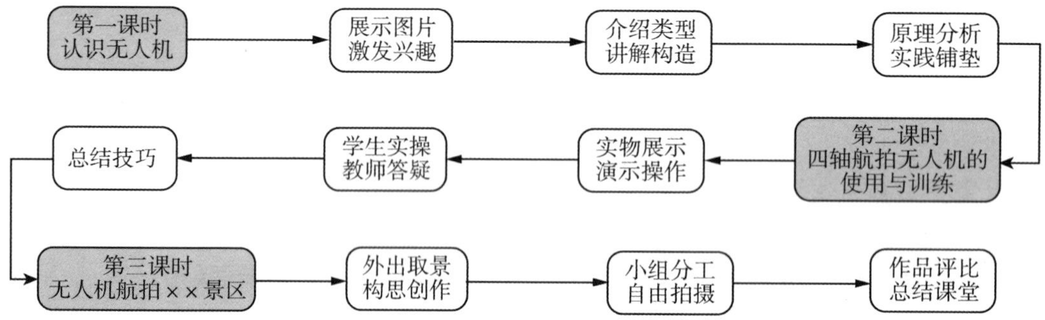

图 3-36 单元教学过程设计

【单元教学效果评价】

1. 评价内容：在劳动过程中，对于无人机的基本操作是否正确，进行航拍的步骤是否规范，能否按要求进行航拍活动，并且保证操作安全；在劳动成果方面，能否按照要求拍出较高质量的图片；在劳动精神上，是否勇敢尝试、积极探索，能否正确认识新技术对劳动效率的提高、劳动品质的提升的重要性和价值，能否形成运用新技术的意识；在劳动习惯和品质中，是否在无人机航拍的过程中灵活操作，是否养成热爱科技、乐于创新的好习惯。

2. 评价主体：采用小组评价和教师评价相结合的方式。小组以 3～4 人为单位，在航拍活动结束后，小组互评互选，共同推选出航拍质量最高的小组，并说明理由。随后，教师对学生在航拍过程中的问题和不足进行指正和更正，对同学们的感受、疑问进行总结，对同学进行鼓励，对最佳小组进行表扬。

3. 评价工具：主要在劳动观念、劳动能力、劳动精神、劳动习惯和品质四方面进行等级评价，系统地衡量学生在整个航拍过程中的各方面表现以及学习程度，较为直观地体现学生各项能力的发展情况。

4. 评价方法：采用过程性评价和结果性评价相结合的方式。过程性评价主要针对学生在学习、操作过程中的问题和不足进行诊断，以便及时解答和改正；结果性评价是在活动后，对学生在整个活动中的表现进行综合评价。

第一课时：认识无人机

【教学目标】

1. 认识不同类型的无人机，了解无人机的构造和工作原理，能在实际使用过程中根据不同的需求正确地选择无人机的类型。

2. 积极参与课堂讨论与思考，在教师带领下感受无人机的操作过程，激发动手操作的劳动兴趣和意愿，养成勤于思考、善于动手的习惯。

3. 经过对无人机认识的不断深入，逐步感受新技术的作用与价值，形成对新技术的正确观念，树立积极探索、敢于创新的精神。

【教学重难点】

1. 无人机的零件构成。

2. 无人机的工作原理。

【教学准备】

材料与工具：无人机实物、说明书等。

【教学过程】

板块一：展示图片，激发兴趣

1. 直观感受，初步认知

教师利用多媒体播放器向同学们展示不同类型的无人机拍摄的作品，帮助学生在脑海中初步形成对民用航拍无人机作用和功能的理解。展示的作品最好是视频和图片相结合的形式，有助于学生更直观地感受无人机的用处。

2. 教师启发提问

同学们，在刚才的视频里，我们欣赏了很多优秀的摄影师作品，感受到了祖国大好河山。请同学们开动脑筋，想一想这些作品有什么相同点(学生回答)。大家真是细致认真！没错，这些都是在高空拍摄的俯视图。那聪明的你们有没有想过，这些俯视图是怎么拍出来的呢？(学生回答用无人机)是的，因为摄影师能到达的高度是有限的，所以在拍摄高空俯视图的时候就要借助一项新技术——无人机。

板块二：介绍类型，讲解构造

1. 教师提问

无人机的种类有很多，他们的功能和作用也各不相同。除了刚才我们看到的用于航拍的民用无人机外，同学们还知道哪些无人机的类型呢？

在空中喷洒农药的无人机；

勘测危险地形的无人机；

用来监视敌人的无人机；

……

同学们的知识面可真广！（展示不同类型无人机的图片）无人机按应用领域，可分为军用与民用。军用方面，无人机分为侦察机和靶机。民用方面，无人机在航拍、农业、植保、微型自拍、快递运输、灾难救援、观察野生动物、监控传染病、测绘、新闻报道、电力巡检、救灾、影视拍摄等领域有着广泛的应用。

2. 展示无人机整体图

教师利用多媒体放映图片，向学生展示无人机的整体样态。

同学们，以上就是生活中常见的无人机，下面请大家小组交流讨论这些无人机的特点，等会儿请小组代表回答。

这些无人机都有螺旋桨；

它们上面都有摄像头；

无人机长得有点像飞机；

无人机下面有两个架子支撑着它站立在桌面上；

每个无人机都配有一个遥控器；

……

同学们总结得很到位！无人机全称是无人驾驶飞机，是利用无线电遥控设备和自备的程序控制装置操纵的不载人飞机。无人机除了可以根据应用领域分为军用与民用两大类，还可以根据构造进行更细致的划分。

3. 讲解构造

今天老师也带来了一个用于航拍的无人机（见图 3-37），下面老师就以这个无人机为示例，向大家介绍无人机的各个零部件。

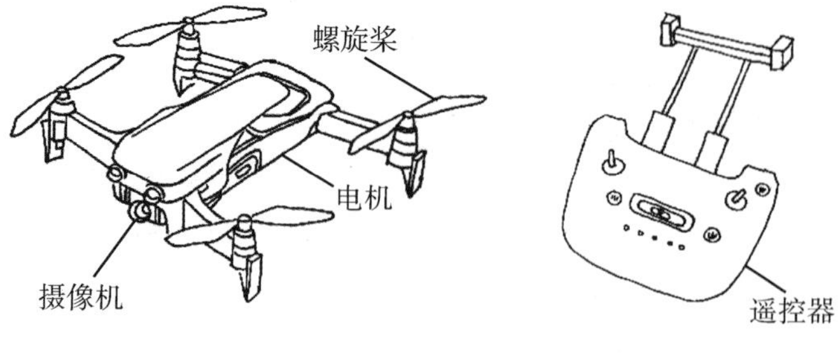

图 3-37　无人机模型

（1）螺旋桨：经过刚才的观察，同学们有没有发现无人机飞起来的时候，顶部有像电风扇一样的东西在转动？那我们现在来看看老师手中的实物，说说这个像小风扇一样的东西你们还在哪里见过？（学生回答直升机、竹蜻蜓……）对了，同学们真是善于思考和联想呢！螺旋桨就是无人机产生推力的最主要部件，常见的多旋翼无人机一般搭配 4 个螺旋桨，两个顺时针旋转，两个逆时针旋转。

(2)电机：俗称马达，能将电能转化为机械能，带动螺旋桨旋转，从而产生推力。同学们能不能开动脑筋想一想，生活中还有哪些物品里有电机？(学生回答电风扇、吹风机、吸尘器)

(3)机架：支撑起无人机的主要框架。

(4)起落架：在无人机降落的时候起到缓冲作用。

(5)摄像机：用于拍摄图片或视频。

(6)显示端；实时显示无人机的拍摄画面。

(7)遥控器：对无人机的飞行动作进行控制。

教师总结：同学们，无人机的分析图已经非常清楚地展示了无人机的外形，在了解无人机每一个部件的时候，希望同学们也要明白非常重要的一点：无人机的正常工作离不开每一个零件，哪怕是一颗小小的螺丝都不行。下面我们结合无人机操作盘(遥控器)的结构来认识一下无人机的操作原理。(见图 3-38)

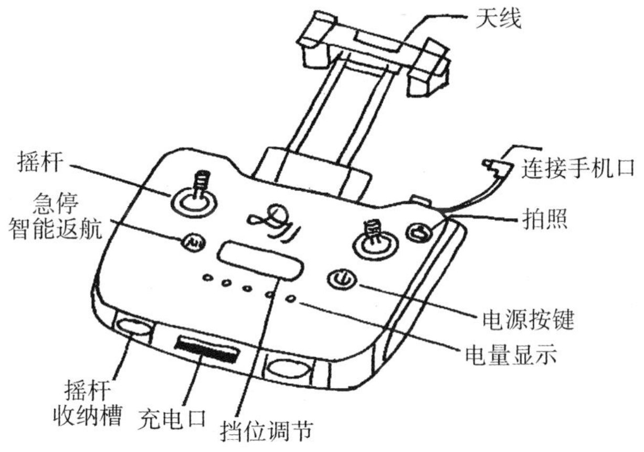

图 3-38　无人机遥控器结构及操作原理

板块三：原理分析，实践铺垫

1. 小游戏导入

同学们，刚才老师已经介绍过无人机的主要零部件，那有谁记得无人机是依靠哪个零件飞行的呢？(学生回答螺旋桨)非常棒，看来同学们学得非常认真。那螺旋桨是怎么让无人机飞上去的呢？老师先带大家做一个小游戏，请同学们拿出气球，用嘴往里面吹气，捏住口，不要让气漏了哦。然后请同学们把气球按照口朝下的方向放好，我数 3、2、1 大家一起放手。现在老师开始提问，气球是往上飞还是往下飞的？(学生回答往上)气球里的气是往上吹出的还是往下吹出的？(学生回答往下)

2. 原理分析

气从气球口吹出时，气球就会向反方向飞出去，这就是无人机的飞行原理。当螺旋桨旋转时，它会与空气发生碰撞，空气会被向下推，然后无人机就会向上飞升(教师展示螺旋桨的横截面图片，结合手中的实物)。

教师展示无人机上升和下降运动，引导学生仔细观察螺旋桨的转动速度。(上升的时候螺旋桨加速转动，下降的时候螺旋桨减速转动)

教师展示无人机上仰和俯冲运动，引导学生仔细观察无人机的状态。(上仰的时候无人机尾部两个螺旋桨转速减慢，机头两个螺旋桨加快转速；俯冲的时候无人机机头略微下降，机尾抬起)

教师总结：无人机起飞、在空中悬停、降落，以及上仰和俯冲都是依靠螺旋桨不同速度的旋转进行的。

3. 带入航拍活动

同学们，刚刚的学习使大家对于无人机的类型、构造和原理有了基本的了解，然而无人机的飞行和航拍流程十分复杂，遥控器的使用、手机的连接也并非信手拈来。所以，老师希望同学们在课下可以自己观看一些无人机航拍的操作视频，因为下节课我们每个同学都会有机会使用真正的无人机进行航拍。请大家做好准备！

【劳动评价】(见表 3-15)

表 3-15　课时等级综合评价表

评价内容	评价等级			自评	组评	师评
	A	B	C			
劳动观念	正确认识无人机的功能和价值，能够接受新技术，并理解新技术对于提高工作效率和质量的重要性	能够对无人机的功能和价值有一定的认识，对新技术有积极接受的态度	理解无人机的价值和功能，对于新技术缺乏足够的认知			
劳动能力	熟练操作无人机，并根据需要独立拍摄出高质量的作品	较熟练操作无人机，能在教师或同学的帮助下完成拍摄任务	基本会操作无人机，但在实际运用过程中有困难			
劳动精神	懂得劳动创造财富、劳动促进社会发展的道理，具有主动劳动、积极劳动的意愿	理解劳动创造财富、劳动促进社会发展的道理，初步形成主动劳动、积极劳动的精神	缺乏对劳动的正确认识，没有形成主动劳动、积极劳动的精神			

续表

评价内容	评价等级			自评	组评	师评
	A	B	C			
劳动习惯和品质	能够养成规范的无人机操作习惯，注重操作过程中的安全，形成勇于探索，积极创新的品质	能够较为规范地操作无人机，初步形成勇于探索，积极创新的品质	不能正确操作无人机，缺乏探索和创新精神			

第二课时：四轴航拍无人机的使用与训练(略)

第三课时：无人机航拍××景区(略)

项目二　新技术体验与应用——《体验激光切割技术》(7～9 年级)

【单元简介】

本单元的设计与创意活动是为学生能熟悉激光切割技术操作的基本过程，能认识到新技术在改变传统加工方式、降低加工成本、提高工件质量方面带来的主要变化，感受新技术在生产生活中发挥的重要作用，体悟劳动人民创造新技术的智慧。学生在熟练掌握激光切割技术进行劳动实践体验的过程中，认识到新技术对生产生活的价值，逐步培养学生对新技术类职业的理解和认同感，为学生未来生涯规划奠定基础。本单元分为两个活动阶段，每个阶段的活动都是追随着学生在认识与利用激光切割技术进行设计制作创意机器人支架过程中的问题和需要产生的。

第一课时：设计机器人支架；第二课时：制作机器人支架。

【单元教学背景】

1. 教学内容分析：7～9 年级的学生通过持续参与日常生活劳动、生产劳动和服务性劳动，已能明确理解劳动创造美好生活的道理，认识到劳动对国家富强、人类发展的意义，已形成初步的职业意识和生涯规划意识，在劳动过程中更是能注重提升劳动效率和劳动质量。本单元的教学内容是让学生进一步理解与加深运用激光切割技术进行劳动体验与技术应用，培养学生能够根据需要使用新技术设计简单的产品模型或原型的意识与能力，让学生能够在劳动中不断追求品质、精益求精，从而不断提高自身的劳动价值和劳动能力。

2. 学生情况分析：7～9 年级学生抽象逻辑思维已具有充分的假设性、预计性及内省性，自主意识逐级加强，辩证思维能力迅速发展，创意与想象有如泉涌。本次活动一方面锻炼学生创意思维和空间想象能力，另一方面培养学生动手操作和团队协作的能力，符合高年级学生的认知水平，且能够激发学生对科技发展的兴趣。为此组织开展学生学习与实践激光切割技术活动，使学生通过应用新技术在进行创造性劳动实践与问题解决的过程中培养他们的动手能力和逻辑思维能力，引导学生设计并制作生活中实用的机器人支架，培养学生爱思考、勤动手的好习惯，锻炼学生的创意思维能力和动手能力，让学生感受劳动之美。

【单元教学目标】

1. 劳动观念：体会激光切割技术与生活实际应用的联系，理解劳动创造美好生活的意义，认识了劳动对国家富强、人类发展和社会进步的意义，能尊重和平等对待各行业的劳动者，自觉向优秀劳动榜样学习，形成初步的职业意识和生涯规划意识，并在劳动过程中注重提升劳动效率和劳动质量。

2. 劳动能力：能熟练掌握 Laserbox 软件，学会设计机器人支架，并能掌握激光切割机的使用方法，而且能在实际动手操作组装机器人支架的过程中，不断发展创造性劳动能力，初步掌握现代服务业劳动的基本知识和技能，能正确进行劳动方案的选择和劳动过程的规划，能按照安全规范要求综合运用劳动技能解决问题，在实践中不断提升运用相关的劳动知识与技能服务他人、学校、社区的基本能力。

3. 劳动习惯和品质：通过设计与制作创意机器人支架，体会到新技术在创造性劳动实践中的重要性，不断提醒自己要具有持续参加劳动的积极性，在劳动过程中持之以恒、诚实守信，有责任担当，能养成自觉遵守劳动规范、劳动法规的习惯，形成认真负责、吃苦耐劳的劳动品质。

4. 劳动精神：在设计与制作机器人支架的过程中，体验劳动的成就感、愉悦感，感受劳动之美，在劳动中更能不断追求品质、精益求精，牢固树立勤俭、奋斗、创新、奉献的劳动精神。

【单元教学重难点】

1. 利用 Laserbox 软件设计机器人支架模型。

2. 利用激光宝盒制作与组装机器人支架。

【单元课时安排及教学内容简介】

第一课时：设计机器人支架

学生掌握 Laserbox 软件的功能操作，引起对激光切割的兴趣，学会如何使用 Laserbox 设计激光切割的图案，并学会设计机器人支架。

第二课时：制作机器人支架

教师指导学生能将在 Laserbox 软件中设计好的机器人支架模型进行下一步激光加工操作，根据实际情况灵活调节机器功率和使用材料，并连接激光宝盒开始操作。扎实掌握激光宝盒的使用方法，学习如何将 Laserbox 设计的图案通过激光切割机实物化，并能以此动手组装机器人支架。

【单元教学活动准备】

1. 劳动场域：计算机网络教室。

2. 劳动工具与材料：(1)计算机；(2)Laserbox 软件；(3)相关视频资料；(4)激光宝盒。

3. 劳动组织形式：(1)小组合作，四人一组；(2)确定各组与每人设计的激光切割图案与机器人支架模型。

4. 劳动安全保障：

(1)劳动纪律：听从指挥，服从安排，按质按量完成任务；爱护劳动工具，爱惜劳动成果；劳动时发扬协作精神；注意安全，不进行危险操作。

(2)注意事项：遵守纪律，服从管理，听从指挥不擅自行动；劳动时不触碰有害物质和玩弄电器；劳动后及时打扫个人卫生；要熟悉劳动工具的正确使用方法；要了解运用激光切割技术的安全常识，避免危险情况发生。

【单元教学过程设计】(见图 3-39)

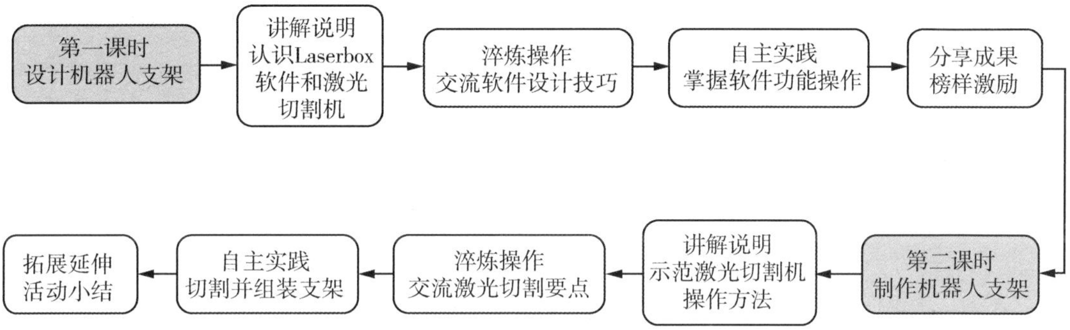

图 3-39　单元教学过程设计

【单元教学效果评价】

1. 评价内容：主要从劳动规范、劳动成果、劳动观念、劳动能力、劳动习惯和品质以及劳动精神六个方面进行评价。在劳动规范方面，考察学生的工具选择、使用是否正确，劳动步骤是否规范；在劳动成果方面，考查学生能否熟练掌握 Laserbox 激光切割软件的相关操作，能否体会激光切割机使用的魅力；在劳动观念方面，考查学生能否养成积极主动的学习观念，能否养成劳动最光荣的观念；在劳动能力方面，考查学生能否正确掌握激光切割机的使用方法，能否在劳动过程中培养独立操作与协作能力；在劳动习惯和品质方面，考查学生能否不断培养自身爱思考、勤动手的好习惯，锻炼自己的创意思维能力和动手操作能力；在劳动精神方面，考查学生能否在设计制作过程中体验劳动的成就感、愉悦感，能否充分感受劳动之美，能否树立勤俭、奋斗、创新、奉献的劳动精神。

2. 评价主体：主要采取教师评价、小组评价和自我评价三种评价方式。在劳动完成后，学生以小组为单位评价组员的劳动表现以及其他小组的劳动成果，小组之间互评互选，并说明理由互相指正。随后教师应在小组评价的基础上给予学生鼓励，对学生们的体会与疑问进行总结，分别对相关小组的成果进行点评表扬，总结劳动过程中的问题与改进方法。最后学生要及时进行自我反思，对自己劳动过程中的表现与成果进行合理自我评价。

3. 评价工具：主要使用等级综合评价表的形式，用A、B、C三个等级来衡量学生在认识与操作激光切割技术过程中各方面的表现以及学习程度，可以较为直观地反映学生们在各项能力方面的表现以及学习程度，从而加深学生们的认识与体验。

4. 评价方法：主要采用形成性评价和结果性评价。形成性评价主要是针对学生在劳动过程中的纪律遵守、操作规范、组内协作、师生互动等方面，使得教师能及时地对学生在劳动中产生的不足和问题进行帮助和纠正。结果性评价是针对劳动成果的完整性、创新性、独立性和学生在整个劳动过程中的综合表现进行全面评价。

第一课时：设计机器人支架

【教学目标】

1. 正确认识激光切割技术对创新劳动实践的重要意义，牢固树立劳动最光荣、劳动最崇高、劳动最伟大、劳动最美丽的思想观念，让学生在创新中打破思维定式，培养想象力和创造力。

2. 充分掌握Laserbox软件的功能操作，能独立设计创意模型，进一步培养信息技术能力，培养空间想象能力、动手操作能力和团队协作能力。

3. 在运用Laserbox软件和激光切割机进行设计与操作的实践中，启发学生明悟新技术在当今劳动中的重要性，感知劳动乐趣，感受劳动之美，体验劳动的成就感、愉悦感，领会美好生活是需要丰富的创造力的。

4. 经历软件与硬件的学习与实践过程，培养劳动意识和劳动安全意识，提高对激光切割技术的认识，养成良好的运用激光切割技术解决生活实际问题的习惯，让学生感受劳动之美。并在劳动过程中能主动承担力所能及的劳动，养成坚持安全劳动、规范劳动、诚实劳动、合法劳动的劳动习惯和品质。

【教学重难点】

1. 利用Laserbox软件设计激光切割的图案。

2. 利用Laserbox软件设计机器人支架。

【教学准备】

1. 学生分组。

2. 材料与工具：计算机、Laserbox软件、相关视频资料。

【教学过程】

板块一：讲解说明，认识 Laserbox 软件和激光切割机

1. 情境导入

问题：同学们，你们在生活中见过哪些不同类型的支架，我们能制作吗？（师生讨论回答：支架的作用、形状、制作方法）

过渡语：那么今天我们就来学习如何用 Laserbox 软件和激光切割机制作机器人支架。

2. 软件介绍

出示课题——如何利用 Laserbox 设计机器人支架。

过渡语：看来同学们对 Laserbox 软件有了进一步的理解，那么接下来老师将教大家如何运用软件进行机器人支架的设计。

3. 设计步骤

(1)打开 Laserbox 软件，点击左上方“＋”新建项目，进入设计界面。

(2)在工具栏中点击“插入元素”，选择正方形，绘制一个长为 122 mm，宽为 100 mm 的矩形。

(3)轮廓：在插入元素中选择梯形，绘制一个下底为 72 mm、上底为 52 mm 和高为 20 mm 的梯形，使用右侧方的图形操作功能—转换，填写“－90°”使其逆时针旋转 90°后与矩形左边的一边相交，再用“Ctrl＋C”和“Ctrl＋V”复制粘贴得到一个新的梯形，点击右侧方的翻转功能，调整位置后与矩形右边的一边相交，与原先图形组合成一个轴对称图形(见图 3-40)。

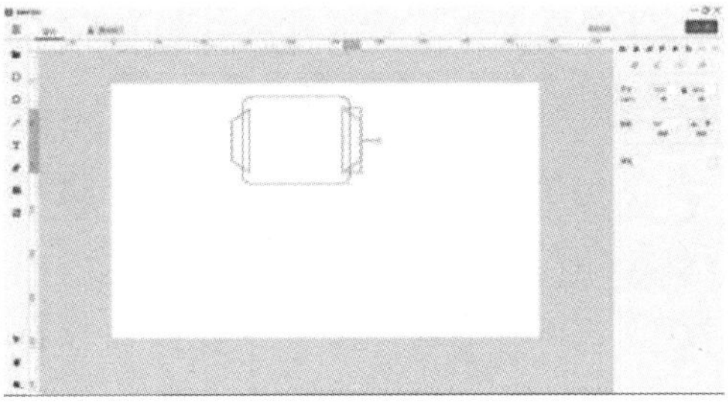

图 3-40　轮廓绘制

图 3-41　居中

(4)按住“Shift”键，全选图形后点击样式工具面板中的“合并图形”，并点击“居中对齐”，让其居中(见图 3-41)。

(5)脸部：分别绘制一个长轴为 109 mm、短轴为 91 mm 和长轴为 109 mm、短轴为 83 mm 的椭圆形，两者叠合起来后的图形作为脸部轮廓；接着选择插入元素中的马蹄形图案，绘制一个宽为 28 mm、高为 24.5 mm 的马蹄形图，复制粘贴形成一个同样的马蹄形图，放在图中两边对齐作为眼睛，然后全选点击排除重叠图形(见图 3-42)。

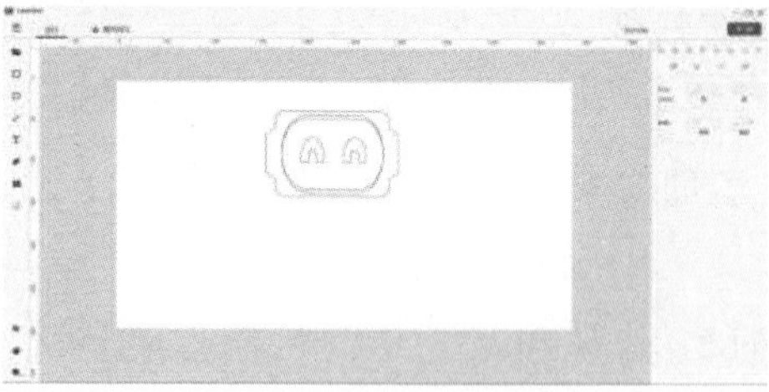

图 3-42　脸部绘制

图 3-43　躯体绘制

(6)躯体：选择插入元素，点击绘制长轴为 125.8 mm、短轴为 170.7 mm 的椭圆，再选择矩形，绘制长为 123.7 mm、宽为 86 mm 的矩形，按住 Shift 键选择这两个图形后调整合适位置，重合后点击样式工具面板中的“排除顶层图形”，以此消除椭圆形上半多余部分，使得躯干与脸部圆满相交重合，重合后点击样式工具面板中的“合并图形”(见图 3-43)。

(7)手臂：绘制一个宽为 20 mm、高为 104.3 mm 的桥型图形，顺时针旋转 25°后作为手臂主要部分，接着绘制半径为 7.5 mm 的半圆形作为手部抓握部分，然后按住 Shift 键选择这两个图形后点击“排除顶层图形”形成一个完整手臂，紧接着点击复制粘贴形成另一个同样的图形作为手臂，如图对齐，全选后再点击合并图形(见图 3-44)。

图 3-44　手臂绘制

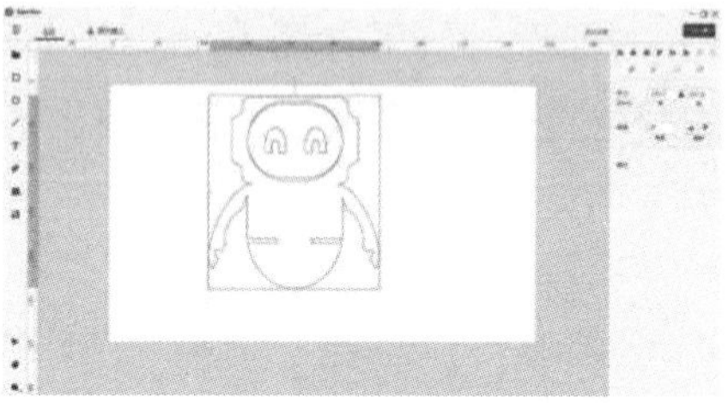

图 3-45　插销绘制

(8)插销：绘制一个长为 34.9 mm、宽为 4.9 mm 的矩形，复制粘贴出另一个同样的矩形，如图对齐，全选后点击排除顶层图形(见图 3-45)。

(9)腿部：绘制两个短轴为 25.9 mm 和长轴为 46.3 mm 的椭圆形，合理调整与躯干的重合位置，腿部对齐达到轴对称后，点击合并图形(见图 3-46)。

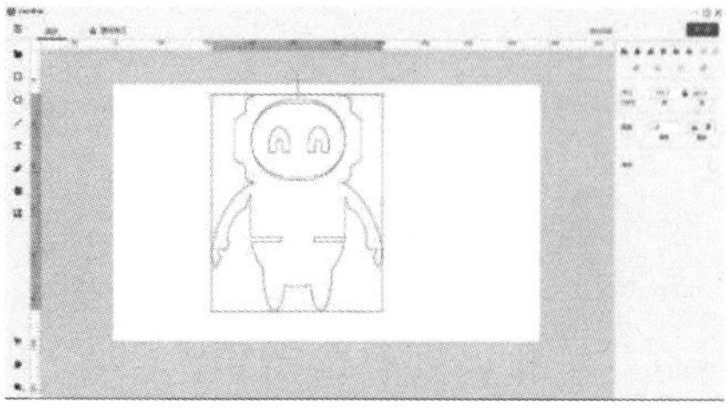

图 3-46　腿部绘制

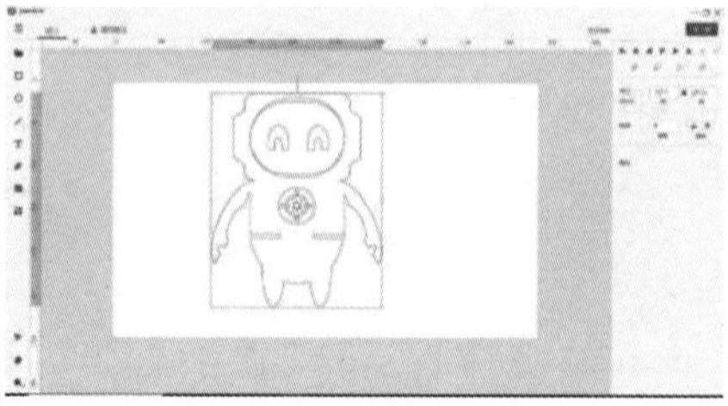

图 3-47　胸部绘制

(10)胸部：点击插入元素中的零件，选择喜欢的图案进行创意制作(见图 3-47)。

(11)手部：分别绘制两个半径为 6.7 mm 和 5.8 mm 的圆形作为机器人手部图案装饰，复制粘贴后与手部抓握部分适当重合完成双手样式构造，最后点击“合并图形”(见图 3-48)。

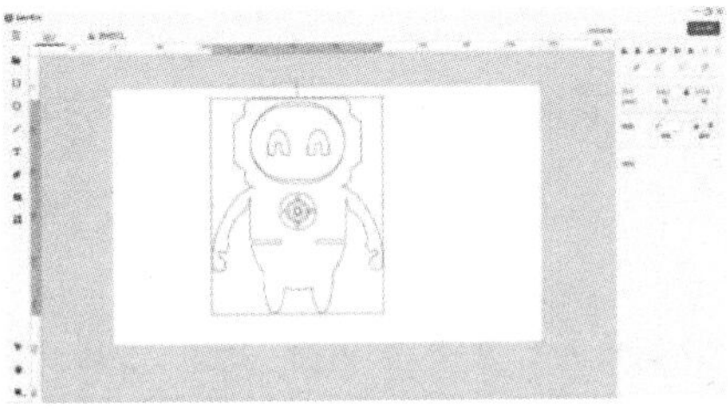

图 3-48 手部绘制

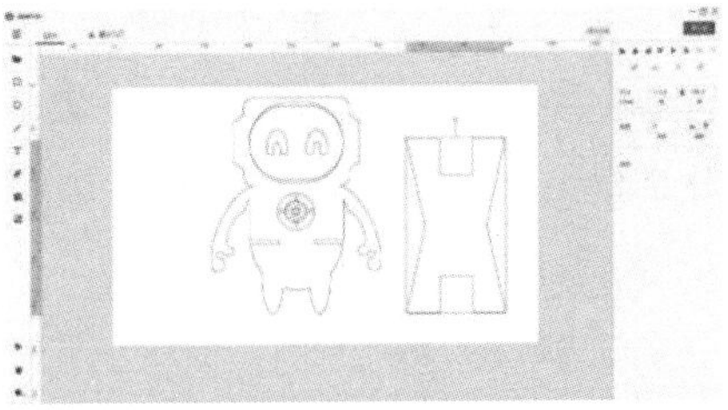

图 3-49 支架板绘制

(12)支架板：绘制两个相同的下底为 114 mm、上底为 80 mm 和高为 98.4 mm 的梯形，将两个梯形上底重合相交后，点击“合并图形”，完成支架板轮廓；再绘制两个长为 38.2 mm 和宽为 41 mm 的矩形，选定图形后分别与上下两个梯形的下底重合，最后全选后点击“排除重叠图形”，形成完整支架板(见图 3-49)。

板块二：淬炼操作，交流软件设计技巧

小组活动：四人小组交流讨论支架设计步骤，思考操作流程与存在疑惑。

(互相解疑与激发创意思维)

过渡语：同学们，大家现在试着根据老师教的步骤进行以下的操作活动，以更好地帮助自己熟练掌握 Laserbox 软件设计。

1. 继续熟悉 Laserbox 软件的功能操作流程。

2. 四人小组合作利用 Laserbox 软件在原先机器人模型上进行创意设计。

3. 利用 Laserbox 软件独立设计自己喜欢的机器人模型。

板块三：自主实践，掌握软件功能操作

1. 温馨提示

(1)活动过程，严谨操作。

(2)技术交流，轻声细语。

(3)团结协作，创造精彩。

2. 学生分组操作实践，互助熟练 Laserbox 软件功能操作

3. 教师巡回指导

板块四：分享成果，榜样激励

1. 评价标准：

(1)学生能主动地参与创意机器人支架的设计过程。

(2)能够熟悉 Laserbox 软件的操作流程与功能应用。

(3)能够独立设计创意机器人支架。

(4)能够激发自己的创新思维，设计属于自己的个性化机器人支架。

过渡语：老师刚才巡视了一圈，大部分同学已经完成了机器人支架的相关设计操作，接下来我们一起来分享一下自己的劳动成果。

2. 开展点评，学生自评互评

教师补充，肯定优点，指出成果中存在的问题，提出改进方法。请优秀的小组的学生分享技术经验，并进行表扬激励。

3. 总结课堂，拓展延伸

今天这节课，我们进一步认识了激光切割技术在 7～9 年级可学习的与激光宝盒相配对的激光切割机软件，了解了它在我们日常生活中的重要性，并且我们学习如何使用 Laserbox 软件设计激光切割的图案，这对培养我们的创新思维、空间想象能力都有很大的促进力。相信经过此次学习设计机器人支架将会对我们的创造性思维能力与实践动手操作能力有很大的提升。老师相信我们接下来在激光切割技术的后续学习中，一定会感受到它更多的魅力，也一定能设计与制作出属于我们自己的个性化创意作品。

【劳动评价】(见表 3-16)

表 3-16　课时等级综合评价表

评价内容	评价等级			自评	组评	师评
	A	B	C			
劳动观念	体会激光切割技术与生活实际应用的联系，理解劳动创造美好生活的意义，认识到劳动对国家富强、人类发展和社会进步的意义	体会激光切割技术与生活实际应用的联系，明白劳动创造美好生活的意义，认识到劳动对国家富强、人类发展和社会进步的意义	体会激光切割技术与生活实际应用的联系，认识到劳动创造美好生活的意义，了解劳动对国家富强、人类发展和社会进步的意义			
劳动能力	能熟练掌握 Laserbox 软件的相关操作，能利用软件设计激光切割的多样化图案，并能准确设计出机器人支架的相关模型	能熟练掌握 Laserbox 软件的相关操作，能利用软件设计一定的激光切割的多样化图案，并能设计出机器人支架的相关模型	能掌握 Laserbox 软件的相关操作，能利用软件设计激光切割的一定图案，并能设计出机器人支架的相关模型			

续表

评价内容	评价等级			自评	组评	师评
	A	B	C			
劳动习惯和品质	能积极主动热情地学习与操作激光打印技术，在实际动手设计与制作机器人支架的过程中，不断培养自身爱思考、勤动手的好习惯，养成安全劳动、规范劳动以及诚实的劳动习惯和品质	能主动热情地学习与操作激光打印技术，在实际动手设计与制作机器人支架的过程中，愿意不断培养自身爱思考、勤动手的好习惯，养成安全劳动、规范劳动以及诚实的劳动习惯和品质	能自愿地学习与操作激光打印技术，在实际动手设计与制作机器人支架的过程中，愿意培养自身爱思考、勤动手的好习惯，养成规范劳动的习惯和品质			
劳动精神	明确认识激光切割技术对创新劳动实践的重要意义，在劳动中能不断追求品质、精益求精，牢固树立勤俭、奋斗、创新、奉献的劳动精神	认识激光切割技术对创新劳动实践的重要意义，在劳动中能不断追求品质、精益求精，树立勤俭、奋斗、创新、奉献的劳动精神	认识激光切割技术对创新劳动实践的重要意义，在劳动中能追求品质、精益求精，树立勤俭、奋斗、创新、奉献的劳动精神			

第二课时：制作机器人支架(略)

项目三　新技术体验与应用——《你好，机器人》(10～12年级)

【单元简介】

本单元以现代信息技术赋能劳动教育，以机器人的控制为主要内容，扩展智能劳动，以逻辑思维、工程思维的机器人实践活动塑造劳动项目。本单元围绕机器人小车的组装与控制而展开，引导学生进行机器人组装、操作控制、编程等相关领域的学习，提升劳动能力，提升技术意识，帮助学生感受新时代的劳动形式，激发学生对现代信息技术、工程技术的兴趣；从观察生活需求入手，锻炼学生的设计能力，提升新时代学生的劳动素养，树立正确的劳动价值观。本单元分为两个活动课时。两个活动课时前后关联，循序渐进。

第一课时：认识机器人；第二课时：操控机器人。

【单元教学背景】

1. 教学内容分析：本课的教学内容是10～12年级的学生对机器人的初步认识与体验操作，之前学生已经具备一些新技术的应用体验，学会了某些新技术的使用方法，在通用技术和信息技术的课程学习中，已经对技术设计的一般过程和程序编程的算法、算理有所学习，但对于控制及其设计还没能上升到理论高度，虽然在生活中看见多种机器人的应用，但依然没有从控制的视角看待机器人的运行。基于此，教师需要充分考虑通用技术控制理论结合机器人的技术载体，形成机器人的初识课程，将机器人的运行结合控制理论进行再分析，安排学生把机器人的全部构件，结合控制要素进行控制的框图表达，最终将机器人的功能实现与控制实现形成统一。

2. 学情分析：10～12 年级的学生，除了掌握日常基本的劳动技能外，还具备了一定的信息素养。10～12 年级学生具备较强的问题分析能力，具备一定的归纳、概括能力，可通过技术案例分析和实践活动构建控制系统的组成和工作过程。学生之前在 7～9 年级经历过单片机的学习，同时了解单片机的图形化编程，可以进行简单的程序编写、测试及下载，能够进行简单的调试操作。在体验过程中，除了基本的劳动技能外，学生对新技术的体验，均表现出强烈的兴趣，由此抓住学生的好奇心，将理论学习与实践操作相结合，进而提升学生信息素养与劳动素养。本单元旨在实践的基础上，引导学生体验操作机器人，培养学生的创新意识，鼓励学生实践并感悟现代新技术、新应用对人类生产与生活的重要意义。

【单元教学目标】

1. 知道机器人控制的三要素，能够举例说出机器人输入、输出、比较反馈等构成的对应部件，了解机器人的一般构成，熟悉图形化编程，能够准确区分开环、闭环控制系统，学会绘制开环、闭环控制系统框图。

2. 经历简单机器人开环、闭环控制系统的案例分析过程，学会机器人部件按控制器、执行器的归类方法，掌握机器人控制系统的工作过程，发展学生对机器人新技术的总结、概括、归纳能力。

3. 经历机器人小车沿直线行走到达指定区域的设计、搭建、编程、调试和综合评价的过程，学会机器人功能实现的一般方法，发展创新设计能力，体验合作学习的优势，养成安全、规范、谨慎操作的劳动习惯。

4. 经历机器人特定功能实现的设计、操作与测试实验过程，学会机器人功能实现、控制开发的一般方法，发展学生对机器人的设计与操作能力，激励学生发扬精益求精、追求卓越的工匠精神，保持对机器人新技术的学习热情。

【单元教学重难点】

1. 机器人的结构、原理及模拟控制操作。

2. 绘制机器人开环、闭环控制系统框图。

【单元课时安排及教学内容简介】

第一课时：认识机器人

本课时以机器人小车的相关操控进行导入，然后分析机器人小车的控制系统组成，再以控制的视角看待机器人小车的不同控制应用案例，建立控制的概念。在了解机器人的基本控制工作流程后，以输入、输出的控制要素来认识机器人的相关结构部件。

最后认识机器人主机和机器人编程软件，知道机器人主机的作用，学习主机的开关机及程序下载、运行的相关操作，熟悉图形化编程，能够进行简单的定时、定量和传感器反馈的程序编程操作，为下一课时做准备。

第二课时：操控机器人

本课时以京东机器人自动化仓库视频案例引入，经过与传统仓储的对比，凸显机器人自动化仓库能提高劳动效率，强调机器人控制技术能将人从繁重的体力劳动中解放出来。进而学生会想到机器人设计师付出的劳动：作为机器人设计师，必须秉承精益求精追求卓越的工匠精神设计机器人。接下来是学生小组实践活动，模拟案例中物流机器人的一个功能——控制机器人准确地停靠在目标区。师生共同讨论实现这一目标的多种方法，并绘制不同方法的控制方框图，每组选定一种方法进行实践并作相关测试。技术实验与展示，小组学生首先以控制框图形式展示本组机器人控制系统的设计；其次，启动程序，测试机器人是否能够准确地停靠在目标区域；最后，学生完成相关评价，述说本课收获。

【单元教学活动准备】

1. 劳动场域：机器人实践室或信息技术实践室。

2. 劳动工具与材料：计算机、机器人编程软件、机器人主机、相关传感器、连接组件等。

3. 劳动组织形式：建议分为2～4人一组，明确各组的任务以及个人分工。

4. 劳动安全保障：

(1)主机下载程序时，注意用电安全，注意接口保护；(2)测试前，需检查零配件的组装是否牢固；(3)测试时，防止机器人跌落损毁；(4)机器人零配件按小组保管，用后必须归位。

【单元教学过程设计】(见图3-50)

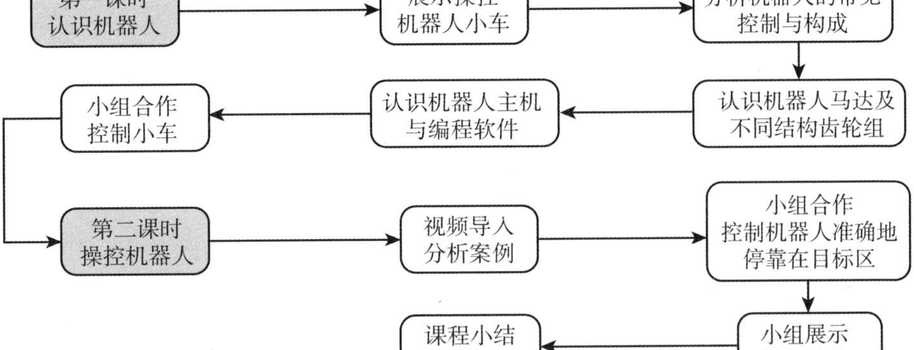

图3-50　单元教学过程设计

【单元教学效果评价】

1. 评价内容：在评价内容上，主要从知识学习、劳动规范、劳动成果和劳动精神几个方面进行评价。在知识学习上，评价学生是否可以准确掌握机器人控制及构成的相关知识；在劳动规范方面，评价学生的组装、操作流程是否符合标准，是否能够按照个人劳动分工完成相应的劳动任务；在劳动成果方面，评价学生是否能够在劳动过程中高质量地呈现出完整、优秀的机器人设计与实操；在劳动精神方面，评价学生是否表现出积极主动、严谨认真的劳动态度，是否能主动帮助同学等，面对问题时，是否积极地尝试解决，对工作任务是否表现出责任心。

2. 评价主体：在评价主体上，主要采用学生自评、组评和教师评价方式。在劳动结束后，学生对自己的劳动过程、成果进行自评，表达、记录自己的心得体会。学生之间组评。在此基础上，教师有针对性地评价学生的整体表现，鼓励学生取长补短。

3. 评价工具：在评价工具上，主要采用 A、B、C 的等级评价形式，并将学生的劳动分为不同等级，以等级的形式直观呈现学生的综合表现，有利于教师整体评价学生的劳动成果，也有利于学生获得反馈。

4. 评价方法：在评价方法上，主要采用过程性评价和终结性评价。过程性评价有助于教师在学生的劳动过程中，聚焦关键问题，给予学生及时的帮助和评价；终结性评价是在劳动结束之后，对劳动成果进行的评价与反思，对学生整个劳动过程的表现进行全方面、多角度的综合评价。

第一课时：认识机器人(略)

第二课时：操控机器人

【教学目标】

1. 能够准确区分开环、闭环控制系统，学会绘制开环、闭环控制系统框图。

2. 经历京东机器人自动仓库的案例分析过程，认识科技发展带来的多样的劳动，理解劳动创造美好生活和促进社会和谐发展的意义，树立劳动最崇高、劳动最伟大的观念。

3. 经历机器人的控制设计过程，学会机器人小车的开闭环控制设计方法，发展学生的控制设计能力，挖掘筹划性思维，培养学生的创新意识。

4. 经历机器人特定功能实现的设计、操作与测试实验过程，学会机器人功能实现、控制开发的一般方法，发展学生对机器人的设计与操作能力，激励学生发扬精益求精、追求卓越的工匠精神，保持对机器人新技术的学习热情。

【教学重难点】

1. 机器人小车沿直线行走到达指定区域的设计、搭建、编程及调试。

2. 绘制机器人开环、闭环控制系统框图。

【教学准备】

材料与工具：计算机、机器人编程软件、机器人组件等。

【教学过程】

板块一：视频导入，分析案例

1. 机器人应用案例视频引入

教师：同学们，在上一节课的学习中，我们知道了机器人的控制运行的原理，了解了控制系统的不同类型，也感受到了机器人运用的不同领域。机器人之所以可以高效地为人类服务，当然离不开设计者对控制的精准把控，离不开设计团队与制造团队的劳动合作，一起来看视频。(播放京东机器人自动化仓库视频)

2. 小组讨论，引发思考

问题一：机器人码放的货架是否整齐？人工码放货架，能否有如此高的空间利用率？与传统仓储进行对比，机器人放置货物和寻找货物的用时效率如何？

问题二：仓储中货物的出库、入库过程，是否需要人去做搬运挪动等重体力劳动？那么，人起到了什么作用？

问题三：机器人在仓储区，沿直线行走到达指定区域，有哪些控制方法？

3. 讨论成果展示

教师选出一个小组，进行讨论成果汇报，其他小组做补充。

板块二：小组合作——控制机器人准确地停靠在目标区

经过刚刚的讨论，要实现机器人在仓储区沿直线行走到达指定区域，可以采取定时移动、定量移动、传感器反馈感知等控制方法，那么每一种控制方法所对应的控制过程又是怎样的呢？很显然这需要使用控制框图进行表达。

1. 小组讨论，确定控制方法，绘制控制框图

(1)教师展示开环和闭环基础控制框图(板书基础开环控制框图和基础闭环控制框图，课堂小结时，再次板书其对应的机器人控制框图)。

①开环控制(见图 3-51)

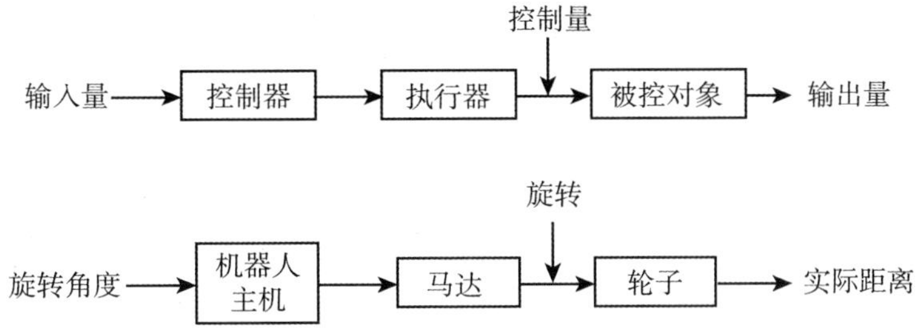

图 3-51　开环控制系统框图

②闭环控制(见图 3-52)

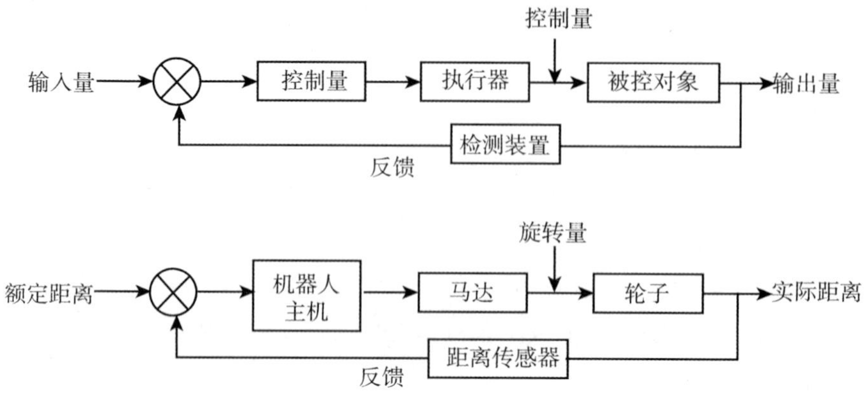

图 3-52　闭环控制系统框图

(2)小组合作，绘制控制框图；学生以小组为单位进行交流讨论，各组确定一种机器人小车的控制方法，并围绕所选方法，绘制控制框图。

2. 设计方案，编写程序，完成装配

根据选定的控制方法，小组商讨本组机器人的程序编写，形成小车的组装方案。各小组根据本组的方案需求，明确小组成员的分工，找到所需器材，组装机器人，编写小车的控制程序。

3. 实验测试，调整修正

各组将编写的小车控制程序进行仿真检测，确定没有问题后，将其下载到机器人主机；组装机器人，确保机器人结构合理，传动顺畅；运行机器人测试其是否能够沿直线到达指定区域。机器人不能够沿直线到达指定区域的小组，需分析原因，进行相应的调整，再次测试，直至成功。(完成任务的小组，帮助未完成或不成功的小组)

板块三：成果展示，效果检验

1. 集中展示(教师选出 4 个小组进行集体展示)

小组展示机器人控制系统框图设计，并现场测试机器人沿直线到达指定区域。其他小组观看展示，对相关问题提出修改建议。

2. 小组间展示交流

小组间，依据机器人小车控制系统框图设计进行交流，说出所遇到问题，展示机器人运行成果，表达自己的感受和感悟。

3. 小结本课，达成共识

教师对开闭环控制进行总结，板书机器人的开闭环控制框图；找学生述说开环控制系统与闭环控制系统的区别，并述说开环、闭环控制系统设计的机器人小车容易遇到的测试问题及修正方法。

板块四：课程小结，劳动评价

1. 拓展提升

教师：同学们，今天我们只体验了机器人沿直线到达指定区域这一种操作，那么，机器人是如何实现前进、倒退、转弯的呢？控制程序又应怎样编写呢？课后同学们尝试编程，并做仿真实验。

教师公布程序下载地址和程序安装环境。

2. 劳动评价(完成课时等级综合评价表)

教师：现代化的仓储是智能的，用诸多的智能机器人来替代人的劳动。当今社会机器人的应用领域相当广泛。我们今天不仅认识了机器人的基础部分，而且切身感受到机器人中所蕴含的原理。我们正处于信息化、数字化高速发展时期，希望同学们今后可以深入探索机器人的奥妙，创造出多功能、多领域的智能机器人！

【劳动评价】(见表 3-17)

表 3-17　课时等级综合评价表

评价内容	评价等级			自评	组评	师评
	A	B	C			
劳动观念	非常认可机器人劳动改变生活的技术价值观念；积极参与机器人的设计与装配及测试实验；时刻拥有强烈安全意识	较认可机器人劳动改变生活的技术价值观念；能够参与机器人的设计与装配及测试实验；拥有强烈安全意识	接受机器人劳动改变生活的技术价值观念；能够参与机器人的设计与装配及测试实验，偶尔走神；拥有安全意识			
劳动能力	能够熟练运用计算机软件进行程序编写及程序仿真测试；掌握机器人的控制过程，框图设计合理，能够迅速找出机器人的各零部件，并进行装配操作；一次测试成功	能够运用计算机软件进行程序编写及程序仿真测试；知道机器人的控制过程，框图设计较合理，能够找出机器人的各零部件，进行装配操作；多次测试成功	能够运用计算机软件进行程序编写及程序仿真测试，偶有错误；知道机器人的控制过程，框图设计有错误时，能够找出机器人的各零部件，进行装配；在他人的帮助下测试成功			
劳动习惯和品质	具有强烈的操作安全意识，轻拿轻放；活动后主动整理劳动工具材料，物归原位	具有操作安全意识，轻拿轻放；活动后能够整理劳动工具材料，物归原位	具有操作安全意识，偶有磕碰；活动后，在提示下能够整理劳动工具材料，物归原位			

续表

评价内容	评价等级			自评	组评	师评
	A	B	C			
劳动精神	积极参与小组实践；能够主动帮助同学，不怕麻烦，不怕辛苦；操作精益求精	能够参与小组实践；能够帮助同学；操作偶有失误	能够参与小组实践，偶有走神；有时能够帮助同学；操作有失误，需要他人的帮助			

本章小结

生产劳动领域的具体内容贯穿各学段，包含农业生产劳动、传统工艺制作、工业生产劳动、新技术体验与应用四个任务群。其中，农业生产劳动任务群可以理解为依托农业生产开展的活动，又可细分为种植类和畜牧类；传统工艺制作任务群即制作“传统工艺”项目的集合体，包括纸工、布艺、皮影、木版画等；工业生产劳动任务群由以工业生产活动为核心的若干劳动项目组成，包括木工、金工、造纸、纺织等；新技术体验与应用任务群可以理解为现代数字技术与以智能制造和新材料为主体的技术项目的集合体，包含三维打印技术、智能控制技术、数控加工技术等一系列渗透与变革我们生活方式的新兴科学技术。要而论之，生产劳动对学生发展具有重要的教育价值，主要表现在跨学科学习的推进、劳动精神的厚植、职业意识的渗透等方面。在选择和设计项目时需考虑学段特点、项目的衔接与完整性、劳动资源条件等要素。以此为基础进行通盘思考，本章重点呈现了生产劳动各学段的劳动课程设计样例，希望能起到一定的启发和借鉴作用。

章后练习

1. 生产劳动领域主要包括哪些任务群？
2. 如何理解生产劳动领域的各个任务群？
3. 如何选择和设计生产劳动领域的劳动项目？
4. 请在生产劳动领域任选一个任务群，尝试撰写一份劳动教学设计。

拓展阅读

1. 檀传宝. 劳动创造美好生活[M]. 北京：中国劳动社会保障出版社，2020.

2. 曾天山，顾建军. 劳动教育论[M]. 北京：教育科学出版社，2020.

3. 人民教育出版社课程教材研究所，地理课程教材研究开发中心. 普通高中教科书·地理 必修 第二册[M]. 北京：人民教育出版社，2019.

4. 胡效月，安成邦. 中国农业起源研究综述[J]. 安徽农业科学，2007(25).

5. 华觉明. 传统工艺的界定和分类[J]. 自然科学史研究，2021(01).

6. 陈平，马熙逵. 从中华文化复兴谈传统手工艺的现代转化与再生设计[J]. 暨南学报(哲学社会科学版)，2021(02).

7. 张群. 秦淮灯彩甲天下——访南京夫子庙工艺彩灯艺术中心国际工艺美术大师顾业亮[J]. 档案与建设，2007(05).

在线学习资源

1. https://www.caas.cn/xwzx/spnk/kpspnew/index.htm
2. https://zwgk.mct.gov.cn/zfxxgkml/ghjh/202012/t20201206_917366.html
3. https://www.ihchina.cn/

第四章

中小学服务性劳动课程设计

本章结构图

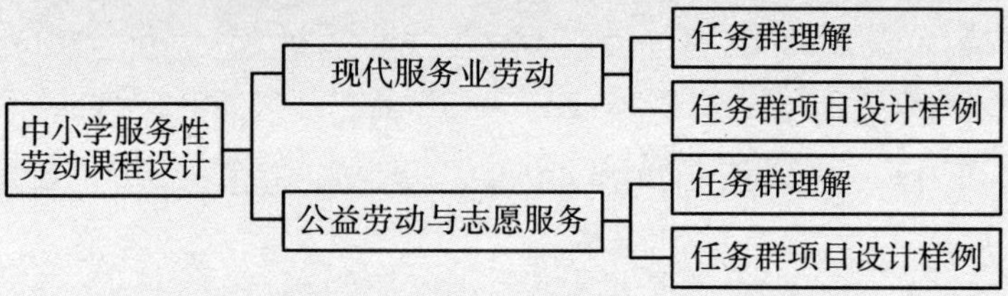

本章概述

本章聚焦中小学服务性劳动课程设计，根据《劳动课程标准》精神，将服务性劳动进一步细分为现代服务业劳动、公益劳动与志愿服务两大任务群。各任务群首先从学理层面进行解读，包括任务群概述、任务群价值以及任务群的项目内容、项目选择与设计依据等；重点从实践层面进行项目设计，呈现各任务群不同学段的项目设计样例，包括单元教学设计和课时教学设计。

章前导语

服务性劳动是《劳动课程标准》明确提出的三大劳动类型之一，具体分为现代服务业劳动、公益劳动与志愿服务两个任务群。如何理解任务群是影响劳动教学设计的重要因素之一，而服务性劳动中的各任务群都有其自身特色和独特价值。基于此，本章将以解读任务群为起点，以呈现各学段的具体劳动教学设计为重点，结合理论与实践，旨在为服务性劳动领域的课程设计厘清思路、提供借鉴。

关键术语

中小学　劳动教育　服务性劳动　课程设计

第一节
现代服务业劳动

一、任务群理解

(一)现代服务业劳动任务群概述

“现代服务业劳动”是中小学劳动教育课程内容的组成部分之一，涉及3～12年级。最早出现在1997年党的十五大报告中，2002年党的十六大提出把“加快发展现代服务业，提高第三产业在国民经济中的比例”作为国民经济发展的战略任务之一，现代服务业劳动逐渐为人所熟悉。它是服务业的现代形态，《中国旅游大辞典》将其定义为相对于传统服务业而言，适应现代生产生活需要，采用现代生产组织方式，具有高技术含量和高知识含量的服务业①；《现代服务业科技发展“十二五”专项规划》将之表述为以现代科学技术特别是信息网络技术为主要支撑，建立在新的商业模式、服务方式和管理方法基础上的服务业。此外，还有学者从现代服务业劳动特点的角度对其进行定义——现代服务业劳动是高科技的、高知识性的、高增值性和集群性、高素质性的服务性产业。② 由此可见，现代服务业劳动一词具有中国特色，并依仗现代科学知识和技术，具有技术性、知识性和新兴性。

(二)现代服务业劳动任务群的价值

现代服务业劳动是一项新兴的服务产业，在发达国家和地区，现代服务业已成为经济发展的主导型产业，成为推动经济发展和社会进步的重要动力，其发展程度也成为衡量国家或区域进入现代化、具有现代性的标准之一。因而，在中小学实施现代服务业劳动教育活动是必要而迫切的。

其一，现代服务业劳动可以提高学生对服务业的全新认知。现代服务业劳动包含多种非传统认识上的职业种类，例如软件服务、数据分析、推广服务业、商务服务业

---

① 邵琪伟：《中国旅游大辞典》，607页，上海，上海辞书出版社，2012。

② 李鸿雁、王建华：《经济发展方式转变与廊坊市现代服务研究》，对接京津——新的时代 顶层设计会议论文，廊坊，2020。

等。通过实践参与这些职业，感受它们的工作和技能服务过程，不仅扩充学生对职业种类的认知储存，而且使之在亲身实践中体验现代服务业劳动对人们日常生活的重要之处，领悟其对社会生活的物质经济和社会文化价值，从而形成"术业有专攻""三百六十行，行行出状元"的职业平等意识，形成对各行业服务劳动者及其劳动成果的尊重和热爱之情，改变对传统服务业的固有认识。

其二，现代服务业劳动可以激发个人服务与社会共同体的融合。学生们在体验实践不同现代服务业的工作过程中，会意识到美好生活离不开每一个现代服务人员的辛勤劳作，从而激发服务意识，愿意在未来投身于社会服务，为公共生活提供便利。服务意识的产生将利己与利他行为有机结合，在提升学生道德修养的同时，又能促进社会和谐发展。

(三)现代服务业劳动任务群的项目内容

《新编经济金融词典》将现代服务业劳动分为商业服务、电信服务、建筑及有关工程服务、教育服务、环境服务、金融服务、健康与社会服务、旅游服务以及娱乐、文化与体育服务等。①

在《劳动课程标准》中，现代服务业劳动划分为批发零售、交通运输、仓储邮政、住宿餐饮、信息传输、软件和信息技术、金融、房地产、教育、卫生、社会工作、文化、体育、娱乐、公共管理、社会保障和社会组织。

实际上，不管是什么样的现代服务职业，只要能对学生的成长和素质发展起到作用，都值得成为劳动课程的元素。不管是离我们生活较近的医疗服务、旅游服务、餐饮服务，还是离我们生活较远的社会工作、国际商务，都值得深入挖掘，将它们的职业内核与学生经验相结合，启蒙学生职业意识，发展学生劳动技能。

(四)现代服务业劳动任务群的项目选择与设计依据

《劳动课程标准》按照学生的年龄划分了不同学段的目标、内容任务和评价标准。除了学生的年龄之外，选择和设计的依据还包括学段特点以及职业特点与学生经验的关联。

1. 依据学段特点选择与设计项目

现代服务业劳动所涉的年级为3～4年级、5～6年级、7～9年级和10～12年级四个学段，跨越整个中小学阶段，包含教育、卫生、餐饮、物流等多个行业，因此在设计项目时需要依据不同学段的特点和要求，循序渐进地推进课程教育。

首先，以项目内容为线索，根据职业类别逐步展开现代服务劳动教育，随着年级

---

① 杨明基：《新编经济金融词典》，898页，北京，中国金融出版社，2015。

的升高逐渐拓宽活动的项目内容，从学生耳熟能详的职业活动过渡到新兴服务产业。3～4年级应当选择1～2项与学生自身生活密切相关的项目进行实践活动，选择范围主要以教育、住宿和餐饮、文化、医疗、体育和娱乐等为主，例如设计班徽、体验当医生等；5～6年级应当开始引入新兴现代服务业种类，让学生初步了解新兴现代服务业的类别和内容等，例如，小小银行家、现代物业管理、租赁业、运输服务业、推广服务业等；7～9年级应当逐步渗透现代信息服务业，让学生接触基于技术而进行的服务劳动，例如，数据分析师、信息管理、软件服务等；10～12年级应当将现代服务业与学生的职业规划联系起来，引导学生多体验现代服务业劳动。

其次，以项目难度为线索，螺旋式上升地丰富实践活动的层次和深度，让学生从体验、模仿过渡至创新创造。3～4年级是初步认知、体验和模仿实践，以形成对现代服务业劳动的初步概念和理解；5～6年级是了解和参与现代服务劳动的过程，熟悉职业开展的流程，组织专题教育，进行高参与度的劳动课程；7～9年级是采用项目的形式，在学生调研、探究的基础上，进行创造性的劳动活动，并能在实践的过程中说明现代服务业劳动的革新与发展趋势；10～12年级应结合相关学科知识，引导学生创造性地解决现代服务业劳动中的问题。

最后，以素养生成为线索，逐步提升劳动素养养成程度，从劳动观念、劳动精神、劳动的习惯和品质三个方面渗透培养。3～4年级旨在让学生对服务性劳动的类型和特点具有初步认识，感受其社会作用和价值，形成尊重劳动者及其劳动产品的观念，从而乐于参加现代服务劳动；5～6年级意在让学生了解现代服务的过程，增强公共服务和他人协作的意识，初步感知现代服务劳动中的契约精神，感知爱岗敬业、乐于奉献的劳动精神；7～9年级要求学生充分认识现代服务业劳动的独特的社会价值，能在劳动过程中认真履行职责，养成规范劳动、安全劳动的个人品质；10～12年级旨在让学生了解现代服务业和社会集体的关系，培养家国情怀。

2. 依据职业特点与学生经验的关联选择与设计项目

建构主义认为，学生的新经验学习建立在已有的经验之上，是基于原有的知识经验生成意义，因此，职业项目的选择必须要与学生现有的经验关联，符合学生的最近发展区，促进学生现代服务劳动技能、精神和品质的养成。

其一，依据职业的时代性选择与设计项目。学生的知识经验有着强烈的时代性，他们的认知、意识、价值观等都是其所处的时代和社会塑造的结果。因此，所选择的项目需与当下的时代特征和需求符合一致，唯有此才可让学生清楚地认识到现代服务业的当今社会价值和时代意义，从而产生对现代服务性劳动的认同和理想。

其二，依据职业的技术性选择与设计项目。现代服务业劳动是理论知识与身体技能的结合，需要技术保障以支持行业的运转与劳动的维系。因此，某一服务劳动对技术的特定要求需要与学生已有的技能契合，既让学生感到有熟悉感，又存在一定的挑战性，在帮助其形成服务劳动基础技能的同时，纵向地发展其技能的深度，使之更加精湛和娴熟。

其三，依据职业的安全性选择与设计项目。学生的安全是第一位的，有些现代服务业劳动也存在潜在的风险性，要考虑其对低学段学生可能产生的社会威胁、网络诈骗等伤害因素。因此，在选择劳动项目时，要考虑该职业活动的安全问题，在学生安全的范围内让学生尽情探索；引导学生树立防御风险的意识，当存在一定风险等级时应预先规避预防，做好应急措施。

二、任务群项目设计样例

项目一　现代服务业劳动——《徽章的设计》(3～4 年级)

【单元简介】

本单元的设计徽章活动为学生认识现代服务业劳动、意识到不同的从业者创造的文化产品的价值提供了实践机会。学生通过徽章理念的探讨设计、使用彩印技术将其拓印下来的过程，并结合作品为他人讲解徽章的文化含义，体验文化创意服务工作。本单元分为三个课时，每一个阶段都是根据学生在创造和实践的过程中生成的。

第一课时：徽章的设计；第二课时：彩色拓印；第三课时：讲解徽章。

【单元教学背景】

1. 教学内容分析：本单元主要让学生学会徽章的理念设计、制作与意义讲解，学会提出一定的设计理念，掌握彩印的基本方法，锻炼语言表达能力；同时，培养学生的合作意识和动手能力，发展学生的想象力和创造力，让学生感受到现代服务业劳动者创造便利、创造美的价值，产生对从业者的尊敬及对其劳动作品的珍惜和热爱的感情。

2. 学生情况分析：3～4 年级的学生自我意识增强，学生开始有了自己的想法，并出现展现自我意识的言语和行为。并且这一阶段的学生学习开始出现分化，他们的思维由具体想象思维向抽象逻辑思维转变，不再满足于简单的图片形象。基于此，教师为 3～4 年级学生组织设计徽章活动，设计能够凸显学生自己的想法、创意和思维，满足其自我意识；在设计徽章活动的过程中，既有形象图片展示，也有抽象想象，帮助他们发展抽象思维。

【单元教学目标】

1. 经历设计徽章的理念讨论过程，认识不同徽章的文化含义，知道徽章设计和制作的步骤，了解徽章在日常生活中的作用，从而养成尊重每一个劳动者、尊重劳动的观念。

2. 能够在理念设计时融入创新创意，掌握彩印版画的操作方法，并能较为流畅地阐述自己的设计理念，感受模型设计—制作—讲述的整个设计过程。

3. 经过设计图案、彩拓图案等活动，形成“一分耕耘，一分收获”的意识，在设计劳动中体验乐趣，具有主动劳动、积极劳动的愿望。

4. 条件允许下为不同场所设计徽章(如家庭徽章)，产生热爱劳动、热爱生活的思想感情，形成勤劳肯干、坚持不懈、不怕困难的劳动品质。

【单元教学重难点】

1. 彩拓的技术工艺。

2. 传达特定精神徽章的模型设计。

【单元课时安排及教学内容简介】

第一课时：徽章的设计

在本课时的教授过程中，教师先向学生展示国徽、党徽、团徽等标志性徽章，让学生认一认，想一想其代表的寓意；接着教师启发和鼓励学生，为不同场所设计相应的徽章，例如，社区的安保徽章、维修服务的徽章、公园的徽章等。学生可按照理念讨论、模型草拟、确定结果三大步骤进行徽章的模型设计。

第二课时：彩色拓印

在本课时的教授过程中，学生对徽章的理念模型已经形成概念，将尝试利用彩印的方式制作所设计的徽章，明确制作所需的工具材料、学习彩色拓印的步骤，从而制作出徽章的成品，并在全班同学面前展示。在实践过程中，学生需要注意工具的使用安全和清洁卫生工作，培养良好的劳动习惯。

第三课时：讲解徽章

在本课时的学习过程中，学生不仅对设计理念和文化象征了然于心，而且对实践的步骤有一定了解和尝试，因此本课时为学生提供课外实践机会，让学生走进相关社区，为社区生活工作人群讲解自己作品的文化含义和精神象征，联通学校和社区，致敬劳动者。

【单元教学活动准备】

1. 劳动场域：普通多媒体教室；手工室。

2. 劳动工具和材料：厚度适中的吹塑板(KT 板)、各色的版画油墨、小型版画油滚、刻刀、宣纸、铅笔、镇纸、白纸。

3. 劳动组织形式：(1)课前分组——根据具体任务群，建议 4～6 人一组，小组内说明具体分工；(2)确定给各组的劳动任务及任务量。

4. 劳动安全保障：(1)在劳动过程中注意刀具的使用安全，用完之后收好，不要割伤自己和他人；(2)注意油墨使用时的清洁卫生，规范使用，不乱涂乱抹，不浪费使用；(3)服从小组安排，不擅自行动；(4)用商量的口吻，礼貌地提出自己的修改建议。

【单元教学过程设计】(见图 4-1)

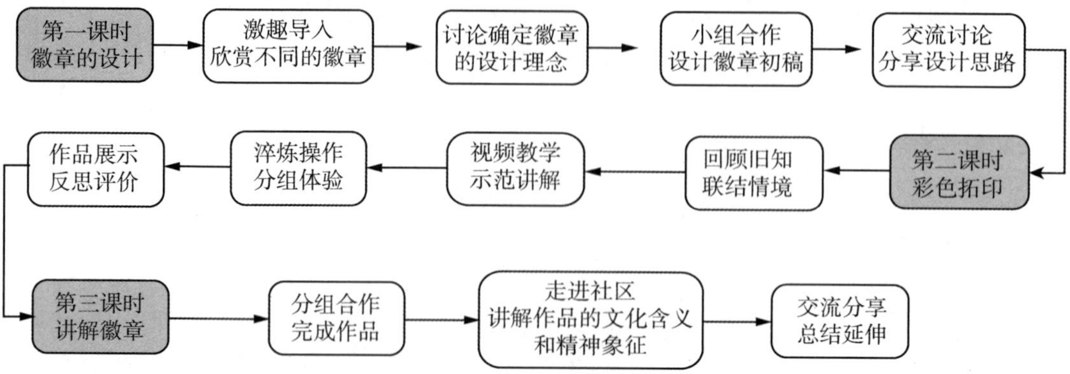

图 4-1　单元教学过程设计

【单元教学效果评价】

1. 评价内容：主要评价学生的劳动规范、劳动成果、劳动精神、劳动观念、劳动能力与劳动习惯和品质六个方面。在劳动规范上，重点考查学生是否能规范正确地使用彩印工具、是否正确完整地完成拓印的流程、是否按照步骤进行设计等；在劳动成果上，重点评价学生徽章设计完成的情况，从徽章的色彩、组成图案、结构性三方面考察；在劳动精神上，考查学生在劳动过程中是否积极参与，以劳动过程中的积极性和主动性为考查内容；在劳动观念中，考查学生在劳动后能否形成主动劳动意识和劳动愿望；在劳动能力上，考查学生绘画、雕刻、着色、印染等技能的娴熟程度以及言语独白能力；在劳动习惯和品质方面，考查学生是否能在小组活动中合理分工合作，养成协作的劳动习惯。

2. 评价主体：主要采用小组评价和教师评价两种评价方式。学生 4～6 人为一组，在实践劳动结束后，教师总结本次活动学生表现与存在的不足之处，小组内部评选出设计得最好的一个徽章作为“设计之王”，并说一说评选的理由。

3. 评价工具：采用星级评价表，用五角星数量分别代表较好、一般、较差的学生的分层成绩，以最终五角星得数评判学生课程的掌握程度，能够反馈学生的学习情况和学生的能力发展情况。

4. 评价方法：采用过程性评价与结果性评价相结合的方式。过程性评价主要解决学生在每节课学习过程中出现的问题，教师及时进行跟踪和纠正。结果性评价是在学期末，对学生在整个劳动活动课程中的表现进行全面评价。

第一课时：徽章的设计(略)

第二课时：彩色拓印

【教学目标】

1. 大致掌握彩印版画的步骤和方法，明确拓印需要的材料，学会用简略的版画工艺制作、拓印自己喜欢的图标徽章。

2. 经历制作版画的过程，认识到劳动创造价值、创造精神文化产品、创造美好生活的道理，热爱劳动，尊重劳动。

3. 体验小组合作学习的优势，在合作过程中领悟“分工”的重要性，学会分接任务，养成按时高质量完成任务的好习惯。

4. 在使用工具的过程中小心、轻拿轻放，注意安全和清洁；在使用工具后能够将其整理、放置好，养成井井有条、注意卫生的劳动习惯。

【教学重难点】

1. 彩印版画的工艺操作步骤。

2. 版画套印质量要求。

【教学准备】

1. 将学生分组，4～6 人一组为宜。

2. 工具与材料准备：各色的版画油墨、小型版画油滚、宣纸、镇纸。

【教学过程】

板块一：回顾旧知，联结情境

教师：同学们，我们上堂课分组设计并制作了徽章的模型，并且向全班同学介绍了它的构成和寓意。这一堂课，我们需要用彩印版画的形式，将其从黑白变成彩色。

板块二：视频教学，示范讲解

教师出示彩印版画制作方法的视频，并适时地示范解说，学生学习观察。

教师：接下来老师将播放徽章彩印版画学习视频，请同学们仔细看，记住制作过程的步骤和细节。

步骤一：按照设计的模型，用铅笔在吹塑板上画出轮廓和细节，画得不要太重也不要太轻。（见图 4-2）

图 4-2　步骤一

步骤二：用刻刀顺着铅笔所画的线条，刻出形状。在刻之前，请小组的每一个成

员确定好这是最终的方案，不能再修改。在使用刻刀的过程中注意安全，不要割伤。（见图 4-3）

图 4-3　步骤二

步骤三：用油滚将刻好的徽章着色。根据自己的设计图，为徽章的不同元素着不同的颜色，每一个油滚对应特定的颜色，不要混合使用，防止污染油墨，不要把油墨弄到衣服上。（见图 4-4）

图 4-4　步骤三

步骤四：将宣纸覆盖在着好色的吹塑板之上，在拓印的时候可用镇纸之类的物品按压宣纸和拓板，让画面印刻得清晰。（见图 4-5）

图 4-5　步骤四

步骤五：揭开宣纸，查看成品，作品完成。

板块三：淬炼操作，分组体验

教师：请同学们和自己的组员取出上一节课制作好的黑白色徽章半成品，利用彩色油墨和需要的工具完成拓印，注意安全和卫生。

1. 学生组内分工：明确每一个组员在印刻的过程中承担的职责。

2. 学生开始印刻：每组的小组长需要有序组织自己组员开展工作，让每一个操作步骤都有条不紊地进行。

3. 教师巡回指导：帮助出现困难的小组、监控学生的安全问题。

板块四：作品展示，反思评价

教师：经过每位同学的努力，我们的徽章制作好啦！下面，请每一个小组展示自己的作品。

1. 每组推荐一位学生上台展示，介绍自己小组的作品：做出了哪些改动、使用了什么颜色、为什么使用这些颜色、在制作过程中遇到了哪些困难以及是如何克服的。

2. 学生相互点评。说一说自己喜欢哪一组的作品，为什么？

3. 教师点评并总结。肯定每一组的成品，并指出在劳动制作过程中的不足之处以及后续可以改进的地方。

课堂总结：同学们，我们的实践制作结束了，得到了完美的作品。在同学们共同的合作努力下，每一个成品都优雅美观，寓意丰富，这是每一位同学的功劳。接下来，我们将带着我们的作品，走入对应的社区场所，向当地的居民展示和介绍我们的徽章。

【劳动评价】(见表 4-1)

表 4-1　星级评价表

评价项目		较好☆☆☆☆☆	一般☆☆☆	较差☆
做工细致	作品完整			
	色彩使用			
	线条清晰			
同伴合作	分工明确			
	愿意合作			
安全卫生	使用规范			
	注意安全			
	卫生清洁			

第三课时：讲解徽章(略)

项目二　现代服务业劳动——《小小银行家》(5～6 年级)

【单元简介】

本单元的项目活动为学生了解现代服务业、意识到从业者的辛勤劳动提供了实践基础。学生通过银行职业体验，使用自动取款机取钱，了解现代银行业务的流程；了解银行服务业的基本内容、劳动过程以及特点；树立金融管理的观念，增强金融诈骗风险防控意识。本单元分为两个课时，第一课时主要带领学生了解银行服务礼仪及行为规范；第二课时为学生在认识 ATM(自动取款机)的基础上进行实践操作取款流程，分组模拟帮助老年人用 ATM 进行取款。

第一课时：银行服务礼仪及行为规范；第二课时：使用 ATM。

【单元教学背景】

1. 教学内容分析：本单元选择让学生经历“小小银行家”的职业体验，体会银行服务业的劳动内容及其劳动过程。在模拟使用ATM取款过程中初步建立金融管理的意识，增强金融诈骗防控风险意识。在模拟帮助老人使用ATM取款的过程中建立服务他人的意识。

2. 学生情况分析：5～6年级学生处于少年心理向青年心理过渡阶段，随着学生知识的积累和对外界事物的认知深化，学生除了注意事物外表之外，更注意对事物的分析和主观体会，很多事情自己可以做出判断。该年龄段学生很少有机会走入社会进行职业体验，为此，本单元选择教授学生一些与银行职业相关的礼仪及行为规范，以及较容易操作的ATM取款流程，帮助学生提升自我修养，树立正确的劳动价值观，建立良好人生目标。

【单元教学目标】

1. 经历银行职员工作体验的过程，了解银行职员的辛苦与快乐，懂得“三百六十行，行行出状元”的道理；能够正确理解劳动创造价值、创造财富、创造美好生活的道理，牢固树立劳动最光荣、劳动最崇高、劳动最伟大、劳动最美丽的思想观念。

2. 经历师生讨论、观察，小组合作练习，学生展示等活动过程，掌握银行服务礼仪和基本银行服务用语；在认识ATM各部分名称的基础上，学会正确使用ATM进行取款的方法。

3. 经历银行礼仪服务和帮助顾客进行ATM取款的实践操作过程，帮助学生初步建立资金管理和金融防控意识；通过模拟帮助老人进行取款，初步建立为他人服务的意识；培养学生爱岗敬业、乐于奉献的劳动精神，继承中华民族敬业爱业的优良传统。

4. 经历“小小银行家”的职业体验过程，使学生建立防诈骗意识，懂得人人都要劳动，感知劳动乐趣，领悟“美好生活是靠双手创造出来的”道理。

【单元教学重难点】

1. 银行工作人员服务礼仪及行为规范。

2. ATM功能及业务办理。

【单元课时安排及教学内容简介】

第一课时：银行服务礼仪及行为规范

掌握一些基本的银行服务礼仪及行为规范，了解基本的银行服务用语；能够标准做出简单的银行服务礼仪，准确说出基本的银行服务用语。

第二课时：使用ATM

认识ATM的外部结构和基本功能；模拟帮助老人使用ATM进行取款。

【单元教学活动准备】

1. 劳动场域：普通多媒体教室；校园职业体验基地；校外银行联合基地。

2. 劳动工具与材料：ATM 模型。

3. 劳动组织形式：

(1)课前分组，4～6 人一组，说明小组分工(2～3 人模拟取款顾客，2 人模拟银行职员帮助顾客使用 ATM 取款，1 人进行评价)。

(2)确定各组的劳动任务及任务量。

4. 劳动安全保障：

(1)劳动纪律要求：在活动过程中注意秩序，不要发生拥挤吵闹。

(2)注意事项：①使用过程中注意不要乱按，以防机器发生故障；②取款输入密码时要遮挡数字键盘，防止泄露密码；③取款时要注意周围环境安全；④取完钱要留好凭条，拿走银行卡。

【单元教学过程设计】(见图 4-6)

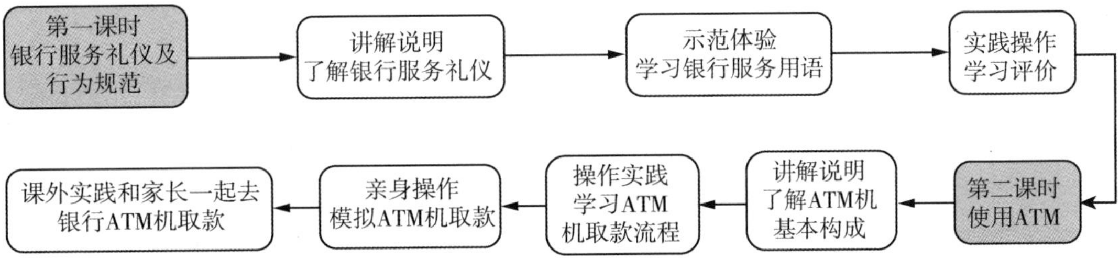

图 4-6　单元教学过程设计

【单元教学效果评价】

1. 评价内容：在劳动过程中是否理解银行职员的劳动过程与特征，树立劳动最光荣的观念，体会到科技对银行服务业的促进作用。在实践操作中是否规范银行服务礼仪及行为规范，能否熟练正确使用 ATM 进行取款。在劳动素养方面是否能够感知劳动过程中的契约精神，形成诚实劳动、勇于劳动的美好品质，养成认真负责、团结合作的劳动品质。

2. 评价主体：采用教师评价、小组互评与自我评价相结合。当学生完成第一课时服务礼仪的行为展示时，采用教师评价和自我评价相结合的方式，评出“形象最佳银行家”；在第二课时模拟帮助顾客进行取款场景时，采用小组互相评价及组内评价相结合的方式，可以选出获得班级“最佳小小银行家”称号的同学。

3. 评价工具：主要采用等级综合评价表的形式来记录学生在单元各个环节的表现情况。

4. 评价方法：主要采用过程性评价，针对学生在实践过程中取得的成就以及出现的问题进行评价，对于优点及时表扬，对于需要改正的地方及时指出，并让其他学生避免出现同样的问题。

第一课时：银行服务礼仪及行为规范

【教学目标】

1. 初步了解银行服务业的基本内容、劳动过程以及特点。

2. 初步掌握基本的银行服务礼仪，能够进行礼仪服务。进一步增强劳动能力，初步具有服务意识。

3. 在学习过程中，积极主动学习相关服务礼仪知识，养成规范礼仪的习惯。

4. 初步感知劳动过程中的契约精神，形成诚实劳动、勇于劳动的美好品质。

【教学重难点】

1. 银行工作人员常用服务礼仪及常用服务用语。

2. 模拟银行工作人员提供银行业务服务。

【教学准备】

1. 学生分组利用网络和书籍提前查阅相关银行礼仪。

2. 多媒体课件。

【教学过程】

板块一：讲解说明，了解银行服务礼仪

1. 兴趣导入

教师：同学们，如果你是一名小小银行家，你在工作的时候该怎样对待顾客呢？

学生进行讨论回答。

教师：同学们，想一想，当你的父母去银行办理业务的时候，银行职员的态度是怎样的，他们又是怎样做的呢？

学生讨论，得到结论：如银行职员主动服务、热情周到、亲和力强、仪表端庄、语言文明、行为规范等。

追问：那么他们在仪容仪表方面是怎样的呢？

学生讨论，填写学习单，教师引导总结。

2. 教师：现在我们已经了解了一些基本行为礼仪的要点，可是同学们你们知道吗，要想更好地掌握这些礼仪，光有理论不行，我们还需要实践。那么下面就让老师先来做个示范，一起来练习一下吧！看看哪个小组做得又快又标准。

教师逐一强调礼仪规范要点，并为学生做示范。学生分组练习，教师巡视指导有困难的学生。（板块一约进行10分钟）

板块二：示范体验，学习银行服务用语

1. 教师：同学们，在银行工作除了要规范礼仪外，还需要有一些专业的服务用语，这样才能让顾客得到一个良好的服务体验。想一想，在银行的时候，你们听到过哪些服务用语？（先想一想再小组交流）

银行服务用语：……

2. 小组讨论，将讨论结果写在学习单中。（见表 4-2）

3. 集体评议，对于有问题的答案，教师追问：在银行里这样的用语合适吗，为什么？

4. 教师：现在同学们已经知道了一些银行服务用语，刚刚已经学习了一些服务礼仪，你能把它们结合起来运用吗？现在来试一试！

学生独自尝试练习，教师进行分别指导。（板块二约进行 10 分钟）

板块三：实践操作，学习评价

评价标准：礼仪要点规范，服务用语文明礼貌，符合场景。

教师：老师刚才巡视了一圈，发现大部分同学已经能够将服务礼仪结合服务用语规范地做出来了。接下来谁愿意上台来给大家展示一下。

1. 开展点评，让孩子们自评互评展示

教师进行补充，指导不规范的地方，肯定优点。请优秀的小组成员分享经验，并进行表扬。鼓励不同学生上台展示，采用 PK 形式分组评比出“形象最佳银行家”。

2. 总结课堂，拓展延伸

教师：银行服务礼仪是银行工作人员的基础，拉近了与客户间的距离，也体现了银行工作人员的良好素质。老师相信通过你们这节课的练习，已经体会到了银行工作人员认真负责、敬业乐业的劳动精神，你们一定会成为一名合格的“小小银行家”。（板块三约进行 20 分钟）

表 4-2　《银行服务礼仪及行为规范》学习单

<table>
<tr><td rowspan="7">银行服务礼仪</td><td colspan="2">礼仪名称</td><td>要点</td></tr>
<tr><td colspan="2">仪表</td><td></td></tr>
<tr><td colspan="2">仪容</td><td></td></tr>
<tr><td rowspan="3">仪态</td><td>站姿</td><td></td></tr>
<tr><td>走姿</td><td></td></tr>
<tr><td>手势</td><td></td></tr>
<tr style="display:none"><td></td></tr>
<tr><td rowspan="5">银行服务用语</td><td colspan="2">场景</td><td>服务用语</td></tr>
<tr><td colspan="2">客户咨询</td><td></td></tr>
<tr><td colspan="2">需要客户排队等待</td><td></td></tr>
<tr><td colspan="2">没有听清客户需求</td><td></td></tr>
<tr><td colspan="2">问题自己不能解决</td><td></td></tr>
</table>

【劳动评价】(见表 4-3)

表 4-3 课时等级综合评价表

评价内容	A	B	C	等级
劳动观念	积极参与模拟银行职员的实践过程，认真主动完成实践任务，能够体会现代科技对银行业带来的促进作用	能够参与模拟银行职员的实践过程，完成实践任务，能够体会现代科技对银行业带来的促进作用	能够参与模拟银行职员的实践过程，需要在教师的帮助下完成实践任务	
劳动能力	能够准确完成礼仪规范动作，熟练使用 ATM 进行取款	能够在教师的提醒下完成礼仪规范动作，使用 ATM 进行取款	只能基本完成礼仪动作，需要在他人帮助下使用 ATM 进行取款	
劳动习惯和品质	建立金融风险防控意识，形成良好的行为习惯，主动帮助家长去银行取款	初步形成金融风险防控意识，初步形成一定的行为习惯，可以帮助家长去银行取款	基本没有金融风险防控意识，需要教师提醒规范自身行为习惯	
劳动精神	能够积极解决实践过程中存在的问题，不断规范自身行为准则，继承中华民族敬业奉献的精神	能够解决实践过程中存在的问题，不断规范自身行为准则	需要在教师的帮助下解决实践过程中存在的问题，不断规范自身行为准则	

第二课时：使用 ATM(略)

项目三　现代服务业劳动——《苏州小导游》(7～9 年级)

【单元简介】

本单元的劳动活动为学生经历了解其所生活地区的文化历史、走访当地名胜景点、绘制旅游线路图和导游实操等实践活动提供了实践平台，帮助学生形成对历史旅游文化业的认知和掌握技能。在本单元，学生将会从回忆苏州景点名胜、查阅整理历史资料、结合资料撰写制作地图文稿、走入景区解说导游等方面系统学习旅游服务业具体的工作过程，并产生对现代服务业劳动的热爱与向往之情。本单元一共分为三个活动阶段，每一个阶段都是根据学生在创造和实践的过程中生成的。

第一课时：说说苏州；第二课时：逛逛苏州；第三课时：当一次苏州小导游。

【单元教学背景】

1. 教学内容分析：本次劳动的学习主题是让学生结合资料收集和调查走访，熟悉苏州文化历史，锻炼学生的整理归纳、合作以及语言组织能力，提高对家乡的热爱之情。《劳动课程标准》要求选择符合学生年龄特点、兴趣需要、贴近日常生活的现代服务劳动活动，进行实践、体验。导游服务属于与旅游有关的服务，符合现代服务业劳动的要求，活动设计可以让学生亲身实际地参与导游工作，通过向导实践，培养按照顺序独白介绍的语言能力；进一步增强公共服务意识，形成以自己的劳动创造美好生活的社会责任感。

2. 学生情况分析：7～9年级学生的记忆、观察和逻辑思维能力有了进一步的发展，他们能够观察注意到生活中的细微之处，能较长时间地专注于一件事情，拥有了抽象逻辑思维，能够理解较为抽象的事物，且能用抽象思维思考、推理，具有较强的好奇心和探索欲，常常有新奇的见解，且独立、自我意识较强，不喜欢外界过多的干扰和束缚。因此本次单元活动给予学生充分的自主权，让他们自由选择自己感兴趣的景点，自主查阅资料、实地考察走访，并与同伴合作完成导游的线路图和介绍词，满足其自我意识，发展其抽象逻辑思维；并在与同伴的合作过程中相互帮助、交流、协商，提升其社会交往能力和语言组织能力。

【单元教学目标】

1. 能完整地说出苏州具有代表性的风景名胜，并在查找资料过程中掌握名胜的历史文化故事，形成收集、整理、归纳的能力；经历绘制地图、撰写稿子的过程，培养绘图、概括的能力；学会与同伴有效合作，锻炼按照逻辑顺序、用流畅的语言介绍某一事物的能力。

2. 经历导游实践活动，认识旅游业对社会、对群体的重要价值，增强公共服务意识，形成以自己的劳动创造美好生活的社会责任感。

3. 经历实践活动，感受旅游服务业人员的辛苦劳动，领悟美好的文化历史名胜需要工作人员的保护，懂得“站好自己的岗，做好自己的事”的道理。

4. 在走访调查的过程中注意安全，学会保护自己；形成坚持不懈、专注的劳动品质。

【单元教学重难点】

教学重点：苏州重要景点文化及历史背景。

教学难点：1. 规划合理的旅游线路。2. 结合景点撰写导游词并讲解。

【单元课时安排及教学内容简介】

第一课时：说说苏州

首先，教师让学生回忆苏州的名胜古迹，引发学生兴趣后鼓励学生做进一步调研，以便对名胜的历史文化有更深入的了解；其次组织学生进行查阅、整理、归类资料活动，在获取翔实资料的同时，培养其搜索目标资料、分类整理的能力；最后，让学生在已有知识的基础上，在全班同学面前说一说自己的调研经过和发现。

第二课时：逛逛苏州

本课时为学生提供校外实践的场域和机会。学生走入选定景点场所，利用电子设备记录景观的方位、形貌和特色等作为材料基础；实地考察结束后，学生分小组绘制旅游地图、撰写导游词，在反复修改完善之后，组内演练，熟悉流程，为下一课时正式当导游做准备。

第三课时：当一次苏州小导游

本课时为学生模拟导游角色环节。小组组员间再次模拟练习巩固之后，在全班同学面前充当导游，展示地图，为“游客”们讲解对应景点的文化历史特色，讲解过程中可适当互动，讲解结束后同学和教师共同点评。本课时可进行课外拓展延伸，学生可在家长的帮助下，走入现实的景区，尝试在真正的游客面前扮演导游的角色，完成一次课外实践活动。

【单元教学活动准备】

1. 劳动场域：普通多媒体教室；苏州景区。

2. 劳动工具和材料：纸、笔、手机、网络资料、书籍。

3. 劳动组织形式：自愿组成合作小组，每组 5～6 人。

4. 劳动安全保障：(1)活动过程中注意安全；(2)注意网络使用时间。

【单元教学过程设计】(见图 4-7)

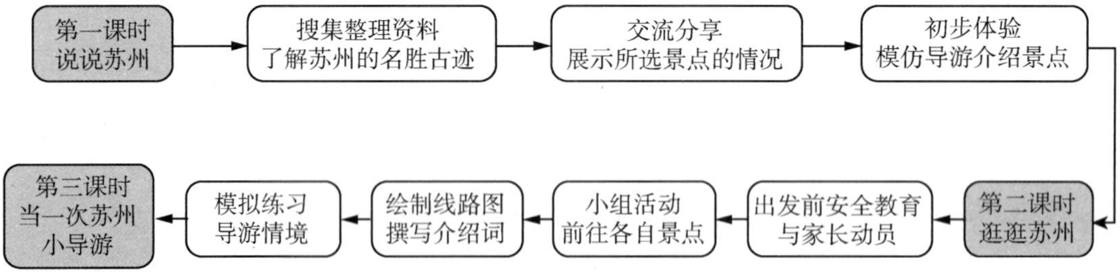

图 4-7　单元教学过程设计

【单元教学效果评价】

1. 评价内容：主要从学生的劳动能力、劳动成果、劳动精神、劳动习惯和品质、劳动规范及劳动观念六个方面评价。在劳动能力上，考查学生是否能熟练掌握精准搜索资料、按照类别整理归纳、书面语言组织的能力；在劳动成果上，考查所绘的旅游线路图是否清晰、顺序是否合理，所撰写的导游词是否符合逻辑，语言表达是否流畅等；在劳动精神上，考查学生之间的分工合作情况和工作态度，是否主动和同伴协商工作分配，收集资料和实地走访时态度是否认真、精益求精等；在劳动习惯和品质上，考查学生是否具有安全意识，能够保护好自己，是否能够主动承担分内任务，担当个人责任；在劳动规范上，考查学生能否高效地收集文稿资料，并有序地归纳；在劳动观念上，考查学生是否能够积极、主动、热情地参加模拟导游实践活动。

2. 评价主体：采用小组评价、教师评价和家长评价结合的评价方式。学生完成在全班面前介绍之后，学生和教师共同点评，总结优缺点，给出建议；在课外实践中，家长可对学生在景区内的表现酌情点评。最终综合考虑学生的完成情况，选出“最佳导游”。

3. 评价工具：主要采用等级综合评价表的形式记录学生在课内课后对于课上劳动技能的学习情况和应用情况，以等级来评定学生的导游表现情况。

4. 评价方法：采用过程性评价和结果性评价相结合的评价方式。过程性评价是针对学生在劳动学习过程中取得的进步和出现的问题，及时进行表扬、纠正，让学生进行反思、激励学生学习；结果性评价是指在单元学习后，针对学生在这一单元的综合表现，进行评价、总结，选出本单元的“最佳导游”。

第一课时：说说苏州(略)

第二课时：逛逛苏州

【教学目标】

1. 经历游览后，能够按照一定的顺序绘制旅游路线图，并标注清楚方向、地点和位置关系；能够按照景物名称、情状特点、文化历史的行文顺序，用较为优美的语言撰写导游词。

2. 通过游览苏州，熟悉苏州景区及其周边的风俗人情，感受苏州地大物博，热爱苏州，热爱家乡。

3. 能够在游览的过程中集中精神，专心致志，认真记下景点的每一处细节，为后期的工作做准备，养成认真的劳动品质。

4. 在活动过程中注意安全，提醒同伴安全，保护好自己和同学。

【教学重难点】

1. 景区景点的位置范围，以及游览特色和历史。

2. 设计并撰写讲解稿。

【教学准备】

1. 课时开始前进行安全教育与家长动员。

2. 可拍照和录制的智能手机、速记本、2B 铅笔、彩色铅笔。

3. 帽子(用于集合、识别组员)。

【教学过程】

板块一：出发前安全教育与家长动员

1. 安全视频：教师出示讲解外出需要注意的安全规范视频，帮助学生树立安全意识。

教师：请同学们仔细观看安全教育视频，关注视频中提示的安全注意事项，包括过马路时注意车辆行人、有序排队，组织好成员，不走失遗落……

2. 家长动员

每一小组可邀请 1～2 名家长陪同学生前行，保障学生安全，也可以作为家长参与学校课程和活动建设的证明。

板块二：小组活动，前往各自景点

1. 到达景点入口，组长分发帽子，用于识别、集合组员

组长：请同学们戴好我们的鸭舌帽，这样就能一眼看出我们的组员在哪儿，不会

走散了。

2. 进入景点，观察其中景观的位列、形貌、特色

(1)学生可借助景区的指示牌边游览边记录。

(2)学生利用手机拍照、录像，记录景观的形貌、特色，回想文字资料中的详述，结合历史文化背景感受，为接下来撰写导游的介绍词做准备。

(3)学生在观览时，选取一个固定参照点，在速记本上画下景点的位置、方向，以作为后续绘制线路图的依据。

3. 集合成员，交流信息

小组长集合成员，成员间互相交流游览经验和记录，整理思路。

板块三：绘制线路图，撰写介绍词(见图 4-8)

1. 各小组依据在景区的记录，完整绘制游览地图

(1)需注明地图的标题是“××游览路线图”。

(2)在地图的左上角画出“上北下南，左西右东”的方向标。

(3)将该景区中主要的游览点用标记的形式画下来，并写上各自的名称(景点与景点之间可留下一些空白)。注意它们彼此之间的相对位置(谁在上，谁在下；谁居于东边一角，谁居于西南一隅等)。

(4)在空白处画下景物的简笔画图样，以显得形象生动，便于辨认。

(5)用连续的线条和箭头将景物串联起来，形成完整的地图。

(6)根据实际情况，使用彩色铅笔斟酌上色。

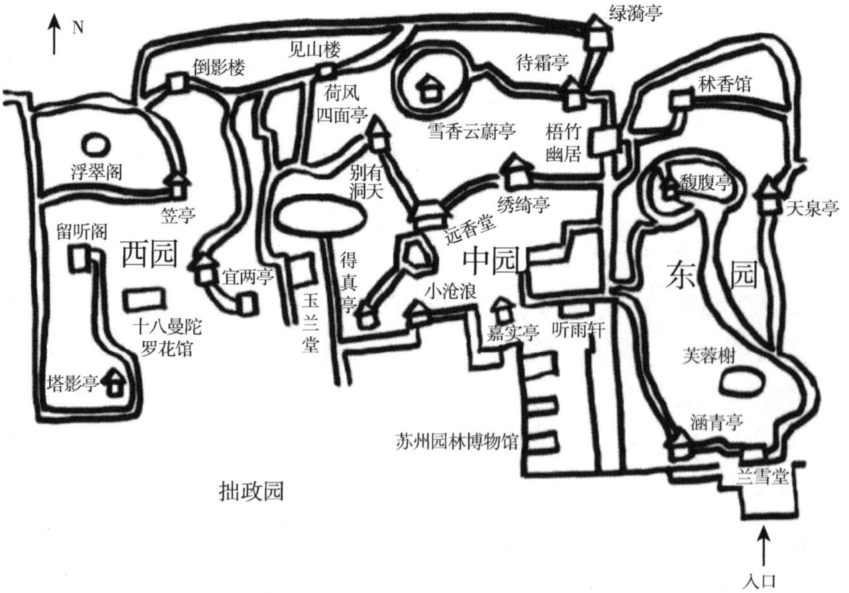

图 4-8　地图绘制范例(拙政园)

2. 各小组依据手机记录的视频图片和文字资料，撰写解说词

(1)根据所绘路线图的顺序，一一介绍。

(2)先明了地指出景观的名称，再细致地描述其外形特点，最后简洁明了地讲一讲其背后的文化历史或神话、传说。注意语言的优美和前后的衔接。

(3)写好之后小组共同打磨修改，小组成员互提意见。

(4)教师提示：在撰写时需注意导游词要详略得当，突出重点；导游词要准确恰当，有依有据，不可弄虚作假、张冠李戴；语言要口语化，富有趣味性，用词需要丰富多变，优美生动。

板块四：模拟练习导游情境

确定路线图和导游词的终稿之后，组内每一成员都要模拟情境，将自己当成导游，练习解说，锻炼语言能力。成员之间互相解说、互相指导，能够达到脱稿流利地解说。

【劳动评价】(见表 4-4)

表 4-4　课时等级综合评价表

项目内容			自我评价	家长评价		指导教师评价	
			☆☆☆☆☆	☆☆☆☆☆	评价人	☆☆☆☆☆	评价人
劳动观念	分担责任	组别分类					
		确认任务					
	积极性	热爱劳动					
		主动劳动					
劳动能力	地图绘制	顺序					
		图样					
		方向箭头					
		色彩					
	文稿撰写	文史背景					
		详略得当					
		语言趣味性					
		用词生动					
		逻辑性					
劳动习惯和品质	安全意识	过马路					
		队伍组织					
		成员组织					
	环保意识	整洁意识					
		不乱触摸					

续表

项目内容			自我评价	家长评价		指导教师评价	
			☆☆☆☆☆	☆☆☆☆☆	评价人	☆☆☆☆☆	评价人
劳动精神	合作	分工					
		集合					
	精益求精	交流					
		改进					

第三课时：当一次苏州小导游(略)

第二节
公益劳动与志愿服务

一、任务群理解

(一)公益劳动与志愿服务任务群概述

“公益劳动与志愿服务”作为服务性劳动模块的两大任务群之一，从3～4年级开始持续到10～12年级。公益劳动、志愿服务可理解为是个人或组织无偿向社会提供的劳动和服务。中宣部、中央文明办等八部门在联合发布的《关于支持和发展志愿服务组织的意见》中指出：志愿服务是现代社会文明进步的重要标志，是加强精神文明建设、培育和践行社会主义核心价值观的重要内容。也有学者从伦理学角度对志愿服务进行界定，认为志愿服务是出于理性自觉的伦理行为、以实现社会公益为基本价值取向的伦理行为、以无偿性利他主义为核心价值观的伦理行为、与慈善既相区别又相联系的伦理行为和有别于传统帮扶的伦理行为①。可见，公益劳动和志愿服务具有自愿性、公益性、无偿性等特点。

国务院于2017年颁布的《志愿服务条例》旨在从法律的高度保障志愿者、志愿服务组织、志愿服务对象的合法权益，鼓励和规范志愿服务，发展志愿服务事业，培育和践行社会主义核心价值观，促进社会文明进步。为了进一步弘扬公益、志愿精神，践

① 潘昕、彭柏林：《志愿服务的伦理学界定》，载《湘潭大学学报(哲学社会科学版)》，2022(03)。

行社会主义核心价值观，必然要将公益劳动与志愿服务以活动形式设计、落实于劳动课程中。

(二)公益劳动和志愿服务任务群的价值

作为传递人类文明与促进社会和谐的重要载体之一，公益劳动和志愿服务具有极其重要的价值。在悠久深厚的中国传统文化中，我们总是赞扬与人为善、助人为乐的人文精神。乃至中华人民共和国成立后，我们也不断鼓励大家学习全心全意为人民服务的“雷锋精神”。公益劳动和志愿服务因其自愿性、公益性、无偿性等特点，在具体开展的活动中，具有培养学生的社会责任感、公共服务意识，引导学生关怀人类社会的作用。

其一，培养学生的社会责任感。中华文化讲求“由己及人”，推崇“先天下之忧而忧，后天下之乐而乐”的崇高精神。学生在公益劳动和志愿服务的过程中，可以更多地接触到广大人民群众，在唤醒道德情感的同时，能够换位思考，设身处地地思考服务对象的需要，发现服务对象的问题，促使其自发、自觉地体悟个人与他人、社会的紧密联系，从而形成崇高的社会责任感。

其二，培养学生的公共服务意识。在公益劳动和志愿服务过程中，学生在服务他人、奉献社会的同时，能够广泛发现学校、社区中存在的实际问题和迫切需要，可以体会服务他人带来的满足感和幸福感，获得个人成就感的满足与内心的充实，从而养成良好的公共服务习惯，增强公共服务意识。

其三，引导学生关怀人类社会。在人类关系日益密切的现代，尽管人们存在时空范围的界限，但依然需要共同面对世界性的挑战和问题，如生态问题、粮食问题等。在学生的服务性劳动过程中，学生可以深入思考人类的命运纽带所在，开阔自身的视野与格局，从而深刻理解“人类命运共同体”的价值内涵，丰富自己的生活阅历和人生体验，树立正确的人生观、价值观和世界观。

(三)公益劳动和志愿服务任务群的项目内容

公益劳动和志愿服务涉及社会生活的各个方面，分类众多，可以按照服务区域、服务对象、目标导向等因素进行系统性分类。以服务区域为分类标准，可以分为校园服务、社区服务等，如让学生担任校园小向导、社区小管理员；以服务对象为分类标准，可以分为大众群体服务、特定群体服务等，如为社区广大居民服务和专门为社区老年人服务；以目标导向为分类标准，可以分为救助型服务、预防型服务等，如救助社区流浪动物和疫情防控宣传工作。

理论上来讲，凡是具有立德树人价值、在青少年能力范围之内的服务项目都可以作为劳动课程的项目选择范围。根据《劳动课程标准》的描述，中小学阶段的公益劳动和志愿服务项目可以把学校、社区、社会作为阵地开展，包含校园服务、社区维护、疫情防控、职业体验等多种主题。这些项目立足于学校、社区、社会的教育资源，既可以提高学生的实践能力，又有助于加强学校、社区、社会的联系与合作，具有深远的教育意义。

(四)公益劳动与志愿服务任务群的项目选择与设计依据

《劳动课程标准》根据学生的年龄特点，对不同学段的项目选择与设计提出了具体建议。除了关注年龄的特点外，公益劳动和志愿服务项目的选择还应考虑学校、社区的现实条件等因素。

1. 依据学段特点选择与设计项目

公益劳动和志愿服务从3～4年级起步，作为服务性劳动的任务群之一，在具体项目选择时应从简单到复杂、从学校到社会、从关心到奉献、从体力劳动到创新创造、从个体劳动到团队合作……在活动中遵循顺序性、发展性、理论联系实际的原则。

首先，以服务对象为线索，不断扩大服务受众群体，加大公益劳动和志愿服务的难度。3～4年级以校园群众、社区民众为服务对象，有针对性地开展一些基础性的服务性劳动，如进行简单的环境维护、担任校园活动的小志愿者；5～6年级应当在原来基础上适当扩大服务对象的范围，面向更大的服务群体，适当提高公益劳动和志愿服务的难度，引导学生能够在老师、家长的帮助下完成活动任务，如参与疫情防控、服务处境不利群体等；7～9年级的项目应进一步加大挑战性，促进学生个人日常生活、生产劳动经验的涵育，培养其综合素质和能力；10～12年级的项目应面向更广泛的群体，鼓励学生自主自发地发现需要劳动的场域，进而锤炼学生将学科知识、技能技巧应用到社会不同场域的能力。

其次，以现实问题为线索，不断增大学生发现和解决的问题的复杂度，体现由浅入深的变化。3～4年级以校园、社区为主，初步运用自己的知识和技能，参加1～2项力所能及的项目；5～6年级立足某一方面的现实问题，有针对性地开展特定的公益劳动和志愿服务；7～9年级立足多方面的现实问题，综合运用自身的知识技能，从而组织和实施项目；10～12年级立足前沿的复杂问题，将劳动与不同学科融会贯通，提高学生的多元劳动素养。

最后，以劳动精神升华为线索，应逐级提升项目的价值内涵，即实现学生从关心他人到尽心服务再到甘愿贡献的不断体悟和成长。3～4年级主要是初步形成主动关心他人的意识和公共服务意识；5～6年级应进一步形成关注他人需要和服务他人的意识和能力；7～9年级则在活动中体认到由服务他人、社会所带来的自豪感和幸福感，培养较强的公共服务意识和社会责任感；10～12年级在劳动中感受现代社会的多样劳动形式，感悟劳动对人类文明的重大价值，自觉成为社会主义事业的建设者和接班人。

2. 依据学校的区位条件选择与设计项目

公益劳动和志愿服务项目应结合学校所处的地域特点选择、设计。公益劳动和志愿服务的形式和内容多样，但服务范围应当根据具体活动加以合理规划，如活动可以选择科技馆、博物馆、动物园或公园为劳动场域。不同学校附近的可开发资源不同，例如学生可以从学校附近景点、公共区域体验服务经历，这将极大提高学生的认同感和责任感，进而加深对个人和社会关系的理解。因此，学校应该切实考虑学校的地理位置，深入挖掘可供利用的资源，有针对性地设计劳动项目，让学生可以更好地体验、经历。

3. 依据服务的对象选择与设计项目

公益劳动和志愿服务项目应结合服务对象的现实情况选择、设计。公益劳动和志愿服务的开展，每一次都有比较具体的服务对象群体，所面对的问题和需要也各有侧重。有的项目面向学生、老师，在这种情况下就可以从校园实际情况出发设计项目，例如以图书馆、体育馆、校史馆为阵地，再综合考虑学生的特点、能力、学校的实际需要，以制订合理的劳动方案加以组织和实施。有的项目面向社区、社会群众，则可以加深项目设计的影响力、可持续性，将劳动项目与职业体验、生态教育等联系起来，设计综合性的公益劳动和志愿服务项目，促成学生责任担当的意识，提升学生发现问题、解决问题的能力。

二、任务群项目设计样例

项目一　公益劳动与志愿服务——《操场管理大师》(3～4年级)

【单元简介】

本单元的活动以校园操场为主要阵地开展，旨在为学生提供美化校园、服务同学的机会和经验，培养学生的主人翁意识，初步养成学生服务他人、校园的意识。在劳动过程中，学生经历适合自身能力水平的学校服务活动，体悟到由劳动带来的自豪感和幸福感。本单元分为两个活动阶段，与阶段匹配的活动都基于学生在服务活动过程中的问题和需求而生成。

第一课时：操场清洁；第二课时：操场服务。

【单元教学背景】

1. 教学内容分析：该单元主要让学生在与他人的分工与合作中，学会整理、清洁学校的公共区域，了解清洁卫生、美化环境的重要性，主动参与到学校的公共服务中。同时，加强学生对劳动方法、劳动技能技巧的运用，养成积极主动的劳动习惯，体验劳动成果，感受劳动乐趣。

2. 学生情况分析：小学3～4年级的学生，在参与一些班级的集体劳动后，如维护教室卫生等，已经具备了初步的劳动意识，并掌握了一些基本的劳动技能，能够规范使用一些工具来参与简单的助人活动。同时，在劳动过程中，学生表现出积极参加劳动的愿望和热情。在日常学习生活中，简单的、重复的体力劳动已经不能满足该学段学生的需求，也不利于激发学生多方面的劳动兴趣。基于此，引导学生开展校园服务活动，让学生共同参与、积极加入校园公共服务，在学校的服务性劳动中，提升学生的劳动能力，培养初步的服务意识和责任感。

【单元教学目标】

1. 经历操场清洁、服务的过程，学会规划正确的劳动步骤，认识到劳动对生活、学习的重要性，养成讲文明、爱助人的好习惯。

2. 在服务性劳动的过程中，学会与他人合作，能够进行简单的劳动，提高学生服务他人、服务学校的能力，认识到合作共享的意义和价值。

3. 经历服务、合作的过程，培养学生认真负责、团结互助的品质，养成学生自觉自愿、有始有终的劳动习惯。

4. 在服务他人的过程中，培养热爱劳动、珍惜劳动成果的意识，体悟服务他人带来的幸福和满足，懂得“勿以善小而不为”的道理。

【单元教学重难点】

1. 学生的分工和合作。

2. 学生结合校园实际情况的服务性劳动。

【单元课时安排及教学内容简介】

第一课时：操场清洁

在本课时中，教师首先向学生们展示学生在操场活动的图片，让学生们想一想有序的操场环境对大家有什么益处。其次，教师把学生分成不同的劳动小组。学生以小组为单位进行分工，分别负责不同的劳动区域、认领劳动任务，对操场进行卫生保洁，保证区域内干净整洁，为进一步服务同学奠定基础。

第二课时：操场服务

在本课时中，在操场清洁工作完成后，教师鼓励学生集思广益。学生通过细心观察，想一想同学们在操场上需要哪些服务，发挥自己的创造能力、劳动技巧，结合校园的实际情况，为同学们开展服务。针对劳动过程、成果，评选“服务小能手”，让学生体验劳动过程、劳动成果带来的乐趣和成就感。

【单元教学活动准备】

1. 劳动场域：教室；操场。

2. 劳动组织形式：(1)课前分组，建议4～6人一组，明确各组的劳动区域和劳动任务；(2)明确小组内的个人职责与任务。

3. 劳动工具与材料：扫把、拖把、抹布等。

4. 劳动安全注意事项：在动手制作的过程中，注意剪刀、小刀等尖锐工具的使用，避免受伤。

【单元教学过程设计】(见图 4-9)

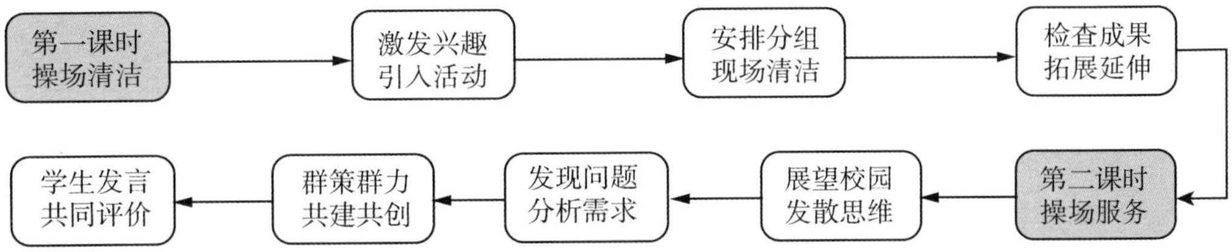

图 4-9　单元教学过程设计

【单元教学效果评价】

1. 评价内容：主要从劳动规范、劳动成果、劳动观念、劳动能力、劳动习惯和品质以及劳动精神六个方面进行评价。在劳动规范中，考查学生的工具选择、使用是否正确，劳动步骤是否正确；在劳动成果中，考查学生的劳动是否为他人的活动带来便利，是否具有让人满意的服务效果；在劳动观念中，考查学生是否积极、愉快地参加劳动，活动中表现是否主动、负责；在劳动能力中，考查学生的劳动是否体现学生本人的细心观察、合理的劳动过程；在劳动习惯和品质中，考查学生是否认真负责、自觉自愿并且有始有终地按照规范高质量完成劳动；在劳动精神中，考查学生在劳动过程中是否与他人群策群力，不怕困难、解决困难，是否对劳动怀有高度责任感、追求精益求精。

2. 评价主体：主要采用小组评价和教师评价两种评价方式。在劳动完成后，学生以小组为单位评价组员的劳动表现以及其他小组的劳动成果，指出可以改进的地方。教师在小组评价的基础上，给予学生肯定，总结劳动过程中的问题和不足，表扬优秀小组和学生，综合评选出“操场管理大师”。

3. 评价工具：主要使用等级综合评价表的形式，用不同水平来评价学生服务性劳动取得的成果，并让学生写下自己的感悟，可以较为直观地反映学生的表现，加深学生的体验。

4. 评价方法：采用过程性评价和结果性评价相结合的方式。过程性评价主要针对学生在劳动过程中的不足和问题，教师给予及时的帮助和纠正。结果性评价是在大单元或学期末，对学生在整个劳动过程中的综合表现进行全面评价。

第一课时：操场清洁(略)

第二课时：操场服务

【教学目标】

1. 经历服务同学的过程，学会发挥自己的技能技巧，认识到学校中存在多种劳动的机会和需求，理解服务劳动对他人、校园的意义。

2. 基于学生现有的能力水平，在劳动过程中，增强其创新意识，拓宽劳动形式，以劳动促创新。

3. 经历操场服务同学的设计过程，初步形成公共服务意识，认识到劳动能够服务他人、学校，增强劳动自信，养成尊重、珍惜、感恩他人劳动的品质，培养学生主动进行公益劳动和志愿服务的习惯。

4. 经历自身的劳动和创造，营造更和谐的氛围，树立崇尚劳动、劳动创造财富、劳动创造美好生活的观念，感受带来的幸福感，培养创新、奉献的劳动精神。

【教学重难点】

1. 服务范围与质量。

2. 与服务对象的沟通。

【教学准备】

1. 学生沿用第一课时的分组。

2. 材料与工具：手套、马甲、置物架等。

【教学过程】

板块一：展望校园，发散思维

展示美丽校园的图片(如丰富多彩的宣传栏、充满活力的运动场、整齐美观的图书馆)，引导学生认可、向往模范校园的环境，联想劳动服务他人的情境，延伸到本次操场服务同学的活动。(见图 4-10)

图 4-10　热闹的操场

问题：大家想一想：平常在操场活动时，大家遇到过什么不方便的事情？操场哪些地方可以让我们的劳动大放异彩呢？

鼓励学生积极发言，引导学生将自己的特长联系到在操场上对同学们的服务，如擅长演讲的同学对劳动进行宣讲，擅长绘画的同学可以在宣传栏制作海报，擅长手工制作的同学可以通过手工艺品布置操场。

板块二：发现问题，分析需求

同学们，刚刚大家都认真思考了如何发挥我们自己的劳动特长来服务大家。现在，我们将注意力放在操场上，仔细观察，用心思考哪些同学需要我们的服务？需要什么样的服务？我们怎样提供服务？比如：垃圾的分类、物品的摆放等。请同学们细细分析，多多思考！

板块三：群策群力，共建共创

过渡语：同学们，刚刚大家寻找到了很多可以服务同学的地方，并且提出了自己的想法，看来大家都拥有"火眼金睛"。但是，服务如此多的学生，单靠一个人的力量当然是不够的，我们每个同学都应该在发挥本领的同时，要与其他同学进行合作、交流，这样才能真正服务到每一个在操场上活动的同学。这节课，请大家汇聚你们每个人的聪明才智来为学校的同学们服务吧！

1. 明确分工，规划劳动

本课时学生的劳动仍在第一课时的区域开展，因此可继续沿用第一课时的分组。老师根据学生所选的工具、任务，与学生、小组进行沟通，了解学生的想法和目标后，加以指导，使学生的思路更加清晰，规划更加明确。

2. 动手劳动，开展服务

学生在劳动过程中，老师应该注意对学生的指导和监督，鼓励劳动形式、内容的丰富多样，同时也需要注意其价值取向的正确性、有益性，做到为他人、为学校服务。（见图 4-11、图 4-12）

图 4-11　操场劳动

图 4-12　布置宣传栏

劳动完成后，各小组分别向老师进行汇报，说明自己的劳动成果和服务效果。

板块四：学生发言，共同评价

过渡语： 同学们，看了大家的劳动过程以及成果，老师发现了许多贴心周到的服务。接下来，请同学们踊跃发言，告诉大家你做了什么劳动？又是怎样服务他人的？有什么样的感触？让大家知道我们这些来之不易的劳动成果吧！

学生听取、鉴赏不同小组的劳动过程、劳动成果，引导学生想一想、评一评劳动成果、服务效果，想一想本人、本组的服务是否还存在不足和可以改进之处。老师对同学们的意见进行汇总和补充，对同学们的劳动成果肯定和鼓励，同时指出劳动过程中存在的问题，提出意见和建议。最后引导学生互相评定彼此的劳动成果，选出心中的“操场管理大师”。

教师小结： 感谢大家为我们学校的同学们提供了细致周到的服务，为同学们提供了便利。其实啊，公益劳动并不仅仅局限于我们的校园，通过这一课，我相信很多同学体验到了服务校园的美好，老师希望同学们不仅可以保持这种劳动习惯，而且可以将这种劳动服务精神延伸到我们的家庭、我们的社区、我们的国家，老师相信同学们的智慧、劳动将让我们未来的世界更加和谐！

【劳动评价】（见表 4-5）

表 4-5　课时等级综合评价表

	评价人	优秀	良好	合格
劳动规范有序	小组			
	老师			
服务认真细致	小组			
	老师			
小组积极协作	小组			
	老师			
服务精益求精	小组			
	老师			
我的感悟				

项目二 公益劳动与志愿服务——《小小公益派对策划师》(5~6年级)

【单元简介】

本单元的公益劳动旨在培养小学生主动服务、关心社会、扶助处境不利群体、热心公益的劳动意识。学生经历走出传统课堂，切身参与劳动，真正接触社会，培养基本的社会责任感，从而在社会生活中有所担当。学生经历亲自动手准备节日所需物品，亲身参与公益活动设计过程，增强自身的感受和体验，培养动手实践能力以及积极主动参与劳动的态度。

第一课时：公益派对前期准备；第二课时：小手牵小手，快乐过六一——公益派对具体实践。

【单元教学背景】

1. 教学内容分析：该项目是学生经历积极主动帮助处境不利群体的过程，学会积极主动帮助他人的方法，形成主动服务、关心社会、扶助处境不利群体、热心公益的意识，从而引导学生树立正确的劳动观，提升实践能力和社会责任感。

2. 学生情况分析：小学5~6年级的学生随着身心机能的不断成熟，劳动素养逐渐提升。此阶段的学生有思维脱中心化的倾向，而且随着其知识经验的积累，已经能在表象和概念的基础上进行更高水平的分析和综合了，已能初步控制自己的认知活动；已经形成初步的服务意识和社会责任感，初步养成热爱劳动的态度，初步形成关爱他人，积极参与社区建设的劳动意识和能力，养成自觉自愿、认真负责、有始有终的劳动习惯和品质，形成勤俭节约、不怕困难的精神。

为进一步提升5~6年级学生的劳动素养，组织学生参与“小小公益派对策划师”公益活动，让学生主动关心社会、服务社会，运用已有劳动技能服务他人、学校、社区。

【单元教学目标】

1. 经历举办“小小公益派对策划师”公益活动，形成主动服务、关心社会、扶助处境不利群体、热心公益的思想观念。

2. 在服务性劳动中，运用已有劳动技能服务他人、服务社会，在公益劳动实践中提高创造力，具备完成公益活动所需的设计能力、操作能力和团队合作能力，在服务性劳动中形成发现问题、关注他人需要与服务他人的意识与能力，进一步发展筹划能力。

3. 经历设计公益劳动的过程，从而培养吃苦耐劳、坚持不懈、安全劳动、规范操作、自觉自愿、有始有终的劳动习惯和品质。

4. 经历亲自举办公益派对，懂得劳动成果的来之不易，从而懂得感恩父母、社会，形成责任意识，在劳动过程中初步形成不畏艰辛、乐于助人、甘于奉献的劳动精神。

【单元教学重难点】

1. 举办公益派对所需物品的选择与准备。

2. 公益派对流程设计。

【单元课时安排及教学内容简介】

第一课时：公益派对前期准备

组织学生观看相关视频教学资源，从而探索出服务群体的需求，进而准备举办公益派对所需的物品。

第二课时：小手牵小手，快乐过六一——公益派对具体实践

引导学生合理规划公益派对流程，顺利开展公益派对，最后师生交流，总结评价此次公益派对的心得与体会。

【单元教学活动准备】

1. 劳动场域：校内多媒体教室；当地孤儿院。

2. 劳动工具与材料：纸、笔、防护用品等。

3. 劳动组织形式(见表 4-6)：

表 4-6　劳动组织形式表

组别	任务	人数
A	收集服务群体需求	4
B	准备公益服务所需物品	6
C	设计公益派对流程	4
D	主持公益派对	4

4. 劳动安全保障及要求：

(1)积极参加公益劳动，改正好逸恶劳的错误思想；(2)劳动时听从指挥，按质按量完成劳动任务；(3)爱护劳动工具，爱惜劳动成果；(4)劳动时注意安全，不做危险之事，坚决杜绝事故发生。

【单元教学过程设计】(见图 4-13)

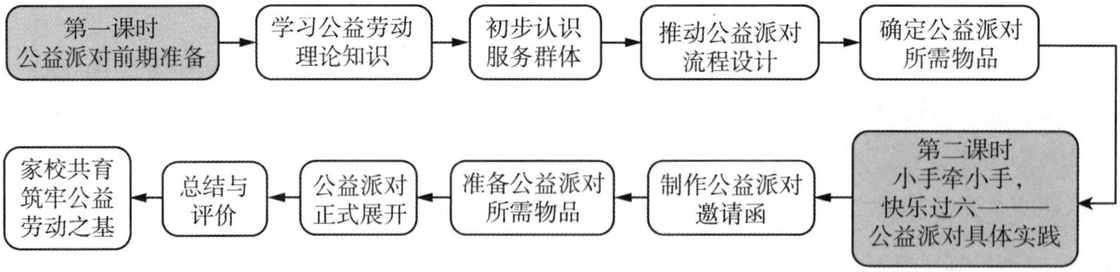

图 4-13　单元教学过程设计

【单元教学效果评价】

1. 评价内容：公益派对设计是否合理，物品准备是否齐全，是否全程积极规范参与公益派对实践，是否有较高的安全意识与纪律性，是否形成责任意识，是否在劳动过程中形成不畏艰辛、乐于助人、甘于奉献的精神，是否形成团队合作精神，是否可以熟练运用已有劳动技能等。

2. 评价主体：采用教师评价、小组评价、自我评价、家长评价相结合。在公益派对的设计过程中，教师对学生的课堂表现以及劳动积极性进行评价，同时小组之间可以互相评价，学生也可以对自己的劳动过程及成果进行评价。在课后，辅以家长评价，家长通过观察学生课后的表现进行评价。

3. 评价工具：本单元主要采用“等级综合评价表”的形式从劳动观念、劳动能力、劳动精神、劳动习惯和品质四个方面评价学生。

4. 评价方法：过程性评价、结果性评价相结合。过程性评价是针对学生在公益派对设计的过程中取得的进步以及突出的表现及时进行表扬、鼓励，并且对出现的问题及时修正。结果性评价是在本单元学习结束时，对学生的综合表现以及整体情况进行评价、总结。

第一课时：公益派对前期准备(略)

第二课时：小手牵小手，快乐过六一——公益派对具体实践

【教学目标】

1. 在观看公益视频、探索他人需求的过程中，形成关心社会、热心公益的思想观念。

2. 在服务性劳动中形成发现问题、关注他人需要与服务他人的意识与能力，进一步发展筹划能力。

3. 在公益劳动过程中吃苦耐劳，从而养成不畏艰辛、坚持不懈、安全劳动、规范操作的劳动习惯和品质。

4. 在劳动过程中初步形成不畏艰辛、乐于助人、甘于奉献的精神。

【教学重难点】

1. 邀请函的绘制。

2. 公益派对的开展。

【教学准备】

1. 学生分组，4～6 人一组。

2. 准备制作邀请函所需用品，如彩色卡纸、水彩笔等。

3. 准备公益派对开展所需的物品，如气球、横幅、彩带、指示牌、游戏的奖励小礼物等。

【教学过程】

板块一：制作公益派对邀请函

同学们，通过上节课的学习，大家知道了什么是公益派对，我们也设计好了整个公益派对的流程，但是如果要参加派对，或者是邀请别人参加派对，需要用什么东西

来表明自己的身份呢？有没有同学知道呢？

预设：答案可能会较为多样，最后引至“邀请函”。

同学们说的都太棒了，所以我们现在要开始制作公益派对需要的邀请函，来送给孤儿院的小朋友，用于邀请他们参加派对，同学们知道怎么设计邀请函吗？

需要有纸和笔；

还需要在纸上画上图案；

需要写上派对开始的时间；

……

大家说的都很有道理，所以我们现在要开始制作此次派对的邀请函。老师希望同学们在制作过程中可以认真对待，在使用完画笔、纸张之后，要将其归还到原位，遵守我们的劳动秩序。

邀请函制作流程：

1. 选择硬度适中的纸张。

2. 将纸张裁剪成合适的大小，适用于制作邀请函。

3. 用水彩笔、油画棒、彩铅等在纸张上画出各式各样的图案，图案的选择要符合主题，突出邀请函和六一儿童节的切合性。

4. 在邀请函的背面写上公益派对的具体时间和地点。（见图 4-14）

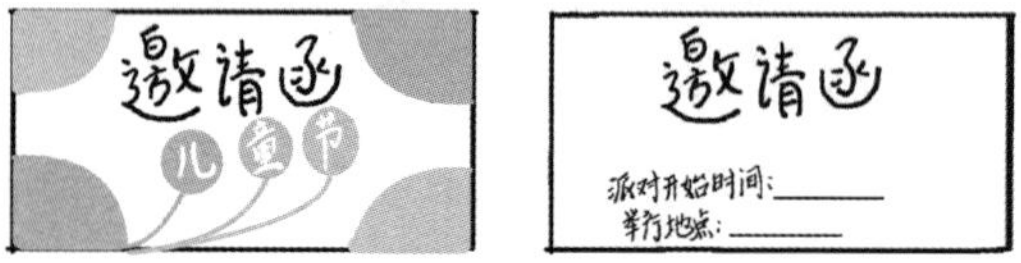

图 4-14　邀请函

在熟记邀请函制作要求之后，请各位同学自主选择邀请函样式，充分发挥自己的想象力，展现自己的聪明才智制作邀请函！

同学们设计得实在是太棒啦，每个人的邀请函都很有特色，老师相信孤儿院的小朋友们在收到你们的邀请函后肯定会非常开心！

板块二：准备公益派对所需物品

现在我们马上要举行派对了，请各个小组的小组长带领组员准备好派对需要用的物品。

按照已经分好的小组，由小组长带领完成任务。

板块三：公益派对正式展开

活动一：规范劳动操作，保障学生安全

同学们，公益派对马上开始，在正式开始之前，老师想请大家牢记以下几点：

1. 遵守劳动纪律，服从安排听指挥。

2. 尊重劳动过程，保护劳动成果。

3. 切忌蛮干，量力而行。

活动二：准备公益派对所需物品

各个同学按照分组准备好相关的物品，并将其摆放整齐，按照规定位置摆放。

活动三：主持公益派对展开

现在，同学们按照之前的分组，各就各位，派对正式开始。请派对主持人、文艺会演参演人员以及纪律维护员(都由学生担任)做好各自的工作，其余的同学请遵守纪律。

在公益派对的最后，同学们有一些小礼物想送给小朋友。(开始赠送礼物)至此派对圆满结束。

板块四：总结与评价

活动一：学生自主发言

同学们，通过这两节课，我们顺利举办了此次公益派对，给孤儿院的小朋友们带来了温暖与陪伴，老师想问一下同学们，通过这次劳动，大家有什么收获吗？同学们可以畅所欲言。

帮助别人可以给自己带来快乐；

增长了自己的见识；

锻炼了自己，提升了能力，学到了很多书本上学不到的知识；

……

活动二：教师总结与升华

同学们，通过刚刚的发言，老师知道了你们收获了这么多东西，真的太棒了！通过这次公益派对的设计与开展，同学们知道了：我们应该热爱劳动，尊重劳动成果。劳动是快乐的、幸福的，这不仅仅体现在劳动可以使自己感到幸福和快乐，同时也可以为他人带来幸福与快乐。此外，大家在设计开展公益派对的过程中，通过互相配合，团结协作，最终顺利完成劳动任务，这充分展现了大家的团队协作精神。最重要的是，在劳动过程中我们形成了不畏艰辛、乐于助人、甘于奉献的精神。最后，老师希望大家在今后的生活、学习中，可以主动地关心、帮助他人，多多参与公益劳动，真正做到服务社会、热心公益。

板块五：家校共育，筑牢公益劳动之基

同学们，我们今天的劳动教育课程到此结束，在课堂正式结束之前，老师想给大家布置一项家庭作业，请各位同学回家之后给家长讲述自己在此次劳动教育课程中的收获，请家长共同参与评价此次的劳动教育课程，并及时反馈给学校。

【劳动评价】(见表 4-7)

表 4-7 课时等级综合评价表

评价内容	评价等级			自评	组评
	A	B	C		
劳动观念	积极主动参与公益派对设计及实践，扶助处境不利群体，热心公益	较为积极主动地参与公益派对设计及实践，扶助处境不利群体，热心公益	主动参与公益派对设计及实践，扶助处境不利群体，热心公益		
劳动能力	熟练运用已有劳动技能，具备操作能力和团队合作能力	较为熟练地运用已有劳动技能，具备操作能力和团队合作能力	可以运用已有劳动技能，具备操作能力和团队合作能力		
劳动精神	形成责任意识，在劳动过程中形成不畏艰辛、乐于助人、甘于奉献的精神	形成责任意识，在劳动过程中初步形成不畏艰辛、乐于助人、甘于奉献的精神	在劳动过程中未形成不畏艰辛、乐于助人、甘于奉献的精神		
劳动习惯和品质	养成不畏艰辛、坚持不懈、安全劳动、规范操作、自觉自愿、有始有终的劳动习惯和品质	初步养成不畏艰辛、坚持不懈、安全劳动、规范操作、自觉自愿、有始有终的劳动习惯和品质	养成坚持不懈、安全劳动、规范操作、自觉自愿的劳动习惯和品质		

项目三　公益劳动与志愿服务——《服务社区，你我同行》(7～9 年级)

【单元简介】

本单元的劳动将志愿服务扩展到校外，以社区为劳动阵地，为学生提供了具有一定挑战性的社区志愿服务项目。本单元围绕社区服务，根据社区居民的实际需要，引导学生在社区中劳动，增加学生的公益、志愿服务经验，提高学生的公共服务意识和社会责任感，体认服务他人带来的自豪感和幸福感。本单元分为两个活动阶段，两个活动紧密衔接、层层递进。

第一阶段：社区走访调查；第二阶段：社区志愿服务。

【单元教学背景】

1. 教学内容分析：本次公益劳动课程旨在让学生经历积极主动帮助处境不利群体的过程，学会积极主动帮助他人的方法，形成主动服务、关心社会、扶助弱势、热心公益的意识，从而引导学生树立正确的劳动观，提升实践能力和社会责任感。

2. 学情分析：7～9 年级的学生，已经形成了良好的劳动服务他人的意识，也掌握了多方面的劳动技能。在劳动过程中，大多数学生可以比较自主地制订合理的劳动计划，并加以组织和实施。但是，学生的公益劳动和志愿服务，主要还是以学校为中心，以同学、老师为主要服务对象，随着学段的提升，学生有接触社会的需求和必要，也有服务群众、社区的愿望。因此，本单元通过志愿活动的开展，鼓励学生运用知识技能，感受公益劳动和志愿服务的意义和价值。

【单元教学目标】

1. 经历社区服务的亲身参与，懂得尊重和平等对待各行各业的劳动者，认识到劳动的艰辛和对社会的重要性，进一步增强服务意识和社会责任感。

2. 结合社区实际情况，能够遵守劳动安全规范、合理制订劳动计划，运用自身的知识技能，高效、高质量地完成社区服务性劳动。

3. 在社区的志愿活动中，培养学生参与志愿服务的积极性，形成自觉自愿、认真负责、敢于担当的态度、品质和习惯。

4. 体验基层岗位的劳动，形成“美好社会靠大家”的意识，培育不怕困难、甘于奉献、爱岗敬业的精神。

【单元教学重难点】

1. 良好的社区服务效果。

2. 与社区居民良好的沟通和协作。

【单元课时安排及教学内容简介】

第一课时：社区走访调查

在本课时中，学生通过课件的学习、教师的讲解、社区实地的走访观察，了解社区居民现实需求，感受基层工作人员对社会生产生活秩序的维护；通过基层工作人员楷模的介绍、故事的叙述，震撼学生心灵，引起学生们的情感共鸣。

第二课时：社区志愿服务

在本课时中，在学生对社区生活亲身所见所感的基础上，进一步引导学生在教师、专业人员组织和指导下，切实参与到社区服务工作，如防诈骗宣传、安全知识演讲，散发口罩、消毒液等物品，维护社区出行秩序等，让学生在实践中感受公益劳动和志愿服务。

【单元教学活动准备】

1. 劳动场域：学校附近社区。

2. 劳动工具与材料：红马甲、小喇叭、笔记本、小旗子等。

3. 劳动组织形式：建议分为2～3人一组，明确各组的责任范围及任务。

4. 劳动安全保障：(1)在走访调查的过程中，注意自身的安全；(2)在服务居民的过程中，考虑自己的能力范围。

【单元教学过程设计】(见图 4-15)

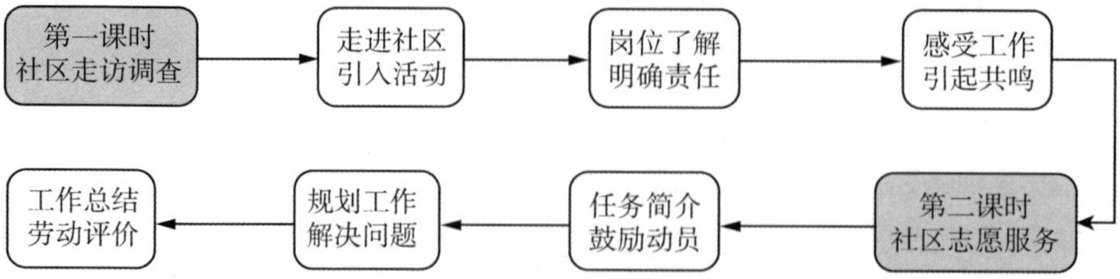

图 4-15　单元教学过程设计

【单元教学效果评价】

1. 评价内容：主要从劳动规范、劳动成果、劳动观念、劳动能力、劳动习惯和品质以及劳动精神六个方面进行评价。在劳动规范中，评价学生的志愿工作是否符合社区工作要求，服务流程是否规范；在劳动成果中，评价学生在工作中的沟通、应变、合作能力如何，志愿服务是否使社区居民满意；在劳动观念中，评价学生在劳动中是否积极、愉快，表现是否主动、负责；在劳动能力中，评价学生是否可以准确、及时地发现社区工作中存在的问题和需要，学生负责区域的志愿工作落实是否完整有序；在劳动习惯和品质中，评价学生是否认真负责、自觉自愿地按照工作规范和要求高质量完成志愿服务；在劳动精神中，评价学生在服务过程中是否怕困难、能否解决困难，对社区工作是否怀有高度责任感。

2. 评价主体：主要采用学生自评和教师评价两种评价方式。在志愿活动结束后，要求学生对自己的劳动过程、成果进行自评，说出、写下自己的所感所想。在此基础上，教师针对性地指出学生的不足，表扬学生的优点。

3. 评价工具：主要采用"劳动评价表"的形式，并将学生的劳动分为优秀、良好、合格三个等级，以等级的形式可以直观体现学生的劳动能力、劳动品质等，有利于教师整体评价学生的劳动成果。

4. 评价方法：采用过程性评价和结果性评价相结合的方式。过程性评价有利于教师在学生的劳动过程中针对个别问题进行及时更正和指导。结果性评价则置于活动结束之后，对学生整个劳动课程的表现进行全面多元的综合评价。

第一课时：社区走访调查(略)

第二课时：社区志愿服务

【教学目标】

1. 经历社区的服务工作，认识到社区、社会中存在多种服务他人的机会，理解劳动促进社会和谐发展的意义，树立劳动最崇高、劳动最伟大的观念。

2. 用劳动为社区居民做出贡献，提高学生的团队合作、组织规划、随机应变的能力。

3. 提高学生参与志愿服务劳动积极性，加深学生的公共服务意识、社会责任感，培养学生认真负责和吃苦耐劳的品质。

4. 体验奉献他人、社会带来的幸福感、自豪感，弘扬热爱奉献的劳动精神。

【教学重难点】

1. 志愿服务的合理、细致。

2. 遇到多种情况的随机应变。

【教学准备】

材料与工具：红马甲、小喇叭、小旗子等。

【教学过程】

板块一：任务简介，鼓励动员

1. 教师交代，明确任务

对志愿活动的任务、流程、规范和注意事项等进行交代提示：

同学们，本次志愿活动的注意事项请大家牢记于心，社区工作并不是一项简单的任务，不同岗位所承担的责任也不尽相同，在这个过程中，同学们一定要保护好自己。接下来请同学们选择你们的工具(结合分工安排)，并用这些工具去完成此次的志愿服务工作。

2. 工具分配，细化要求

教师根据学生所选的工具，进一步讲明学生所负责的工作内容和注意事项，如选择小喇叭的同学可以在社区公共场所为居民进行知识宣讲，选择小旗子的同学可以负责社区交通的秩序维护等。

过渡语：同学们，请大家再次回想一遍自己的工作职责，接下来，老师希望同学们通过自己的志愿工作，可以真的有所收获，现在请同学们按要求投身到志愿活动中吧！

板块二：规划工作，解决问题

1. 社区走动，调查需求

在教师、社区工作人员的带领下，学生走进社区进行调查和访问。(见图 4-16)教师引导学生积极与居民进行联络和沟通，清楚表达自己的服务目标，用恰当的方式捕捉社区居民的多方面需求。在此过程中，教师应注意让学生做好记录，不要遗漏细节。

图 4-16　社区调查

2. 分析问题，组织工作

学生根据调查居民所发现的问题和需要，以小组为单位进行交流，着重将问题进行分类，并商议如何解决问题，明确自身责任。例如：不同小组可以分别为居民提供物资配送、健康咨询、上门援助、协助社区工作人员进行人员登记、电话调查等服务。在此过程中，应该保证每个学生有所参与。（见图 4-17）

图 4-17　维持社区秩序

板块三：工作总结，劳动评价

1. 小组交流，梳理工作

小组围绕本次社区的服务工作进行讨论，交流工作的重难点，说出自己的服务过程和成果，表达自己的感受和感悟，每组派出一名小代表来总结本组的服务工作，发表感言。

2. 教师总结，共同评价

教师对同学们的社区服务劳动进行肯定和赞扬，并且总结各小组、同学们的劳动成果，指出此次劳动可以改进之处，表扬突出同学、突出事迹，将服务性劳动的情境进行升华和拓展，引导学生进行劳动评价。

总结：同学们，大家辛苦的劳动、热情的服务让我们社区的环境更加和谐，让居民们的生活更加便捷，这就是服务性劳动的意义所在。在我们的日常生活中，只要用心发现，我们就能找到服务他人、社会的机会。以后，老师希望同学们发扬这样的服务精神，成为一个乐于助人、甘于奉献的人！

【劳动评价】（见表 4-8）

表 4-8　劳动评价表

评价内容	评价等级（优秀、良好、合格）	
	自　评	师　评
调查认真积极		
劳动合理有序		
工作随机应变		

续表

评价内容	评价等级(优秀、良好、合格)	
	自　评	师　评
服务尽心尽责		
我的感悟		

项目四　公益劳动与志愿服务——《图书馆公益劳动》(10～12 年级)

【单元简介】

本单元的公益劳动旨在让学生体验现代化图书馆的工作内容与服务特点，进而激发学生的服务意识，从而发现公益劳动的价值，感受为他人服务劳动的快乐，在今后的生活中，能够积极主动为他人提供力所能及的服务，发扬奉献精神，形成尊老爱幼、关心处境不利群体、热心公益的劳动品质，拥有主动服务他人、服务社会的情怀。学生亲历图书馆各岗位的职业见习，体验图书馆工作人员的劳动付出，发现职业劳动者背后的艰辛，具有责任担当意识，初步形成“干一行，爱一行，干一行，专一行”的职业理念。经历图书馆公益劳动，能够尊重各行各业的职业劳动者，熟悉公益劳动与志愿服务的组织实施流程，增强服务意识和社会责任感。本单元大致分成两个阶段：第一阶段为课堂学习阶段，认识公益劳动和志愿服务，了解图书馆公益劳动的具体安排，知道图书馆各岗位的劳动服务内容；第二阶段为实践阶段，学生到图书馆的各个岗位见习，最后接受同伴及图书馆工作人员的评价。活动安排大致可分为 5 个课时，具体内容见表 4-9：

表 4-9　图书馆公益劳动五课时安排表

课时顺序	课程名称	课程类型	课程内容	地点
第一课时	初识图书馆公益劳动	讲授课	了解公益劳动与志愿服务，明确图书馆劳动岗位任务	班级教室
第二课时	图书馆工作岗位及岗位职责	实践课	参观图书馆各工作岗位，学习各岗位职责	图书馆
第三课时	图书馆工作岗位见习	实践课	参与岗位工作，在各岗位轮换见习	图书馆
第四课时	图书馆工作岗位见习	实践课	参与岗位工作，在各岗位轮换见习	图书馆

续表

课时顺序	课程名称	课程类型	课程内容	地点
第五课时	图书馆工作岗位见习及岗位见习总结	实践课	参与岗位工作，做见习岗位工作总结评价	图书馆

【单元教学背景】

1. 教学内容分析：公益劳动是教育部印发的《大中小学劳动教育指导纲要(试行)》中重要的服务性劳动内容。本课程重在让学生感受现代化的图书馆需要现代化的服务与管理，进而激发学生的现代服务意识，主动为图书馆提供公益劳动，服务于广大读者；体验图书馆管理人员的职业特点，感受安静的图书馆环境，提升社会责任感。图书馆拥有足够的劳动服务空间，通过本课程的学习，可以使学生亲历现代化图书馆的运营与管理，充分了解图书馆工作人员的职业特点，熟悉图书馆工作环境，掌握图书馆保洁与整理归纳的劳动技能。

2. 学生情况分析：优势体现，10～12 年级的学生，多年多次参与集体外出实践活动，组织纪律、集体主义观念较强；并且拥有丰富的实践经验，此外，经历多年的劳动学习，形成了良好的劳动意识，同时掌握了多种劳动技能，如：对于电子自助设备的信息注册具有较强操作能力；对生活中的整理与收纳、保洁维护等均具有相应的操作经验。不足之处，10～12 年级的学生，正处在青春期，看似形体已经成熟，但心智不够成熟，加之学校与家庭的简单学生生活，与社会上的陌生人接触较少，沟通能力欠缺；大部分学生目前没有初次开展以现代化图书馆职业体验为主的服务性劳动，没有关注过图书馆工作人员的岗位服务。

3. 教学重难点的确定：学生在生活中有过保洁、整理与收纳、信息注册等生活劳动经验，但从工作中的劳动岗位职责来看，这些劳动经验并非能将劳动岗位做到极致，在图书馆的工作见习中，处处都是服务性岗位工作，有其独特的岗位服务要求，有些要求是学生想不到的，也不理解的，因此确定本课程的教学重点是——见习精益求精的工作岗位。学生正处在青春期，看似形体已经成熟，但心智不够成熟，加之学校与家庭的简单学生生活与陌生人接触较少，但图书馆的岗位见习要求学生必须面对很多陌生人，一是图书馆的工作人员，二是图书馆内的广大读者。最难的是工作人员要及时制止与图书馆不和谐的事件，如嬉戏、喧哗、吃零食等，同时要考虑怎样才能让陌生人接受给其提的意见。因此确定本课程的教学难点是——图书馆内与陌生人的沟通技巧。

【单元教学目标】

1. 知道公益劳动和志愿服务的含义，了解其对于当代社会发展的作用，具有主动参与公益劳动和志愿服务的意愿。

2. 明确图书馆公益劳动的组织流程安排及各工作岗位要求，能顺利进行各岗位见习，学会在图书馆中与陌生人的沟通技巧，提升与人沟通的交往能力。

3. 经历图书馆书籍、期刊的整理与收纳过程，学会图书馆书籍、期刊的整理与收纳方法，发展归纳与整理的分类管理能力。

4. 经历图书馆的保洁与环境消毒过程，熟练掌握图书馆等类似公共场所的保洁与消毒方法，发展为公共场所保洁与消毒的服务能力。

5. 经历图书馆的个人用户的注册过程，学会图书馆自助机的个人用户的注册方法，发展学生现代信息操作能力，提升帮助他人的沟通技巧。

6. 经历图书馆的公益劳动过程，体会图书馆工作人员的职业特点，体验岗位工作精益求精的职业要求，感受图书馆安静的阅读环境，提升遵守社会公德行为能力，享受带给他人服务的快乐，增强社会责任意识，树立以辛勤劳动为荣，服务光荣的劳动观念，懂得劳动可以造就舒适的公共环境，带来幸福感的道理。

7. 经历图书馆小组合作的公益劳动，感受合作劳动的优势，提升团队精神，形成认真负责、自觉自愿、坚持不懈的劳动习惯和品质。

【单元教学重难点】

1. 见习精益求精的工作岗位。

2. 图书馆内与陌生人的沟通技巧。

【单元课时安排及教学内容简介】

见表 4-9。

【单元教学活动准备】

1. 劳动场域：教室；图书馆。

2. 劳动工具与材料：纸、笔、抹布、橡胶手套、喷壶、口罩、消毒剂、墩布、笤帚、簸箕等。

学生准备：穿校服带学生卡、口罩、水壶等。

教师准备：教学课件、志愿者马甲、见习期满印章、岗位见习安排及岗位轮换时间表、效果评价表等。

3. 教学方式：(1)小组合作的教学方式；(2)见习的教学方式。

4. 劳动组织形式：

首先教师主动联系图书馆工作人员，充分了解图书馆的整体的运营与管理，找到适合学生参与的公益劳动和志愿服务内容，经与图书馆的管理人员协商，共同确立了 6 个工作岗位供学生参与实践：(1)入口安检工作岗；(2)图书、刊物整理收纳岗；(3)公共区域保洁岗；(4)咨询与电子自助设备注册岗；(5)制止不和谐事件巡检岗；(6)书库与公共区域消毒岗。

根据图书馆 6 个工作岗位，教师安排了一节讲授课，让学生知道公益劳动和志愿服务的意义，接下来按图书馆各个岗位特点引导学生分组讨论各个岗位应该怎样做好服务，初步定下岗位职责。其次教师介绍如何成为一名真正的图书馆志愿者，参与该图书馆的志愿服务。最后，教师做图书馆岗位见习的统一部署，将全班分成6个见习小组，强调小组人员分工，强调时间观念，强调外出实践纪律，下发各岗位的见习安排以及各岗位轮换的时间表。

图书馆岗位见习时，首先教师安排所有学生参观图书馆，了解馆内布局环境，走到各个岗位时，由馆方工作人员讲解岗位职责并示范岗位工作过程。参观后学生按小组赴各岗位见习，按轮换时间表进行岗位轮换。闭馆铃声响后，学生在工作人员的带领下，分组在各个区域进行消毒工作。完成消毒工作后，所有学生在自习室集合，听馆方工作人员点评，学生完成评价表及劳动感悟。回家后网上完成“学生综合素质评价中，相应的劳动教育内容”。

5. 劳动安全保障及要求：(1)劳动时要有时间观念，按小组见习，遵守图书馆的规章制度；(2)劳动时注意安全，遇突发事件或紧急情况，同组人员及时报告管理员或教师；(3)积极主动参与岗位见习；(4)礼貌待人，尊重广大读者，尊重图书馆工作人员。

【单元教学过程设计】(见图4-18)

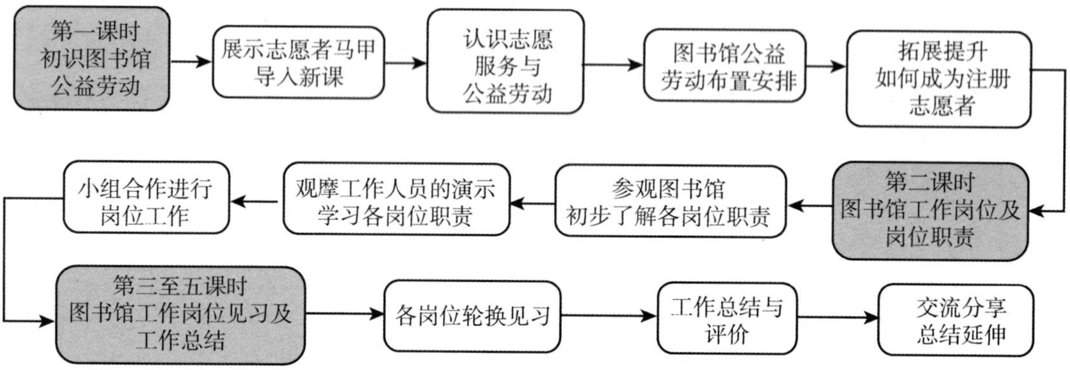

图4-18 单元教学过程设计

【单元教学效果评价】

1. 评价方式：多元评价

(1)图书馆工作人员点评学生的公益劳动及相关服务，给予学生鼓励性评价。

(2)自评、组评、师评完成课程等级评价，学生完成评价表格。

(3)自述实践收获提升劳动认识：根据图书馆公益劳动的实践收获，学生以“我学会了×××”或“我知道了×××”为题写一篇劳动实践收获(限300字以上500字以下)。

2. 评价量规：三方面评价分别赋分，满分100分

(1)图书馆工作人员评价占比20%；赋分17～20分(图书馆工作人员点评中凡涉及嬉戏、喧哗或投诉现象的每条扣1分；赋分，最低分17分，受表扬的学生和不涉及嬉戏、喧哗、投诉的学生，赋最高分20分)。

(2)评价表格占比60%；A等赋分51～60分(自评、组评、师评，不能有“否”)；B等赋分45～50分；C等赋分36～44分。

(3)自述实践收获占比20%；赋分0～20分，不上交的赋0分，上交的赋分5～20分，50字以下赋5～10分，50～300字赋11～17分，300字以上，表达劳动真情实感，语句通顺，均可赋满分，其余情况参照上述酌情赋分。

3. 评价方法：在评价方法上，主要采用过程性评价和终结性评价。过程性评价有助于教师在学生的见习劳动过程中，聚焦服务劳动的关键问题，给予学生及时的帮助和评价；终结性评价是在劳动结束之后，对服务性劳动成果进行的评价与反思，对学生整个劳动过程的表现进行赋分，形成全方面、多角度的综合评价。

第一课时：初识图书馆公益劳动

【教学目标】

1. 知道公益劳动和志愿服务的含义，了解其对于当代社会发展的作用，具有主动参与公益劳动和志愿服务的意愿。

2. 知道图书馆公益劳动的组织流程安排，明确工作岗位任务，并积极做好准备工作，学会在图书馆中与陌生人的沟通技巧，提升与人沟通的能力。

3. 经历图书馆各工作岗位职责的讨论过程，关注工作岗位的服务内容，明确见习时的责任担当，加强学生的劳动观念和责任感，能够发挥团队合作精神，挖掘岗位服务工作内容。

【教学重难点】

1. 图书馆公益劳动的组织流程安排及各工作岗位的基本要求。

2. 图书馆内与陌生人的沟通技巧(包括制止不文明行为)。

【教学准备】

1. 教学课件、见习期满印章、图书馆平面图，岗位见习安排及岗位轮换时间表、见习效果评价表等。

2. 把班级学生分成6组，每组选出一名组长，确定小组分工。

【教学过程】

板块一：展示志愿者马甲，导入新课

教师身穿志愿者马甲，让学生观察自己的穿着，然后提出问题。

教师：穿着这样衣服的是什么人？你接受过他们的服务吗？这件衣服是随便穿的吗？穿上它意味着什么？(学生讨论，回答问题)

板块二：认识志愿服务与公益劳动

1. 志愿服务

志愿服务：是指志愿者、志愿服务组织和其他组织自愿、无偿向社会或者他人提供的公益服务。(《志愿服务条例》经2017年6月7日国务院第175次常务会议通过，由国务院于2017年8月22日发布，自2017年12月1日起施行)

第二十九条　学校、家庭和社会应当培养青少年的志愿服务意识和能力。高等学校、中等职业学校可以将学生参与志愿服务活动纳入实践学分管理。

2. 公益劳动

公益劳动：是指服务于公益事业、不取报酬的劳动。定位在服务于社会的有益的无偿的劳动。

公益劳动是学校开展劳动教育和学生社会实践的重要内容。目的在于培养学生为人民服务、为公众谋利益的良好思想品德；推动学生接触社会，深入生活，参加各种社会实践，形成良好社会风尚。①

3. 志愿服务与公益劳动的共同特点

教师：志愿服务与公益劳动，它们有共同的特点吗？是什么？(学生思考回答)

教师：无偿，不取报酬。这样的劳动不仅仅是个人奉献爱心，还是社会主义核心价值观的集中体现。现在，让我们齐诵社会主义核心价值——富强、民主、文明、和谐，自由、平等、公正、法治，爱国、敬业、诚信、友善。

板块三：图书馆公益劳动布置安排

1. 公布图书馆公益劳动时间

为了让所有的同学，都能够亲身参与公益劳动，学校与图书馆进行了沟通协商，我们于某某年某月某日下午去某某图书馆进行公益劳动。为了展现高中生在新时代的风采，为了展现我们学校的校风校纪，希望同学们认真对待此次的图书馆公益劳动。

2. 岗位服务，分组探究

经与图书馆的管理人员协商，共同确立了6个工作岗位供同学们参加劳动。这些岗位都对应着怎样的岗位职责呢？

探究活动：全班分成六组，每组对应一个岗位，针对岗位探究岗位职责，并陈述开展好岗位工作的具体方案。

3. 小组汇报，全班交流：各岗位职责与工作方案

4. 岗位服务师生共同总结

(1)图书馆岗位服务技巧：A. 礼貌用语，给人以尊重；B. 热情面带微笑给人以真诚；C. 轻声细语，符合图书馆环境要求。

(2)图书馆与陌生人沟通：A. 着校服，亮身份，主动出示学生卡，礼貌用语说来意；B. 面带微笑提意见；C. 真诚感谢您配合。

---

① 顾明远：《教育大辞典》，125页，上海，上海教育出版社，1998年。

5. 熟悉图书馆各功能区域分布

依照图书馆楼层平面图，介绍各功能区位置及相应的服务，便于班级内各岗位小组找到服务岗位地点。

6. 下发岗位见习安排时间轮换表和见习效果评价表

明确各小组在各岗位的见习时间，适时知轮换，轮换知去向，强调个人时间观念，强调小组集体见习，做好人员分工。

顺口溜总结强调注意事项：对区域找岗位，安检在门口；小组合作同一岗，人不齐不上岗；各岗体验一刻钟，时间够了有印章；闭馆铃声齐消毒，之后齐聚自习室(图书馆的自习室)；明天午后一点半，穿好校服带好卡，记得口罩要备俩。

模块四：拓展提升，如何成为注册志愿者

如何成为注册志愿者，参与图书馆的志愿服务？图书馆不仅为学生，而且为社会热心公益人士提供志愿者服务岗位，同学们，请关注图书馆的网站或志愿服务的注册网站，看看你是否符合相关要求，符合要求，那就实名注册吧！

【劳动评价】

表 4-10　图书馆公益劳动评价表

项目	评价内容	自评	组评	师评
劳动成果	六个“见习期满印章”是否齐全			
	收纳整理的图书、刊物是否分类存放			
	保洁过的桌椅、地面是否整洁			
	消毒液的配比是否合适			
	消杀是否全面			
	共为几人提供咨询或注册服务(小组填写总人数)			
劳动情况	能否发现需要保洁、消杀的重点区域			
	提供咨询或注册服务时是否使用礼貌用语			
	劳动过程中是否有嬉戏或大声喧哗行为			
	见习时是否勇于制止图书馆不文明行为(嬉戏、喧哗等)			
	劳动过程中是否与本组同学合作完成劳动任务			
	提供的服务是否遭到读者的投诉			
劳动感受与自述实践收获(感受写一句话，收获写背面)				
评价等级分为：A、B、C 三个等次		本课程的学习评价等级为(　　　)		

第二课时：图书馆工作岗位及岗位职责(略)

第三至第五课时：图书馆工作岗位见习及工作总结(略)

本章小结

服务性劳动领域的具体内容涉及3年级以上各学段，包含现代服务业劳动、公益劳动与志愿服务两个任务群。其中，现代服务业劳动是蕴含现代科学知识和技术的一种新兴服务业，具有技术性、知识性和前沿性等特点。将现代服务业的职业内核与学生经验相结合，有助于提高学生对服务业的全新认知，激发个人服务与社会共同体的融合。公益劳动与志愿服务可理解为个人或组织义务向社会提供的劳动和服务，具有自愿性、公益性、无偿性等特点。公益劳动与志愿服务包含校园服务、社区维护、职业体验等多种主题，以形成社会责任感、增强公共服务意识乃至关怀人类社会等教育价值。在选择和设计项目时需考虑学段特点、项目内容特点、学生已有知识经验、劳动安全性、学校区位条件等要素。以此为基础进行通盘思考，本章重点呈现了服务性劳动各学段的劳动课程设计样例，希望能起到一定的启发和借鉴作用。

章后练习

1. 服务性劳动领域主要包括哪些任务群？
2. 如何理解服务性劳动领域的各个任务群？
3. 如何选择和设计服务性劳动领域的劳动项目？
4. 请在服务性劳动领域任选一个任务群，并尝试撰写一份劳动教学设计。

拓展阅读

1. 檀传宝. 劳动创造美好生活[M]. 北京：中国劳动社会保障出版社，2019.

2. 曾天山，顾建军. 劳动教育论[M]. 北京：教育科学出版社，2020.

3.[法]爱弥儿·涂尔干. 道德教育[M]. 陈光金，沈杰，朱谐汉，译. 上海：上海人民出版社，2006.

4. 陈鹏，李蕾. 职业启蒙教育的内涵探源与维度界分[J]. 中国职业技术教育. 2018(27).

5. 潘昕，彭柏林. 志愿服务的伦理学界定[J]. 湘潭大学学报(哲学社会科学版)，2022(03).

在线学习资源

1. http://www.gov.cn/xinwen/2016-07/13/content_5090720.htm
2. https://news.gmw.cn/2021-01/27/content_34574793.htm

第五章

中小学劳动课程综合设计

本章结构图

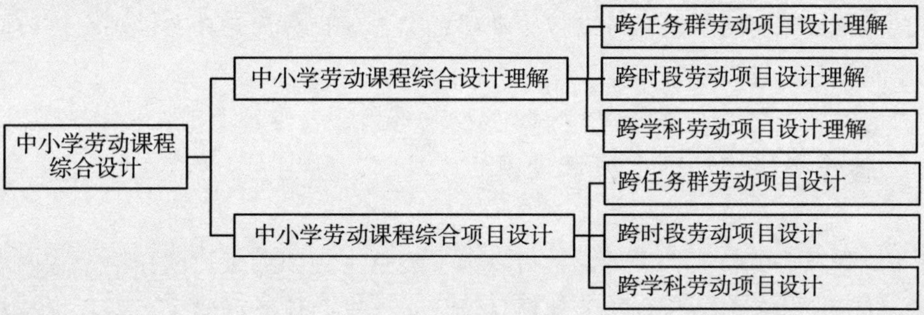

章前导语

《义务教育劳动课程标准(2022 年版)》强调，需要在设计劳动课程、凝练劳动素养、建构目标体系、形成以劳动任务群为基本单元的内容结构等方面形成突破。但是，长期以来，劳动课程综合项目并未形成系统的设计框架，也面临着实践中不知如何设计的问题。中小学劳动课程综合设计该怎么理解？中小学劳动课程综合项目又该如何构建？厘清这些问题，对于更好地设计和实施劳动课程综合项目，提升学生的劳动综合素养，推进学校系统开展劳动教育具有重要作用。

关键术语

中小学　劳动课程　综合项目

第一节
中小学劳动课程综合设计理解

中小学劳动课程综合设计是指以劳动课程的整体需求为出发点，在综合思维引导下，以项目为导向，对劳动课程进行整合式的设计过程。这种设计理念对于推进劳动课程标准落实、中小学劳动课程系统化和教师专业发展具有重要意义。根据项目设计所依托的载体或整合的线索，可以将劳动课程综合项目分为跨任务群项目、跨时段项目和跨学科项目三种类型。

一、跨任务群劳动项目设计理解

所谓跨任务群劳动项目设计，是指以某一项目主题为线索，依托两个或两个以上任务群，进行跨任务群的整合式劳动项目设计。这里的任务群建议以课程标准规定的十大任务群为依据，跨越的任务群越多，说明劳动项目的整合性越强。

(一)跨任务群项目设计的价值

当前劳动课程设计主要以任务驱动为主，由于缺乏整体性设计思维，呈现出的劳动课程设计往往比较单一，出现了诸多对劳动课程活动进行分割设计的现象，导致劳动课程的内容碎片化，劳动课程实施的效果被弱化。跨任务群项目设计则可以有效弥补当前劳动课程设计中存在的不足，它体现的是设计者以一种整体性思维来考虑劳动课程设计中的目标、主体、内容、方法和评价等内容，具有重要的学理价值和实践价值。

1. 跨任务群项目设计可以有效落实基础教育的“减负”需要

从劳动课程改革的角度看，跨任务群设计主要通过两种方式落实“减负”。一是“物理减负”，即通过对不同任务之间的交叉与重合的课程内容进行归纳，对课程内容进行“瘦身”，使课程内容设计由繁杂走向精简，从而为学生减负。劳动课程以任务群的形式对课程内容进行整合，其目的就是要删繁就简。二是“心理减负”。学业负担是学生受外在学业影响而形成的一种心理反应。将任务群作为劳动课程内容的设计和呈现形式，目的就是要使课程内容的单一、僵硬和静态转变为多样、动态和鲜活，通过丰富多彩的内容让学生在参与中实现“减负提质”的功效。

2. 跨任务群项目设计以“完整任务”强化劳动任务的系统关联

以往劳动课程设计存在两种现象，一种是按照劳动知识主线进行课程设计，即按照劳动学科知识的逻辑进行课程设计，其主要目的在于让学生获得相关的劳动知识。另一种是以任务排序为主线进行课程设计，即主要以设计活动方案的形式完成一个又一个任务，其主要目的在于按照顺序完成既定任务。前一种方式无法顾及学生在活动任务中的兴趣、体验，后一种方式无法让学生在系列任务中获得相关劳动任务的系统知识，两者之间顾此失彼。[①] 而跨任务群设计则可以融两者之所长，补两者之所短。在课程设计中既可以将同一任务群的相关任务知识进行整合，使学生获得与该任务群相关的系统化知识；还可以在同一时间阶段内，通过多个任务群的设计，让学生获得多样化经验和多种劳动技能。比如，在“农产品丰收”项目设计中，不仅要关注到如何认识土豆、玉米等农产品，而且要关注到加工、销售农产品的技能，以及推介产品、招待客人的方法和礼仪等，这就涉及农业生产、工业生产、现代服务业劳动等不同任务群的组合。将知识与任务进行整合的这种设计思维最明显的特征在于强化劳动过程的系统性，即劳动链条的系统性。生活劳动可以辐射到生产劳动中，也可以辐射到服务性劳动里，是一个完整的产业链条，从生产、加工到销售、服务。

(二)跨任务群项目设计的基本环节

根据跨任务群项目设计的自身特点和劳动课程的特有属性，将设计的流程阐述如下。

1. 项目主题确定

跨学科任务群项目主题确定首先需要考虑的是项目主题的综合性，即任务群的可跨性，是否能够辐射到两个或两个以上任务群。一方面是劳动模块之间任务群的可跨性，如日常生活劳动为主导的项目是否能够跨到生产劳动和服务性劳动项目领域，生产劳动为主导的项目是否能够跨到日常生活劳动和服务性劳动项目领域，服务性劳动为主导的劳动项目是否可以跨到日常生活劳动和生产性劳动项目领域；另一方面是劳动模块内部各任务群之间的可跨性，如日常生活劳动为主导的项目，是否可以跨越清洁与卫生、整理与收纳、烹饪与营养等不同的具体任务群。一般而言，可以基于劳动任务本身的完整性进行延伸，比如，在设计“农产品丰收”项目主题时，需要考虑农产品从生产与加工到销售和服务的完整链条。

2. 项目目标设计

首先，在内容上明确素养要求，划分素养水平。明确素养要求必须依据劳动课程标准，这就需要教师根据自己所教学段研读所属学段的素养培养要求。[②] 明确素养水平

---

① 钟启泉：《课程的逻辑》，116页，上海，华东师范大学出版社，2008。

② 顾建军：《建构一体化劳动课程为义务教育劳动育人奠基——〈义务教育劳动课程标准(2022年版)〉解读》，载《全球教育展望》，2022(07)。

层级则是跨任务群设计中的关键环节，因为它直接影响着劳动任务最后的效果。在此，可以从宏观上考虑五个学段的素养水平的差异，从中观层面考虑自己所在学段或年级或学期的培养层级，然后再具体到一个主题项目中确定所属年级学生的素养发展层级。比如，在第二学段的“环保小能手”项目中，让学生在参加校园卫生保洁、垃圾分类处理、绿化美化等劳动的同时，适当参加社区环保、公共卫生维护等力所能及的公益劳动，初步体验简单的现代服务业劳动，初步形成公共服务意识。

其次，在形式上注重目标表述用语的规范，尤其重视行为动词的运用。比如，可以将“我是秋收小能手”的课程目标确定为：认识劳动创造财富、创造美好生活的道理；掌握基本的采摘、保存农作物的技能；养成珍惜劳动成果、协作劳动的习惯；形成吃苦耐劳、敬业奉献的劳动精神。

3. 项目内容设计

以项目目标为参照，深入分析课程内容，剖析课程内容的特性。劳动课程的跨任务群综合设计在课程内容设计方面，首先不仅要考虑到显性的书本上的劳动知识和学生在实践中需要掌握的劳动技能，而且需要在设计的相关情境中让学生注意到这些知识、技能背后所蕴含的人的身上那些隐性的品质和精神。其次，在整体把握课程内容特性基础上，明确不同活动阶段的任务单，即将项目内容分解为不同阶段需要完成的任务，具体包括劳动准备任务单、劳动任务记录单和劳动任务评价单，每个阶段的任务单一般包括劳动材料、劳动工具、劳动过程和相关说明等要素，具体需要结合课程标准、劳动教材、学生的兴趣、教师的水平等因素综合设计，保证任务单的科学性、发展性和可操作性。

4. 项目过程设计

跨任务群项目活动的过程设计首先需要将所有的任务视为一个完整的活动过程。比如“果肉里的丰收”作为一个完整的综合式劳动项目，包括日常生活劳动（果肉拼盘、果肉榨汁）、农业生产劳动（果实采摘）、工业生产劳动（果肉解剖）、现代服务业（果肉销售）等任务群，这应该是一个完整的活动设计，尽量避免只设计其中的某个或某几个活动，以此增强学生在劳动活动中学习的综合性。此外还需要考虑到不同任务之间的衔接性，尤其是不同过程中任务单之间的衔接性。比如，围绕“果肉里的丰收”，在项目活动设计中要全面考虑到从果实采摘到果肉解剖，再到果肉拼盘、果肉榨汁，最后到果肉销售这五个环节或过程中前后任务单之间的联系，以此引导学生形成系统的劳动习惯、知识、技能、思维和品质。

5. 项目评价设计

项目评价主要是针对任务单的评价，且主要通过量规作为工具来进行。评价量规一般由评价指标和评价等级组成。评价指标是对学生的劳动学习情况进行评价的维度，维度的划分紧紧围绕所在学段中课程标准规定的各相关任务群核心素养的培养要求，是对任务目标的具体分解，可包括劳动工具的使用、劳动方法的掌握、团队合作、劳动感受等指标；评价等级是对每个维度的学习情况进行的等级划分，可用五星级评价的形式。具体可采用自我评价和同伴评价相结合的评价方式，量化评价与质性评价相结合的评价形式，能较为全面地对学生的劳动学习情况进行点评(见表 5-1)。

表 5-1　劳动任务单评价量规

评价主体	评价指标	评价等级
自我评价	指标 1	☆☆☆☆☆
	指标 2	☆☆☆☆☆
	指标 3	☆☆☆☆☆
	指标 4	☆☆☆☆☆
他人评价（根据任务需求，有教师评价、家长评价、同伴评价等）	指标 1	☆☆☆☆☆
	指标 2	☆☆☆☆☆
	指标 3	☆☆☆☆☆
	指标 4	☆☆☆☆☆
劳动感受		

二、跨时段劳动项目设计理解

所谓跨时段劳动项目设计，是指以某一项目主题为线索，在不同学段、不同年级进行的纵向递进式劳动项目一体化设计。项目跨越的学段、年级越多，设计的难度越大。

(一)跨时段项目设计的价值

跨时段设计以皮亚杰的儿童认知发展阶段理论、布鲁纳的螺旋式设计理论为理论基础。皮亚杰在“发生认识论原理”中阐述了儿童经验发展与学习的阶段性关系。[①] 布鲁纳主张“任何学科都能够用在智育上是正确的方式，有效地教给任何发展阶段的任何儿童”[②]。课程专家塔巴(H. Taba)更是指出课程的设计不仅要关注内容顺序(逻辑顺序)，而且应该关注心理过程的顺序(心理顺序)。[③] 这些研究或从认知心理学视角或从结构课程论视角阐述了课程设计的理论基础，为跨时段项目设计提供理论指导，并彰显出跨

① [美]皮亚杰：《皮亚杰发生认识论文选》，18 页，左仁侠、李其维主编，上海，华东师范大学出版社，1991。

② [美]布鲁纳：《教育过程》，49 页，邵瑞珍译，北京，文化教育出版社，1982。

③ Taba, H. *Curriculum Development: Theory and Practice*, New York: Harcourt, Brace & World, 1962, p. 209.

时段项目设计的特有价值。

1. 跨时段项目设计可以促进学生经验的递进生长

跨时段的项目组织方式不刻意关注学生获得经验的广度，更侧重于主题学习的少而精，让学生围绕一个活动项目在历时性体验中增强学习经验的深度。比如，在生产劳动任务群中设计一个“做丰收的农民”主题活动，会在五个学段组织了解农作物、制作简易农作物图鉴、探寻农作物种植、走进现代农业、春的耕耘和夏的收获等劳动内容，让不同学段的学生去参与、体验。随着学生年级的上升，劳动课程学习对学生的要求也在逐渐提高，同一劳动项目内容的前后关联性也随之加强。跨时段的劳动项目设计强化核心内容与关键要素的螺旋上升，不断提高活动组织的效率，对于促进学生自身经验的阶梯式递增具有重要意义。

2. 跨时段项目设计可以促进学校劳动课程的系统化设计

跨时段项目设计着眼于每所学校不同学段、不同年级学生的实际情况，依据课程标准要求进行一体化建设，在目标设计、内容选择、方法等层面均能有助于优化当前劳动课程设置分散、零碎的问题。当前许多学校在进行劳动教育时缺乏一体化的系统设计，尤其是不同学段、不同年级之间的目标设计、内容组织存在大量的低水平重复问题，对学段之间的内在关联缺乏一体化思考，导致实施效果不理想。跨时段项目设计则可以有效规避这些问题，促进劳动课程的校本一体化建构，比如，在设计“农耕课程”时，可以对1～6年级的每个年级的目标、内容分层次分阶段设计，可以兼顾到不同年级、不同学段之间的衔接。

(二)跨时段项目设计的基本环节

跨时段项目设计以螺旋式课程理论为理论基础，追求劳动课程的螺旋式提升，其设计框架主要包括项目主题确定、项目目标设计、项目内容设计、项目过程设计、项目评价设计环节。

1. 项目主题确定

项目主题一般来源于与学校的现有基础和与之密切关联的生产生活情境。因而，教师在进行跨时段课程设计时必须要考虑到与之相关的社会情境，结合自己学校的师资条件、校本课程建设基础等基础条件。比如，在“快乐小农夫”主题课程设计中，教师需要考虑到春季播种、秋季采摘、农作物销售行情变化、农民朋友需要等背景因素，也需要考虑到自己学校已有相关课程开发的经验等内容。

2. 项目目标设计

项目目标设计既要有这一主题课程的总目标，也需要根据不同学段学生的年龄特征、认知和实践水平设计与之相对应的分阶段目标，分目标的设计主要从劳动观念、劳动能力、劳动习惯和品质、劳动精神四个维度展开，随着学生年龄的增长，分目标的难度与深度会螺旋式上升。

3. 项目内容设计

项目内容指的是某一大主题劳动项目所涉及的范围，一般是根据学生的年龄特征将这一大主题分解为数个不同层次的小活动主题，其内容组织会随着学段的递增而增加。比如在“开心小农夫”主题劳动课程内容组织中，会依据学段的差异将其细分为感受现代农业、学习有机种植、体验科学育苗和探究现代农业四个分主题活动。

4. 项目过程设计

在项目教学实施过程中，需要将一个大的劳动项目主题划分为数个分主题活动，具体可参见表 5-2。

表 5-2　劳动项目活动阶段设计表

主要主题	活动内容	阶段目标	课时分配
主题一			
主题二			
主题三			
……			

在不同主题活动中，还需要有相应的过程性指导，主要包括活动前的指导、活动中的指导和劳动成果展示的指导。劳动活动前由教师指导学生通过自主查阅或咨询家长的方式了解相关的劳动知识和故事，提醒学生准备相关的物品和注意事项。活动过程中的指导包括回答学生在参与劳动活动中的疑问，指导学生做好观察和记录。劳动成果展示指导主要包括指导学生展示的形式和一些具体要求。

5. 项目评价设计

项目评价的载体有多种形式，可以是学生对劳动活动中收集的资料进行的整理；可以以图片、海报、手抄报、日记、视频或口头表达等形式进行展示；也可以是学生自己在劳动中的困惑、启发或思考等，以此激发学生的劳动热情。

评价主体主要有教师、家长和学生自己，在教师评价中需要由不同年级的教师协同评价，针对学生的阶段性、持续性成长进行增值性评价。家长的评价也至关重要，家长不仅可以点评自己孩子的劳动成果，而且可以由家长团对全班学生的劳动成果进行点评。此外，学生也可以对自我或同伴的劳动过程和表现进行评价，可以是等级评价，也可以是语言质性评价。

评价的最终认定比较灵活，既可以是口头表扬，也可以颁发一定的类似于“现代农业小科学家”等荣誉证书，也可以将学生的作品在班级或学校范围内进行展示，以此进一步培养学生良好的劳动习惯和品质。

三、跨学科劳动项目设计理解

所谓跨学科劳动项目设计，是指以某一项目主题为灵魂，将劳动项目的开展渗透到不同学科课程中，形成跨学科主题性学习项目。跨学科项目设计顺应了新课程方案对各门学科“跨学科主题性学习”设计的需要，是劳动项目设计的一个良好契机。

(一)跨学科项目设计的价值

跨学科主题学习要致力于让学生在关联和使用不同学科的知识解决跨学科问题过程中，增进其对各学科知识的理解。① 早在2014年，在教育部的有关文件中就强调，“要发挥学科间综合育人功能，开展跨学科主题教学活动，将相关学科的教育内容有机整合，提高学生综合分析问题、解决问题的能力”②。在《义务教育课程方案(2022年版)》中，提出各学科跨学科主题性学习课时10%的要求。劳动课程跨学科设计迎合了这一政策需要，不仅解决了分科课程设计中的不足，而且有利于培养学生全面认识和解决日常生活劳动、生产劳动和服务性劳动问题的全息观念和能力，顺应劳动课程综合化的改革趋势。

1. 跨学科项目设计可以涵育学生综合社会素养

跨学科项目设计以课程综合为理论依据，强调整合劳动课程某一任务群或某一项目主题相关的学科内容，有助于开阔学生的学科视野，综合运用各学科中的思维、知识、能力和经验，全面认识劳动课程中的内容，寻求解决生产生活和服务性劳动问题的多维方法，有助于促进学生的社会化，培养学生的社会责任担当意识与能力。基于跨学科的劳动项目其主题主要源于与社会环境密切联系的现实生活，在这些劳动课程中创设生活性、真实性、多元化的主题，可以减弱学校与社会的分离，让学生在主动了解劳动、参与劳动和感受劳动过程中增强社会参与意识和贡献能力。

2. 跨学科项目设计可以形塑跨学科思维应用能力

劳动课程的根本目的不在于让学生获得多少知识，而是引导学生在劳动项目实践中锻炼综合运用多学科知识解决现实问题的能力。在社会发展日趋复杂的大环境下，劳动任务需要综合运用语文、数学、外语、科学、艺术等多个学科的理论、方法来分析和解决。跨学科设计以劳动实践项目为主线，其主题或内容来源于学生的实际生活，加强学生的经验世界与书本世界的沟通，强调“做中学”“学中做”中的具体操作性和探究精神培养，③

---

① Education Scottish. Building the Curriculum, Edinburgh: The Scottish Government, 2017.

② 中华人民共和国教育部：教育部关于全面深化课程改革落实立德树人根本任务的意见，http://www.moe.gov.cn/srcsite/A26/jcj_kcjcgh/201404/t20140408_167226.html，2023-06-21。

③ [美]罗伯茨、[美]克洛夫：《跨学科主题单元教学指南》，89页，李亦菲，等译，北京，中国轻工业出版社，2005。

让学生在设计、制作、试验等知行合一的实践方式中经历完整的劳动实践过程，有助于学生在认识、分析和解决生产生活中的劳动问题中能够综合调动多学科的能力。

(二)跨学科设计的基本环节

劳动项目的跨学科设计以整体主义为理论基础，强调借用综合思维对劳动学习活动进行设计，包括项目主题确立、项目目标设计、项目内容设计、项目过程设计和项目评价设计五个方面。

1. 项目主题确立

跨学科劳动项目的主题确定，一方面应注重项目主题的生活性，应从学校所在区域的资源中去充分发掘，尤其是生产生活劳动内容的选择更要贴近学生的生活经验，因为能引发学生共情的主题往往是与学生生活经验高度相关的，也就越能引导学生从多学科的视角分析自己熟悉的劳动情境和劳动故事。另一方面是项目主题的辐射性，因为劳动任务本身就不是单学科的，因而，在设计跨学科项目主题时会有意无意地辐射多学科，比如“秋天的落叶”不仅涉及劳动学科，而且会用到语文、数学、科学、艺术、信息科技、道德与法治等学科的知识。

2. 项目目标设计

劳动素养取向展现了劳动项目学习目标设计的根本立场，而跨学科综合目标设计则是实现学生一般劳动素养培养的重要体现。比较理想的做法是结合表现性目标、体验性目标和成果性目标三类目标进行综合设计，以更能体现以跨学科主题设计学习目标达成学生劳动素养培育的要求。当然在具体设计中也需要根据情境而定，比如在“探究茶叶的有效成分”主题活动设计中，学习目标会更倾向于学生能够在“大生物”学科下，学会结合化学、美术等学科的内容来形成科学意识、合作意识；而在“采摘园中的快乐”主题活动中，学习目标的设计则更为综合，需要学生结合科学、美术、数学等学科的内容在亲身参与中锻炼劳动技能，体会劳动的艰辛，形成珍惜劳动成果、团结协作的精神品质。

3. 项目内容设计

对于跨学科项目内容的设计，主要涉及内容的选择和组织两方面。具体而言，主要充分考虑到劳动在其他学科之间跨的程度与侧重点等因素，这就需要考虑到劳动项目所涉及的领域的具体情况，比如家用电器与维护可能涉及的物理与数学学科的知识多一些，标本制作可能涉及的生物学和美术学科的知识多一些，当然也需要其他学科的知识，只不过内容量相对较少。

4. 项目过程设计

跨学科主题的劳动项目学习更强调协同学习和多样化学习方式的综合运用。比如，在“小麦的有效成分”项目实践中，学生的学习一般要经历“提出问题—基于证据提出假设—设计实验方案—实施实验方案—撰写实验报告—讨论分析—改进实验方案—提出新问题”的过程。显然在这种劳动探究项目中必须要发挥协同学习的优势，植物学、化学等学科的思维与探究方式也会被灵活地运用其中。在活动支持上，教师不仅要为学生提供各种资源支持，而且需要发挥多学科教师的指导作用，因而，组建一支为劳动课程服务的跨学科教师队伍就尤为必要。在具体指导方式上，可以提供操作示范，也可以有针对性地进行指导。

5. 项目评价设计

项目评价是检验学生跨学科劳动项目学习目标达成情况的重要途径。依据《劳动课程标准》的目标要求，可采用过程性评价与结果性评价相结合的评价方式，以评价促进跨学科教学，以评价促进学生综合劳动素养的提升。无论是教师评价还是学生自己评价，在评价量表中都明确了评价标准、等级和具体表现。为了对学生的综合表现进行全面科学的评价，还需要鼓励学生以成果展示、启发、疑问与思考等多种方式展现自己的表现情况，同时还可以邀请其他学科的相关教师参与点评。比如，在“寻找秋收中的美”主题项目中，可以邀请美术、生物、化学、语文等学科的教师来点评学生的劳动学习成果，这不仅可以开阔教师的思维，优化教师的劳动项目方案设计，更能进一步将优化的教学设计在实施中进行适时地转化，让学生将所思所想所感付诸具体的劳动习惯、劳动能力和劳动精神的培养中。

第二节 中小学劳动课程综合项目设计

一、跨任务群劳动项目设计

果肉里的丰收①

“果肉里的丰收”作为一个综合式劳动项目，整合了日常生活劳动和生产劳动中的多个任务群，包括日常生活劳动（果肉拼盘、果肉榨汁）、农业生产劳动（果实采摘）、工业生产劳动（果肉解剖）、现代服务业（果肉销售）等，围绕果肉主题，从果肉采摘到果肉解剖，再到果肉拼盘、果肉榨汁，最后到果肉销售，形成了链条式、系

---

① 此案例来自安徽省宁国市城南学校，设计者为贾成刚、黄琳。

统性的综合劳动项目。

【课程目标】

1. 树立正确的劳动观念：认识劳动创造价值、创造财富、创造美好生活的道理。

2. 掌握必备的劳动能力：了解果肉、制作果肉拼盘、榨水果汁；推介产品、招待客人的方法和礼仪；增强体力、智力和创造力。

3. 培育积极的劳动精神：领会“劳动创造丰收”的内涵与意义；继承中华民族勤俭节约、敬业奉献的优良传统；弘扬开拓创新、砥砺奋进的时代精神。

4. 养成良好的劳动习惯和品质：参与意识、服务意识、合作意识、环保意识、效率意识、安全意识、科学意识、创新意识、节约意识等。

【课程内容】

1. 考察各种肉果的产地、储藏和运输，了解现代技术下水果的生产技术、储藏技术和物流能力，感受科技对“气候秋天”和“地理秋天”的改变。

2. 构建以果实生产与销售为主线的课程结构，进行职业体验，依次为果实采摘、果肉解剖、果肉拼盘、果肉榨汁、果肉销售等不同项目。

【课程组织】

1. 组织领导：校委会。

2. 适用年级：三年级。

3. 实施时间：秋季学期。

4. 教育基地：果园基地、家庭、学校、社会等。

【课程实施】

板块一：实施准备

1. 召开家校协调会，听取学生家长对“果肉里的丰收”劳动课程的意见和建议。

2. 召开学生动员会，说明活动的相关注意事项：

(1)说明“果肉里的丰收”劳动活动的主要内容、劳动准备和劳动意义。

(2)说明“果肉里的丰收”活动阶段性劳动工具和材料的准备，同时进行阶段性的劳动技能训练和知识的讲解，以及在劳动过程中所需遵循的劳动秩序。

3. 完成《“果肉里的丰收”劳动活动实施方案》。

板块二：实施过程

活动一：果实采摘，劳动快乐

(一)活动准备

1. 活动方式：教师指导亲子采摘活动。

2. 校内活动安全措施：

(1)做好与家长的沟通工作，必要时家长负责接送，确保路途安全。

(2)活动过程中指导教师要时刻靠近学生，绷紧安全之弦。

(3)加强对学生行为习惯的教育，提高其安全意识和自我防护能力。

3. 外出活动安全措施：

(1)成立安全管理组，细化各方面安全责任，准备好各种应急用品。

(2)做好与家长的沟通工作，取得家长的支持。

(3)联系车况较好的车辆接送，保证一人一座，争取交通部门支持，保证路途安全。

(4)加强对学生行为习惯的教育，提高其安全意识和自我防护能力。

(5)争取当地派出所及地方领导的支持，保证实地活动过程安全。

(二)活动过程

学生在家长的陪同下，组织去果园进行采摘，听取果园负责人讲解，了解种植与管理技术；完成劳动记录单。(见表 5-3)

表 5-3 “果实采摘”劳动任务记录单

班级：________ 姓名：________ 时间：________

采摘果实	
果肉种类	
种植方式	
管理技术	

(三)活动评价(见表 5-4)

表 5-4 “果实采摘”劳动任务评价单

班级：________ 姓名：________ 时间：________

评分：请对本次劳动活动做出评价等级(1—5 ☆)				
	很满意	满意	一般	不满意
劳动内容	☆☆☆☆☆	☆☆☆	☆	
劳动过程	☆☆☆☆☆	☆☆☆	☆	
劳动收获	☆☆☆☆☆	☆☆☆	☆	
建议				

活动二：果肉解剖，认识果肉

(一)活动准备

解剖不同类型的水果，包括核果(对象：桃子和李子)、梨果(对象：苹果和梨子)、瓠果(对象：黄瓜、苦瓜、西瓜)、橘果(对象：橘子)、浆果(对象：自行选择)。进行活动的相关准备，完成任务单填写。(见表 5-5)

表 5-5　“果肉解剖”劳动任务单

班级：________　姓名：________　时间：________

果肉准备	
解剖方式	
注意事项	
劳动收获	

（二）活动过程

学生在教师引导下，对带来的果肉标本进行观察，小组内进行观察结果的讨论，完成活动记录单，同时推荐一名学生进行全班劳动观察的汇报交流。（见表 5-6）

表 5-6　“果肉解剖”劳动任务记录单

班级：________　姓名：________　时间：________

观察对象	
解剖方式	
观察发现	
我的收获	

（三）活动评价

结合劳动过程和结果的表现，进行评价，1～5 星。（见表 5-7）

表 5-7　“果肉解剖”劳动任务评价单

班级：________　姓名：________　时间：________

自我评价	劳动工具的使用	☆☆☆☆☆
	制作方法的掌握	☆☆☆☆☆
	与家长的配合	☆☆☆☆☆
	劳动快乐指数	☆☆☆☆☆
家长评价	劳动工具的使用	☆☆☆☆☆
	制作方法的掌握	☆☆☆☆☆
	与家长的配合	☆☆☆☆☆
	劳动快乐指数	☆☆☆☆☆
劳动感受		

活动三：果肉拼盘，氤氲亲情

(一)活动准备(见表 5-8)

表 5-8 “果肉拼盘”劳动任务准备单

班级：________ 姓名：________ 时间：________

拼盘名称		组名	
拼盘材料			
制作工具			
制作过程			
制作说明			

(二)活动过程

学生在家长的陪同下，进行果肉拼盘的制作，制作完成后，在组内交流自己的劳动收获，完成劳动任务记录单(见表 5-9)。采用自己喜欢的方式，进行“果肉拼盘”劳动作业汇报。

表 5-9 “果肉拼盘”劳动任务记录单

班级：________ 姓名：________ 时间：________

拼盘材料	
制作过程	
制作说明	
小组收获	

(三)活动评价

结合劳动过程和结果的表现，进行评价，1～5 星。(见表 5-10)

表 5-10 “果肉拼盘”劳动任务评价单

班级：________ 姓名：________ 时间：________

自我评价	劳动工具的使用	☆☆☆☆☆
	制作拼盘的掌握	☆☆☆☆☆
	与家长的配合	☆☆☆☆☆
	劳动快乐指数	☆☆☆☆☆
家长评价	劳动工具的使用	☆☆☆☆☆
	制作方法的掌握	☆☆☆☆☆
	与家长的配合	☆☆☆☆☆
	劳动快乐指数	☆☆☆☆☆

续表

劳动感受	

活动四：果肉榨汁，沐浴友情

（一）活动准备（见表 5-11）

表 5-11 “果肉榨汁”劳动任务准备单

班级：________ 姓名：________ 时间：________

榨汁名称		小组成员	
榨汁材料			
榨汁工具			
榨汁过程			
榨汁说明			

（二）活动过程

学生在家长的陪同下，进行果肉榨汁，制作完成后，在组内交流自己的劳动收获，完成劳动任务记录单。采用自己喜欢的方式，进行“果肉榨汁”劳动作业汇报。（见表 5-12）

表 5-12 “果肉榨汁”劳动任务记录单

班级：________ 姓名：________ 时间：________

榨汁材料	
榨汁过程	
榨汁说明	
小组收获	

（三）活动评价

结合劳动过程和结果的表现，进行评价，1～5 星。（见表 5-13）

表 5-13 “果肉榨汁”劳动任务评价单

班级：________ 姓名：________ 时间：________

自我评价	劳动工具的使用	☆☆☆☆☆
	榨汁方法的掌握	☆☆☆☆☆
	与同伴的配合	☆☆☆☆☆
	劳动快乐指数	☆☆☆☆☆

续表

同伴评价	劳动工具的使用	☆☆☆☆☆
	榨汁方法的掌握	☆☆☆☆☆
	与同伴的配合	☆☆☆☆☆
	劳动快乐指数	☆☆☆☆☆
劳动感受		

活动五：果肉销售，职业体验

（一）活动准备

学生在家长的陪同下，到市场各个水果店进行询问、参与和销售等职业体验之前，自己在家确定好劳动安排；完成劳动任务准备单填写。（见表 5-14）

表 5-14 "果肉销售"劳动任务准备单

班级：________ 姓名：________ 时间：________

调查对象	
调查地点	
注意事项	
我的收获	

（二）活动过程

学生在家长的陪同下，到市场各个水果店进行询问、参与和销售等职业体验，了解果肉的储存与运输；完成劳动任务记录单。（见表 5-15）

表 5-15 "果肉销售"劳动任务记录单

班级：________ 姓名：________ 时间：________

果肉名	
果肉种类	
原产地	
自然成熟时间	

（三）活动评价

结合劳动过程和结果的表现，进行评价，1～5 星。（见表 5-16）

表 5-16　“果肉销售”任务评价单

班级：________　姓名：________　时间：________

自我评价	劳动调查的方法	☆☆☆☆☆
	销售方法的掌握	☆☆☆☆☆
	劳动的收获	☆☆☆☆☆
	劳动快乐指数	☆☆☆☆☆
他人评价	劳动调查的方法	☆☆☆☆☆
	销售方法的掌握	☆☆☆☆☆
	劳动的收获	☆☆☆☆☆
	劳动快乐指数	☆☆☆☆☆
劳动感受		

二、跨时段劳动项目设计

我的标本我做主①

“我的标本我做主”作为一个综合式劳动项目，跨越了 4～6 年级的六个学期，围绕标本的认识与制作，螺旋式上升设计具体的劳动任务，根据学生发展水平，逐级提高任务难度，体现了跨时段的设计思路。

【课程目标】

1. 树立正确的劳动观念：认识劳动创造价值、创造财富、创造美好生活的道理。

2. 掌握必备的劳动能力：基础的标本采集、制作、保存等能力；基础的研究标本能力。

3. 培育积极的劳动精神：继承中华民族敬业奉献的优良传统；弘扬开拓创新、砥砺奋进的时代精神。

4. 养成良好的劳动习惯和品质：参与意识、服务意识、合作意识、环保意识、效率意识、安全意识、科学意识、创新意识等。

【课程内容】

1. 认识标本。

---

① 此案例来自安徽省宁国市城南学校，设计者为贾成刚。

2. 掌握基础的动植物标本的制作技能。

3. 研究相关标本。

【课程组织】

1. 组织领导：校委会。学校在人力、物力、财力等方面提供充分支持。

2. 实施时间：六个学期(4～6 年级)。

3. 教育基地：自然博物馆、农业产业园、文博园、行业企业等。

【课程实施】

一、实施准备

1. 拜访自然博物馆等单位主要领导，请求劳动教育基地支持。

2. 召开家校协调会，得到全体家长的支持。

3. 召开班会，讲解说明：

(1)讲解该项劳动的内容、目的和意义。

(2)讲解该项劳动的劳动纪律。

(3)讲解该项劳动所需要的劳动知识和技能，所需要的劳动工具及正确使用工具的方法和技术，让学生提前准备。

二、实施过程

1. 第一学期(四上)

(1)活动任务一：参观自然博物馆，初步认识标本。

①活动方式：教师指导的亲子活动。

②活动作业：不拘一格地记录活动过程和感受。

③活动评价：填写自评表。(见表 5-17)

表 5-17 “我的标本我做主”劳动项目实施自评表

班级：________ 姓名：________ 时间：________

评价项目	评价标准	评价等级
参观自然博物馆	是否有意思	
	自己的表现	
写几句表扬别人、勉励自己、提醒自己的话		

(2)活动任务二：指导学生画黑白树叶装饰画，训练学生的动手能力，提升学生的美术素养。

①活动方式：教师在校指导的个体活动。

②活动作业：不拘一格地记录活动过程和感受。

③活动评价：填写自评表。(见表 5-18)

表 5-18　“我的标本我做主”劳动项目实施自评表

班级：________　姓名：________　时间：________

评价项目	评价标准	评价等级
画黑白树叶装饰画	是否有意思	
	自己的表现	
写几句表扬别人、勉励自己、提醒自己的话		

2. 第二学期(四下)

(1)活动任务一：考察现代农业综合开发示范区等基地，采集树叶制作树叶画，拓展对标本的认识，继续训练学生的动手能力，提升学生的美术素养。

①活动方式：教师指导的亲子活动。

②活动作业：不拘一格地记录活动过程和感受。

③活动评价：填写自评表。(见表 5-19)

表 5-19　“我的标本我做主”劳动项目实施自评表

班级：________　姓名：________　时间：________

评价项目	评价标准	评价等级
采集树叶制作树叶画	是否有意思	
	自己的表现	
写几句表扬别人、勉励自己、提醒自己的话		

(2)活动任务二：制作带有小昆虫的树叶画，继续拓展对标本的认识，训练学生的动手能力，提升学生的美术素养和创新能力。

①活动方式：教师指导的亲子活动。

②活动作业：不拘一格地记录活动过程和感受。

③活动评价：填写自评表。(见表 5-20)

表 5-20　“我的标本我做主”劳动项目实施自评表

班级：________　姓名：________　时间：________

评价项目	评价标准	评价等级
制作带有小昆虫的树叶画	是否有意思	
	自己的表现	
写几句表扬别人、勉励自己、提醒自己的话		

3. 第三学期(五上)

(1)活动任务一：果蔬雕塑，继续拓展对标本的认识，训练学生的动手能力，提升学生的美术素养和创新能力。

①活动方式：教师指导的亲子活动。

②活动作业：不拘一格地记录活动过程和感受。

③活动评价：填写自评表。(见表 5-21)

表 5-21 “我的标本我做主”劳动项目实施自评表

班级：________ 姓名：________ 时间：________

评价项目	评价标准	评价等级
果蔬雕塑	是否有意思	
	自己的表现	
写几句表扬别人、勉励自己、提醒自己的话		

(2)活动任务二：采挖中药材回家体验种植和养护，继续拓展对标本的认识——活体标本。

①活动方式：教师指导的亲子活动。

②活动作业：不拘一格地记录活动过程和感受。

③活动评价：填写自评表。(见表 5-22)

表 5-22 “我的标本我做主”劳动项目实施自评表

班级：________ 姓名：________ 时间：________

评价项目	评价标准	评价等级
采挖中药材回家种植	是否有意思	
	自己的表现	
写几句表扬别人、勉励自己、提醒自己的话		

4. 第四学期(五下)

(1)活动任务一：指导学生做“帽子戏法”。学生仅仅用纸，不借助其他任何材料和工具，设计制作帽子，训练学生的动手能力，提升学生的美术素养和创新能力。

①活动方式：教师指导的个体活动。

②活动作业：不拘一格地记录活动过程和感受。

③活动评价：填写自评表。(见表 5-23)

表 5-23　“我的标本我做主”劳动项目实施自评表

班级：________　姓名：________　时间：________

评价项目	评价标准	评价等级
“帽子戏法”	是否有意思	
	自己的表现	
写几句表扬别人、勉励自己、提醒自己的话		

(2)活动任务二：参观生物科技企业，继续拓展对标本的认识——企业产品可以是标本，获得企业产品回家体验养护。

①活动方式：教师指导的集体活动。

②活动作业：不拘一格地记录活动过程和感受。

③活动评价：填写自评表。(见表 5-24)

表 5-24　“我的标本我做主”劳动项目实施自评表

班级：________　姓名：________　时间：________

评价项目	评价标准	评价等级
参观生物科技企业	是否有意思	
	自己的表现	
写几句表扬别人、勉励自己、提醒自己的话		

5. 第五学期(六上)

(1)活动任务一：到生态农业产业园学习扦插，继续拓展对标本的认识——可以通过扦插获得植物活体标本，如获得植物幼苗回家体验种植和养护。

①活动方式：教师指导的集体活动。

②活动作业：不拘一格地记录活动过程和感受。

③活动评价：填写自评表。(见表 5-25)

表 5-25　“我的标本我做主”劳动项目实施自评表

班级：________　姓名：________　时间：________

评价项目	评价标准	评价等级
参观生态农业产业园学习扦插	是否有意思	
	自己的表现	
写几句表扬别人、勉励自己、提醒自己的话		

（2）活动任务二：参观文博园，继续拓展对标本的认识——化石是非常重要的标本。

①活动方式：教师指导的亲子活动。

②活动作业：不拘一格地记录活动过程和感受。

③活动评价：填写自评表。（见表 5-26）

表 5-26 "我的标本我做主"劳动项目实施自评表

评价项目	评价标准	评价等级
参观文博园	是否有意思	
	自己的表现	
写几句表扬别人、勉励自己、提醒自己的话		

6. 第六学期（六下）

（1）活动任务一："真善美"汉字剪纸，继续训练学生的动手能力，提升学生的美术素养，培养学生的创新能力。

①活动方式：教师指导的集体活动。

②活动作业：不拘一格地记录活动过程和感受。

③活动评价：填写自评表。（见表 5-27）

表 5-27 "我的标本我做主"劳动项目实施自评表

班级：________ 姓名：________ 评价设计：________

评价项目	评价标准	评价等级
"真善美"汉字剪纸	是否有意思	
	自己的表现	
写几句表扬别人、勉励自己、提醒自己的话		

（2）活动任务二：到标本公司，在专业人员的指导下学习标本的制作：解剖、剥离、防腐、填充、缝合、美化、定型……

①活动方式：教师组织的专业人员指导的亲子活动。

②活动作业：不拘一格地记录活动过程和感受。

③活动评价：填写自评表。（见表 5-28）

表 5-28 “我的标本我做主”劳动项目实施自评表

班级：________ 姓名：________ 评价设计：________

评价项目	评价标准	评价等级
参观标本公司	是否有意思	
	自己的表现	
写几句表扬别人、勉励自己、提醒自己的话		

(3)活动任务三：研究自己制作的标本，展示成果。

①活动方式：教师组织的集体活动。

②活动作业：不拘一格地记录活动过程和感受。

③活动评价：填写自评表。(见表 5-29)

表 5-29 “我的标本我做主”劳动项目实施自评表

班级：________ 姓名：________ 评价设计：________

评价项目	评价标准	评价等级
研究自己制作的标本，展示成果	是否有意思	
	自己的表现	
写几句表扬别人、勉励自己、提醒自己的话		

(4)活动任务四：全面总结活动；向学校赠送标本。

①活动方式：教师组织的集体活动。

②活动作业：不拘一格地记录活动过程和感受。

③活动评价：填写自评表。(见表 5-30)

表 5-30 “我的标本我做主”劳动项目实施自评表

班级：________ 姓名：________ 评价设计：________

评价项目	评价标准	评价等级
全面总结活动；向学校捐赠标本	是否有意思	
	自己的表现	
写几句表扬别人、勉励自己、提醒自己的话		

三、跨学科劳动项目设计

秋天的纷纷落叶①

“秋天的纷纷落叶”跨学科劳动项目顺应劳动课程综合化的改革趋势，以核心素养为导向，尝试基于学生知识经验和课程综合的理念建构课程。本项目整合劳动、语文、数学、科学、艺术、信息科技、道德与法治等学科的多元要素，体现了跨学科的设计思路。

【课程目标】

1. 积极主动参与校内外的各类劳动，体会劳动的艰辛与快乐，初步形成服务意识和社会责任感；热爱自然，尊重科学，了解叶子相关的科学知识。

2. 锻炼语言表达能力；规范准确运用活动所需工具，基本掌握叶雕的制作步骤；培养沟通意识和合作能力；培养信息检索能力、数据意识和终身学习意识。

3. 经历问题解决的全过程，培养积极思考意识、推理意识、审美创新意识、小组合作意识；劳动过程中不怕苦不怕累，有始有终，树立劳动安全意识，保质保量地完成各阶段的学习任务。

4. 体会繁杂叶雕工艺背后蕴含着的工匠精神；感受中华历史悠久的叶雕工艺文化；在以“四史”为主题的叶雕图案讨论中学习党史，增强政治认同。

5. 达到良好的劳动效果，包括劳动区域的整洁、叶雕作品的完整美观、叶雕背后的故事讲述得生动具体等，最终形成一系列具有跨学科特色的劳动成果。

【课程内容】

“秋天的纷纷落叶”劳动项目以生活中常见的“落叶满地”的真实情境为出发点，围绕真实问题“是否需要处理落叶”展开讨论，设计了如清扫落叶、认识叶子、制作叶雕等一系列活动。课程设计时不仅跨越了劳动课程中传统工艺制作、公益劳动与志愿服务两大任务群，而且融入了锻炼语言运用和思维能力的辩论，蕴含科学观念、推理意识的观察叶子，融合几何设计、审美感知、文化理解、政治认同的叶雕制作等项目，同时关注到课外的数字化自主学习、各项活动中的数据意识、责任意识培养等要素，致力于推进不同学科核心素养的交织融合。

【课程组织】

1. 组织领导：校委会。

2. 适用年级：5～6 年级。

3. 实施时间：秋季学期。

---

① 此案例由江苏师范大学教育科学学院劳动课程研发团队编写。

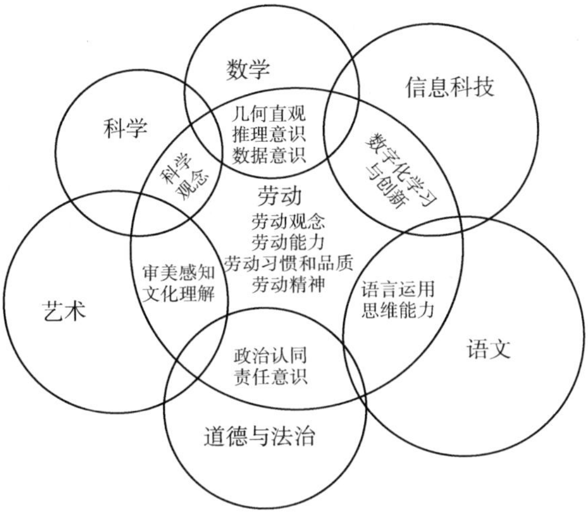

图 5-1　“秋天的纷纷落叶”跨学科劳动项目核心素养目标

4. 教育基地：学校、社区等。

【课程实施】

一、实施准备

(一)劳动场域

劳动场域主要包括普通多媒体教室；科学实验室；确定学校或社区落叶较多、需要打扫的区域；提前联系、取得支持。

(二)劳动工具与材料

劳动工具与材料主要有：清扫落叶的扫帚、簸箕、垃圾袋、收集袋；制作叶雕的图案模板、刻刀、尺子、盘子、刷子以及学生收集的叶子等。项目活动所需工具与材料由教师和学生共同准备，在每课时前教师应说明具体要求。

(三)劳动组织形式

小组合作和个人劳动相结合，根据每课时的活动情况合理安排，若以小组合作开展活动则要提前完成分组。

(四)劳动安全保障

劳动全程在教师指导下有序开展，明确劳动纪律，高度重视劳动安全，强调劳动工具的正确使用方法、保障劳动步骤的安全推进，培养学生劳动安全意识。

(五)家校社协同育人

校内由教师组织开展丰富活动，校外联合社区开展服务性劳动，同时争取家长的认可和支持。

二、实施过程

活动一：落叶满地我来议

(一)活动准备

寻找校园内落叶较多、需要打扫的场地，提前报备，取得支持；根据校园清洁场地情况，课前确定学生分组；教师了解辩论流程，做好知识方面的准备，完成多媒体课件制作等。

（二）活动过程

1. 设置情境，提出问题

设置秋天落叶纷纷的真实情境，以学生生活经验激发兴趣；进而提出“是否应该清扫落叶”的真实问题，列举生活中“落叶体现秋意”“落叶会堵塞下水道”等观点引导学生积极思考、发散思维。

2. 聚焦问题，辩口利辞

教师主导，将学生分成正方“应该清扫落叶”和反方“不必清扫落叶”展开辩论，让学生实现思维能力和语言运用能力的双重锻炼，辩论赛后做好梳理总结。

3. 整理思路，指明方向

分享现实生活已有尝试的“落叶缓扫区”，以纷纷落叶留住秋意的同时，也提出了规范管理的措施。指明下阶段的劳动方向：一是开展服务性劳动，为学校、社区清扫落叶；二是认识与制作非物质文化遗产“叶雕”，每位学生均能完成一幅属于自己的作品。然后明确具体要求，包括清扫活动中的安全问题、纪律要求，何种落叶更适合制作叶雕等。

4. 服务劳动，反馈优化

学生以小组为单位在校园内开展清洁校园的服务性劳动，并在劳动过程中收集可以制作叶雕的落叶，初步形成责任意识。使学生打扫结束后回到教室，教师针对学生所挑选的叶子给予反馈和点评，进一步明确制作叶雕所需叶子的要求。

5. 课后任务布置

鼓励学生课后到社区开展服务性劳动，继续收集不同种类适合做叶雕的叶子，做好活动记录，并在下节课前交给老师。

（三）活动评价（见表 5-31）

表 5-31 “落叶满地我来议”劳动任务评价单

班级：________ 姓名：________ 时间：________

序号	评价内容	自评等级	他评情况	
			等级	评价人
1	能积极思考，提出不同想法	○○○○○	○○○○○	学生互评
2	辩论时能准确表达观点	○○○○○	○○○○○	
3	能够正确使用清洁工具	○○○○○	○○○○○	
4	挑选的叶子符合叶雕要求	○○○○○	○○○○○	

续表

序号	评价内容	自评等级	他评情况	
			等级	评价人
5	主动参与社区环境治理服务	○○○○○	○○○○○	社区工作人员评价
6	劳动区域变整洁，效果良好	○○○○○	○○○○○	
7	劳动过程中不怕苦不怕累，认真负责，保质保量	○○○○○	○○○○○	
总评	每 10 个○计一个☆，不足 10 个○不计☆	☆☆☆☆☆☆☆		

活动二：落叶缤纷我能识

（一）活动准备

活动场域除普通多媒体教室外，建议根据学校具体情况进行选择，比如有条件的学校可以把科学实验室作为活动场域，并增加显微镜为观察工具。教师自身则要关注科学知识和科学素养的生成，或与科学教师协同备课；根据学生提交的叶子做好教学设计、制作多媒体课件等。

（二）活动过程

1. 服务总结，阐明主题

总结、点评学生课后参与的服务性劳动，指出这节课的主角是同学们收集的叶子，明确“落叶缤纷我能识”，即观察、认识叶子的主题。

2. 仔细观察，认识叶子

有条件的可在科学实验室开展，引导学生用肉眼、显微镜等工具观察各种各样的叶子，在教师引导下做好观察记录，发展数据意识、推理意识，总结异同，实现对叶子的科学认识。

3. 了解叶雕，筛选叶子

在认识叶子的基础上，继续介绍叶雕艺术，进一步明确“怎样的叶子更适合做叶雕”这个问题，指导学生对收集到的叶子进行二次筛选。同时表示由于正式制作叶雕前处理叶子的步骤比较繁杂，所以由教师代劳，仅仅在课堂中讲述处理叶子的方法。

4. 课后任务布置

根据本节课的学习，每位学生提交 2～3 片合适的叶子，由教师统一进行处理。提示：若叶子不够，可鼓励学生继续捡拾落叶，但要明确是捡而不是采。

（三）活动评价（见表5-32）

表5-32 “落叶缤纷我能识”劳动任务评价单

班级：________ 姓名：________ 时间：________

序号	评价内容	自评等级	他评情况	
			等级	评价人
1	能够正确使用工具进行观察	○○○○○	○○○○○	同桌互评
2	观察记录认真、有条理	○○○○○	○○○○○	
3	能说出叶子的具体特征，基本能够区分不同叶子	○○○○○	○○○○○	
4	了解叶雕的相关知识	○○○○○	○○○○○	
5	提交的叶子适合制作叶雕	○○○○○	○○○○○	教师评价
总评	每10个○计一个☆，不足10个○不计☆。	☆☆☆☆☆		

活动三：精美叶雕我会做

（一）活动准备

根据叶雕制作的要求，教师提前处理好学生提交的叶子，做好教学设计和多媒体课件；教师准备制作叶雕的图案模板，学生准备制作叶雕所需的刻刀、尺子、盘子、刷子等材料……

（二）活动过程

1. 演示讲解，明确步骤

教师通过课件和实物演示，结合实际操作讲解叶雕的制作步骤，提示涉及的几何与图形知识，明确活动注意点，强调艺术审美和劳动安全。

2. 选择图案，处理模板

教师简要介绍叶雕图案模板（叶雕图案模板建议因地制宜地选择，本项目选择结合“四史”进行爱国主题教育，也可以选择具有当地特色文化的图案，有值得讨论的空间即可），学生根据兴趣自主选择图案并用刻刀处理模板。期间，教师巡视指导，继续强调劳动安全。

3. 学生制作，教师指导

教师分发课前处理好的叶子，引导学生按要求、按步骤制作叶雕，教师给予帮助和指导，提示学生注意尺寸的把握，感受叶雕制作内蕴的工匠精神和文化积淀。

4. 课后任务布置

根据学生选择的叶雕图案，将其分为若干小组，组织开展课后自主学习。教师明确任务要求，即以小组为单位进行分工合作，可通过互联网进行数字化学习，了解叶雕图案背后的故事，下节课进行分享和展示。

（三）活动评价（见表 5-33）

表 5-33　“精美叶雕我会做”劳动任务评价单

班级：________　姓名：________　时间：________

序号	评价内容	自评等级	互评情况	
			等级	评价人
1	基本掌握叶雕的制作步骤	○○○○○	○○○○○	学生互评
2	能够规范使用工具进行制作	○○○○○	○○○○○	
3	有始有终地完成叶雕制作	○○○○○	○○○○○	
4	有较好的劳动安全意识	○○○○○	○○○○○	
5	感受到叶雕工艺的奇妙，初步体会工匠精神	○○○○○	○○○○○	
总评	每 10 个○计一个☆，不足 10 个○不计☆	☆☆☆☆☆		

活动四：满满收获我愿讲

（一）活动准备

课前学生开展自主学习、小组合作学习，教师根据各组情况给予有针对性的帮助和建议；课前确定各组汇报顺序，明确活动流程，完成多媒体课件的制作；除了确定多媒体教室为活动场域外，教师还可适当准备小奖品等作为激励……

（二）活动过程

1. 作品展示，故事分享

以学生为活动主体，给予其充分的空间进行表达。根据上节课的分组，依次进行叶雕作品展示，增强审美感知；分享叶雕背后的“四史”故事，增强文化理解和政治认同。各组展示完毕，以小组为单位开展组间互评。

2. 各抒己见，畅谈收获

教师引导学生回顾“秋天的纷纷落叶”跨学科劳动项目的活动过程，鼓励学生各抒己见，表达自己的收获和成长，锻炼语言表达能力。要求学生填写本课时的劳动评价单，并根据整体学习情况完成成长记录单。

3. 总结肯定，展望期许

根据学生的分享，教师进行反馈和总结，肯定同学们付出的努力、达成的成果，给予表现优秀的同学以鼓励，并展望未来、提出期许。

4. 课后任务布置

继续完成“秋天的纷纷落叶”成长记录单，做好留档保存。

（三）活动评价（见表 5-34）

表 5-34 “满满收获我愿讲”劳动任务评价单

班级：________ 姓名：________ 时间：________

序号	评价内容	自评等级	互评情况	
			等级	评价人
1	制作的叶雕完整且美观	○○○○○	○○○○○	组间互评
2	图案的故事讲述具体生动	○○○○○	○○○○○	
3	能积极主动参与小组学习	○○○○○	○○○○○	组内互评
4	组内合理分工，各司其职	○○○○○	○○○○○	
5	沟通交流和合作能力良好	○○○○○	○○○○○	
总评	每 10 个○计一个☆，不足 10 个○不计☆	☆☆☆☆☆		

【课程评价】

结合每次活动的过程性评价和总体情况进行终结性评价，填写成长记录单。（见表 5-35）

表 5-35 “秋天的纷纷落叶”成长记录单

项目名称	秋天的纷纷落叶		
姓名		班级	
项目星级情况统计			
活动	获得星星数量	合计	
我的成长记录与感悟			

本章小结

本章将中小学劳动课程综合设计具体分为跨任务群项目设计、跨时段项目设计、跨学科项目设计三种类型，并分别阐释其特殊价值以及相应的流程环节。在此基础上，以案例的形式从课程目标、课程内容、课程实施、课程评价等方面详细说明三种综合项目设计的具体操作流程，为中小学开展劳动课程综合项目设计活动提供参照。

章后练习

1. 中小学劳动课程综合设计的内涵是什么？

2. 中小学劳动课程综合设计的价值及其基本环节是什么？

3. 请结合实际，选择一类项目，设计一个综合劳动项目。

拓展阅读

1. 钟启泉. 课程的逻辑[M]. 上海：华东师范大学出版社，2008.

2.[美]罗伯特，[美]克洛夫. 跨学科主题单元教学指南[M]. 李亦菲，等译. 北京：中国轻工业出版社，2005.

3.[美]皮亚杰. 皮亚杰发生认识论文选[M]. 左仁侠、李其维主编. 上海：华东师范大学出版社，1991.

4.[美]布鲁纳. 教育过程[M]. 邵瑞珍，译. 北京：文化教育出版社，1982.

5. 顾建军. 改革开放以来劳动教育的历史变迁与时代建构[M]. 南京：江苏凤凰教育出版社，2019.

6. 顾建军. 建构一体化劳动课程为义务教育劳动育人奠基——《义务教育劳动课程标准(2022 年版)》解读[J]. 全球教育展望，2022(7).

7. 中华人民共和国教育部. 义务教育劳动课程标准(2022 年版)[S]. 北京：北京师范大学出版社，2022.

8. 顾建军，毕文健. 刍议新时代劳动教育课程的一体化设计[J]. 人民教育，2019(10).

9. 潘洪建，杨金珍，蒋武超. 螺旋式综合实践活动课程开发研究[J]. 课程·教材·教法，2022(4).

10. 张茂坤，张可艾. 劳动教育生活化：倒逼机制下大学生劳动观养成的破窗效应对策[J]. 江苏教育研究，2015(12).

11. 曾天山，顾建军. 劳动教育论[M]. 北京：教育科学出版社，2020.

12. Education Scottish. Building the Curriculum, Edinburgh: The Scottish Government[EB/OL]. (2017-01-01)[2023-10-02]. http://www. Education scotland. gov. uk/learning and teaching/the curriculum/How is the curriculum organised/inter disciplinary learning/index. asp.

13. 中华人民共和国教育部. 教育部关于全面深化课程改革落实立德树人根本任务的意见[EB/OL]. (2014-04-08)[2023-10-02]. http://old. moe. gov. cn//publicfiles/business/htmlfiles/moe/s7054/201404/xxgk_167226. html.

第六章

中小学劳动周设计

本章结构图

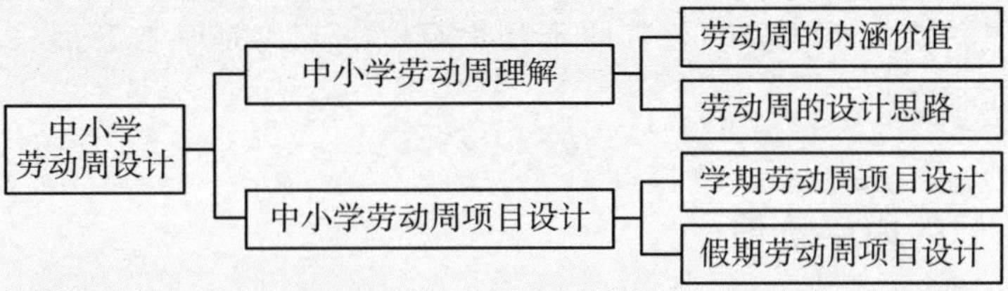

章前导语

劳动周作为广义劳动课程体系的组成部分，是项目式劳动课程的进一步拓展。与劳动必修课程不同，劳动周的实践性、整合性更强，可以根据各学段特点，通过丰富多样的劳动周形式，发挥其独特的综合育人价值。但是，在中小学的劳动周设计中，常常面临设计思路不清晰、内容选择不明确和组织实施不周密的问题。因此，本章对劳动周的内涵价值和设计思路加以阐述和开拓，并以学期劳动周和假期劳动周为例，进行系统的项目设计，以供实践参考。

关键术语

中小学　劳动周　学期劳动周　假期劳动周

第一节
中小学劳动周理解

“劳动周”是贯彻新时代党的教育方针，落实中小学劳动教育的重要举措，是推进学校以劳树德、以劳增智、以劳强体、以劳育美的重要载体。劳动教育能有效提升学生的综合素质，促进学生的全面发展。劳动教育的开展途径可以通过多种形式呈现。其中，劳动周是落实中小学劳动教育的重要途径之一，也是学校开展校内外集体劳动教育的重要组织形式。

一、劳动周的内涵价值

（一）劳动周的内涵

中共中央、国务院《关于全面加强新时代大中小学劳动教育的意见》（以下简称《意见》）明确指出，大中小学每学年应设立劳动周，可在学年内或寒暑假自主安排，以集体劳动为主。因此，劳动周可具体分为学年（学期）劳动周和假期劳动周。劳动周是劳动必修课的进一步拓展，是“每周不少于1课时”之外的劳动实践课程，因持续一周左右，故称之为劳动周。《劳动课程标准》指明“劳动周是指每学年设立的、以集体劳动为主的、具有一定劳动强度和持续性的课外、校外劳动实践时间”。

劳动周是劳动教育和劳动课程的重要组成部分，它有别于劳动必修课程，因此劳动周不能与“每周至少1课时”的劳动课程相互替代。作为一种实践性较强、周期较长的劳动课程，劳动周可开展的形式多种多样，例如，专题讲座、主题演讲、劳动技能竞赛、劳动成果展示、劳动项目实践等。劳动周是学生投身劳动的“实践周”“学习周”，是校内劳动课程的补充和拓展，学生通过劳动周可以体验劳动过程，将理论知识与生产生活实际联系起来，对于形成学生自身的劳动素养、促进学生全面发展有着重要作用。

（二）劳动周的价值

劳动周是学校开展劳动教育的必要补充，能够在已有劳动必修课的基础上发挥劳动教育的综合育人价值。劳动教育的本质是培养德智体美劳全面发展的社会主义建设者和接班人，其强调让学生亲自动手实践、出力流汗、磨炼意志，在形成基本劳动观的基础上，热爱劳动、珍惜劳动成果，全面提升学生劳动能力，培养良好的劳动习惯，进而养成积极的劳动精神。

1. 系统整合劳动项目

劳动教育的目标首先指向劳动价值观的渗透，并通过系统性的劳动项目培养学生劳动技能、问题解决、实践与合作等能力。相比劳动必修课，劳动周的劳动育人价值更为系统，其凭借时间连续的优势构建以项目式为基本单元的劳动内容，将功能与性质相似的任务整合为更大的任务群，可以是跨任务群、跨学段和跨学科的整合性劳动项目，在特定的连续的时间内，鼓励全体师生共同参与。学生通过劳动周将有充足的机会认识劳动、感知劳动、体认劳动，从而体验劳动之真正内涵。

2. 涵育学生综合劳动素养

从“劳动技术”到“劳动素养”的迭代升级，是利用劳动周实施劳动教育的价值追求。劳动从手工技艺到机器大生产再到智能化的“劳动技术”迭代与劳动观念、劳动能力、劳动习惯、劳动精神等“劳动素养”的内在逻辑存在一致性。劳动周旨在以素养为导向，从劳动观念、劳动技能、劳动精神和劳动习惯等素养生成出发，组织学生全员全过程地集体劳动，实现手脑并用、身心合一，体现劳动周育人价值的新时代精神。

二、劳动周的设计思路

(一)劳动周的主题确定

情境多元的主题实践活动有助于发挥劳动教育的综合育人功能。为保证系统化的育人效果，劳动周活动应由主题引领，贯穿始终。劳动周主题的选择可以以社会背景、时代背景为依据，以年中节庆日为主线，结合学校实际来确定。总体上，劳动周的主题选择应该贯彻以下原则。

1. 价值性原则

中小学劳动教育是一种价值观教育，劳动教育有助于学生正确价值观的培养。劳动周应引导学生形成正确的劳动价值观，树立正确的理想信念。因此，劳动周主题的设置应注重价值引领。教师设计劳动周主题活动时要充分挖掘活动的综合育人功能，引导学生在主题活动中体验劳动对自己、家庭和社会的价值。劳动周主题应体现劳动价值观的培育和劳动精神的培养，在劳动教育中让学生懂得自立自强，学会责任担当，培养意志品质。

2. 实践性原则

著名教育家陶行知认为“生活即教育，社会即学校”。实践是最好的学习，而学习知识是为了更有效地指导实践生活。新时代的劳动教育突出强调学生应通过亲身经历，在劳动实践活动中获得真实性体验，注重劳动教育与学生日常生活之间的联系。劳动周可充分借助一些节假日来开展，如植树节、劳动节、国庆节，以及二十四节气等。劳动周可借助多样的节假日，设计系列性的主题项目，引导学生到农业生产、工业制造、社会服务等社会生产、生活环节的真实劳动场景中参与劳作项目实践，通过动手实践、出力流汗，接受锻炼、磨炼意志，培养正确的劳动价值观和良好劳动品质。

3. 开放性原则

劳动周主题要有一定的开放性，鼓励学生进行创造性的劳动实践。明确劳动教育的目标是探索劳动周开展实效性的基本前提，学校应通过对政策文件的研究并结合自身实际，遵循开放性原则开展与实施劳动周。在设计劳动周主题和内容时要有一定开放性和多元性，不应限制在一定范围。例如，劳动周主题可以涉及农业、工业、服务业等不同领域，跨越多个项目任务群，让学生有更多机会体验不同劳动项目，丰富对劳动的认识与感知。学生具有无限的创造力，可以通过设置主题的范围为学生提供更加多元化的体验。例如，可根据劳动周开展的环境、资源、实施条件等进行主题范围的选择和规划，以便让学生发挥创造力，探索更多、更广、更深的劳动教育内容，从而为学生提供更多探索、创造的空间。

4. 持续性原则

无论是从劳动教育思想认识的高度、情感态度体验的深度，还是从能力习惯养成的程度来说，中小学劳动教育都应是一个整体，不同阶段之间既相互独立又相互联系，循序渐进，从“兴趣培养”到“感性体验”，从“价值认同”到“理性践行”再到“劳动创造”，形成感知、认知、行知、悟知循环往复的劳动教育认知与实践逻辑。① 因此，劳动周的主题选择也应体现不同学段的螺旋进阶，同一劳动主题可在不同学段重复安排，但在劳动内容、劳动强度和劳动方式上要体现进阶性延伸。劳动周主题的连贯性设计，有利于劳动教育的长周期进行，也有利于学校劳动周品牌的打造。学生在持续的劳动中，实现劳动态度、劳动品质和习惯的潜移默化。

5. 可操作性原则

劳动周主题和项目的选择既要依据现实的需要，又要考虑现实的可能。由于各学校所具有的办学环境和办学资源不同，劳动周的实践也具有校本化的特点。处于不同经济发展水平地区的学校，其办学的物质条件、周边社区资源等都会有所不同。因此，劳动周的开展不能超越学校的具体环境和条件的制约，主题选择需充分考虑活动开展的可操作性，确定在现有条件和资源的支持下是可以完成和实现的。这就需要实事求是地分析区域、学校等为劳动周开展所能够提供的环境和条件，了解和把握现实情况，

---

① 陶凤云、沈紫晴、胡斌武：《新时代一体化劳动教育体系：价值导向与实践进路》，载《教育理论与实践》，2022(25)。

充分利用各种资源，选择最方便操作、最有利于学生发展的劳动周主题。

(二)劳动周的内容选择

劳动周的内容安排，应围绕劳动主题的意义建构，设计一系列劳动任务，促进学生在完成任务和解决问题的过程中发展核心素养。① 在内容选择和设计中，应主要关注以下方面。

1. 注重内容的渐进性

劳动教育的开展要按照活动的逻辑系统和学生的认识发展顺序进行，使学生循序渐进地掌握劳动基本技能、生成劳动习惯，形成较为严密的逻辑思维能力。劳动周的内容应基于日常生活劳动、生产劳动、服务性劳动相关内容，围绕劳动周主题设计一系列渐进式的项目和劳动任务，促进学生在任务完成和问题解决的过程中提高劳动素养。劳动周中的劳动任务要与劳动周主题相关，内容循序渐进、相互关联、螺旋上升，可以根据劳动周主题的内在逻辑关系，分解劳动任务，确定劳动内容，设计难度层级。当然，劳动周也可以是横向多个任务的组合，如“个人内务的整理”，可以根据学生的年龄特点设置由简单到复杂的劳动任务，如从简单的衣物整理，到复杂的书橱整理、床铺整理等多项劳动任务。

2. 注重项目的综合化

劳动是人类的基本实践活动，与人类生活、生产密不可分。劳动教育作为学生劳动价值取向的主要教育路径，在项目活动安排上，应借助劳动周时间的特定优势，科学设置教学内容。为防止枯燥的理论型教育，在劳动周实践期间，学校可以安排学生亲身体验某一劳动项目的全过程。例如，让学生在田间自主耕种，体验某一农耕全过程，更加真实地感知农事流程，体察农耕艰辛，从而加深对劳动过程的理解，珍惜劳动成果。

3. 注重任务的科学化

发展心理学表明，青少年学生的身心发展是一个持续不断的渐进过程，是逐渐地由较低水平到较高水平的持续性发展过程，这个过程有一定的顺序性，又有一定的阶段性。因此，劳动内容的选择和劳动任务的设计要结合学生当前劳动能力实现劳动内容和任务的具体化、科学化和有效化。劳动周活动的开展要基于学生的认知规律和年龄特点，劳动内容的难度和强度要适合不同年龄阶段学生发展的特点，不高估也不低估学生的劳动能力。同时，从“积极促进”的意义上来说，劳动周内容的设置应当符合学生当前及长远发展的需求，依据“跳一跳，摘个桃”的理念，适当超越学生现有的发

① 中华人民共和国教育部：《义务教育劳动课程标准(2022年版)》，44页，北京，北京师范大学出版社，2022。

展水平，同时又是经过学生努力可以实现的，将劳动项目确定在学生能力范围之内，并让学生有所挑战，最终实现劳动教育“树德、增智、强体、育美”的目的，不能流于形式。

4. 注重任务形态的多样化

劳动周既要结合学校、学生的实际情况，又要嵌套于日常生活、生产实践中，因此实现的形式灵活多样，任务形态丰富。广大中小学可结合地域特色和校本课程，尽可能地丰富劳动周的活动形式，拓展劳动周的项目范围，如通过开展技能竞赛、跳蚤市场、劳模大讲堂、主题演讲或辩论、成果展示、职业体验等多种形式，为学生提供学工、学农、学商等多种场域的劳动实践和劳动体验机会。

(三)劳动周的组织实施

劳动周是一个全方位、系统性的劳动实践活动，因此劳动周的开展对劳动的方案设计、资源条件、安全规范等方面都有较强的要求。

1. 制定周密实施方案

劳动周是一个较为系统的劳动实践活动，涉及人、财、物、事、场等方方面面的因素，因此需要制定周密的实施方案。首先，涉及哪些人员，是哪一个学段的学生，以及对应的教师、家长，临行之前要组织各类人员召开动员会，强调各种注意环节和安全事项；其次，财力、物力是否到位，劳动工具的购买、劳动材料的选择，既要有针对性，又要有足够的保障；再次，劳动的流程设计、师资安排、过程记录、考核方式等都要有详细的安排，确保各环节万无一失；最后，去哪里，校园内还是校园外，农场还是工厂，都需要提前进行协调组织。

2. 统筹劳动教育资源

劳动周的资源涉及人力资源、基地资源和财力资源等方面，在劳动周的实施过程中，应积极拓展各类资源，确保劳动实践的有序开展。人力资源主要是师资、管理人员的配备，劳动周的组织需要在校内专任教师、校外实践教师的配合下完成，必要的时候争取学生家长的支持；基地资源包括校内实训室、劳动基地，校外劳动基地，农场，工厂等社会资源，学校应根据劳动项目的主题特点和任务要求，合理安排相应的劳动基地；财力资源是劳动实践开展的基本保障，学校可以为劳动周提供专项经费支持，以确保劳动工具、劳动材料、人员组织等各方面的劳动开支。

3. 注意劳动安全规范

劳动周作为一项相对复杂的实践活动，存在一定的安全隐患，因此应提醒学生做好防范防护，避免受到不必要的伤害。劳动安全主要包括劳动环境安全和劳动过程安全两方面。劳动环境主要应考虑劳动场所的地理环境、天气状况、工作环境等因素，尤其是室外的劳动实践，应提前了解劳动基地的自然环境、地理地貌、天气变化等因素，做好防护保护，防患于未然；室内的劳动实践应提醒学生注意农场、工厂的环境污染、生产隐患等因素，戴好口罩、安全帽等必备安全装备。劳动过程主要应考虑劳动设施设备、劳动工具、劳动材料、操作流程等方面的安全因素，要给学生详细地讲解劳动过程的操作规范、劳动工具的使用规范，避免大型机器设备、尖锐劳动工具、烈性化学材料等物品可能造成的伤害。

第二节
中小学劳动周项目设计

一、学期劳动周项目设计

忙碌的清明①

【课程背景】

清明既是中国的传统节日，又是二十四节气之一。作为传统节日，它有祭祀、踏青、蹴鞠、插柳、放风筝、吃寒食等习俗；作为二十四节气之一，“清明前后，种瓜种豆”“植树造林，莫过清明”。《劳动课程标准》在“劳动项目开发建议”中指出：“要将劳动内容与当地的传统文化相联系，让劳动教育成为激发学生学习中华优秀传统文化、树立民族自豪感的重要渠道。”传统节日和二十四节气都是中华优秀传统文化，所以将清明习俗研发成劳动教育课程很有必要。

【课程理念】

1. 以紧贴学生生活实际和社会生产实际的时令活动为出发点。

2. 将劳动实践和其他学科(语文、体育、道德与法治、美术等)结合起来，尤其是三年级下册语文里的“综合性学习：中华传统节日”。

3. 充分利用好家长资源和学校资源。

4. 倡导丰富多样的实践方式：注重动手实践、手脑并用、知行合一、学创融通。

5. 注重综合评价：评价内容多维、评价方法多样、评价主体多元。

6. 强化课程实施的安全保障：强化学生劳动安全意识的培养，注重劳动课程实施中的安全保障。

---

① 此案例来自安徽省宁国市城南学校，设计者为贾成刚、段发梅。

【课程目标】

1. 初步体验简单的种植、养殖、手工制作等生产劳动。

2. 能规范地使用常用的劳动工具，了解常用材料的作用与特征。

3. 对劳动过程中遇到的问题具有好奇心和探究欲望。

【课程内容】

1. 第一天：小小纸花祭英烈。扎纸花，组成花篮，遥祭英烈。

2. 第二天：创意蹴鞠大比拼。用自己喜欢的材料制作蹴鞠，用自己喜欢的方式踢蹴鞠。

3. 第三天：自绘风筝驾东风。统一购置白色风筝，学生绘制图案，放飞。

4. 第四天：拂堤杨柳醉春烟。编柳条帽、插柳。

5. 第五天：清明糍粑香味美。制作清明糍粑，品尝清明糍粑。

6. 第六天：反思交流。

7. 第七天：榜样激励。

【课程组织】

1. 组织领导：校委会。学校在人力、物力、财力等方面提供充分支持。

2. 实施年级：三年级。

3. 实施时间：两星期(一星期准备，一星期实施)。

4. 劳动场所：学校、家庭、河畔等。

5. 课程指导：三年级班主任。

【课程准备】

1. 现场考察，形成预案

细致考察劳动场所，细化每个劳动项目所需要的原材料、工具、相关条件、劳动进程等，形成课程预案。

2. 召开家长会，讲解说明

(1)讲解本劳动周课程的内容、目的和意义。

(2)讲解该项劳动所需要的劳动知识和技能，所需要的原材料、劳动工具及正确使用工具的方法和技术，请家长在家准备，并对孩子做相应培训。

(3)招募懂技术的家长担任技术指导。

3. 召开班会，讲解说明

(1)讲解本劳动周课程的内容、目的和意义。

(2)讲解该项劳动课程中需要遵守的劳动纪律。

(3)讲解该项劳动所需要的劳动知识和技能，所需要的原材料、劳动工具及正确使用工具的方法和技术，让学生提前准备。

4. 确定方案，准备预案

确定每个劳动项目的实施方案，包括安全预案。

【课程实施】

1. 第一天：小小纸花祭英烈

(1)劳动准备(家庭)

①工艺准备：向家长学习，或上网学习纸花扎制的材料、工具和方法。

②材料准备：白纸、彩纸、糨糊、细铁丝、柳条等。

③工具准备：剪刀、老虎钳等。

(2)扎制纸花(教室)

①独立扎制。

②所扎制的纸花接近的聚为一组，相互交流扎制工艺，提升自己的扎制技能。

③学习其他纸花的扎制工艺，扎制新纸花。

(3)遥祭英烈(操场)

①分组，每组都包含不同的纸花。

②向每组发放柳条，合作编织柳条篮，再往柳条篮里插纸花，制成花篮。

③面向烈士陵园，献花篮祭奠英烈。

(4)劳动评价(见表 6-1)

表 6-1　“小小纸花祭英烈”劳动项目评价表

项目内容	自我评价	同伴评价		指导老师评价	
	☆☆☆☆☆	☆☆☆☆☆	评价人	☆☆☆☆☆	评价人
劳动准备					
扎制纸花					
遥祭英烈					

2. 第二天：创意蹴鞠大比拼

(1)劳动准备(家庭)

①工艺准备：教师介绍蹴鞠，提示学生可用自己最方便的材料制作蹴鞠。

②材料准备：可以是纸、布、竹条、藤条等。

③工具准备：根据自己的情况准备工具。

(2)制作蹴鞠(教室)

①独立制作。

②展示自己制作的蹴鞠，介绍自己的制作工艺。

③尝试制作其他工艺的蹴鞠。

(3)蹴鞠比赛(操场)

①个人表演赛。

②双人表演赛。

③小组对抗赛。

(4)劳动评价(见表 6-2)

表 6-2 “创意蹴鞠大比拼”劳动项目评价表

项目内容	自我评价	同伴评价		指导老师评价	
	☆☆☆☆☆	☆☆☆☆☆	评价人	☆☆☆☆☆	评价人
劳动准备					
制作蹴鞠					
蹴鞠比赛					

3. 第三天：自绘风筝驾东风

(1)劳动准备(家庭)

①统一购置白色风筝，含调色盒、小排笔、线轴等工具和配件。

②分发白色风筝及工具和配件。

(2)绘制风筝(教室)

(3)组装风筝(操场)

(4)放飞风筝(操场)

(5)劳动评价(见表 6-3)

表 6-3 “自绘风筝驾东风”劳动项目评价表

项目内容	自我评价	同伴评价		指导老师评价	
	☆☆☆☆☆	☆☆☆☆☆	评价人	☆☆☆☆☆	评价人
劳动准备					
绘制风筝					
组装风筝					
放飞风筝					

4. 第四天：拂堤杨柳醉春烟

(1)劳动准备

①介绍插柳习俗。插柳习俗很早就有了。“插柳”有两个意思：一是佩戴柳枝；二是用扦插的方式繁育柳树。

②招募家长志愿者携带柴刀、榔头。

(2)家长志愿者选柳树枝

(3)编柳条帽：家长志愿者削下柳树枝上的柳条分发给学生，学生编柳条帽，佩戴

(4)插柳：家长志愿者将柳树枝截断，约 1 m 长，再削成树桩，学生扶着柳树桩，家长志愿者用榔头钉到特定区域(如河边)，约 40 cm 深

(5)劳动评价(见表 6-4)

表 6-4　“拂堤杨柳醉春烟”劳动项目评价表

项目内容	自我评价	同伴评价		指导老师评价	
	☆☆☆☆☆	☆☆☆☆☆	评价人	☆☆☆☆☆	评价人
编柳条帽					
插柳					

5. 第五天：清明糍粑香味美

(1)劳动准备

①工艺准备：向家长学习制作清明糍粑的方法。

②材料准备：学校食堂准备好制作清明糍粑的糯米粉、馅儿等。

③工具准备：一次性手套、电蒸笼、食物盛盘等。

(2)包清明糍粑

(3)蒸清明糍粑

(4)吃清明糍粑

(5)劳动评价(表 6-5)

表 6-5　“清明糍粑香味美”劳动项目评价表

项目内容	自我评价	同伴评价		指导老师评价	
	☆☆☆☆☆	☆☆☆☆☆	评价人	☆☆☆☆☆	评价人
劳动准备					
包清明糍粑					
蒸清明糍粑					

6. 第六天：反思交流

请根据下面的提纲说说心里话：

可爱的同学们，“忙碌的清明”劳动周即将结束。五天的劳动，老师说句心里话：你们是最棒的！你们有许多心里话想说吗？那就从下面几个方面说说吧。

(1)我的“第一次”

①我第一次________________

我想说：________________________________

②我第一次________________

我想说：____________________

(2)难忘的地点

①____________

我想说：____________________

②____________

我想说：____________________

(3)我想对您说

①我想对______说：____________

②我想对______说：____________

(4)你还有什么心里话想说吗？

____

____

老师再说句心里话："祝你们天天开心，天天进步哟!"

7. 第七天：榜样激励

评选先进：学生个人奖、小组奖、家庭奖等。

二、假期劳动周项目设计

七彩支教①

【课程背景】

为积极响应"双减"政策和劳动教育政策，引导大学生深入贯彻习近平总书记关于乡村教育赋能乡村振兴，进一步提高乡村教育质量的战略思想，引领高校师范生在实践中切实感受时代脉搏，服务乡村留守儿童，特开发七彩支教劳动周。

【课程理念】

1. 以紧贴学生生活实际和社会生产实际活动为出发点。

2. 将劳动实践和其他学科(语文、数学、科学、道德与法治、艺术等)以及大学生暑期实践结合起来。

3. 充分利用好高校资源、家长资源和小学资源。

4. 倡导丰富多样的实践方式：注重动手实践、手脑并用、知行合一。

5. 注重综合评价：评价内容多维，评价方法多样，评价主体多元。

6. 强化课程实施的安全保障：强化学生劳动安全意识的培养，注重劳动课程实施

① 此案例由江苏师范大学教育科学学院分团委研制，用于师范生暑期支教。

中的安全保障。

【课程内容】

1. 第一天：小小窗花展创意。剪窗花，贴窗花，交流制作技巧，提升裁剪技能。

2. 第二天：智力象棋大比拼。介绍象棋，双人对抗赛、守擂赛和小组对抗赛。

3. 第三天：篝火舞蹈度良宵。排练晚会节目、篝火晚会。

4. 第四天：戏剧脸谱绘中华。介绍脸谱、自绘脸谱、脸谱展示。

5. 第五天：树叶飘香贴画美。选择合适树叶，设计版面，粘贴树叶，展示树叶粘贴画。

6. 第六天：反思交流。

7. 第七天：榜样评选。

【课程目标】

1. 在集体劳动中团结协作，提升与他人合作劳动的能力。在劳动过程中自觉遵守劳动纪律，形成诚实劳动、合法劳动的意识。

2. 主动参加校园卫生保洁和环境美化等劳动，增强公共服务意识，初步形成社会责任感。

【课程组织】

1. 组织领导：校委会。学校在人力、物力、财力等方面提供充分支持。

2. 实施年级：4～6 年级。

3. 实施时间：两星期(一星期准备，一星期实施)。

4. 劳动场所：学校、家庭、社区等。

5. 课程指导：小学各班主任、师范类专业大学生。

【课程准备】

1. 现场考察，形成预案

细致考察支教学校及周边劳动场所，细化每个劳动项目所需要的原材料、工具、相关条件、劳动进程等，形成课程预案。

2. 召开家长会，讲解说明

(1)讲解本暑期劳动周课程的内容、目的和意义。

(2)讲解各项劳动所需要的劳动知识和技能，所需要的原材料、劳动工具及正确使用工具的方法和技术，请家长在家准备，并对孩子做相应培训。

3. 召开班会，讲解说明

(1)讲解本暑期劳动周课程的内容、目的和意义。

(2)讲解劳动课程中的需要遵守的劳动纪律。

(3)讲解各项劳动所需要的劳动知识和技能，所需要的原材料、劳动工具及正确使用工具的方法和技术，让学生提前准备并做初步了解。

4. 确定方案，准备预案

确定每个劳动项目的实施方案，包括安全预案。

【课程实施】

1. 第一天：小小窗花展创意

(1)劳动准备(家庭)

①工艺准备：向家长学习，或上网学习制作窗花的材料、工具和方法。

②材料准备：画笔、双面胶等。

③工具准备：剪刀等。

(2)制作窗花(教室)

①独立制作。

②所制作的窗花色彩相同的聚为一组，相互交流制作技巧，提升自己的裁剪技能。

③学习其他窗花裁剪方法，制作新窗花。

(3)创意展示(教室)

①分组，每组都包含不同的窗花。

②每组派代表讲述创意理念。

③面向同学们，发挥创意，共享思路。

(4)劳动评价(见表 6-6)

表 6-6 "小小窗花展创意"劳动项目评价表

项目内容	自我评价	同伴评价		指导老师评价	
	☆☆☆☆☆	☆☆☆☆☆	评价人	☆☆☆☆☆	评价人
劳动准备					
制作窗花					
创意展示					

2. 第二天：智力象棋大比拼

(1)劳动准备(家庭)

①工艺准备：教师介绍象棋。

②材料准备：统一购买象棋。

③工具准备：根据自己的情况准备工具。

(2)学习象棋(教室)

①独立收集资料。

②展示自己了解到的象棋知识。

③教师统一介绍象棋规则。

(3)象棋比赛(操场)

①双人对抗赛。

②守擂赛。

③小组对抗赛。

(4)劳动评价(见表 6-7)

表 6-7　“智力象棋大比拼”劳动项目评价表

项目内容	自我评价	同伴评价		指导老师评价	
	☆☆☆☆☆	☆☆☆☆☆	评价人	☆☆☆☆☆	评价人
劳动准备					
学习象棋					
象棋比赛					

3. 第三天：篝火舞蹈度良宵

(1)劳动准备(家庭)

①统一购置火柴等。

②分发服装、食物等。

(2)排练晚会节目(教室)

(3)篝火晚会(操场)

(4)劳动评价(见表 6-8)

表 6-8　“篝火舞蹈度良宵”劳动项目评价表

项目内容	自我评价	同伴评价		指导老师评价	
	☆☆☆☆☆	☆☆☆☆☆	评价人	☆☆☆☆☆	评价人
劳动准备					
排练晚会节目					
篝火晚会					

4. 第四天：戏剧脸谱绘中华

(1)劳动准备

准备空白脸谱、颜料、画笔等。

(2)学习脸谱

教师介绍脸谱来源、分类等(教室)。

(3)自绘脸谱(教室)

(4)成果展示(教室)

(5)劳动评价(见表 6-9)

表 6-9 “戏剧脸谱绘中华”劳动项目评价表

项目内容	自我评价 ☆☆☆☆☆	同伴评价		指导老师评价	
		☆☆☆☆☆	评价人	☆☆☆☆☆	评价人
劳动准备					
学习脸谱					
自绘脸谱					
成果展示					

5. 第五天：树叶飘香贴画美

(1)劳动准备

①工艺准备：学习制作树叶粘贴画的流程。

②材料准备：收集各种各样的树叶等。

③工具准备：胶水、剪刀、卡纸等。

(2)选择合适大小、形状的树叶，设计创意版面

(3)粘贴树叶

(4)展示树叶粘贴画

(5)劳动评价(见表 6-10)

表 6-10 “树叶飘香贴画美”劳动项目评价表

项目内容	自我评价 ☆☆☆☆☆	同伴评价		指导老师评价	
		☆☆☆☆☆	评价人	☆☆☆☆☆	评价人
劳动准备					
树叶粘贴 色彩搭配					
整体美感					

6. 第六天：反思交流

请根据下面的提示说说心里话：

亲爱的同学们，“七彩支教”劳动周即将结束。五天的劳动经历，几多欢笑几多泪水，一定给你们留下了深刻的印象，根据给出的提示，勇敢地说出你们的心里话吧！

(1)我的“第一次”

①我第一次____________________

我想说：____

②我第一次____________________

我想说：____

(2)难忘的事情

①________________

我想说：____

②________________

我想说：____

(3)最喜欢的环节

①我最喜欢________________________

原因：____

②我最喜欢________________________

原因：____

(4)我想对您说

①我想对________说：______________________________________

②我想对________说：______________________________________

(5)你还有什么心里话想说吗？

____

____

老师觉得，同学们都表现得非常棒，希望你们好好学习，天天向上！

7. 第七天：榜样评选

评选先进：学生个人奖、小组奖、班级奖等。

本章小结

劳动周作为劳动必修课的进一步拓展，对于丰富学生的劳动实践性，涵育学生的综合劳动素养具有重要的价值和意义。在劳动周的设计过程中，应根据学生的能力水平和校内外劳动资源条件，选择合适的、可操作性强的劳动教育主题、项目内容和组织方式。根据劳动周所处的时间段，可分为常规学期内的劳动周和寒暑假当中的假期劳动周，两种劳动周应根据特定的时间特点，并结合学校的相关实际选择合适的劳动项目。

章后练习

1. 相比于劳动必修课程，劳动周有什么独特的价值内涵？

2. 在劳动周的设计过程中，应该坚持哪些原则？劳动周的内容选择应该注意什么？

3. 你认为本章设计的两个劳动周项目有哪些可借鉴之处？

4. 请结合自身经验和学校实际，尝试设计一个简单的劳动周框架。

拓展阅读

1. 陶行知. 生活即教育[M]. 武汉：长江文艺出版社，2021.

2. 顾建军. 建构一体化劳动课程为义务教育劳动育人奠基——《义务教育劳动课程标准(2022年版)》解读[J]. 全球教育展望，2022(7).

3. 梁惠燕. 基于学习任务群的中小学劳动教育课程设计[J]. 教育理论与实践，2022(8).

4. 金华星. 劳动实践育人的课程化落地[J]. 基础教育课程，2020(5).

5. 中华人民共和国教育部. 义务教育劳动课程标准[S]. 北京：北京师范大学出版社，2022.

6. 王义高，蔡青. 苏霍姆林斯基论劳动教育[J]. 外国教育动态，1982(01).

7. 陶凤云，沈紫晴，胡斌武. 新时代一体化劳动教育体系：价值导向与实践进路[J]. 教育理论与实践，2022(25).

第七章

中小学学校劳动课程设计

本章结构图

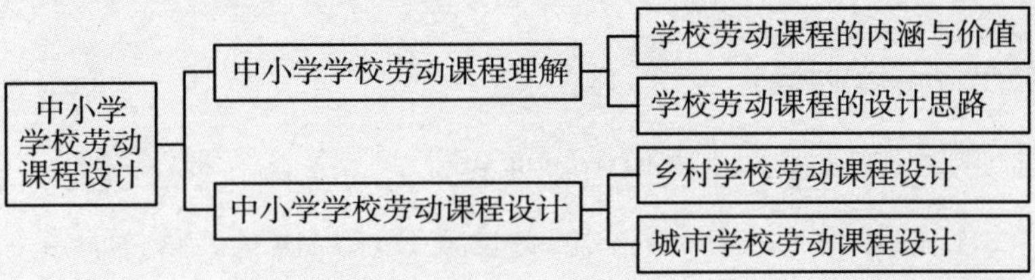

章前导语

学校劳动课程是在学校层面建构的劳动教育课程体系，包括基础型劳动课程、学科融合型劳动课程、拓展型劳动课程。正确认识与理解学校劳动课程是前提，对于学校劳动课程内涵的把握是基础，对学校劳动课程的价值确认是进行课程设计的参照依据。学校劳动课程设计的科学性与合理性直接决定着学校劳动教育开展的质量与效果。学校劳动课程设计需从课程目标、课程体系、课程实施、课程评价等维度进行综合考虑。同时，在具体实践中要因地制宜，充分考虑城市、乡村学校以及不同劳动项目类别的差异性，有效实施学校劳动课程。

关键术语

中小学　学校劳动课程　乡村学校劳动课程　城市学校劳动课程

第一节
中小学学校劳动课程理解

一、学校劳动课程的内涵与价值

(一)学校劳动课程内涵

学校劳动课程主要是指在学校层面以课程形式为主体，整合多元劳动教育资源，构建内容多样、特色鲜明、综合、有效的劳动教育课程体系。具体而言，可以分为三种类型课程：(1)基础型劳动课程：基于基础劳动知识传授、基础劳动技能养成、基础劳动意识与精神生成的课程；以基础性的生活劳动、生产劳动、服务性劳动为主要课程内容；(2)学科融合型劳动课程：通过科学设计将劳动教育元素有机融入语文、数学、英语、科学、道德与法治、艺术、信息、体育等学科内容中，构建劳动教育融合课程；(3)拓展型劳动课程：在基础性、融合性的劳动课程内容之外，创新开设的各种校内校外实践活动，是基于区域特色与学校自身条件，整合丰富教育资源，构建的特色劳动课程体系，以满足学生的独特性、差异性、多样性需求和学校的特色化、多元化发展需要。

(二)学校劳动课程价值

1. 优化学校课程体系

2020年颁布的《中共中央 国务院关于全面加强新时代大中小学劳动教育的意见》和《大中小学劳动教育指导纲要(试行)》两个文件明确了劳动教育在五育并举教育体系中的地位，同时肯定了独立设置劳动课程的必要性。在此背景之下，《劳动课程标准》明确了劳动课程在课程体系中的独立地位，有助于构建一贯制的劳动课程体系。基于马克思主义基本原理，人之为人就在于实现自我的全面发展，成为一个完整的人。教育的终极目标是实现学生的全面发展、自由展现，学生的全面发展意味着德智体美劳的全方位发展。因此，劳动课程在中小学校中开出、开齐、开好、开出特色，能够充分发挥劳动独特、综合的育人价值，有助于学校课程体系的优化，实现德智体美劳全面培养教育体系的建构。

2. 赋能学校综合育人

劳动具有独特的综合育人价值，学校劳动课程的设置有效赋能学校综合育人，促进五育融合。

(1)学校劳动教育课程通过设计多样的教育内容，引导学生投入到实践中去，不断增强劳动实践能力。通过参与家务劳动、个人日常事务、学校和班级的日常劳动事务，提升劳动生活能力；通过参与社区服务、福利院清扫等社会公益劳动等提升劳动服务能力；通过参加务农、务工等生产劳动以及现代服务业的体验劳动，提升劳动实践素质。

(2)基于课程标准的劳动任务群课程体系引导学生既要“做”又要“会做”，厚植劳动情感与意志。在课程教学中通过巧妙设计激发学生的兴趣，维持他们的动机，引导他们在劳动实践过程中感悟与体验快乐和艰辛，领悟劳动的价值意义；联结自身和人民群众的感情，培养强烈的责任感，增强成就感、获得感和荣誉感；磨炼他们的劳动意志，习得正确的劳动行为，引导学生形成优良的道德思想品质与完善的人格。

(3)学校劳动教育课程具有较强的综合性和系统性，培养学生的综合知识应用能力。学校劳动课程体系注重强化劳动知识和技能的统筹协调，使学生更好地将劳动的相关技能和理论知识相结合，推动学生在技能知识的综合运用、整合学习中，提升自身创造、迁移、反思、综合、分析的能力。①

(4)学校劳动课程有利于中小学生更好地发展其社会属性。中小学阶段是心智发展和三观树立的关键时期，是建立利他性、服从性、依赖性、自觉性等社会属性的核心阶段。劳动课程为中小学生提供了认识社会和参与社会的契机与载体，提供了在脑力劳动和体力劳动协同运作中发掘社会需求的窗口，能够健全和塑造中小学生的心智模型与社会属性，在理解个人与社会关系中不断社会化。

3. 丰富“双减”后课后服务活动

随着“双减”政策的落地，非学科类素质教育迎来发展良机。在中小学尤其是义务教育阶段开设独立的劳动课程，是响应“双减”政策、深化新课改、推进素质教育的需要，是政之所向，更是民之所望。独立的劳动课程设置直接丰富了非学科类课程的学习内容，强化了学习深度，提供了新的学习渠道、学习形式、学习模式，与传统侧重知识传授的学科课程、强调体质锻炼的体育课程形成了有效互补和互嵌，有利于学生形成更加完善的人格与素养体系。

学校劳动课程有助于丰富中小学生的课外体育活动，增强身体素质。2021年，第八次全国学生体质与健康调研结果显示，我国学生体质健康达标优良率总体呈上升趋势，但是也存在学生视力不良和近视率偏高、学生超重肥胖率上升、学生握力水平有

① 朱尊尊：《中小学劳动教育课程活动设计及评价探索》，载《教学管理与教育研究》，2022(19)。

所下降等身体素质问题。基于此，中小学生迫切需要多个方面、多种类型的锻炼形式。而擦玻璃、种花、拖地等多种家务劳动可以达到较好的锻炼效果。劳动课程强调一种“干中学”和“学中干”的学习模式，即既在课堂学习中锻炼，也在家庭劳动中学习。这可在无形中加强学生身体锻炼，是与其他课程的重要不同点。①

二、学校劳动课程的设计思路

学校劳动课程的设计应根据现实条件与实践需要，从整体层面上对课程目标、内容体系、组织实施、评价方式等要素通盘思考，并在实践中进一步优化。

（一）学校劳动课程目标设计

劳动课程标准强化课程育人导向，培养学生的劳动观念、劳动能力、劳动习惯和品质、劳动精神，最终指向学生适应个人终身发展和社会发展需要的正确价值观、必备品格和关键能力等核心素养的培育。

学校劳动课程目标设计主要考虑四个方面：其一，引导学生形成基本的劳动意识，树立正确的劳动观念，使学生认识劳动、尊重劳动，培养学生“想劳动”的内驱力；其二，发展学生初步的筹划思维，形成必备的劳动能力，使学生在多元劳动场所与课堂中学会与人、自然、社会和谐相处，学会团结协作，激发创新创造，培养学生“会劳动”的技术；其三，引导学生养成良好的劳动习惯，塑造基本的劳动品质，让学生自觉、自愿、安全规范地劳动，培养学生珍惜劳动成果、吃苦耐劳、持之以恒的品质；其四，培育学生积极的劳动精神，做到坚韧不拔、拼搏奋斗、敬业奉献，以劳树德、以劳育美，以劳动创造幸福生活。

（二）学校劳动课程体系设计

学校劳动课程要围绕日常生活劳动、生产劳动和服务性劳动，以任务群为基本单元，根据各学段学生身心发展水平，设计并组织内容结构。

1. 学校劳动课程体系整体建构思路

课程内容要根据不同学段要求实现螺旋式建构。小学阶段，以日常家务劳动和自我服务劳动为主，低年级课程以个人生活起居为主要内容，如学生个人物品整理清洗、教室环境卫生维护、身边动植物照料等，使学生懂得人人都要劳动、爱惜劳动成果的道理；高年级课程以校园劳动、衣物清洗、庭院打扫为主要内容，让学生体会劳动光荣，尊重普通劳动者，初步体验种植、养殖、手工制作等简单的生产劳动，养成热爱

---

① 陈美萍：《独立开设劳动课恰逢其时》，载《中国教育报》，2022-05-12。

劳动、热爱生活的态度。初中阶段，学生要承担一定的日常保洁、烹饪、家居美化等劳动，适当体验金工、木工、电工、陶艺、布艺等劳动项目，获得初步的职业体验，体会劳动创造美好生活，强化社会服务与责任担当。普通高中注重开展服务性劳动、生产劳动、公益劳动与志愿服务，培养学生主动服务他人、服务社会的情怀。同时，劳动课程内容要与时俱进，紧跟时代变革，按照劳动课程标准“新技术体验与应用”任务群要求，开发新业态劳动教育内容，如设计三维打印小物件、了解基因图谱和人工智能技术等。

2. 学校劳动课程体系的具体设计

(1)基础型劳动课程

学校应面向各年级学生开设此类课程，向学生介绍包括劳动精神、劳动价值、劳动安全等基础性劳动知识，通过组织先进事迹报告、参观学习、现场教学等多种活动，引导学生亲身感知劳动乐趣，感悟劳动精神，学会与他人合作劳动，体会到劳动最光荣、劳动最崇高、劳动最伟大、劳动最美丽，形成积极的劳动价值观。具体呈现为生活劳动、生产劳动以及服务性劳动课程。第一，生活劳动课程以学生的真实生活经历和生活体验为起点，在真实的生活情境中实施。其中基于学校生活的服务性劳动主要从校园秩序、环境保洁和班级管理等方面以岗位设置的形式培养学生的合作意识和自主管理能力。个体日常生活劳动主要从居家生活、日常起居等方面以习惯养成的方式培养学生的自理意识和劳动美德。第二，生产劳动包括农业生产劳动、传统工艺制作、工业生产劳动、新技术体验与应用等，生产劳动教育的关键在于让学生用自己所学的科学文化知识，以及一定的工具、材料、技术、体力和脑力作用于劳动对象，参加自己力所能及的体力、脑力劳动，体验出力流汗和动脑动手的劳动过程。第三，服务性劳动，更注重学生劳动服务意识与能力的培养，学校应组织学生开展社区服务和现代服务性劳动。

(2)学科融合型劳动课程

劳动教育不仅仅是“五育”中的一个教育维度，更重要的是与其他四育相融合，为其他四育开展奠定基础。劳动教育内容涉及生活世界的各个方面，并非是孤立的封闭系统。因此，学校劳动教育开展一定要与各个学科有效融合。通过科学设计将劳动教育元素有机融入语文、数学、英语、科学、道德与法治、音乐、美术、体育等学科内容当中，构建劳动教育融合课程体系。因此，学校的劳动教育课程规划应明确提出在各科教学中加强劳动精神和劳动态度培养的要求，建立全课程参与机制，积极开发多学科劳动教育融合课程，在学科教学中自觉自然地渗透劳动教育价值，实现“劳育课程”向“课程劳育”的转变。

(3)拓展型劳动课程

劳动教育内容多元广泛，各个学校的劳动教育课程不应该追求完全统一，而应该充分凸显自身特色，开发拓展性劳动课程，满足学生的独特性、差异性、多样性需求和学校的特色化、多元化发展需要。学校应充分挖掘和利用所在区域内的特色资源，如红色旅游资源、科技资源、农业资源、工业资源等，从中提炼劳动课程资源；同时，梳理和凝练学校自身的办学特色，自主开发具有地域特色和学校特色的校本劳动课程，如传统工艺、现代农业、文化产业等。

(三)学校劳动课程的组织实施

1．课时安排

劳动教育的课程形态必然要求在实施中尽量避免在课上说劳动，要尽量在完整的劳动过程中实现劳动教育的目标。根据劳动课程标准的要求，中小学劳动教育必修课程平均每周不少于1课时，用于活动策划、技能指导、练习实践和总结交流。但在具体实施时，可以根据学生年龄特点和任务群项目实践情况单节排课或2～3课时连排。因此，在排课时不一定按固定周课表来安排，可以结合主题项目和劳动任务群的具体要求进行统筹安排。在此基础上，还可以充分利用节假日和寒暑假等周期较长的时间安排具有特色的主题劳动周。

2．实施方式

以基础型劳动课程、学科融合型劳动课程和拓展型劳动课程构成的总体课程框架开展具体劳动教育实施。其中基础型劳动课程，可以基于十大劳动任务群，通过活动策划、技能指导、练习实践和总结交流的形式实施；学科融合型劳动课程可以以某一任务群为依托，通过建构跨学科主题性劳动项目，与新课程方案规定的“每门课程不少于10％的跨学科主题学习课时”统筹实施；拓展型劳动课程可以与综合实践活动、班团队活动、校本课程、地方课程等进行统筹实施，同时可以设立劳动周，采用专题讲座、主题演讲、劳动技能竞赛、劳动成果展示、劳动项目实践等方式进行。

3．实施场所

从实施场所来说，根据劳动课程内容特点，在具体实施过程中可以将校内、校外结合起来，将校园生活、家庭生活和社会生活有机融合。比如课程实施可以通过自建或利用社会资源建立以生存体验、素质拓展、科学实践、创新创业等为主要内容的规模适当、富有特色、功能完备的劳动教育基地、劳动技术实践教室；可以走进农村地区的土地、山林、草场等学农实践基地进行农业主题的劳动教育课程教学；通过走进厂矿企业等学工实践基地开展工业主题的劳动教育；通过沉浸城乡社区、福利院、医院、博物馆、科技馆、图书馆等事业单位、社会机构、公共场所等服务性劳动基地开展服务性劳动教育课程教学。此外，还可利用城镇地区现有青少年校外活动场所、青少年宫和示范性综合实践基地开展劳动实践教育；也可以依托涉农涉工高校、职业院校的教学实验农场和教学实训中心的场地开展劳动教育课程教学。

(四)学校劳动课程的效果评价

学校劳动教育课程评价坚持过程性评价与结果性评价相结合。劳动素养评价不仅关注劳动的结果或成效，而且关注学生的劳动观念、劳动能力、劳动习惯和品质、劳动精神等劳动综合素养的生成，要避免唯结果导向的评价，可以尝试构建劳动清单评价机制。清单中要清楚地列出具体的劳动内容，不同程度的劳动要求。只要学生努力完成劳动清单中的要求和内容，就能证明他们的劳动效果和质量符合预期。

学校劳动教育课程评价坚持综合评价与增值评价相结合。综合评价既观测学生在劳动实践中的意识、态度与习惯养成情况，也观测劳动统筹规划能力、掌握劳动知识技术的能力、协同能力与创新创造能力等。增值评价重在描述和评价学生在劳动过程中的进步与努力程度，充分利用人工智能等现代信息技术，建立劳动教育数据库，对平时劳动表现的量化数据与质性数据进行全方位采集、储存，由学校、教师、家长、学生多元主体给予科学的总体评价，并基于增量数据变化，评价学生的劳动努力程度与素养变化幅度。

第二节
中小学学校劳动课程设计

一、乡村学校劳动课程设计

乡村学校应充分利用浓厚的乡土资源包括自然资源、传统文化等，开发基于乡土资源、联动乡土资源、厚植乡土情怀的劳动教育课程体系。在此，以涉农类的“小麦宝”劳动课程方案为例，介绍乡村学校劳动课程方案设计过程。

“小麦宝”劳动课程方案①

(一)课程背景

乡村振兴战略是新时代解决“三农”问题的综合性系统方案，明确新时代乡村振兴的科学逻辑和发展重点，探索因地制宜的乡村振兴战略模式，对有效推动区域农业全

① 此案例来自江苏省徐州市新城实验学校，设计者为时任校长魏群，先后入选江苏省研究生优秀教学案例和教育部—中国专业学位案例中心案例库。

面升级、农村全面进步、农民全面发展具有重要的时代价值。乡村学校的教育与乡村振兴战略联系密切，因此，乡村学校要增强教育的现实性，结合时代背景制定课程，促进学生发展。

很多乡村学校周边都有耕地和各种农作物，如麦地、玉米地、稻田等，这就为学校因时、因地制宜，开展劳动教育提供了天然条件。本课程围绕小麦进行系统设计。小麦作为一种在全世界各地广泛种植的谷类作物，有很大的实用价值。小麦作为一种经冬的农作物，在“麦粒—麦苗—麦穗”的成长过程中，蕴含着励志的精神和顽强的品质，具有浓厚的价值内涵。以此为依据，确立了“小麦宝”课程名称。“小麦宝”不仅表达着孩子是“父母的宝贝”和“社会的宝藏”，而且体现了教师对学生成长为一个有价值、有毅力的人的期待。以“小麦宝”为灵魂，从农业生产劳动出发，将劳动教育课程延伸到生活性劳动和服务性劳动领域，形成全面的、完整的劳动教育任务群。

(二)课程目标

1. 唤醒劳动潜能，激发劳动热情

基于家庭、学校的实际条件，主动思考、体验劳动对个人与家庭生存、学校与社会生活乃至对世界、人类生态的重大价值，激发学生对劳动的兴趣和愿望，挖掘劳动潜能；使学生懂得人人都要劳动、劳动创造美好生活的基本道理，树立正确的劳动价值观，培养学生旺盛的劳动热情，使学生愿意劳动、热爱劳动。

2. 丰富劳动体验，提高劳动能力

在多种多样的劳动体验中，感受劳动对家校和谐、社会进步的意义，懂得尊重、感恩每一个劳动岗位，增强学生的责任心和认同感；通过各种形式的劳动实践，养成美好的劳动情感，锻炼学生综合运用各种知识的能力，真正做到爱劳动、多劳动、会劳动。

3. 培养劳动精神，磨砺劳动品质

营造劳动最光荣、劳动最伟大、劳动最美丽的优良氛围，弘扬崇尚劳动、勇于担当的劳模精神，养成尽职尽责、有始有终的劳动习惯；在学生与劳动的紧密联系中，磨砺不怕苦、不怕累、在逆境中成长的“小麦”品质。

4. 塑造“小麦”学子，培育时代新人

立足“做天地间的一株麦子”的初心，通过“以劳带全”的方式，让学生在持续性生活劳动、生产劳动和服务性劳动实践中，真正获得“德、智、体、美、劳”的全面发展，实现学生的蓄力生长；培育面向社会、面向未来的合格的时代新人。

(三)课程体系

1. 课程体系架构

本课程体系以小麦的成长为寓意，由小麦宝的日常、小麦宝的成长、小麦宝的社会服务和小麦宝的劳动周四个部分组成。这四个部分围绕日常生活劳动、生产劳动和服务性劳动三类劳动模块，根据学生的经验、基础和发展需要，以劳动项目为载体，以劳动任务群为基本单元展开。

2. 课程项目安排(见表 7-1)

表 7-1　“小麦宝”劳动课程项目安排

劳动课程群	项目名称	课时安排	适用年级
小麦宝的日常	自我服务	2 课时	1～4 年级
	校园小主人	2 课时	1～4 年级
	家庭小管家	3 课时	1～6 年级
	电器小专家	3 课时	3～6 年级
小麦宝的成长	三生万物园里的农耕	3 课时	1～6 年级
	云生态实验室里的种植	3 课时	1～6 年级
	现代木刻	2 课时	5～6 年级
	拆装室里的发明家	2 课时	5～6 年级
小麦宝的社会服务	走进酱醋厂	3 课时	1～6 年级
	走进消防队	2 课时	3～6 年级
	走进社区	2 课时	3～6 年级
小麦宝的劳动周	麦宝“开耕节”	3 课时	4～6 年级
	成长仪式“犁人节”	2 课时	4～6 年级
	四月读书“颂麦节”	2 课时	4～6 年级
	麦宝“庆丰节”	2 课时	5～6 年级

3. 课程项目内容

(1)小麦宝的日常

自我服务：按照家庭生活技能和学校生活技能两个模块展开，促进学生养成良好的生活习惯，掌握基本的生活技能，养成基本的劳动习惯，初步树立学生的主人翁意识和集体荣誉感。

校园小主人：在家庭生活技能和学校生活技能的学习、实践中，使学生掌握整理与收纳的基本方法，提高学生的动手能力和自理能力，使学生懂得劳动的不易，体会劳动的价值，学会尊重劳动者。

家庭小管家：使学生认识基本的蔬菜，教授学生一定的营养知识和烹饪常识、技能，丰富和拓展学生的劳动体验与劳动形式，培养学生的独立意识和自理能力，使学生懂得珍惜劳动成果。

电器小专家：引导学生认识并能安全使用常见的家用电器，了解家电的基本构造、原理和功能，掌握一定的家电维修技巧，养成规范使用和维护保养家用电器的意识和良好习惯。

（2）小麦宝的成长

三生万物园里的农耕：通过简单的农业实践，激发学生劳动的欲望和兴趣，掌握基本的劳动技能，初步了解自然科学、生命科学，思考人与自然的关系，体悟劳动的喜悦感和收获感。

云生态实验室里的种植：体验智能控制现代技术为现代劳动带来的价值，感受现代技术在生活生产中的实际应用，培养学生认识现代信息技术的兴趣和自信，掌握一定的编程技能。

现代木刻：在简单的传统工艺制作过程中，将传统文化进行创新，感受传统工艺的魅力，理解劳动创造美好生活的道理，陶冶学生的审美情感，形成主动传承和发扬民族传统工艺的意识。

拆装室里的发明家：在教师的引导和示范下，学生通过自身的观察、思考和探索，将所学知识应用于实际，鼓励学生不断进行发明创造，开拓创造性思维，养成乐于动手、勤于动手的劳动习惯。

（3）小麦宝的社会服务

走进酱醋厂：在新工业技术中体验现代服务业劳动，增强学生的自主探究欲望和热情，为学生提供宽阔的实践平台，在提高学生劳动技能的同时，培育精益求精、追求卓越的劳动精神。

走进消防队：带领学生了解基本的消防安全常识，认识劳动安全的重要性，提高自我保护的意识以及应付突发情况的能力；在消防岗位的模拟体验中，培养学生关心他人、服务社会的情感，懂得感恩他人劳动付出，形成爱岗敬业、甘于奉献的精神。

走进社区：在社区实践中，加强学生的精神文明建设，通过不同的社区岗位体验，树立正确的职业价值观，加强学生的责任感，养成乐于助人、惩恶扬善的习惯，自觉成为文明风气的传播者、弘扬者、践行者。

（4）小麦宝的劳动周

麦宝“开耕节”：在“开耕节”中，带领学生体验简单的种植、养殖、手工制作等生产劳动，了解常见的劳动工具；使学生懂得“一分耕耘，一分收获”的道理，初步形成热爱劳动的态度，养成辛勤劳动的习惯。

成长仪式“犁人节”：在“犁人节”的成长仪式中，让学生经历完整的劳动实践过程，唤醒学生的自主、自立、自强的意识，激发学生对未来的美好憧憬；在劳动过程中提高学生团结协作的合作能力，增强学生和老师、家长的互动，让学生懂得理解和关心他人。

四月读书“颂麦节”：通过学生自己的探索和沟通，了解小麦的生长过程，感悟小麦不畏严寒、蓄力生长的高贵品质；升华学生的劳动情感，养成学生尊重劳动、珍惜粮食的良好习惯，懂得感恩他人的劳动和奉献。

麦宝“庆丰节”：在粮食丰收的经历中，了解收割粮食的农业知识，体验丰收的喜悦，丰富学生的农业实践感悟；加深学生的劳动情感，升华学生的劳动精神，真正明白“粒粒皆辛苦”的道理。

(四)课程实施

1. 校本劳动课程

以国家课程标准为基础，为实现劳动教育的育人目标，打造精神饱满、自强担当、手脑相长、全面发展的学子，确立“劳以成事，育以成人”的课程理念，充分挖掘学校内外的劳育资源价值。在实施过程中，依据小学生的身心发展特征和兴趣爱好，通过“动—赏—创—享—悟”五环节，架构劳动教育校本课程体系。开设包括生活技能课、种植养殖课、传统工艺课、时代信息课、节日主题课、项目学研课等各类主题课程，又细分为自我服务、今日我当家、木工、创客空间、寻访劳模等具体项目。

2. 学科融合劳动课程

遵照国家课程标准，为落实“以劳树德、以劳增智、以劳强体、以劳育美”的目标，在语文、数学、英语、科学、艺术等学科教学中，结合学生学段特点、学科特点、活动特点，有机融入劳动实践，开展诸如语文学科的美文欣赏、自画像等课程，科学学科的工程测量、气象测量等课程；或者以跨学科主题单元教学为载体，以项目化学习为主要形式，开展诸如小麦的旅行、小小气象员等课程；或者以场馆学习和社团活动为载体，开展诸如校园小卫士、找个岗位去体验等课程。通过多种形式的课程实施，确保学科知识在劳动教育中的全方位渗透。

3. 校内场馆体验课程

场馆体验是将学校劳育资源整合在特定的情境中，让学生参与模拟、体验的一种课程组织方式。在校内可开设五育馆，分为艺术、生活、脑力、体能和慧创等若干劳动区，学生结合自身兴趣爱好，自主选择不同类型的区域进行劳动，如剪纸、木刻、陶艺等。此外，还可以设立融入多种新技术的少年农学院，通过系统的组织和规划、明确的分工，由专业的技术教师指导和教学，让学生在学校中体验种植、养殖等农业劳动，并采用个性化的劳动反馈形式。校内丰富的场馆体验有利于基于学生自身生活实际经验，激发学生不同的兴趣，挖掘不同的潜力，增加学生的选择性，促进学生各种劳动能力的均衡发展。

4. 家校共育与社团活动

在劳动课程的实施过程中，应打破学校“围墙”，与家庭、社区教育紧密衔接呼应，使各方劳育资源价值实现最大化。在家校共育方面，学校应鼓励、引导家长参与到学生的劳动教育之中，邀请家长亲临教育现场进行亲子互动，并参与到学生的教学评价，真正将劳动教育融入学生生活日常之中。社团活动则赋予劳动教育更多的色彩和活力，给予学生更多的自主权和能动性。根据各年级小学生的特点和学生的兴趣爱好，分年级开设涵盖不同主题的各类社团活动，学生可采用网络选课报名制，利用课后服务时间，在同年级之间走班上课，由外聘专业教师、家长及相关特长教师执教。

(五)课程评价

立足国家课程，彰显浓郁的校本课程特色，力求形成全方位、多维度的学生劳动素养评价体系。学校应充分凸显学生的主体地位，以学生发展为本，关注每一个学生的全面发展、持续发展和终身发展，追求评价的正面引领、正向强化功能。基于此，设计了“我的小粮仓”和“云劳动评价”两种特色评价方式，将“小麦”元素融入课程评价中，让学生在实践中感悟，在评价中成长。

1. 我的小粮仓

通过模拟粮仓中存粮、取粮的形式，让学生直观自主地对自身的劳动成果进行存储和管理。在具体评价过程中，教师从“德、智、体、美”四个维度出发，结合学生在劳动过程中的具体表现，给予学生不同数量的“麦穗”，并以此为评价等级的依据。学生可在一个课程周期完结后，用“麦穗”在五育馆内兑换各种物品，加深学生的劳动体验感。(见表 7-2)

表 7-2　我的小粮仓评价表

一级指标	二级指标	评价收获
以劳树德	增强劳动意识	
	树立劳动观念	
	弘扬劳动精神	
以劳增智	规范操作劳动	
	积极主动探索	
	自主独立创造	

续表

一级指标	二级指标	评价收获
以劳强体	出力流汗润心	
	增强身体素质	
	磨练意志品质	
以劳育美	学会欣赏美	
	主动发现美	
	能动创造美	

2. 云劳动评价

学校创设智慧云平台，加以信息补充与量化完善。以班级为单位实行“一生一账号”，由班主任统一管理，校管理员统筹规划。在云平台，学生可以将劳动画面、劳动作品，以文字、图片、音视频形式上传，每上传一个信息即可获得一定的“麦穗”，且一周一汇总。“云劳动评价”关注过程性评价，注重学生的点滴实践和积累，留存学生独特的劳动成长足迹，有利于学生劳动教育的个性化。

二、城市学校劳动课程设计

城市学校应结合现代工业化背景下智能制造、航空航天、生态环保等主题，开发体现科技创新、绿色环保等形式的劳动教育课程，并贯穿各学段，融入各任务群。在此，以绿色环保类的“生态小卫士”劳动课程方案为例，介绍城市学校劳动课程方案设计过程。

“生态小卫士”劳动课程方案①

(一)课程背景

改革开放以来，我国经济迅速发展，人民的生活水平得到了很大的提升。但随之而来的环境污染成了不可忽视的问题。2021 年 1 月，生态环境部在北京召开全国生态环境保护工作会议。会议指出，全国生态环境系统要把握新发展阶段、贯彻新发展理念、构建新发展格局，打好污染防治攻坚战，加快推动绿色低碳发展，持续改善生态环境质量，推进生态环境治理体系和治理能力现代化。

---

① 此案例来自江苏省徐州市星光小学荣盛城分校，设计者为时任校长曹克凡和江苏师范大学劳动教育科学学院劳动课程研发团队。

城市不仅是人口聚居、建筑密集的区域，而且是生产、销售、消费的集中地。因为人口密集、流动频繁、商业活动多，所以城市的生态环境面临严峻挑战。城市学校形成于城市、发展于城市，城市的环境直接影响着学校的发展和学生的成长。因此，城市学校要立足于区位特点，以保护生态环境为价值引领，致力于构建有学校特色的劳动课程体系，健全劳动教育协同机制，提高劳动教育实效。

(二)课程目标

1. 形成绿色生态理念，养成爱护卫生习惯

关注社会生活中的生态治理，逐步形成绿色生态理念；懂得人与自然密切联系、相互依存，人类生存于自然、发展于自然，人类的行为不能以破坏自然为代价；在亲身劳动体验中，加强自我约束和监督，养成爱卫生、勤清洁的习惯，自觉遵守保护环境的规范。

2. 生成健康养生观念，增强生活自理能力

通过烹饪、养生等课程的学习，掌握基本的生活常识，形成健康、环保的生活理念；以健康成长为价值追求，关注身体发展与饮食健康，学会根据营养的结构与价值对食材进行合理搭配，能够科学地调整自己的作息；在活动过程中，学会简单的烹饪技能，促进生活自理能力，增强生活的独立性与自主性。

3. 加强劳动锻炼意识，培养基本动手能力

在劳动实践中，认识劳动工具，养成环保意识，培养环保能力，珍惜他人劳动成果；形成对劳动锻炼的正确认识，意识到劳动促进身体健康成长，劳动创造美好生活；形成主人翁意识，掌握必备的劳动技能，积极主动参与学校、家庭、社会组织的劳动实践。

4. 树立服务社会精神，履行环境保护契约

通过多样化的服务性劳动实践，培养学生的社会契约精神，加深对服务社区、服务社会、服务地球村理念的理解；形成主动维护生态环境的价值取向，具有自觉承担环境保护社会责任的品质；在日常生活环境劳动中感受到服务他人与人类社会的意义与价值，在人类命运共同体建构中生发个人的成长。

(三)课程内容

1. 课程体系架构

以生态环保为课程理念，贯穿劳动课程全过程，设计形成“生态小卫士”劳动课程体系(见图7-1)，覆盖日常生活劳动、生产劳动和服务性劳动三类课程模块，包括“我

是生活小主人”“我是精益小工匠”“我是服务小能手”，并组织开展“生态环保劳动周”活动。

图 7-1　“生态小卫士”劳动课程体系

2. 课程项目安排(见表 7-3)

表 7-3　“生态小卫士”劳动课程项目安排

劳动课程群	项目名称	课时安排	适用年级
我是生活小主人	垃圾分类小专家	3 课时	1～4 年级
	我的书桌我做主	2 课时	1～2 年级
	拼盘小行家	2 课时	1～6 年级
	你好啊，洗衣机！	3 课时	3～6 年级
	家庭劳动清单	3 课时	1～6 年级
我是精益小工匠	班级种植角	3 课时	1～6 年级
	巧手剪精彩	3 课时	3～4 年级
	我来学做工	2 课时	5～6 年级
	智能控制初体验	3 课时	5～6 年级
我是服务小能手	我为大家献图书	3 课时	1～6 年级
	班级美容师	2 课时	3～6 年级
	青青草地，由我守护	3 课时	3～6 年级
	社区小管家	2 课时	3～6 年级
生态环保劳动周	街道小卫士	5 课时	1～6 年级
	环保小喇叭	5 课时	3～6 年级
	景点小导游	5 课时	5～6 年级

3. 课程项目内容

(1)我是生活小主人

垃圾分类小专家：向学生讲解垃圾分类的知识和意义，开展垃圾分类知识竞答，增强学生保护环境的意识；以班级为实践活动场域，教师安排学生进行垃圾分类并相互检查是否正确。

我的书桌我做主：教师分享课桌收纳建议和范例，鼓励学生尝试整理书桌，并评比出最整洁的书桌，培养学生勤于整理的意识和习惯。

拼盘小行家：带领学生了解常见的水果种类以及其成熟的季节、生长的环境等；鼓励学生动手洗水果、切水果，讲解农药残留与环保知识，指导学生正确使用刀具；鼓励学生发挥创造力，用水果拼成环保图像，并进行成果展示和评比。

你好啊，洗衣机!：校内由教师介绍洗衣机的基本原理和使用方法，教导学生勤换衣服、勤洗衣服，养成良好的个人卫生习惯。回到家后，学生在父母的监督、指导下，正确使用洗衣机清洗衣物并进行晾晒；经历全程后，由学生在班内分享使用体验。

家庭劳动清单：教师带领学生认识家用劳动工具，并根据学生的动手能力设计劳动任务；布置家庭劳动任务，培养学生注重生活环境整洁与卫生的意识。

(2)我是精益小工匠

班级种植角：在班级设置种植角，引导学生观察植物的生长，并介绍植物对于净化环境的重要作用；将学生分为不同小组，各个组分别负责浇水、施肥、记录等工作，锻炼学生照顾植物的能力；以植物为样例，引导学生学习基础的生物学知识。

巧手剪精彩：基于非遗剪纸工艺，介绍剪纸文化，增强学生的民族自豪感和文化自信；鼓励学生发挥创造力，设计生态保护主题系列的剪纸作品。

我来学做工：教师带领学生去校外工业基地参观，并在参观过程中讲解工业污染和环保净化设施的知识，引导学生关注生态保护；邀请技术人员分享工作流程、劳动经验等，可安排职业模拟小竞赛。

智能控制初体验：教师带领学生去校外的研究所了解智能控制、人工智能等新技术；学生在专业教师指导下，动手制作简易的智能控制节能灯、垃圾分类指示牌、节水标志、节能电铃等；增强学生的动手能力，并将环保意识渗透制作过程，学生的作品可择优装饰操场、教室。

(3)我是服务小能手

我为大家献图书：鼓励学生捐赠家中的闲置书籍，可开展图书置换活动，引导学生形成节约资源的习惯；还可将书籍用于创建公共图书角，捐赠给需要帮助的孩子，培养学生生成珍惜树木资源、纸张循环利用的意识。

班级美容师：组织学生轮流打扫、整理、装饰图书角、讲台等，引导学生亲自动手，创造出干净整洁的班级环境；在劳动中不断巩固学生的整理能力和提高卫生意识，每周评选出“班级美容师之星”。

青青草地，由我守护：定期组织学生拔草、锄草、清理垃圾，保持学校草坪的干净卫生；安排学生轮流站岗，做草坪护卫者，增强环保意识。

社区小管家：学校和社区协同育人，教师带领学生去校外的实践基地，引导学生参与社区治理，如清理垃圾、保护环境、宣传政策、疫情防控等。

(4)生态环保劳动周

街道小卫士：组织学生清理校内的路面，帮助学生养成保护环境、不随地乱扔垃圾的习惯；带领学生走出校园，师生共同清理校外街道，教师借机向同学们介绍垃圾分类的常识和保护环境的重要性；带领学生体验环卫工人的工作，培养他们的劳动能力，学会珍惜别人的劳动成果。

环保小喇叭：组织学生在校园内做“小喇叭”，宣传环保意识，引导行为规范；带领学生走出校园，去周边的公园、商场等地方发放环保传单，劝诫不环保的行为等。

景点小导游：选取当地有代表性的景点，教师先简单介绍景点，然后带领学生实地考察，鼓励学生思考如何以导游的身份来介绍这个景点，并体现环保意识，最后评选出“环保导游之星”。

(四)课程实施

1. 专门劳动课程

课表中的劳动课主要以具体劳动项目的开展为落实方式，其活动过程是对学生“做中学”“学中做”的推动。一般由劳动教师组织开展，每周至少1课时。劳动教师根据“生态小卫士”劳动课程体系，选择具体的劳动课程项目，并依据《劳动课程标准》的相关要求，进行个性化设计，最后在劳动教育教学活动的组织过程中促进教育目标的落实。

2. 学科融合劳动教育

学科课程渗透劳动教育要突出教育性、系统性、适配性。学科课程要积极挖掘课程内容中的绿色、生态、环保理念，针对不同学科的特点，选择合适的渗透内容和方式。例如，在语文课程中，以童话故事、寓言等形式，引导学生形成保护生态的理念；在数学课程中，以植树、垃圾分类等环保题材作为应用题的题目，让学生在做题的过程中关注生态环境；在科学课程中，带领学生了解环境污染的现状、成因和影响，培养学生的环境保护意识……总之，应引导教师树立学科渗透理念，鼓励其充分挖掘各学科蕴含的劳动教育要素，有的放矢、因势制宜地开展渗透于学科课程的劳动教育。

3. 半开放的劳动周

劳动周是劳动课程的重要组成部分，旨在以综合性的劳动实践活动培养学生的劳动意识，发展学生的劳动能力，打通学校与社会的联系，发挥育人价值。生态环保劳动周可以以景点小导游为指向，结合街道小卫士和环保小喇叭项目，让学生在清洁垃圾和宣传环境保护的过程中，提升环保意识，并在校外的环保实践中，发挥学生的主观能动性和提升语言组织能力。

4. 研学基地体验

劳动课程不仅可以在校内开展，而且可以将课堂搬到校外，充分利用校外的教育资源，依托研学基地进行实景教学和劳动实践。校外研学基地可立足于工业生产劳动、现代服务性劳动等模块，根据不同的项目任务群，有的放矢地进行选择。为落实工业生产劳动教育，可组织学生到厂矿企业基地进行观摩学习；为落实现代服务性劳动教育，可带领学生去社区做志愿者。同时，要在研学基地的劳动教育过程中体现生态环保的理念，不断强化学生的生态保护观念和意识。

(五)课程评价

1. 评价主体

评价主体包括学生、同伴、教师、家长、社会大众等。学生要学会根据劳动过程和结果进行自我评价，并反思优化策略。例如，在班级种植角等合作性劳动课程中，同伴间可以进行相互评价，共同进步。教师作为学校教育的负责人，要适时地给予合理评价，帮助学生更好地完成劳动，促进其劳动能力的发展。家长作为家庭教育的负责人，在家庭劳动清单等家校共生的劳动教育课程中，要对学生在家里的劳动情况进行点评。在服务性劳动课程中，受到服务的社会大众也要对学生进行评价。

2. 评价内容

评价内容以学生劳动意识的形成、劳动习惯的养成和劳动能力的培养为目标，以绿色生态观念的生成和环境保护责任的履行为主线。同时，不同的项目也会增加一些具有针对性的评价内容和指标。例如，在“我是生活小主人”项目中，评价内容还包括整理与卫生习惯的形成、日常生活技能的掌握、家庭劳动参与的积极性等方面；在“我是精益小工匠”项目中，评价内容还包括动手能力的锻炼、工匠精神的激发等方面；在“我是服务小能手”中，评价内容还包括服务意识的提升、奉献精神的培养等方面。

3. 评价方法

评价采用口头和书面相结合的形式，兼有过程性评价和总结性评价。学生可以通过反思日记、口述等方式进行自我评价。教师和家长不仅要在劳动课程的最后给予总评，而且要在学生实践的过程中及时给予口头的评价。教师可以借助星级评价表、成长足迹卡等对学生进行全过程的记录和评价，突出学生的进步和发展。

最后，及时汇总各类评价结果，形成“生态小卫士”个人成长档案袋。以构建成长档案袋的方式，进行贯穿全学段的综合劳动素养评价，使得评价结果更具有相对性、过程性、进阶性，体现出学生个人的独特成长历程。

本章小结

学校劳动课程是在学校层面以课程形式为主体，整合多元劳动教育资源，构建内容多样、特色鲜明、综合、有效的劳动教育课程体系。学校劳动课程主要包括基础型劳动课程、学科融合型劳动课程、拓展型劳动课程三大类，具有优化学校课程体系、赋能学校综合育人、丰富“双减”后课后服务的价值。在设计学校劳动课程时，应根据现实条件与实践需要，从整体层面上对课程目标、课程体系、课程实施、课程评价等多要素综合考虑、通盘思考。以此为基础，本章呈现了乡村学校涉农类的“小麦宝”劳动课程设计样例和城市学校绿色环保类的“生态小卫士”劳动课程设计样例。

章后练习

1. 如何理解学校劳动课程内涵？
2. 学校劳动课程有哪些价值？
3. 如何确定学校劳动课程设计的整体思路？
4. 如何结合城市和乡村的特点有针对性地进行学校劳动课程设计？
5. 请结合某一学校的区域特点，设计一份学校层面的劳动课程方案。

拓展阅读

1. 檀传宝．劳动创造美好生活[M]．北京：中国劳动社会保障出版社，2020.

2. 曾天山，顾建军．劳动教育论[M]．北京：教育科学出版社，2020.

3. 姜婷，黄航，张志鹏等．四方联动、普职融通：协同视域下区域推进中小学劳动教育课程建设的探索[J]．劳动教育评论，2022(01).

4. 林克松，熊晴．新时代大中小学劳动教育课程一体化建设的逻辑框架与实施路径[J]．教师教育学报，2021(06).

5. 李绪明．新时代中小学劳动课程的构建与实施[J]．课程・教材・教法，2020，40(05).

6. 贺诚，谢翌．中小学劳动教育课程的现实样态与未来选择：以G市为例[J]．中国德育，2022(09).

7. 陈美萍．独立开设劳动课恰逢其时[N]．中国教育报，2022-05-12.

8. 康翠萍，龚洪．新时代中小学劳动教育课程的价值旨归[J]．教育研究与实验，2019(06).

9. 梁惠燕．基于学习任务群的中小学劳动教育课程设计[J]．教育理论与实践，2022(08).

第八章

中小学劳动课程教学实施建议

本章结构图

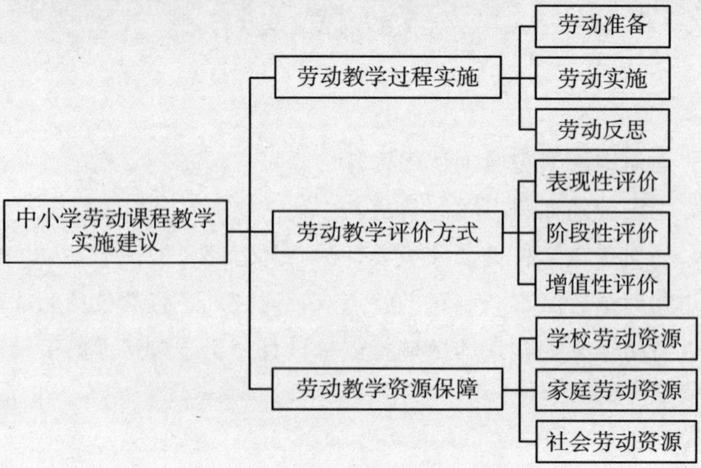

章前导语

劳动课程是中小学劳动教育的重要载体，劳动教学是推进劳动课程实施的关键步骤。中小学既要加强劳动教育的课程建设，也需要促进劳动教学的规范化与科学化，以提升劳动教育成效。劳动课程教学的效果离不开严谨的过程设计、合理的评价手段和充分的资源保障，因此，本章将从劳动教学过程实施、劳动教学评价方式、劳动教学资源保障三个层面进行具体阐述。

关键术语

中小学　劳动课程　教学实施　教学评价　资源保障

第一节
劳动教学过程实施

学生是劳动活动过程的操作者和完成者，教师是学生劳动实践的启发者和引导者。教师在劳动教学过程中应当做好充分的劳动准备，采用合适的教学方法实施劳动过程，并在劳动教学结束后及时组织劳动反思。

一、劳动准备

做好劳动准备是中小学劳动课程教学实施的基础。与一般课程的教学准备不同，教师上好一门劳动课不仅需要钻研教材、选择内容、编写教案，而且需要考虑时间、场所、材料等多重因素。因此，教师需要投入更多的精力和时间来做好劳动课程教学前的各项准备工作。概括来说，劳动准备主要包括以下几个方面。

(一)劳动内容准备

教师应当根据自身的劳动经验、学生的劳动能力和身心发展水平、社会的需要，为学生甄选科学、安全且富有教育性的劳动实践内容。从学生个体的角度而言，劳动内容的选择应当尽量贴近学生日常生活的实际，不能脱离个体经验太远，要有利于培养学生各种实用的生活技能。从社会需要的角度来说，学校劳动教育内容应形成学生对社会劳动的基本认识，能够帮助学生了解社会、接触社会，并形成在社会中生存的基本劳动技能。

根据《劳动课程标准》，劳动课程内容总体包括日常生活劳动、生产劳动、服务性劳动的十个任务群。以日常生活劳动中“整理与收纳”任务群为例：1～2 年级可选择“笔袋整理”“书包整理”等项目内容，3～4 年级、5～6 年级可选择“整理衣橱”“清理使用过的教科书”等项目内容，7～9 年级可选择“书房用品整理与收纳”“教室的装饰与美化”等项目内容。这样学生从简单的个人物品整理过渡到对家庭和教室等较大空间的整理，劳动内容的广度和深度不断加大，可以循序渐进地培养学生的劳动能力。

当然，课程标准只是为教师提供了基本的路线指引，实际教学内容的选择需要从实际出发、因地制宜和因时制宜。例如，在农业生产劳动中，要让学生体验播种、育苗、除草、收获等农业劳动的全过程，教师就要根据当地的气候和土壤条件，选择合适的农作物和种植时机，宜种水稻则种水稻，宜种小麦则种小麦。

(二)劳动场所准备

课程标准中的十大任务群所涉及的劳动场所类型繁多，从大的方面来说，包括家庭、学校、农场、工厂、商业机构、社区服务机构等；从具体场所来说，可以有厨房、卧室、教室、车间、养殖场、蔬菜大棚、商场、福利院、办公室、实训室等。对日常生活劳动而言，中小学生的活动场域主要集中在家庭和学校，如个人物品整理、清洁卫生、教室美化等劳动项目均可比较方便的开展，但是生产劳动和服务性劳动需要专门的劳动场所，对场地和设备均有较高的要求。针对这种情况，目前主要是依靠建设校内劳动实践基地和校外劳动实践基地两种办法。

对于校内劳动实践基地的建设，各中小学可以根据各自的实际情况，充分盘活校内资源，打造各具特色的劳动实践基地。例如，有条件的中小学可以充分利用学校的绿化面积开辟田地，让学生种植自己喜欢的花生、辣椒、大豆等农作物，这样既亲近自然和土地，又达到了美化校园的目的。对于城市中小学来说，由于学校空间十分有限，建设校内劳动实践基地并不现实，需要加强校外劳动实践基地的建设，充分调动社会各方面的积极性，发挥现有社会资源的作用，借助农场、社区、工厂、商业机构的力量来发挥劳动的综合育人作用。例如，上海市利用崇明生态岛的区位优势资源，打造面向上海市中小学的学生劳动实践基地集群，实现了涵盖农业劳作、加工制造、服务体验、创新实验的系统化劳动教育实践样态。

(三)劳动资料准备

在这里，劳动资料是指劳动课程教学实施所需要的物质资源，主要包括劳动工具和劳动材料。

劳动工具是人们在劳动过程中用来对劳动对象进行改造和加工的物件。它在劳动者和劳动对象之间起到传导劳动的中介作用，是劳动资料的主要组成部分。不管是原始社会的石器、刀、箭还是现代社会的机械设备和技术设施，均起到劳动中介的作用，因而属于劳动资料。马克思指出，劳动创造了人本身。[①] 所以，劳动的学习也应当从认识和使用各种劳动工具开始。首先，中小学生应当学会正确地使用日常生活劳动工具，比如：菜刀、炒锅、锅铲、炉灶等厨房用具；扫帚、拖把、清洁刷等清洁用具；洗衣机、空调、电冰箱等家用电器；螺丝刀、剪刀、缝针等家用小五金用具。其次，中小学生要了解常见的生产工具的用途，比如：镰刀、犁、锄头、铁锹等农业用具；标尺、螺丝刀、刨子、锯子、钳子、锤子等五金工具。有条件的中小学也可引进一些常用的

---

① 马克思、恩格斯：《马克思恩格斯文集》(第9卷)，550页，北京，人民出版社，2009。

自动化五金工具如气动钢锯、气动剪等。(见图 8-1、图 8-2)

劳动材料是指具体劳动所指向的劳动对象及其所耗费的物质材料。教师要对材料的性能和性状有预先的了解，以保证劳动作品的质量，例如，在花生种植中，要选择优良品种，保证花生生长所需要的适宜温度和湿度；在传统工艺制作中，应选择环保、健康的原材料，以减少工业污染，提高工艺制作的质感。

图 8-1 常见的农具

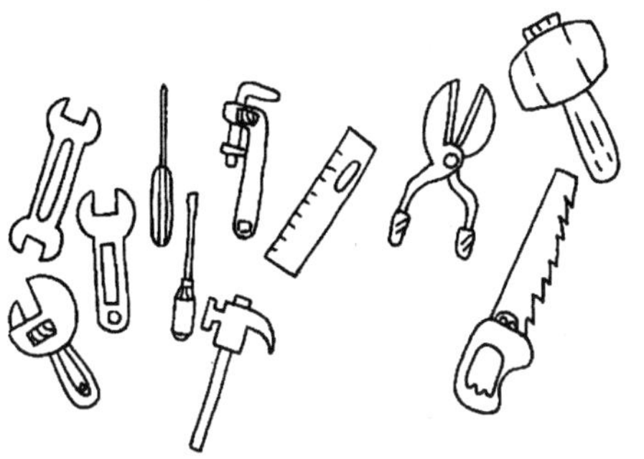

图 8-2 常见的五金工具

(四)劳动知识准备

劳动知识准备是劳动教学实施前需要学生具备的劳动安全知识、劳动理论知识和劳动技能知识。首先，中小学生作为未成年人，其观察、识别和判断劳动安全隐患的能力较低，需要教师加强学生的劳动安全教育，降低可能的劳动风险。学校可以定期开展劳动安全教育讲座，提高学生的劳动安全意识，使学生全面了解日常生活和生产劳动中可能存在的安全隐患。例如，打扫专用教室时，不乱动不认识的东西，以免接触到危险物品，给自己带来损伤；劳动当中在抡起锄头时要注意前后左右的同学，确认不会对他人造成伤害。其次，中小学生在进行劳动任务前应具备基本的劳动理论和技能知识。例如，在农业劳动前，应了解农作物生长的规律及其所需的必要条件；在操作机器设备前，应了解基本的操作规范和技能规范。教师可以结合学生实际情况，利用微视频和现场示范、模仿等方式，帮助学生了解劳动项目所需要的知识和技能，并指导学生设计相应的劳动方案。

二、劳动实施

劳动课程的教学实施应以实践活动为基础载体。鉴于劳动教育的目的和性质，具有鲜明的实践导向特征，劳动课程无疑是最为适合“做中学”教育理念的科目。美国教育家杜威曾指出"教育即生活""教育即生长""教育即经验的不断改造",① 而只有通过"做中学"的方式才能最终实现"知"与"行"的结合。所以，教师应根据学生的认知特点和接受能力，运用多种教育方法，沟通学生的直接经验和间接经验。

(一)榜样劳动教学

榜样人物或事迹凝结了一定社会的主流道德规范和价值要求，对社会成员能够起到激励和示范作用。榜样教育是教育者有意识地通过发现和树立榜样，对受教育者施加思想和道德影响，从而提升受教育者的能力和品质。在学校教育中，榜样教育法是一个较为常用的教育方法。要提升学生的劳动积极性，培养其不怕吃苦、热爱劳动的良好习惯，就需要发挥劳动榜样的作用。首先，教师本人应当成为学生的劳动榜样。中小学生具有向师性的学习心理，教师对学生行为习惯的影响不可低估，因此，教师本人是否勤于劳动和擅长劳动将直接影响学生的劳动观。其次，要发挥学生同辈群体的榜样作用。学生步入高年级后，来自同龄人的身体示范往往会起到超越教师和家长的影响效果。所以，学校劳动教育要寻找学生身边的榜样目标。

(二)集体劳动教学

集体劳动教学是依靠和通过集体劳动对个体产生教育影响的方法。马卡连柯指出，可以通过向集体提出劳动任务的方式，吸引集体成员不断为了完成新任务而奋斗，鼓励集体在追求美好前景中不断前进，否则，集体的发展就会停滞不前。② "蓬生麻中，不扶自直"，学生的活动和交往大部分都是在集体的影响下进行的，因此集体的劳动风气会对学生个人的劳动行为起到决定性的影响。大力开展集体劳动，可以增强学生对集体的归属感。例如，参加集体性的校园卫生大扫除活动、校园农场收获活动，通过明确的责任分工，学生可以锻炼的协作能力、提高责任意识。集体劳动教育方法符合我国社会主义教育的性质和任务。集体主义是社会主义道德的基本原则，培养集体主义精神是我国社会主义德育的基本任务之一，而集体主义精神只能通过集体来培养。劳动教育是开展中小学生德育的有效途径，教师要以学生集体为对象设计集体化的劳动活动，引导学生在集体中进行劳动实践，以集体的目标和纪律来约束个人。

(三)项目化劳动教学

项目化劳动教学是以项目的形式整合不同知识领域的劳动内容，以完成劳动任务

---

① 吴式颖:《外国教育史教程》,507 页，北京，人民教育出版社，2008。

② [苏]马卡连柯:《马卡连柯教育文集(上卷)》,吴式颖，主编，23 页，北京，人民教育出版社，2004。

和解决问题的方法。在劳动教学中，应当以内容模块——任务群——具体项目的形式建构劳动课程。根据课程标准精神，劳动课程以培养学生的核心素养为导向，围绕日常生活劳动、生产劳动和服务性劳动三个模块、十大任务群，构建内容结构。其中每个任务群由若干项目组成，例如，生产劳动包括农业生产劳动、传统工艺制作、工业生产劳动、新技术体验与应用四个任务群，其中传统工艺制作包括陶艺、纸工、布艺、编织、印染、皮影、木版画等项目。项目化劳动教学法有助于培养学生发现问题、解决问题的能力，在任务探究的过程中形成必要的劳动技能和素养。由于全国各地的劳动环境和条件极其复杂多样，中小学并不指定全国统一的劳动教材，这对教师自主编写和设计劳动项目提出了更高的要求。教师应当根据地方文化特点、自然和经济条件、学生兴趣爱好等实际情况，选择合理的劳动教育内容，设计有地方特色的劳动项目清单。

三、劳动反思

对于劳动课程教学来说，由于不存在统一的教学模式或固定的程序，课后的总结和反思对改进劳动教育教学就显得至关重要。从教学活动的参与主体来说，劳动反思包括教师反思和学生反思两个方面。

(一)教师反思

教师反思是教师对劳动课教学实践活动的再认识、再思考，以此来总结劳动教学的经验教训，进一步提高教育教学水平。在形式上，教师反思一般有个体反思和集体反思两种途径。个体反思是教师对本人课堂教学的过程与结果进行的自我审视和分析。有效的个体反思应至少包括两个元素：一是对教学成功点的分析，自己设计的教学环节和采用的教学方法其合理之处，能产生好的教学效果的原因，要记录下来；二是对教学不足之处的分析，教师应对每节课的教学局限性记录下来，并认真分析原因，以探讨可能的解决办法。集体反思是指教师与同事一起对教育教学问题进行对话和讨论，集体反思有利于促进教师之间的信息和经验共享，形成合作学习的共同体。教师可以通过集体的力量建立劳动课程教学资源案例库，对已有的劳动教学设计和反思进行整合与复盘，总结其中的成功案例与失败案例，在教学设计、教学实践、教学反思三个环节上形成劳动反思的闭环。

(二)学生反思

学生的劳动反思应有利于激发学生进一步从事劳动的意愿，养成热爱劳动、勤于劳动的习惯。从学生主体出发的劳动反思就是将劳动课评价的权利还给学生，让学生体验和评估自身的劳动收获，感知劳动学习中的成就感。教师应积极地引导和促成学生的劳动反思：一是促进学生的劳动知识迁移。以劳动教学中的已有知识点为基础，引导学生发散思维，举一反三，向关联的知识领域迁移；二是反思可视化。要形成可见的反思记录，使学生能够看到自己的成长过程，使之有迹可循，可以利用反思档案袋和反思清单等形式，记录学生在劳动的知情意行等方面的变化；三是充分利用各种展示手段。例如，组织学生开展成果展示、讨论、演讲、辩论等活动，通过讲述劳动故事、撰写劳动日志、制作劳动微视频等方式进行反思交流。

第二节
劳动教学评价方式

劳动教学评价是中小学劳动课程教学的重要组成部分，对促进劳动教学目标实现、及时调整和改进劳动教学具有重要的指导意义。劳动教学评价方式主要包括表现性评价、阶段性评价和增值性评价三个方面。

一、表现性评价

表现性评价是旨在通过了解学生在劳动过程中的表现，判断学生的劳动效果，从而调整教学实施，更好地实现课程教学目标的方法。表现性评价的主要手段是收集有关学生劳动表现的各种评价资料，因此如何定义学生的劳动表现，如何制定科学合理的评价表格，是运用表现性评价的关键。

(一)劳动表现的关键要素

由于人类劳动的形式千变万化，因此对劳动表现的评价也应当不拘一格。在劳动课程教学中，学生劳动表现难以寻找确切的量化标准，但是围绕劳动目标的四个要素，仍然可以通过若干关键指标进行衡量。

一是劳动观念要素。劳动观念是指在劳动实践中逐渐形成的，对劳动、劳动者、劳动成果等方面的认知和总体看法，以及在此基础上形成的劳动态度、情感和价值观。在劳动课程教学中，劳动观念的目标可以被具体表述为以下形式：是否在劳动过程中懂得了感恩，明白了“谁知盘中餐，粒粒皆辛苦”的道理；是否体验到了劳动的成就感，从而更加热爱劳动和劳动者。可以从劳动价值观、劳动过程观、劳动技能观、劳动成果观、劳动关系观五个维度来描述不同学段的劳动观念目标(见表 8-1)。

表 8-1　劳动观念表现性目标①

维度	小学		初中	高中
	1～2 年级	3～6 年级	7～9 年级	10～12 年级
劳动价值观	能够感受劳动的美好	感到自己通过劳动获得了成长，自觉地热爱劳动	能够理解劳动对社会发展的意义，知道劳动没有高低贵贱之分	认识到劳动对国家繁荣的支撑作用，愿意通过劳动为祖国奉献一生
劳动过程观	能够体悟劳动过程的艰辛	能够对劳动和劳动者感恩，自觉地珍惜劳动成果	学会热爱劳动，自觉参加劳动，能够真诚地投入劳动	懂得勤勉、努力、勤奋的重要性
劳动技能观	认识到应该掌握适当的劳动方法	能够知道不仅要掌握劳动方法，还应当锤炼劳动技能	懂得“业精于勤荒于嬉”的道理	能够在劳动实践中精益求精，勇于创新
劳动成果观	体会“粒粒皆辛苦”的道理，知道劳动成果来之不易	尊重劳动成果，具有创造劳动成果的愿望和意识	能够珍惜劳动成果，为自己的劳动成果感到自豪	尊重和珍惜劳动成果，具有对劳动成果的自豪感、荣誉感
劳动关系观	明白人人都需要劳动	理解劳动有益自己和他人	懂得合作劳动，遵守劳动规范	理解劳动伦理和相关的法律要求

二是劳动知识与技能要素。除了基本的劳动知识与技能外，学生还应了解和学习有关劳动的新知识、新技术、新工艺、新方法，能分析问题和解决问题，具备现代劳动所应有的质量意识、环境保护意识、劳动伦理意识和劳动安全意识等。主要表现为：学生具备基本的劳动知识和技能，能正确使用常用的劳动工具；能在劳动实践中增强体力，提高智力和创造力，具备完成一定劳动任务所需要的设计能力、操作能力及团队合作能力。劳动知识与技能可以从本体性知识、对象性知识、劳动技能三个维度进行具体描述(见表 8-2)。

① 曾天山、顾建军：《劳动教育论》，387 页，北京，教育科学出版社，2020。

表 8-2　劳动知识与技能的表现性目标①

维度	小学		初中	高中
	1～2 年级	3～6 年级	7～9 年级	10～12 年级
本体性知识	知道自己动手、丰衣足食的意义，能够感知新技术给劳动带来的变化	认识到劳动是人实现生存与发展的基础，知道劳动是推动人类社会变化的根本力量	理解劳动的价值与功能，初步了解人工智能、大数据等新知识、新技术对社会的影响	能够理解人工智能、大数据等新技术和新工艺的技术应用原理
对象性知识	了解生活中常用的手工劳动工具，能合理地选择劳动工具，认识常见的农作物	学会使用常见的劳动工具，能够了解和认识生活中的各种劳动产品	学会使用和保养常用工具，初步具备质量意识、环保意识、劳动伦理意识、劳动安全意识	了解学校周围所在的自然环境条件和经济条件，掌握现代的劳动工具知识，具备质量意识、环保意识、劳动伦理意识、劳动安全意识
劳动技能	能够从事基本的家务劳动	学会烹饪等基本的家务劳动，学会园艺、播种等简单的农业劳动，会简单的手工制作，能够通过阅读说明书了解家用电器产品的使用方法，能够与他人合作劳动	基本掌握家务劳动技能，学会制作简单的机械和电器产品，学会遵守劳动规范	学会现代种植艺术、养殖技术和加工技术，具备一定的金工、木工、电工的知识和技能

三是劳动习惯和品质要素。劳动习惯和品质是指通过经常性劳动实践形成的稳定行为倾向和品格特征。主要表现为：学生具有安全劳动、规范劳动、有始有终等习惯；养成自觉自愿、认真负责、诚实守信、吃苦耐劳、团结合作、珍惜劳动成果等品质。可以从责任感、坚韧性、诚信度、创造性四个维度来描述劳动习惯与品质的表现性目标(见表 8-3)。

表 8-3　劳动习惯和品质的表现性目标②

维度	小学		初中	高中
	1～2 年级	3～6 年级	7～9 年级	10～12 年级
责任感	能够帮助父母和长辈承担力所能及的家务劳动	有主动为家庭、班集体和社区服务的积极性	能够主动劳动，积极承担劳动责任的意识和习惯	能够自觉维护家庭、学校和社区环境安全的意识，具备法治意识

① 曾天山、顾建军：《劳动教育论》，389 页，北京，教育科学出版社，2020。

② 同上书，391 页。

续表

维度	小学		初中	高中
	1～2 年级	3～6 年级	7～9 年级	10～12 年级
坚韧性	能够坚持完成劳动任务，不半途而废	能够有始有终、优质高效地完成家务劳动和社会服务	能够负责、严谨、安全地完成劳动任务	能吃苦耐劳、脚踏实地、有始有终地完成劳动任务
诚信度	能够基本遵守劳动纪律	能够独立、规范、踏实认真地完成劳动任务	能自觉遵守劳动纪律和规范，抵制虚假劳动，懂得遵守契约的重要性	能自觉遵守劳动伦理规范，了解劳动法律法规，遵守合约
创造性	能在劳动中保持好奇心和想象力	在园艺、手工、烹饪等劳动中激发创造意识	能够有探索新技术、新方法的创造欲和行动力	能够对技术产品进行初步的设计、改进和创新

四是劳动精神要素。劳动精神是指在劳动观念、劳动能力、劳动习惯和品质的培养过程中形成和发展的，在劳动实践中秉持的关于劳动的信念信仰和人格特质。主要表现为：学生能领会“劳动是一切幸福的源泉”“幸福是奋斗出来的”的内涵与意义；继承中华民族勤俭节约、敬业奉献的优良传统；弘扬开拓创新、砥砺奋进的时代精神；感知爱岗敬业、甘于奉献的劳模精神；培育百折不挠、艰苦奋斗的革命精神，以及精益求精、追求卓越的工匠精神(见表 8-4)。

表 8-4　劳动精神的表现性目标

维度	小学		初中	高中
	1～2 年级	3～6 年级	7～9 年级	10～12 年级
传统精神	能够体谅父母劳动的不易，珍惜他人的劳动成果，明白勤俭节约的道理	能够自己的事情自己做，懂得自力更生、踏实肯干的精神	熟悉我国古代工匠的杰出成就，能领会精益求精的工匠精神	熟悉我国历代先贤的杰出文化成就，能深切体悟古代思想家淡泊名利、严谨求实、格物致知的治学精神
时代精神	了解家庭几代人生活水平是如何提高的，领会“劳动是一切幸福的源泉”	了解革命先烈百折不挠、艰苦奋斗的革命精神，明白珍惜幸福生活、乐于奉献的道理	熟悉社会主义现代化建设的突出成就，能领会开拓创新、砥砺奋进的劳动精神	熟悉新时代以来我国先进技术企业不惧外部打压的突出案例，能体会不畏压迫、敢于挑战、自立自强的民族斗争精神

(二)平时表现评价

平时表现评价要紧扣课程内容要求和劳动素养要求，客观准确地反映学生在真实情境下劳动素养的表现水平。不同类型的劳动内容、不同的任务群，评价的侧重点有所不同。日常生活劳动侧重于卫生习惯、生活能力和自理、自立、自强意识等方面的评价。生产劳动侧重于工具使用和技能掌握、劳动成果质量等方面的评价。服务性劳动侧重于服务意识、社会责任感等方面的评价。

在评价方法上要坚持学生自我评价与他人评价相结合，这样可以使表现性评价更加全面、客观。这里的他人既包括教师，也包括班级同学和家长。以剪纸任务为例，评价内容主要包括学生的剪纸技法、剪纸经验、交流合作，以及剪纸作品、剪纸设计方案及改进等方面(见表 8-5)。

剪纸任务的评价环节如下：

(1)在小组内展示自己的作品，交流剪纸经验。

(2)在小组内交流评价，推荐优秀作品在班级展示。

(3)对设计方案的可行性、剪纸作品的造型和实用性等进行评议。

(4)听取其他同学的评议意见，并对作品和操作过程进行改进。

(5)认真填写评价表。

表 8-5　剪纸任务的自评与他评标准

评价项目	自我评价	他人评价
剪纸设计构图合理	☆☆☆☆☆	☆☆☆☆☆
能熟练使用剪刀或刻刀	☆☆☆☆☆	☆☆☆☆☆
剪纸作品线条流畅	☆☆☆☆☆	☆☆☆☆☆
能积极克服劳动困难	☆☆☆☆☆	☆☆☆☆☆
与同学合作愉快、有效	☆☆☆☆☆	☆☆☆☆☆
剪纸时态度认真投入	☆☆☆☆☆	☆☆☆☆☆
对作品要求精益求精	☆☆☆☆☆	☆☆☆☆☆

二、阶段性评价

阶段性评价是学期、学年或学段结束时进行的综合评价，反映学生劳动课程学习的水平和核心素养的阶段性达成情况(见表 8-6)。劳动课程教学的阶段性评价可以采用过程性评价与结果性评价相结合的方式。一般来说，过程性评价可结合档案袋进行；结果性评价可采用测评形式，通过考查学生在完成测评任务过程中的表现来进行。一个阶段性的综合评价表是对学生劳动成效的过程性总结，其应当反映学生的劳动成果质量、劳动时长、劳动表现。

表 8-6 劳动课程阶段综合评价表①

劳动内容	参加的劳动项目	劳动时长	劳动表现
日常生活劳动			
生产劳动			
服务性劳动			
劳动周			
参与的项目	项目概述		
劳动成果			
成果名称	成果简介		
劳动测评			
测评任务	任务表现		
阶段综合评价结果	□优秀 □良好 □合格 □不合格		

阶段性评价要根据学生年龄特征和培养目标，差异化设置评价内容。例如：1～2年级要侧重评价学生劳动意识的建立、个体日常生活技能的掌握；3～6年级侧重评价劳动观念、劳动习惯的养成和基本劳动技能的掌握；7～9年级侧重评价劳动能力的提升、劳动品质的形成和劳动精神的培养，以及设计能力、团队合作能力等。

除了设计合理的阶段性评价表，教师还可通过其他途径来增强过程记录。一是教师日常观察记录，包括教师对学生日常劳动表现的描述和建议；二是学生劳动心得，主要内容为学生对参与项目的劳动体会；三是学生劳动成长记录袋，应包含学生劳动观念、知识技能、劳动品质方面的描述和建议。

三、增值性评价

劳动教育是学生的劳动观念、劳动能力、劳动品质、劳动精神不断发展和生成的过程，因此劳动教学评价也应当突出发展的导向，不能只重结果，而忽视学生劳动素

① 中华人民共和国教育部：《义务教育劳动课程标准（2022年版）》，55页，北京，北京师范大学出版社，2022。

养的形成。当前，教学评价的理念和手段不断改革，以增值性评价为代表的新型评价模式在国际范围的学校教育中得到普遍应用。劳动教学引入增值性评价可以有利于转变教师的教育理念，关注学生的发展变化和未来潜能。

(一)增值性评价理念

主要从评价内容、评价方法和评价原则等方面来介绍增值性评价的基本理念。

其一，在评价内容上，劳动教育增值性评价应当包括学生劳动观念、劳动知识和技能、劳动习惯和品质等方面的变化，关注学生劳动素养增值水平的提高。针对不同的劳动项目类型，教师可以设计相应的评价表格，以方便操作。

其二，在评价方法上，学生的劳动能力和素养的发展应当设置一定的评判标准，可以采用主观质性评价和量化评价相结合的方式。通过测试等手段，对学生的劳动知识水平、劳动技能水平、劳动成果质量打出量化分数。除了测验的方式，还可以结合问卷调查对学生发展进行跟踪。

其三，在评价原则上，增值性评价第一要突出发展导向，通过收集学生劳动学习的表现资料来了解学生劳动素养的发展情况，发现学生的成长规律，激发学生的劳动潜能。第二，教师要指导学生做好日常劳动记录，包括学生的自我评价、他人评价，以及劳动过程的描述和心得体会，这些资料都为评价学生的发展变化提供了依据。第三，增值性评价要注重科学性，要以客观的评价标准对学生的素质发展进行全面分析。

(二)增值性评价模型

为了科学地进行增值评价，衡量学生在同类群体中的增值水平，需要建构增值性评价的基本模型。评价模型有多种形式，劳动教学评价可以采用简易式百分等级成长模型，若学生进步超过大多数同类学生，则进步幅度大，反之则小。

例如，学生 A 在某次劳动能力测验中得分 94(满分 100)，处于年级第 4 名，在第二次测验中得分 96，名次位于第 3 名；学生 B 在第一次测试中得分 62，位于年级第 210 名，第二次测验得分 70，位于年级第 180 名。虽然学生 B 的分数和位次从量上来说进步更大，但是对 A 来说并不公平，因为 A 的进步空间要小得多。所以，合理的增值性评价要在同类群体中进行。

在操作方法上，有两个主要步骤：第一步，对学生的第一次测试成绩排序，计算每个学生的百分等级 $PR=100-(100R-50)/N$(式中 R 为某分数在按大小排列的数列中的名次，N 是分数的总次数)，并将百分等级四舍五入取整，最终得到的学生百分等级在 0～100；第二步，将学生群体分为 101 个子群体，分别计算各自群体内学生的百分等级，得到第二次百分等级结果，称为进步程度。①

例如，在首次进行劳动能力测验后，计算学生百分等级，A 生的百分等级为 100，同为等级 100 的群体可称为 X 群体；B 生的百分等级为 5，同类等级群体为 Y 群体。第二次测验后，A 生的百分等级为 60，说明其在 X 群体中的进步程度超越 60%的学生；B 生的百分等级为 55，说明其进步超越 Y 群体中 55%的学生。显然 A 生进步程度更大（见图 8-3）。

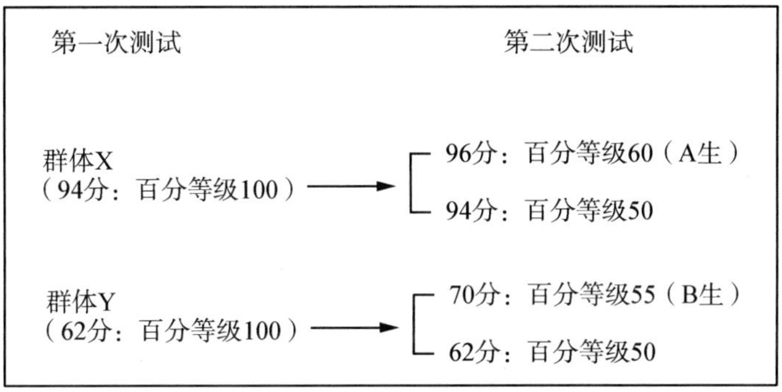

图 8-3　简易式百分等级成长模型

第三节
劳动教学资源保障

劳动教育是中小学全面育人体系的重要组成部分，中小学作为落实劳动教育的立足点，需要有目标、有计划、有组织地配置各类教育资源，包括学校劳动资源、家庭劳动资源和社会劳动资源。

一、学校劳动资源

学校教育资源是指在学校环境中蕴含一定的教育价值、能促进学校教育教学活动顺利开展的资源。中小学作为劳动教育的主阵地，应承担实施中小学劳动教育的主体责任，充分发挥教材、课程、师资、场地资源的优势。②

① 徐路明：《基于简易式百分等级成长模型的学业增值评价》，载《中国考试》，2021(03)。

② 陈鹏：《小学劳动教育导论》，157—163 页，北京，北京师范大学出版社，2022。

(一)教材资源

劳动教育基本教材是中小学教师开展劳动教育教学活动的主要载体，为各年级教师备课、上课、创设劳动教育活动等提供了科学规范的材料。劳动教育基本教材通过了国家或省级教材审定委员会审批，覆盖中小学各年级段，以中小学劳动教育目标框架为基础。

劳动教育图文书籍、数字教材两种教材资源是小学劳动教育实施的重要载体资源。劳动教育图文书籍是对劳动教育基本教材的扩充，学校可根据中小学劳动教育培养目标和学生特点选用适当的劳动教育类书籍。劳动教育数字教材是劳动教育基本教材的更新和立体化补充。数字教材针对信息化环境中教与学的新需求，集互联网、数字媒体、大数据等技术，融电子教材、多媒体视频、动画、电子课件、案例库等资源于一身，与劳动教育基本教材相辅相成，更新及时，学生可借助平板电脑等信息化工具对数字教材进行学习和互动交流。

(二)课程资源

课程是中小学劳动教育的主体形式，其系统性和规范性是其他教育形式无法取代的，为确保劳动教育在中小学有序有效地开展，需进一步推动落实中小学劳动教育课程化，在学科课程中有机融入劳动教育，还可借助校风班风等隐性资源陶冶学生的劳动情操和价值观等，多途径构建中小学特有劳动教育课程体系，保证劳动教育内容独特性和连贯性。首先，劳动教育作为一门相对独立的课程，主要分为理论课程和实践课程两大形式。理论课程主要围绕劳动为什么、是什么的问题，有重点地进行讲解，让学生懂得劳动的意义和价值；实践课程围绕怎么做等问题，通过示范与练习，让学生亲历劳动过程，让学生会劳动，强化身体力行。其次，在中小学各门课程教学活动中，可根据课程特点，有机融入劳动教育内容，使课程“劳动化”。最后，利用好校园各类设施和校园文化教育资源，挖掘劳动教育隐性资源宝库，提高劳动教育实效性。

(三)教师资源

劳动育人的关键在于教师。中小学内部劳动教育师资主要分为劳动教育专任教师和学科教师两个类别。劳动教育专任教师是传授劳动教育基础知识和技能、主导劳动教育教学进度的首要资源，是劳动教育的基础资源保障。学科教师是辅助补充相关劳动知识，促进中小学劳动教育常态化开展的重要资源，是劳动教育的辅助资源保障。学科教师可用整体的眼光审视课程中劳动教育要素分布情况，以更好地实施整体化学科融合劳动教学。

(四)场地资源

中小学劳动教育校内场地资源主要包括劳动教室、劳动活动基地、学校建筑空间三大类资源。中小学劳动教育内容丰富，形式多样，以学校劳动教育场地资源为助推，加强劳动教学设备的配置与管理，因材施教开展多样化活动，满足劳动需求的多样性和差异性。低中高年级学生年龄不同，身心发展水平不同，对于劳动的理解有所差异，同样的教育资源场地也需因人制宜开展差异性的教育活动，引导学生安全适度地亲历劳动过程，强化劳动体验。

二、家庭劳动资源

家庭是中小学生认知劳动世界的第一来源，是落实劳动教育的重要场所。良好的家庭劳动教育能够帮助儿童树立正确的劳动价值观、必要的家务劳动技能和良好生活习惯，家庭要尝试开发和整合各类劳动教育资源，发挥家庭在劳动教育中的启蒙性、基础性、持续性的作用，承担起家庭劳动教育的重任。①

(一)家庭内部资源

家庭内部资源主要体现在家庭精神资源和家庭活动资源两方面。劳动教育应借助家庭精神文化建设进行劳动精神和劳动价值观教育，依托家务劳动和亲子交流等家庭活动资源进行劳动理论和实践教育，充分发挥家庭内部资源劳动教育的基础性作用，保障小学劳动教育的有效常态化实施。例如，家规家训家风一类的精神资源是继承和弘扬中华传统美德的重要载体，也是家庭成员行为规范和生活方式的生动写照，家庭劳动教育离不开家规家训家风这类家庭精神规范的支持。家庭中的日常家务劳动是基础性、常态化的家庭活动资源。家长可以鼓励孩子独立自觉参加家务劳动，如个人物品整理、家居清洁、简单家常菜制作等，以便掌握一定的生活技能。

(二)家校共育资源

家庭劳动教育水平的提升离不开学校的系统指导，通过家庭和学校形成劳动教育共识，借助家长教师协会资源更新家长的劳动教育观念，尝试通过家长互动渠道反馈提升家庭劳动教育，可以使劳动教育更加完善。家校共育资源主要有家校线下平台、家校网络平台两类学校主导、教师参与的家校联络平台。学校可以借助家校平台资源向家长传授家庭劳动教育的知识和方法，协助家长设置基于不同年级学生身心发展水

① 陈鹏：《小学劳动教育导论》，167—170页，北京，北京师范大学出版社，2022。

平的家务劳动清单。

三、社会劳动资源

社会教育资源对于劳动教育的实施和发展具有重要的推动意义，它既是提升学校劳动教育质量的力量之一，又是连接校内、校外劳动教育场域的沟通桥梁。新时代中小学劳动教育需要借助社区、实践基地、行业企业等资源拓展学校劳动实践场域、创新劳动教育形式，激发劳动教育的内生动力，为中小学劳动教育的有效开展提供特色开放的资源保障。①

(一)社区教育资源

其一，草坪、公园、绿化带、动植物园等社区自然环境资源都是劳动教育的"天然场地"，其在拉近学生与自然的距离的同时，还可以为学生提供养殖、播种、施肥、修剪、采摘等自然劳动的体验机会。其二，各类学校、科技城、文化站信息中心、老年人服务中心、垃圾分类区等公共服务设施场所都可以为学生提供就近体验志愿服务劳动的机会，这类服务性劳动不仅使学生走向社会、接触社会、了解社会；而且有效扩展了学校素质教育领域，使学生学会做人、学会做事，增强其社会责任感。

(二)实践基地资源

作为社会实践活动重要场所的校外实践基地资源主要有公益劳动实践资源和主题劳动基地资源两大形式。城乡社区、福利院、医院、博物馆、科技馆、图书馆等事业单位、社会机构和公共场所等服务性劳动基地资源等是重要的劳动体验平台，应在这些服务性劳动基地搭建公益活动平台，共同引导和支持学生参与多样式公益劳动。土地、山林、草场等学农实践基地和厂矿企业等学工实践基地也是中小学生劳动体验的重要平台。中小学可借助主题劳动实践基地的资源优势开展校外主题劳动实践，以学工学农劳动周、劳动研学旅行等教育形式集中带领中小学生到劳动基地学习、体验生产生活劳动。

(三)行业企业资源

借助行业企业资源的优势可以拥有更多的劳动教育场所，使中小学生真正与普通劳动者一起经历劳动过程。在精神层面上，企业可以通过各类激励措施调动企业人员参与劳动的积极性，从而营造崇尚劳动和"劳动创造美好生活"的精神氛围，进而使企

---

① 陈鹏：《小学劳动教育导论》，171—177页，北京，北京师范大学出版社，2022。

业人员以身作则，为他们的孩子或周边中小学生树立劳模榜样。在物质层面上，企业可以为中小学劳动教育提供必要的劳动场所、设施设备甚至资金支持，给学生打造更为多样的劳动实践平台。例如，企业可以根据劳动教育目标的具体要求，为不同需求、不同程度的学生提供见习考察、实践操作的机会，通过在现代农业、智能制造、现代服务业等企业部门观摩实习，最大限度地调动学生亲身参与劳动的积极性，在此基础上也可获得真实的职业体验。

本章小结

劳动教学过程实施是劳动课程教学实施的核心环节。在过程实施中，教师应首先做好劳动准备，包括劳动内容准备、劳动场所准备、劳动资料准备和劳动知识准备。其次，教师应选择合理的劳动教学实施方式，包括榜样劳动教学、集体劳动教学和项目化劳动教学等形式。最后，在阶段性教学结束后，教师应及时组织劳动反思，包括教师反思和学生反思。劳动教学评价是调整和改进劳动课程实施的主要手段，主要包括表现性评价、阶段性评价和增值性评价。劳动教学资源是劳动课程顺利实施的条件保障，包括学校、家庭和社会等不同场域的劳动资源。

章后练习

1. 请简述劳动教学准备的主要内容，并思考如何结合具体学校的实际情况进行劳动教学准备。

2. 请比较榜样劳动教学、集体劳动教学和项目化劳动教学的联系与差异。

3. 请结合具体的劳动教学案例，谈谈应当如何促进教师反思和学生反思。

4. 劳动教学评价包括哪些内容？请结合实际情况设计合理的评价方式。

5. 劳动教学资源包括哪几个方面？应如何挖掘和保障学校的劳动教学资源？请具体阐述。

拓展阅读

1. 曾天山，顾建军. 劳动教育论[M]. 北京：教育科学出版社，2020.

2.[苏]马卡连柯. 马卡连柯教育文集(上卷)[M]. 吴式颖，主编. 北京：人民教育出版社，2004.

3. 杜威. 我们怎样思维　经验与教育[M]. 姜文闵，译. 北京：人民教育出版社，1991.

4. 关春霞，陈东东，李淼. 劳动教育课程实施与评价[M]. 北京：知识产权出版社，2020.

在线学习资源

1. 教育部. 全国中小学劳动教育实验工作优秀案例：http://www.moe.gov.cn/jyb_xwfb/moe_2082/zl_2016n/ztzl_yxal/.

2. 江苏教育发布. 劳动光荣，创造伟大，技能宝贵——全省大中小学劳动教育集萃：https://mp.weixin.qq.com/s?__biz=MzA3ODY2MTkxOA==&mid=2654417929&idx=1&sn=d5cc1ae527975890068af23ae64b780e&chksm=847cc478b30b4d6efb24bda3c73055a23b761f2ab5a543d171f8e11146a47465701f141f6e7a&scene=27.

参考文献

1. 马克思，恩格斯．马克思恩格斯文集(第9卷)[M]. 中共中央马克思恩格斯列宁斯大林著作编译局．北京：人民出版社，2009.

2.[法]爱弥儿·涂尔干．道德教育[M]. 陈光金，沈杰，朱谐汉，译．上海：上海人民出版社，2006.

3.[美]布鲁纳．教育过程[M]. 邵瑞珍，译．北京：文化教育出版社，1997.

4.[美]拉夫尔·泰勒．课程与教学的基本原理[M]. 罗康，张阅，译．北京：中国轻工业出版社，2014.

5.[美]罗伯特，[美]克洛夫．跨学科主题单元教学指南[M]. 李亦菲，等译．北京：中国轻工业出版社，2005.

6.[瑞士]皮亚杰. 皮亚杰发生认识论文选[C]. 左仁侠，李其维，主编. 上海：华东师范大学出版社，1991.

7.[苏]马卡连柯．马卡连柯教育文集(上卷)[M]. 吴式颖，主编．北京：人民教育出版社，2004.

8. 曾天山，顾建军．劳动教育论[M]. 北京：教育科学出版社，2020.

9. 柴文刚，穆亚平．人类功效学及在收纳类家具设计中的应用[J]. 西北林学院学报，2006(3).

10. 陈利平，艾苗．借助项目式学习推进劳动教育[J]. 湖北教育，2022(8).

11. 陈美萍．独立开设劳动课恰逢其时[N]. 中国教育报，2022-05-12.

12. 陈鹏，李蕾．职业启蒙教育的内涵探源与维度界分[J]. 中国职业技术教育，2018(27).

13. 陈鹏．小学劳动教育导论[M]. 北京：北京师范大学出版社，2022.

14. 陈平，马熙逵．从中华文化复兴谈传统手工艺的现代转化与再生设计[J]. 暨南学报(哲学社会科学版)，2021(2).

15. 方学平．新时代普通高中劳动教育的实施路径探究[J]. 教育观察，2022(20).

16. 弓巧玲，杨建国，邵声波，等．郑州市儿童少年营养状况调查[J]. 现代预防医学，2006(11).

17. 顾建军．建构一体化劳动课程为义务教育劳动育人奠基——《义务教育劳动课程标准(2022年版)》解读[J]. 全球教育展望，2022(7).

18. 胡效月，安成邦．中国农业起源研究综述[J]. 安徽农业科学，2007(25).

19. 华觉明．传统工艺的界定和分类[J]. 自然科学史研究，2021(1).

20. 姜垚．劳动教育中融入职业体验因子的实践探索[J]. 江苏教育，2021(15).

21. 李鸿雁，王建华．经济发展方式转变与廊坊市现代服务研究．对接京津——新的时代顶层设计论文集[C]. 河北廊坊，2020-11-20.

22. 门岿．二十六史精要辞典·中[M]. 北京：人民日报出版社，1993.

23. 莫衡，等．当代汉语词典[M]. 上海：上海辞书出版社，2001.

24. 缪学超．劳动教育进国家课程——英国中小学烹饪课程的演进、经验及启示[J]. 天津师范大学学报(社会科学版)，2021(6).

25. 潘洪建，杨金珍，蒋武超．螺旋式综合实践活动课程开发研究[J]. 课程·教材·教法，2022(4).

26. 潘昕，彭柏林．志愿服务的伦理学界定[J]. 湘潭大学学报(哲学社会科学版)，2022(3).

27. 人民教育出版社课程教材研究所，地理课程教材研究开发中心．普通高中教科书·地理 必修 第二册[M]. 北京：人民教育出版社，2019.

28. 邵琪伟．中国旅游大辞典[M]. 上海：上海辞书出版社，2021.

29. 石声汉．齐民要术(中华经典名著全本全注全译)[M]. 北京：中华书局，2015.

30. 孙茜，王斌．中国灯彩元素在包装设计中的应用研究[J]. 设计，2021(15).

31. 陶凤云，沈紫晴，胡斌武．新时代一体化劳动教育体系：价值导向与实践进路[J]. 教育理论与实践，2022(25).

32. 汪贤泽．论中小学劳动教育课程的开发与实施[J]. 当代教育与文化，2022(2).

33. 吴式颖．外国教育史教程[M]. 北京：人民教育出版社，2008.

34. 奚洁人．科学发展观百科词典[M]. 上海：上海辞书出版社，2007.

35. 夏征农，陈至立．辞海[M]. 上海：上海辞书出版社，2010.

36. 徐路明．基于简易式百分等级成长模型的学业增值评价[J]. 中国考试，2021(3).

37. 徐耀强．论“工匠精神”[J]. 红旗文稿，2017(10).

38. 杨明基．新编经济金融词典[M]. 北京：中国金融出版社，2015.

39. 张倩．中国中小学生营养与健康改善十年回顾与展望[J]. 卫生研究，2022(5).

40. 张清源．现代汉语常用词词典[M]. 成都：四川人民出版社，1992.

41. 张群．秦淮灯彩甲天下——访南京夫子庙工艺彩灯艺术中心国际工艺美术大师顾业亮[J]. 档案与建设，2007(5).

42. 张荣．3—6 岁幼儿在园收纳整理能力现状调查研究[D]. 天津：天津师范大学，2022.

43. 张自龙．史学视角下中国传统饮食文化研究——评《中国饮食文化简史》[J]. 食品科技，2020(8).

44. 智春丽．弘扬劳模精神[N]. 人民日报，2019-04-30.

45. 中共中央国务院．关于全面加强新时代大中小学劳动教育的意见[EB/OL]. (2020-03-20)[2023-05-21]. https://www.gov.cn/gongbao/content/2020/content_5501022.htm.

46. 中国国家统计局．中国统计年鉴[M]. 北京：中国统计出版社，2018.

47. 中华人民共和国教育部．大中小学劳动教育指导纲要(试行)[EB/OL]. (2020-07-09)[2023-04-12]. http://www.moe.gov.cn/srcsite/A26/jcj_kcjcgh/202007/t20200715_472808.html.

48. 中华人民共和国教育部．孩子们，上劳动课了！——聚焦中小学新版劳动课几个关注点[EB/OL]. 新华网，2022-05-01.

49. 中华人民共和国教育部．义务教育劳动课程标准[S]. 北京：北京师范大学出版社，2022.

50. 钟启泉．课程的逻辑[M]. 上海：华东师范大学出版社，2008.

51. 钟启泉. 现代课程论(新版)[M]. 上海：上海教育出版社，2015.

52. Department for Education. The national curriculum in England: framework-document[EB/OL]. (2014-12-02)[2022-10-19]. https://dera.ioe.ac.uk/20511/1/Master_final_national_curriculum_140714.pdf.

53. Education Scottish. Building the Curriculum, Edinburgh: The Scottish Government[EB/OL]. (2017-01-01)[2023-10-02]. http://www.Educationscotland.gov.uk/learning and teaching/the curriculum/How is the curriculum organised/inter disciplinary learning/index.asp.

54. Schunk, D. H., Zimmerman, B. J. Social origins of self-regulatory competence[J]. Educational Psychologist, 1997, 32(4).

55. Teba, H. Curriculum Development: Theory and Practice[M]. New York: Harcourt, Brace & World, 1962.